山东广播电视年鉴

SHANDONG RADIO & TV YEARBOOK

2021

山东广播电视年鉴编辑委员会　编

第三届全省优秀年鉴评比综合奖项特等奖

第四届全省优秀年鉴评比综合奖项一等奖

第五届全省优秀年鉴评比综合奖项特等奖

全省优秀史志成果奖—优秀年鉴（2017）

第五届全国地方志优秀成果奖

中国广播影视出版社

图书在版编目（CIP）数据

山东广播电视年鉴．2021 / 山东广播电视年鉴编辑委员会编．-- 北京：中国广播影视出版社，2021.12
ISBN 978-7-5043-8744-8

Ⅰ．①山… Ⅱ．①山… Ⅲ．①广播工作—山东—2021—年鉴②电视工作—山东—2021—年鉴 Ⅳ．① G229.275.2-54

中国版本图书馆 CIP 数据核字（2021）第 272878 号

山东广播电视年鉴 2021

山东广播电视年鉴编辑委员会　编

责任编辑　王丽丹
封面设计　王　芳

出版发行　中国广播影视出版社
电　　话　010-86093580　010-86093583
社　　址　北京市西城区真武庙二条 9 号
邮　　编　100045
网　　址　www.crtp.com.cn
电子信箱　crtp8@sina.com

经　　销　全国各地新华书店
印　　刷　济南百思特印业有限公司

开　　本　889 毫米 ×1194 毫米　1/16
字　　数　400（千）字
印　　张　28.25
版　　次　2021 年 12 月第 1 版　2021 年 12 月第 1 次印刷

书　　号　ISBN 978-7-5043-8744-8
定　　价　198.00 元

2020 年 1 月 22 日，省委书记刘家义（右一）在广播电视系统调研工作。（山东广播电视台提供）

2020 年 10 月 16 日，省委副书记杨东奇（右排右三）、省委常委、宣传部部长于杰（右排右二）看望慰问《问政山东》栏目组。（山东广播电视台提供）

2020 年 9 月 19 日，省委常委、宣传部部长于杰（左一），省委宣传部副部长、省政府新闻办公室主任袭艳春（左二）到山东影视传媒集团调研指导工作。（山东影视传媒集团提供）

2020 年 7 月 24 日，副省长凌文（左排前一）到省广电局开展工作调研，省委宣传部副部长、省广电局党组书记、局长李昌文（右排前三）做工作汇报。（省局办公室提供）

2020 年 6 月 29 日，省委宣传部副部长、省广电局党组书记、局长李昌文，以《坚决反对形式主义、官僚主义》为主题讲专题党课。（省局机关党委提供）

2020 年 4 月 15 日，省广电局召开 2020 年度党的建设暨党风廉政建设工作会议。（省局办公室提供）

2020 年 7 月 26 日，山东广播电视台与阿里巴巴战略合作签约仪式。山东广播电视台党委书记、台长吕芃（左一）参加。（山东广播电视台提供）

2020 年 11 月 22 日，华为监事会主席李杰（前排左二）一行参观广电网络有限公司 5G 实验室。公司党委书记、董事长李建华（左三）陪同。（山东广电网络有限公司提供）

2020 年 4 月 26 日，省广电局党组副书记、副局长孙杏林（左三）带队到淄博市广播电视台调研工作。（省局办公室提供）

2020 年 6 月 10 日，省广电局党组成员、副局长谢宁（左一）在东平县新湖镇冯洼村现代果木种植园，介绍由省派乡村振兴服务队打造的大樱桃种植项目及管理运营情况。（省局办公室提供）

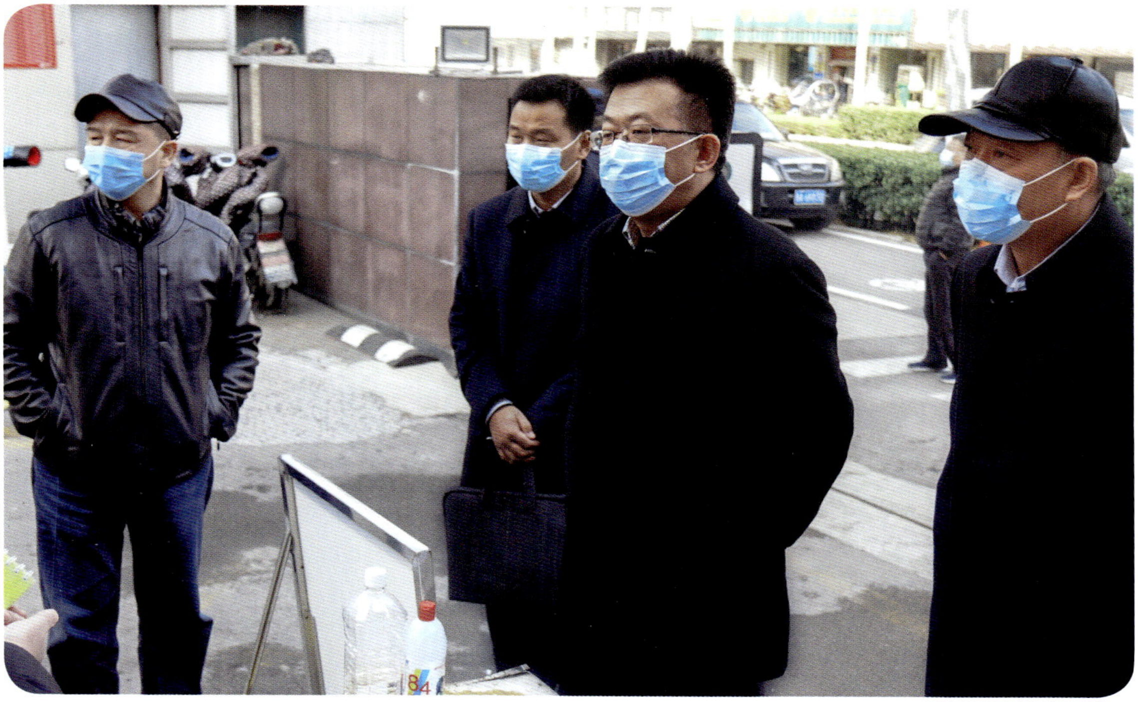

2020 年 3 月 5 日，省广电局党组成员、副局长彭子良（右二）带队入社区关注疫情防控情况。（省局办公室提供）

2020 年 12 月 14 日，山东省网络视听节目精品创作传播研讨培训班在济南举办，省广电局党组成员、副局长刘国华（左一）作动员讲话。（省局办公室提供）

2020 年 1 月 19 日，省局二级巡视员关卫华（前排左三）带队到莱阳转播台调研指导工作。（省局办公室提供）

2020 年 7 月 1 日，山东传媒职业学院党委组织系列活动献礼建党九十九周年，学院党委书记孙茜芸（前排左二）带领党员参加活动。（山东传媒职业学院提供）

重要宣传报道活动

2020 年 5 月 22 日，记者崔真真采访全国人大代表李燕。（山东广播电视台提供）

2020 年 5 月 22 日，全国人大代表于金明、刘庆民、王士岭做客北京融媒体演播室。（山东广播电视台提供）

2020 年 4 月 16 日，青岛广播电视台与青岛西海岸发展（集团）有限公司、华为技术有限公司和三维六度（北京）文化有限公司签署战略合作协议。（青岛市广播电视台提供）

2020 年 10 月 31 日，“高端智库看山东”调研行。（山东广播电视台提供）

2020 年 6 月 20 日，“二安”带您游泉城——2020 济南文旅“云端好物节”直播活动启动。（济南电视台提供）

2020 年 7 月 9 日，“山东枣庄——重庆丰都”东西部扶贫协作爱心助农活动。（枣庄广播电视台提供）

全力打好宣传战“疫”

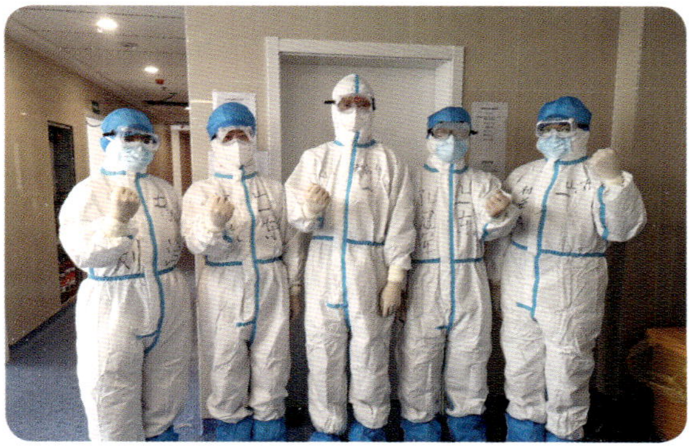

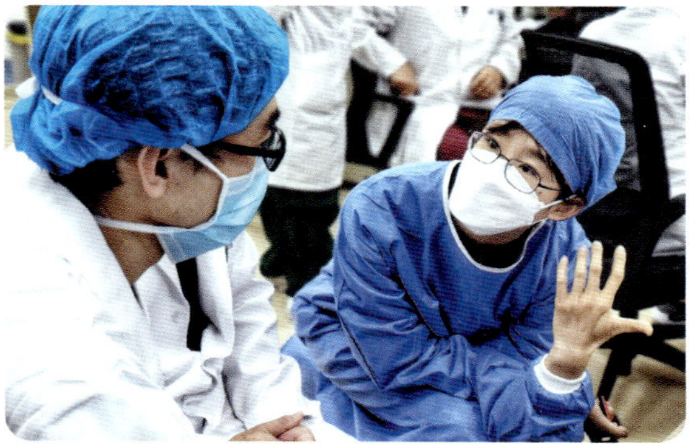

①② ③④ ⑤

① 2020 年 3 月 13 日，记者孔冠军、刘洋、孙希磊与山东省首批援助湖北医疗队队员合影。（山东广播电视台提供）

② 2 月 23 日，记者别晚晴在新冠肺炎定点医院烟台奇山医院采访医生。（山东广播电视台提供）

③ 2020 年 2 月，《济南战“疫”》演播室直播。（济南广播电视台提供）

④ 2020 年 1 月 31 日，武城县广播电视台在全省第一个实现与省台互联互通，《新闻午班车》和《闪电新闻》客户端发起直播连线，直击企业火热生产支援抗击疫情的现场。（德州市广播电视台提供）

⑤ 2020 年 3 月 12 日，邹城市融媒体中心主持人在艾洁医疗器械有限责任公司口罩生产车间进行现场报道。（济宁广播电视台提供）

广电事业建设及产业发展

①山东广播电视台5G+4K+全IP+超高清旗舰转播车及导演制作区。（山东广播电视台提供）

②2020年12月24日，山东广电网络有限公司利用700M频谱5G技术实现距海岸38公里超远距离海上5G覆盖。（山东广电网络有限公司提供）

③青岛市广播电视台“5G+AR全景演播室系统”，于2020年1月份投入使用。（青岛市广播电视台提供）

④2020年10月16日，山东传媒职业学院建校六十周年庆祝大会隆重召开。（山东传媒职业学院提供）

①
②③
④

职工风采

2020年10月28日，省广电局干部职工组队参加省委省直机关工委组织的健步走活动。（省局机关党委提供）

2020年7月9日，省广电局党员代表到济阳开展主题党日活动。（省局机关党委提供）

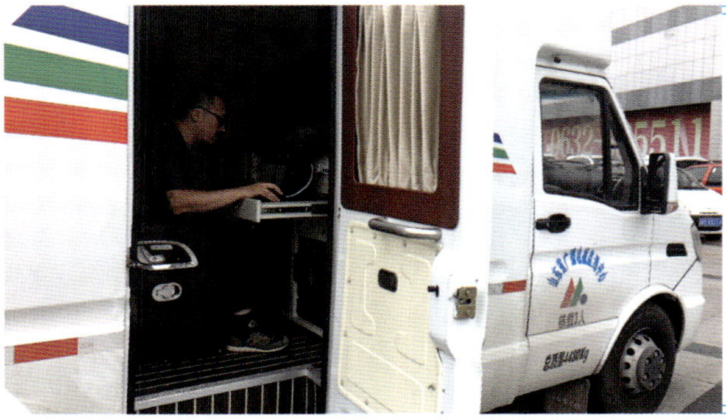

2020年5月6日—15日，省局监测中心移动监测人员在枣庄市实地监测黑广播情况。（省局监测中心提供）

2020年3月17日，省局新闻研究所职工入社区开展公益防疫工作。（省局新闻研究所提供）

①④
②
③

① 2020 年 5 月，莱阳转播台对转播节目进行收测。（莱阳转播台提供）

② 2020 年 10 月 14 日，山东广播电视台记者拍摄纪录片《高原上的天行者》。（山东广播电视台提供）

③ 2020 年 8 月 17 日，临沂市广播电视台记者在莒南县采访暴雨后村庄受灾情况。（临沂市广播电视台提供）

④ 滨州中波转播台 76 米拉线发射塔例行检查、养护。（滨州市人民广播电台提供）

精彩节目

①2020年9月17日，《问政山东》节目直播现场。（山东广播电视台提供）

②2020年7月25日《问政青岛》节目开播。（青岛市广播电视台提供）

③《城市会客厅》新媒体节目。（淄博市广播电视台）

④2020年5月13日，《问政德州》录制现场。（德州市广播电视台提供）

⑤《法治泰安》。（泰安市电视台提供）

①
②
③ ④
⑤

2020 年 1 月 8 日，综艺频道《最美追梦人》录制现场。（山东广播电视台提供）

《体坛夜话》报道国内外体育赛事、推广全民健身、促进体育产业的发展。（山东广播电视台提供）

《有话好好说》人民调解委员会作为“全国模范人民调解委员会”获司法部通报表扬。（济南广播电视台提供）

《开学第一课》2020 年 4 月 15 日播出。（山东教育电视台提供）

2020 年 7 月 6 日，山东卫视《家乡好物》青州专场推荐山楂制品。（山东广播电视台提供）

烟台广播电视台热播节目《绿色田园》推出“抗疫助农在行动”网上直播活动。（烟台广播电视台提供）

《乡村振兴看东营》栏目以“富春山居黄河口，乡村振兴看东营”为主题，以讲故事的形式从乡村小切口折射振兴大战略。（东营市广播电视台提供）

《直通 12345》栏目记者现场采访。（临沂市广播电视台提供）

电视剧《巡回检查组 》（省局电视剧处）

电视剧《绿水青山带笑颜》（省局电视剧处）

电视剧《遍地书香》（省局电视剧处）

电视剧《 燃烧》（省局电视剧处）

①《这里是山东》形象片视频画面。（山东广播电视台提供）

② 网络电影《毛驴上树 2 倔驴搬家》。（山东影视传媒集团提供）

③ 2020 年 12 月 26 日，《东方丝路》获最佳网络纪录片提名奖。（山东影视传媒集团提供）

①
②③

2020 年 10 月，山东影视传媒集团出品的《海上嫁女记》《温暖的村庄》《我的亲爹和后爸》《如果岁月可回头》四部作品入围第 13 届中国电视金鹰奖。（山东影视传媒集团提供）

《山东广播电视年鉴》编辑委员会

《山东广播电视年鉴》特约编辑

（按姓氏笔画为序）

于　超	马德安	王　波	王　颖	卢　兰	付丽媛
付　莹	朱孔阳	庄凤全	刘文增	刘方坤	刘家国
刘　超	刘　锦	刘　颖	刘　聪	闫　润	孙朋娟
孙洪师	纪成芳	严庄楠	严　玮	李木春	李　丹
李玉建	李冬梅	李　娜	李晓璇	李峻逸	李　琳
杨　杰	杨　柳	吴　凯	张文娟	张　丽	张　轲
张振峰	张雅婷	张筱琳	陈　珀	陈高明	武　伟
周　琛	宫照光	徐　伟	殷亚男	高　辉	郭亚丹
郭　晶	涂佃春	程惠琳	傅义军	鲁晓丽	魏　伟

主　　审：彭子良

主　　编：王教奎
副 主 编：綦宗金
执行主编：张　干
责任编辑：汪　昕　金　红
编　　辑：刘　昕　孔愫愫

编辑说明 Notes to editors

《山东广播电视年鉴》是全面反映山东省广播电视行业改革与发展现状，客观记述上一年全省广播电视系统各方面新情况、新变化的大型史料性年刊。其编辑工作以习近平新时代中国特色社会主义思想为指导，按照中央和省委、省政府对广播电视工作的要求，坚持实事求是的编辑方针，图文并茂的编纂方向，为全省广播电视管理人员、教学科研人员、从业人员以及社会各界了解、研究、服务山东广播电视事业提供全面、系统、翔实的信息资料。

一、本刊创刊于 1994 年，每年出版一卷，已出版 27 卷。

二、本刊采用分类编辑法，以栏目为单元整合相关资料。

三、根据机构改革情况，本刊自 2015 年卷起由《山东广播电视年鉴》更名为《山东新闻出版广电年鉴》，自 2019 年卷起再次更名为《山东广播电视年鉴》。

四、2021 年卷调整为 19 个栏目：特载、大事记、重大新闻宣传报道、综述、各市广播电视工作、产业发展、公共服务、广电・网络传媒、节目设置与播出、广播剧・电视剧・纪录片・动画片、网络视听、广电技术、调研报告、典型经验、媒体融合与智慧广电、人物、机构与团体、评奖、附表。取消原《新媒体》栏目；增设《公共服务》《网络视听》《媒体融合和智慧广电》栏目。

五、为增加信息量、增强实用性，部分内容有适当的上溯或下延。

六、本刊发表的所有信息资料均由相关专业部门提供。

七、为方便读者使用，本刊设有索引。

2021 年 11 月

山东广播电视年鉴·2021

SHANDONG RADIO & TV YEARBOOK

简　目

目录

SHANDONG RADIO & TV YEARBOOK 2021

山东广播电视年鉴

CONTENTS

特　载

大事记

重大新闻宣传报道

综　述

综　合

省局机关工作

省局直属单位

各市广播电视工作

产业发展

公共服务

广电·网络传媒

节目设置与播出

频道·频率

年度优秀节目

广播剧 · 电视剧 · 纪录片 · 动画片

广播剧

电视剧

纪录片

网络视听

年度视听节目优秀案例

广电技术

调研报告

典型经验

媒体融合与智慧广电

人　物

机构与团体

评　奖

附　表

特　　载

关于推进山东省应急广播体系建设的实施意见

（鲁广电发〔2020〕8号）

各市党委组织部、党委宣传部，各市财政局、应急管理局、文化和旅游局（新闻出版广电局）：

应急广播是国家基本公共服务体系的重要组成部分，是国家应急体系和防灾减灾体系建设的重要内容，在自然灾害、事故灾难、公共卫生和社会安全等突发事件应对中具有重要作用。为扎实推动我省应急广播体系建设，进一步加强基层宣传文化阵地建设，提高应急管理服务能力，现提出以下实施意见。

一、总体要求

以习近平新时代中国特色社会主义思想为指导，贯彻落实党中央、国务院以及省委、省政府对应急信息发布工作的部署，以满足各级政府和基层组织政策宣传、信息发布、应急管理需求为目标，针对自然灾害、事故灾难、公共卫生和社会安全等突发事件的特点，统筹利用我省现有广播电视传输覆盖资源和“村村响”系统建设成果，建设与各级应急信息发布系统有效对接的全省应急广播体系，向群众提供灾害预警和政务信息发布、政策宣讲服务，进一步提升全省应急管理能力和社会治理水平。

二、重点任务

（一）建设省、市、县三级平台

建设省级、市级和县级应急广播平台，各级平台分别由信息制播分平台和调度控制分平台组成。信息制播分平台承担应急信息发布需求接入和内容制作等工作，调度控制分平台承担应急广播传输覆盖网络资源调度和应急广播效果评估反馈等工作。

1. 省级平台。承担省级应急部门的信息发布任务和市级平台上报的信息发布申请；将信息转发至市级、县级平台发布，调度全省传输覆盖网络资源进行发布。

2. 市级平台。承担市级应急部门的信息发布任务和省级平台转发任务，接受县级平台上报的信息发布申请。

3. 县级平台。承担县级应急部门的信息发布任务和省级、市级平台转发任务。

（二）完善传输覆盖网络

1. 建设信号传输通道。建立以现有广播电视传输覆盖网络为基础，通信运营商网络为补充的应急广播传输覆盖网络。各地可结合实际，采取两种以上不同传输路由的信号传输通道。

2. 改造有线电视覆盖网。各级平台与本级有线数字电视前端建立传输通路，传输应急广播信息。在前端部署应急广播适配器并进行相关技术系统改造，接收本级平台发送的信息，按照有线电视标准及相关应急广播技术规范，发送唤醒指令，实现在有线电视网络内发布应急信息。

3. 完善无线广播覆盖网。在中波、调频、地面数字电视台站分别部署中波、调频、地面数字电视应急广播适配器并进行相关技术系统改造，接收平台发送的信息，通过中波、调频、地面数字电视发射系统播发信息，实现在无线覆盖区内发布应急信息。

4. 完善应急广播大喇叭系统。按照《县级应急广播系统技术规范》及相关技术标准，配套完善乡镇（街道）、村（社区）适配平台，对接县级应急广播平台，接收应急广播信息，采用 DTMB、调频 RDS、TS 或 IP 等方式传送唤醒指令和应急信息到终端，实现在大喇叭系统内发布应急信息。

（三）部署安装接收终端

1. 加强户外终端建设。进一步加强灾害易发区、人口密集区、救灾避难场所、公交车站、社区广场、重要经济目标及毗邻区、防空地下室、高速公路隧道等重点区域户外终端建设。户外终端应支持两种以上的信号接收方式，并具备强制唤醒功能。

2. 加强室内终端建设。积极探索部署具有应急唤醒功能的有线、无线入户终端。主动对接人员密集区域（包括城市社区、村落、广场、商场、校园、医院等）的公共接收终端，实现应急广播更大范围的覆盖。

三、建设步骤

应急广播体系建设、完善周期为 3 年，自 2020 年至 2022 年分三个阶段实施：

2020 年，全面启动全省应急广播体系建设，各市完成辖区内应急广播体系建设规划编制，明确工作推进计划；开展部分市级应急广播平台建设，初步实现应急广播体系省市县三级贯通。

2021 年，补充完善省级应急广播平台，推进市、县（市、区）级应急广播体系建设。

2022 年，完成全部市、县（市、区）级应急广播体系建设，基本建成统一协调、上下贯通、可管可控、分级负责、安全可靠的全省应急广播体系。

四、保障措施

（一）加强组织领导。各级各部门要深刻认识应急广播体系建设的重要作用，将应急广播作为完善公共服务体系、加强和创新社会治理的一项重要任务，纳入应急管理体系、公共文化服务体系和数字乡村发展战略、摆上重要位置。要成立由宣传、广电、财政、应急管理等部门组成的应急广播体系建设领导小组，建立建设、管理、运行和信息发布工作机制，积极推进本级应急广播体系建设。

（二）推进工程实施。各级宣传部门要加强对应急广播体系建设的指导。广电行政主管部门要落实工作责任，精心组织实施。财政部门要结合实际，统筹安排应急广播建设相关经费。应急广播体系建设单位要按照技术标准，科学制订技术方案，报经省级广播电视行政管理部门审核同意后，严格按照工程建设管理相关规定组织实施。

（三）完善运行机制。各级组织、宣传部门充分利用应急广播便捷、高效的优势，强化党员教育和形势政策任务宣传，推进基层党组织建设，拓宽群众思想教育渠道。各级广电行政主管部门积极建立本级平台与本级广播电视播出、传输覆盖、监测监管等部门相互协调的横向运行机制；与上下级平台建立纵向通信连接，确保平台间统一联动。各级应急管理部门要制定应急信息的收集、汇聚、共享和发布工作机制，推动相关部门积极运用应急广播体系开展应急处置工作。

（四）加强管理维护。应急广播体系建设是一项基础工程、系统工程、长期工程，各级各部门要做好应急广播体系建成后的维护管理和服务工作，确保有专人负责、管理和维护，做到建得好、管得住、用得上，能够长期稳定发挥作用。

山东省广播电视局关于切实加强全省广播电视公共服务体系建设的实施意见

（鲁广电发〔2020〕11号）

为深入贯彻落实中央和省委、省政府关于加快构建现代公共文化服务体系的决策部署，切实加强全省广播电视公共服务体系建设，提升广播电视和网络视听公共服务能力和水平，依据国家广电总局《关于加强广播电视公共服务体系建设的指导意见》（广电发〔2020〕1号）要求，结合我省实际，制定本实施意见。

一、总体要求

以习近平新时代中国特色社会主义思想为指导，全面贯彻党的十九大和十九届二中、三中、四中、五中全会精神，落实《中华人民共和国公共文化服务保障法），坚持以人民为中心的工作导向，按照乡村振兴、新型城镇化、区域协调发展及智慧广电建设等战略部署，聚焦人民群众听好看好用好广播电视，以标准化建设为引领，以均等化享有为基础，以提高覆盖面和适用性为关键，以推进转型升级为方向，着力补短板、强弱项、提质量、增效能，巩固和完善现有广播电视惠民工程成果，创新广播电视和网络视听公共服务内容和业务承载形式，加快实现广播电视公共服务由粗放式覆盖向精准化入户升级，由无线数字信号覆盖向高清接收升级，由传统视听服务向多层次多方式多业态服务升级，努力形成与我省经济社会发展水平相适应、与人民群众美好生活期待相契合的新时期全省广播电视公共服务体系。

二、主要目标

到2025年，覆盖城乡、服务便捷、保障充分、充满活力的广播电视公共服务体系基本建成，覆盖质量更加优化，实效性明显提高。广播电视和网络视听公共服务内容不断拓展，服务手段不断创新，生产、传播、服务更加精准，服务质量显著提升。广播电视公共服务管理、运行、保障机制更加健全，政府主导、社会参与、共建共享的公共服务新格局逐步形成。广播电视新技术应用更加广泛，“智慧广电＋公共服务”建设深入开展，公共服务数字化、高清化、网络化、智能化、移动化水平大幅提高。

三、主要任务

大力实施广播电视公共服务“2345行动计划”：推动广播电视由“户户通”向“人人通”、由“看电视”向“用电视”两个转变，统筹有线、无线、卫星三大传输体系，完善内容供给、运行维护、长效服务、政策保障四大机制，实现广播电视标准化、均等化、覆盖面、适用性、高质量五个全面推进，让广大人民群众享受更加满意、更加丰富、更加优质的广播电视和网络视听服务。

（一）提升广播电视传输覆盖能力

贯彻乡村振兴、新型城镇化战略，深入推进广播电视惠民工程，持续巩固广播电视节目无线数字化覆盖工程和广播电视户户通工程成果，统筹有线、无线、卫星三种方式，因地制宜、因户制宜推进数字广播电视覆盖和入户接收。贯彻区域协调发展战略，补齐欠发达地区、革命老区数字广播电视覆盖、无线发射台站基础设施建设等公共服务短板。实施广播电视覆盖扩面工程，加强建筑工地、户外作业点、交通工具等流动人群聚集点广播电视无线数字化覆盖，鼓励有条件的地区探索公交、电梯、地铁广播电视覆盖系统项目建设，推动基本公共服务常驻人口全覆盖。加快基层无线发射台站基础设施更新改造，提升基层台站安全传输保障能力，推动基层台站规范化、标准化、智慧化发展。

（二）加快应急广播体系建设

深入落实《关于推进山东省应急广播体系建设的实施意见》，统筹利用现有广播电视资源，在全省应急管理体系总体框架下，建成省、市、县、乡、村五级贯通，与国家应急广播平台、省应急管理部门指挥信息系统、省级融媒体平台有效衔接的全省应急广播体系。加快推动省、市、县三级应急广播平台建设，部署应急广播终端，配套完善乡镇、村适配平台，实现纵向与上级应急广播平台对接、横向和本级政府预警信息发布系统连通。逐步完善传输覆盖网络，建设信号传输通道，改造有线电视覆盖网，完善无线广播覆盖网和应急广播大喇叭系统。扩大应急广播覆盖范围和覆盖水平，加强户外终端和室内终端建设，向城市、社区公共场所应急广播体系建设延伸。不断完善应急广播运行管理机制，推进应急广播管控网络化、运行智能化、内容融合化和运维标准化，加快实现全天候、全方位、全时段的预警信息发布和政策宣讲服务，满足事前、事中、事后不同阶段的信息发布需求。

（三）强化优质内容有效供给

以内容建设为根本，坚持以人民为中心的创作导向，深入生活、扎根人民，推出一批弘扬主旋律、传承优秀传统文化、传播社会主义核心价值观、贴近时代、群众喜闻乐见的电视剧、纪录片、动画片、广播电视栏目、公益广告、短视频、网络剧、网络电影、网络综艺、网络栏目等各类型精品佳作。结合地域文化特色、农民生产生活实际，不断丰富“三农”节目内容，积极开发贴近农民群众生产生活的广播电视和网络视听节目栏目。鼓励有线电视和IPTV等播控平台设置服务“三农”节目专区，加强涉农节目的汇聚和播出。实施公益性节目栏目创新工程，通过广播电视节目、纪录片、动画片推优评优和专项资金扶持，引导公益性节目栏目创新创优，鼓励办好科技、法治、医疗卫生、文化体育、旅游推介等群众喜闻乐见的节目栏目，鼓励面向未成年人、残疾人、老年人、农民工等特殊群体的对象化节目栏目生产播出。鼓励有条件的广播电视机构丰富超高清节目内容供给，加大超高清电视剧、纪录片、动画片、综艺节目、体育节目、教育节目等内容生产力度。

（四）增强公共服务适用性

坚持共建共享理念，探索建立山东省广播电视和网络视听节目共享交易平台，强化内容制作经营机构与市县广播电视机构之间供需对接，推进节目捐赠、公益交易、节目合作共建和制播人才培养。优化县级融媒体中心广播电视和网络视听节目供给，以政府采购、委托创作等形式向县级融媒体中心提供优质广播电视和网络视听节目资源。加快建立内容需求反馈机制，开展广播电视和网络视听节目收视综合评价，综合运用大数据、区块链、人工智能等新技术分析用户需求，提升内容供给的贴近性和精准性。

（五）拓展智慧广电服务功能

坚持以先进技术为支撑，大力实施“智慧广电+公共服务”工程，发展广播电视公共服务、远程医疗、远程教育、智慧社会等多种融合业务，满足对跨屏、跨域、跨网、跨终端的收视和信息需求，满足政府需要、群众需要、企业需要。开展智慧广电乡村工程，推出一批具有广电特色的服务乡村社会治理、服务新时代文明实践中心建设、服务农民信息网络需求的综合信息平台。实施智慧广电助力新型城镇化工程，整合智慧广电内容、网络和服务资源，推动智慧广电进社区、进景区、进学校、进医院、进工厂，为城镇用户提供更加优质的视听服务和综合信息服务，提高新型城镇精细化治理能力。规范和加强广播电视和网络视听直播带货，帮助城镇和农村产品变产业、产值变价值、流量变销量。实施智慧广电服务智慧城市建设工程，以“智慧广电+社会服务+城市管理”为重点，创新广播电视服务内容和业务承载形式，助力城市实现智能管控、万物互联。

（六）完善基层公共服务网络

坚持分级负责和主管主办的原则，坚持建设与管理并重，建立“县级有机构管理、乡镇有网点支撑、村组有专人负责”的广播电视公共服务运行维护保障体系，完善直接面向群众的服务网络。开展基层公共服务标准化建设试点，引导县级广电行政管理部门依法依规成立公共服务管理维护机构，指导服务机构加强标准化建设和实施，细化完善设施建设、设备配置、人员配备、服务管理等软硬件要素，不断提升服务机构标准化水平。加快乡镇服务网点建设，因地制宜完善乡镇、村两级广播电视服务网络，依托乡镇广播电视站、综合文化服务中心、村级代办点等机构，为群众提供广播电视户户通、应急广播、有线电视和地面数字电视的维修维护。

四、组织实施

（一）加强组织领导。各级广播电视行政管理部门要切实履行公共服务重要职责，依法依规落实公共服务主体责任，立足本地实际，加强统筹规划和综合协调，建立健全党组领导、部门协同、权责明确的公共服务工作机制，汇聚全省广电系统齐抓共管的整体合力。积极争取地方党委政府支持，建立政府领导、部门配合的工作机制，争取更多的广播电视公共服务项目纳入当地经济社会发展“十四五”规划和“十四五”文化产业发展专项规划，纳入公共财政支出预算，确保各项任务顺利完成。

（二）加强政策保障。按照财政事权与支出责任相统一原则，积极争取当地发展改革、财政等部门对本级广播电视公共服务项目建设、优化节目供给、工程改造升级及运行维护的资金支持。落实政府向社会力量购买公共文化服务有关政策，积极引导企业立足群众需求、结合广播电视实际，参与广播电视公共服务供给。综合运用政府购买、项目补助、定向资助等政策措施，强化广播电视和网络视听各类专项资金的杠杆功能，推动公共服务内容和服务不断提升。加强广播电视公共服务专项资金使用的监督检查和绩效管理，强化检查结果运用，提高资金使用效益。

（三）加强规范管理。修订完善现有各类广电惠民工程服务制度和规范，坚持建设与运维并重，从服务内容、技术保障、人员配备和服务管理等方面建立基本标准和规范，完善无线数字覆盖、广播电视户户通、应急广播等惠民工程的运维机制和监管机制。优化扩容我省广播电视和网络视听监测监管平台功能，对传统有线、无线以及数字传输的用户前端进行全方位实时监测。建立公众反馈评价体系，探索引入第三方机构开展广播电视公共服务满意度调查。

（四）加强宣传推介。指导协调全省广播电视传统媒体和网络视听新媒体加大广播电视公共服务宣传，立足“政策宣传到家、思想工作入户、技术服务到人”，加快传统宣传与新媒体宣传有机融合，不断提升广播电视公共文化服务宣传力和影响力。建立公共服务信息宣传通报制度，聚焦全省各地广播电视公共服务的生动实践，集中优势资源深入宣传好典型、好做法，激发全社会参与和支持的热情。

李昌文在全省广播电视工作会议上的讲话

（2021 年 1 月 19 日）

省委宣传部副部长，省广电局党组书记、局长　李昌文

同志们：

这次会议的主要任务是，高举习近平新时代中国特色社会主义思想伟大旗帜，深入学习贯彻党的十九大和十九届二中、三中、四中、五中全会精神，落实全国广播电视工作会议和全省宣传部长会议精神，总结工作，交流经验，分析形势，研究部署今年广播电视和网络视听工作。刚才，谢宁同志传达了全国广播电视工作会议精神，济南、青岛、烟台、潍坊、临沂分别作了发言，介绍了工作经验，讲得都很好。大家要认真学习领会，加强交流借鉴，推动工作落实、质量提升。下面，我代表局党组，讲四点意见：

一、2020 年全省广播电视和网络视听工作取得新成绩

过去的一年是极不平凡的一年。在省委、省政府的正确领导下，全省广播电视战线坚持以习近平新时代中国特色社会主义思想为指导，认真落实省委、省政府部署要求，稳中求进、守正创新，取得了许多新亮点、新成绩。

（一）重大宣传导向正确、氛围浓厚

各级播出机构按照统一部署，深化拓展广播电视“头条”和网络视听“首页首屏首条”建设，深入宣传习近平新时代中国特色社会主义思想，宣传党的十九届五中全会精神，协调推出“牢记嘱托”系列主题报道、《学习路上》等一批重点节目栏目。聚焦“八大发展战略”“九大改革攻坚行动”等全省性工作，推出系列宣传报道，为现代化强省建设营造了浓厚氛围。开设“众志成城　抗击疫情”“战疫情　保复产”等一批专栏、节目，制作防疫主题公益广告 2.1 万余条、播出 330 万余次。在第 30 届中国新闻奖评选中，我省 6 件作品获奖，其中济南、青岛各有 1 件作品获奖，实现了市级台的新突破。

（二）内容创作生产生机蓬勃、成果丰硕

紧紧围绕全面建成小康社会、脱贫攻坚，围绕弘扬优秀传统文化、传承沂蒙精神，加快推进电视剧、网络剧生产，质量、影响力得到了新提升。电视剧方面，共备案公示 22 部、768 集，有 6 部作品入选全国脱贫攻坚题材重点电视剧，数量全国第一。山影集团拍摄制作的《温暖的味道》，入选今年央视电视剧片单。临沂市推出的弘扬沂蒙精神题材电视剧《遍地书香》，在北京卫视热播，最高收视率达 1.295%。《绿水青山带笑颜》在湖南卫视首播，在爱奇艺、优酷、腾讯三大平台同步播出。《大运河》等 10 部剧在央视和一线卫视排播。网络剧方面，规划重点网络影视剧 214 部、上线 16 部。反映习近平总书记

两次回信、指导云南怒江独龙族整体脱贫的网络电影《春来怒江》，列入中宣部宣传思想工作要点，入选全国“精品创作传播工程”，近期在爱奇艺热播，得到总局领导和省领导肯定。威海《大洋深处钓鱿人》获第33届金鸡奖最佳纪录片/科教片提名，电视剧《经山海》在日照开机，济宁策划电视专题片《悠悠运河情》，泰安组织拍摄纪录片《泰山挑山工》，潍坊市策划网络电影《飞夺泸定桥》、聊城市推出网络短片《老疙瘩脱贫记》，进展顺利、效果良好。

（三）阵地管理从严从实、日益规范

认真落实意识形态工作责任制，切实守好阵地、把好关口。组织开展安全播出大检查，全力以赴抓整改、促提升、保安全，圆满完成重要保障期安全播出任务，我省被国家广电总局通报表扬。开展卫星电视传播秩序专项整治行动，全面清理青烟威部分宾馆酒店违规接收境外电视节目问题，成效显著，尤其是烟台市力度最大。开展违规用频治理行动，查处“黑广播”案件71起。在非法卫星电视接收设施整治工作中，我省得分连年全国领先。开展“净网”专项整治行动，查处违规网站116家、清理违规节目28部、违规账号79个。深化IPTV规范管理，省级平台通过国家验收，我省获IPTV集成播控服务牌照，是2017年全国正式验收以来首家。

（四）公共服务覆盖扩大、质量提升

加快推进应急广播体系建设，联合出台《关于推进山东省应急广播体系建设的实施意见》，省级应急广播云平台投入运行，54套传输适配设备完成安装对接，66个县建成应急广播“村村响”系统，19个深度贫困县完成应急广播体系建设，推出防疫、防汛特别节目168期，取得很好效果。顺利关停地面模拟电视信号，实现了从模拟到数字的平稳过渡。选派38名干部下基层，助力乡村振兴、脱贫攻坚，得到了市、县高度评价。在全国广播电视公共服务座谈会上，我省作典型发言。

（五）产业发展结构优化、活力增强

出台《关于加快推动我省广播电视和网络视听产业高质量发展的实施意见》，国家广电总局全文刊发。青岛5G高新视频实验园区建设成效显著，列入全省重大产业平台和新旧动能转换重大项目库优选项目，与国家广电总局联合共建了5G高新视频应用安全重点实验室、超高清节目技术质量自动评测实验室，引进重点企业60家，其中行业头部企业18家。积极布局网络视听行业发展，评定全省网络视听（短视频）基地10个，推出重点网络视听项目11个。海看网络科技（山东）股份有限公司成功通过上市前置审批，有望成为我省第一家上市的新媒体企业。

（六）改革攻坚稳步推进、亮点频出

深化广播电视、网络视听领域改革攻坚，取得一系列突破性进展。推进简政放权，18项行政审批事项实现“全程网办”。大力推进媒体融合，县级融媒体中心省级技术平台通过国家验收，95家县级台全部整合到县级融媒体中心。总局评选全国广播电视媒体融合评选获奖单位（项目）40个，其中省台2个、济南台2个，总数占到了1/10。“智慧广电”建设初见成效，山东广电网络有限公司“享TV综合业务平台”、微波总站“台站全业务信息化平台建设”等5个项目入选全国智慧广电典型案例。扎实推动“全国一网整合”，各市讲政治、顾大局，较好地完成了工作任务。我省出资额占中国广电网络股份有限公司4.66%的股份，在非上市省网公司中位居第2，国网公司有董事11名、我省入选1名。经省委批准，正在组建新的省广播电视传输保障中心。“两厂一站”完成转企改制，泰山出版社、山东电影发行放映集团纳入省文资理事会管理。

（七）自身建设全面加强、成效明显

把政治建设摆在首位，深入学习贯彻习近平新时代中国特色社会主义思想，增强“四个意识”、坚定“四个自信”、做到“两个维护”。实施“党建质量提升计划”，开展“模范机关”和“四强党支部”创建活动，加强党风廉政建设，深入整治形式主义官僚主义。做好配合省委巡视工作，各项任务较好完成。抓紧抓实疫情防控，推出12条措施抗疫情、促发展，国家广电总局予以推介。开展财务管理标准化建设和全省首批部门整体绩效管理试点，省局、省网络公司和泰安、临沂、青岛被评为全国统计工作优秀集体。山东传媒职业学院举办60周年校庆活动，微波总站微波干线网升级改造项目通过验收，积极做好中波同步广播工作，《现代视听》期刊影响力大幅提升、《山东广播电视年鉴》编纂质量进一步提高，监测中心全省视听新媒体综合监管云平台投入使用，泰山转播台成功开展4K超高清电视节目无线发射试验，各项工作都取得了新进展。

这些成绩的取得，是习近平新时代中国特色社会主义思想科学指引的结果，是省委、省政府正确领导的结果，是各市、各单位凝心聚力、担当进取的结果。这里，向大家以及全省广播电视和网络视听战线的干部职工表示衷心的感谢！

二、深入贯彻党的十九届五中全会精神，在文化强省建设中找准定位、彰显作用

十九届五中全会把文化建设摆在突出位置，提出了到2035年建成文化强国的远景目标，明确了“十四五”时期文化建设的目标要求，提出了一系列战略举措。省委提出了“十四五”时期文化强省建设实现突破、塑成优势的目标任务。广播电视和网络视听是文化事业的重要组成部分，是繁荣文化事业、提升文化软实力的重要力量，在支撑、推动文化强省建设中重任在肩。

一要在提高社会文明程度中有新作为。广播电视和网络视听受众面广、权威性强，在社会文明建设中作用巨大。要坚持不懈用习近平新时代中国特色社会主义思想武装全党、教育人民，促进全体人民在思想上精神上紧密团结在一起。要加强党史、新中国史、改革开放史、社会主义发展史宣传，弘扬党和人民在各个历史时期形成的伟大精神。要弘扬社会公德、职业道德、家庭美德、个人品德，推动全社会形成适应新时代、新要求的思想观念、精神风貌、文明风尚、行为规范。

二要在传承弘扬优秀文化中有新作为。广播电视和网络视听作为重要传播媒体、信息载体，传承弘扬优秀文化责无旁贷。要通过广播电视节目、电视剧、网络视听节目、动画片、纪录片等多种形式，加强对儒家文化、红色文化、泰山文化、黄河文化、运河文化、海洋文化、现实文化的挖掘、阐发，展现这些优秀文化的精神内涵、时代价值，在弘扬优秀文化中走在前列。

三要在提升公共文化服务中有新作为。广播电视和网络视听连接千家万户、亿万群众，关系民生福祉，关系人的全面发展。要大力加强公共文化服务体系建设，坚持软件、硬件并重，既努力提供更多、更好的优秀精神食粮，又在广播电视覆盖、数字化升级等方面下功夫，推进标准化、一体化发展，全面提升群众对广播电视和网络视听的满意度。

四要在加快文化产业发展中有新作为。广播电视和网络视听有非常强的产业属性，是文

化产业的重要支柱。要在做优做强产业上下功夫，优化产业结构布局，推进新旧动能转换，把握数字经济新引擎，全面释放文化产业的生机和活力，让广播电视和网络视听在文化产业中的占比越来越高、份量越来越重，为文化强省建设作出新的更大贡献。

三、以奋斗姿态抓好2021年工作，为“十四五”开好局、起好步

省委、省政府非常重视广播电视和网络视听工作，应急广播体系建设、县级融媒体中心建设写入政府工作报告，智慧广电、5G高新视频、短视频、4K/8K等也被纳入省“十四五”总体规划。我们也正在着手起草全省广播电视和网络视听“十四五”发展规划，对未来五年进行谋篇布局。“十四五”开好局、起好步，既要看当前，又要看长远，努力把握新发展阶段、贯彻新发展理念、融入新发展格局，以更宽广的视野来思考和谋划。今年工作总的考虑是，扎实落实全面从严治党政治责任，以严格落实意识形态工作责任制为统领，加强内容建设、阵地建设、队伍建设、制度建设“四个建设”，强化内容引领、阵地支撑、队伍保障、制度管控的作用，在高质量、创新性发展上做文章、下力气，抓好一系列大事、实事，为现代化强省特别是文化强省建设提供支撑、作出贡献。会后，省局还将印发工作要点。这里，我着重强调以下几个方面的工作。

（一）以建党百年宣传为主线，奏响舆论最强音

指导、协调广播电视重大宣传活动，是我们肩负的一项重要职责。要发挥好指导、协调功能，抓好系列重大宣传，营造氛围、凝聚力量。

一要持续宣传阐释习近平新时代中国特色社会主义思想。用心用情、精细精准做好习近平新时代中国特色社会主义思想宣传阐释，是广播电视和网络视听媒体最根本的政治任务、最重要的政治责任。要继续深化“头条”建设、“首页首屏首条”建设，紧紧围绕习近平总书记重要活动、重要讲话、重要部署，精心策划推出重点报道、新闻评论，多形态、多角度、深层次、持续性开展宣传，做到真心召唤、真情感染。

二要精心做好重大宣传。要牢牢把握“党的盛典、人民的节日”基调定位，把核心宣传与建党百年宣传有机结合，精心做好建党百年庆祝大会等重大活动的宣传报道，唱响时代旋律。今年还是辛亥革命110周年、抗战爆发90周年、长征胜利85周年、西藏和平解放70周年，各级广播电视和网络视听媒体要按照统一部署，生动展现百年大党的梦想与追求、情怀与担当、奉献与牺牲。网络视听机构要加强首页内容调控，打造好《跨越时代的旋律》《红色齐鲁·百年记忆》《红星耀百年》等融媒体产品，线上线下同频共振，营造隆重热烈喜庆氛围。

三要做好现代化强省建设宣传。要围绕现代化强省建设这个大局，聚焦“七个走在前列”“九个强省突破”，聚焦新时代山东发展，开设专题专栏专区，大张旗鼓开展系列宣传报道，展示我省经济社会发展的新成就新气象。要打造好《总结“十三五”、展望“十四五”》《我的黄河故事》等系列短视频，全景式、立体化的展现山东人、山东事，为现代化强省建设营造氛围、凝聚力量。

（二）以产业化思维、保姆式服务，繁荣电视剧创作生产

要秉持“鲁剧”优良传统，构建完善的、宽松的内容创作生产环境，为源源不断推出精品佳作创造条件、提供土壤。

一要抓好选题策划论证，早动手、早谋划。文艺创作有一定周期，重大题材作品时间更长，甚至是“十年磨一剑”。今年是建党100周年，

明年将举行北京冬奥会，2023年是抗美援朝胜利70周年、习近平总书记提出“一带一路”倡议10周年，2024年是新中国成立75周年，2025年是抗战胜利80周年，这些都是要对标的重要时间节点。从目前情况看，我们对电视剧创作顶层设计、系统规划、统筹指导不够精准、到位、有力。要加强选题规划、统筹，引导制作机构把资金、精力投入到最符合主题要求、最可能出彩、最可能获得全国性大奖的作品上来。要常态化开展选题规划论证，建好用好“鲁剧重点项目库”，实行重点跟踪、动态调整、压茬推进。要加强与文联、作协等部门的合作，鼓励作家、艺术家参与选题创意和剧本创作，推动优秀文学作品影视化改编。

二要集中力量抓重点，出精品、出佳作。总局围绕未来五年重要时间节点，将策划一批主题创作选题，每年20部、五年百部重点作品，我省要争取每年都有作品入围。要实行精准滴灌的办法，集中力量抓精品，抓好全面建成小康社会、乡村振兴题材电视剧《经山海》《老家伙》，庆祝建党100周年题材电视剧《饮马长江》《永恒的使命》《沂蒙山小调》的创作生产，确定几个具有高峰潜力的精品剧目，重点扶持、重点跟进、重点推介。

三要优化创作生产环境，引企业、留人才。制作机构、优秀人才更加青睐服务好、环境优的地方。我们在资金扶持方面比不上北京、上海、江浙等地，但服务上完全可以赶超。要进一步优化营商环境，提升审批备案服务，在保证导向、质量的前提下，对优秀剧本、剧目快速通过。要转变工作理念，寓管理于服务之中，当好“店小二”，实行保姆式服务。要完善内容审查机制，调整电视剧审查委员会，吸收文联、高校、政策研究、党史等领域专家，帮助制作机构把好导向、提升质量。要实行全流程管理，在项目启动、剧本研讨、拍摄制作、宣传推介、发行播出等各个阶段，全程跟踪服务，全力支持创作生产。

（三）以建立完善管理服务体系为抓手，全力打造网络视听行业高地

网络视听将来更加重要，也非常容易出亮点、出成绩。要更加重视网络视听，构建涵盖“创意、生产、推广、监管”等环节的闭环式管理服务体系，全面提升影响力。

一要搭建全国性大平台。今年我们将向总局申请，争取在青岛市举办“中国网络视听节目精品创作传播峰会”。青岛是我省首个电影之都，影视剧创作制作基础雄厚，举办大型会议活动的经验丰富，完全有能力办好峰会。有关处室要加强与青岛市沟通对接，成立工作专班，积极到总局汇报争取，通过举办全国性峰会，带动整个行业强起来。

二要抓好基地园区建设。去年，省局着眼网络视听行业发展，提前布局谋划，确定了内容生产传播类基地5个、行业发展研究类基地1个、行业服务培育类基地4个，推出了11个重点项目，投入扶持资金1100万元。下一步要建好用好这些基地，以项目为抓手，定期调度进展情况，全程跟踪指导。要大力建设发展青岛5G高新视频园区，加快落实三年发展规划，推动国家级重点项目、龙头企业落户，在高新视频产业上实现“领跑”。要在此基础上，向总局申报国家级网络视听产业园区（基地），打造特色鲜明、资源集约、辐射效应显著的头部园区。

三要推出网络剧、短视频精品。网络影视剧是重要的内容产品，今后要投入更大精力，打造“网络鲁剧”新品牌。要围绕建党100周年主题，抓好重大题材的挖掘和创作，抓好网络电影《飞夺泸定桥》等作品的创作扶持引导，打造1—2部在全国有影响力的网络剧精品。要完善种子库、项目库、片单库，加大对入库项目的扶持，推动优秀网络剧不断涌现。短视频制作成本低、形式灵活、传播力强，要大力培育扶持各类短视频企业特别是“草根”企业，推出一批既有质量又有流量的优秀作品。

四要抓牢网络监管。要针对网络视听阵地特点，实施流程再造，打造闭环式的监管机制。要以核发《信息网络传播视听节目许可证》为契机，将持证新闻单位纳入网络视听节目监管平台。要规范 IPTV 发展，播出机构、电信传输企业要按照统一部署，认真履行主体责任，把好接入关、审查关、播出关，绝对不允许出现政治有害、内容低俗等问题。省局将按照落实意识形态工作责任制的要求，全面加强对 IPTV 的管理，出现问题严肃追责。

（四）以县级融媒体中心为重点，全面加强阵地建设和管理

阵地安全无小事，要严格落实主管主办主体责任、属地管理责任，坚持建设、管理并重，确保阵地安全可控。

一要支持县级融媒体中心发展。我省 95 家经总局批准的县级台，已全部整合到县级融媒体中心，其他县级融媒体中心也正在申领《信息网络传播视听节目许可证》。县级融媒体中心基本建成后，下一步的重点是破解生存和发展问题。省局今年将启动"全省广播电视和网络视听节目共享交易平台"建设，将全省各级公益性、公共性的优秀广播电视节目汇集起来，无偿提供给各县级台播出使用。对优秀节目将视情况给予扶持，优先推荐参加全省、全国性评奖。目前已经拿出了初步方案，下一步将作为重点工程来抓，也请各播出机构大力支持。

二要加快推动媒体深度融合。按照"三定"规定，省局承担着"推进全省广播电视与新媒体新技术新业态融合发展"的职责，这是整个媒体融合战略的重要组成部分，是对我们这个领域的具体要求。去年，中央出台了《关于加快推进媒体深度融合发展的意见》，总局也出台了《关于加快推进广播电视媒体深度融合发展的意见》，要对照这两个文件，逐条研究、逐项落实，抓紧形成我省实施方案，制定全省广电媒体融合发展三年行动计划。要推进跨地区、跨层级、跨行业、跨媒体资源整合，打造国家级媒体融合发展创新中心。要选树先进典型，推出我省先导单位、典型案例和成长项目。各级播出机构要把媒体融合抓在手上，不搞形象工程、表面文章，加快推进这项关系生死存亡的重大任务。

三要打造新型主流媒体。各级播出机构要加强上下联动和横向合作，全力挺进新媒体主战场，推动更多优质内容、先进技术、优秀人才向主阵地汇集。要全面推进市级主频道高清化，积极实施超高清行动计划，加强 4K 制播能力建设。各播出机构要走专业化、特色化、品牌化发展之路，推动频道资源整合、结构优化、精简精办。总局明确要求，要进一步压缩、调整和规范现有省级、副省级和地市级开办的专业频道，对严重偏离频道定位、内容导向不正、节目质量低劣、综合效益低或不具备开办条件、能力的频道，将依法依规实施退出管理。

四要抓牢抓细安全播出。做好建党 100 周年重要活动现场直播、转播安全，是今年安全播出的重中之重，总局将以"献礼 100 周年，奋战安播 100 天"为主题，将第二季度和 7 月上旬定为"安全播出季"，全力抓好安全播出。各级播出机构、传输机构要提高政治站位，把这项工作牢牢抓在手上。要开展"安全传输保障能力建设提升专项行动"，结合历次检查反馈的问题，进行一次"回头看"，制定应急预案，开展应急演练。要高度重视网络安全，对问题漏洞抓紧整改，提升网络安全处置、应对能力。

五要加强监测能力建设。局里现有 5 个监测系统，对省市县 360 套频道自办节目进行监测，是阵地管理的"眼睛""耳朵"。下一步，要对这些系统进行整合、提升，打造一体化的广播电视及网络视听综合监管平台，重点建设"两微一站"监测系统。要用好监测成果，开展监测流程再造，构建"发现、处理、整治、预防"于一体的闭环式监管体系。

（五）以应急广播体系建设为重点，推动公共服务提质升级

下一步公共服务体系建设的重点，是推进城乡公共文化服务体系一体化建设。要坚持内容供给和基础建设并重，稳步提高广播电视公共服务均等化水平。

一要推进应急广播体系建设。我省 16 个市还没有建立市级平台，近 70 个县（市、区）没有建成村村响系统，离总局要求有较大差距。下一步，要将应急广播体系建设纳入全省应急管理体系，联合应急、气象、地震、国土等部门，完善日常使用、信息发布机制，确保好用、用好。要实现多平台发布，确保紧急预警信息能够通过村村响、电视、广播、手机等平台，到达群众身边、手上。要建立完善的发布机制、唤醒机制，确保第一时间到达，发挥好“战时应急、平时服务”功能。各市要积极行动，把这项打基础、利长远、惠民生的重要工作做好、做扎实。

二要提升农村公共服务。十九届五中全会明确提出，要全面推进乡村振兴，实施乡村建设行动，完善农村广播电视基础设施。这是一项重大战略部署，是交给广电系统的重要政治任务。我们要积极对接国家战略，策划实施智慧广电乡村工程，推动广播电视从“户户通”向“人人通”“移动通”“终端通”升级。要探索建设本地服务平台，优化节目内容资源配置，推动优质资源向基层下沉、向乡村覆盖，提供更多、更优质的内容产品。

三要推动服务提质增效。要大力推动公共服务转型，在安全稳定提供数字电视信号的同时，注重加强新技术应用和创新，更好地满足群众收听收视需要，扩大主流舆论阵地的覆盖成效。要积极参与政务服务、公共安全、医疗教育、防灾减灾、民生保障、生态环保、文化旅游、农村农业、党建工作，更好地参与政务性服务、公益性服务、跨领域跨行业服务，提高数字社会、数字政府、数字农村建设的参与深度。

（六）推进智慧广电建设，推动产业做优做强

技术升级、转型迭代是高质量发展的必由之路。我们要顺应传播规律和行业发展趋势，通过“智慧广电”强体赋能。

一要推动“智慧广电”建设。“智慧广电”已经列入国家“十四五”规划建议，这是能够引领全行业未来发展、提高生存发展能力的关键之举。今年，要及时出台全省“智慧广电”实施方案，提出 5G、4K 等产业发展行动计划，带动全行业做优做强。要开展智慧广电典型案例征集，将优秀案例在省内进行推荐、推广。各市、各单位要积极探索、尝试，努力创造更多、更好经验。

二要强化新技术应用。随着数字化、网络化、大数据、云计算、5G 以及人工智能等的广泛应用，行业面貌、发展路径都发生了根本变化。要及时革新观念，顺应数字化发展趋势，在大数据应用、短视频、5G 高新视频、高清电视和 4K/8K 超高清电视、VR/AR 等领域积极发力、主动探索，改造提升传统广电业态。要强化与科研院所、科技龙头企业的合作，打造创新创业共同体和技术服务平台，促进“政产学研金服用”创新要素有效集聚、优化配置。要转变网络收入、广告收入单一来源模式，向内容营销、政企服务、直播等领域拓展。各级、各单位要大胆探索、试验，省局将全力支持，成效突出的推荐申报全国先进典型。

三要发展骨干企业。产业发展离不开企业载体的支撑，既要发挥国有企业的主力军作用，又要发挥民营企业的生力军作用，引导企业做大做强，成为产业发展的强力引擎。要继续支持山东广电网络有限公司、山东影视传媒集团、山东广电传媒集团等国有文化企业改革发展，支持海看公司等企业上市融资，壮大主导产业，发展关联产业，不断增强核心竞争力，发挥好龙头效应。要补齐民营企业短板，健全管理、服务、保障三位一体的扶持体系，在规划引导、项目支持、宣传推介等方面，提供更对路、更精准的服务，引导他们走“专、精、特、新”发展道路。采取“外招内培”的方式，加强与头部平台、机构的合作，吸引国内知名网络视听平台、短视频创作企业、专业制作中心来鲁创业发展。

四、以全国文明单位创建为抓手，打造模范机关和一流队伍

今年，省局将全面展开全国文明单位创建工作，以文明创建带动党的建设、机关建设、队伍建设等各方面强起来、优起来。这是一项系统工程，需要做的工作非常多、任务非常重。这里，我着重强调五个方面的问题：

一要抓好政治建设。广电工作是政治工作，广电机关是政治机关。旗帜鲜明讲政治，我们的标准要更高一些、更自觉一些。要提高政治定力，自觉与习近平新时代中国特色社会主义思想对标对表，学好用好《习近平谈治国理政》《论党的宣传思想工作》，增强“四个意识”、坚定“四个自信”、做到“两个维护”。要提高政治能力，善于从政治上看待和处理问题，提高政治判断力、政治领悟力、政治执行力，牢牢把握正确的政治方向、舆论导向和价值取向。要结合庆祝建党百年，开展党史学习教育，在学党史中强化初心使命。

二要落实党建责任。各级、各单位都要牢固树立“抓好党建是最大政绩”理念，突出“严”的主基调，坚持党建工作与业务工作同谋划、同部署、同推进、同考核，压紧压实全面从严治党政治责任、意识形态工作责任。要严格执行中央八项规定精神，守住廉政底线，细化实化风险防控举措，抓早抓小抓日常，筑牢拒腐防变的思想堤坝。对省委巡视组反馈意见，要认认真真、逐条逐项抓好整改落实，涉及各市、有关单位的要积极配合，通过整改实现强身健体、质量提升。

三要强化队伍建设。广播电视和网络视听知识密集、技术性强，必须做到专业化，让专业的人干专业的事。要提升专业素养，每一位同志都要熟悉自己的工作，对行业状况深研细究、了如指掌，增强脚力、眼力、脑力、笔力，成为让人信服的行家里手。要优化干部工作机制，探索高层次人才、重点领域紧缺人才面向社会公开招聘、选聘的办法，进一步优化队伍结构。各市、各单位要优化选人用人机制，完善激励措施、薪酬政策，吸引人才、留住人才。山东传媒职业学院要紧跟媒体融合、5G、短视频等新模式、新形态，优化调整专业设置，打造传媒特色名校，实现“内涵式”发展，为行业发展提供有力人才支撑。

四要完善制度机制。制度管长远、管根本，也最高效、最省心。要对以往的制度查漏补缺、完善提升，重点是抓好学习制度、廉政制度、工作制度、管理制度、意识形态工作责任制落实制度、“三重一大”等六方面制度的梳理完善，形成一整套的制度体系。要进一步完善行业管理制度，及时提供给各市、各单位，让大家都知道各项工作有什么要求、该怎么干，哪些坚决不能做。要完善运转机制，加强配合、优化流程。建立完善、流畅的上下沟通机制，加强与各级、各单位的联系，大家有意见建议可随时向省局反映。

五要狠抓工作落实。要把抓落实、抓执行作为检验政治坚定不坚定、忠诚不忠诚的重要标尺，作为评先树优的重要依据，全面推进执行能力建设。要明确抓落实的重点，主要有四个方面：习近平总书记系列重要讲话精神、重

要指示要求以及中央决策部署，省委常委会工作要点、省政府工作报告任务分工，总局工作部署和省委宣传部要求，以及党组工作安排。凡是明确了该干的工作，都要按照“五化”（“全年工作目标化、所有目标具体化、具体工作清单化、任务清单责任化、每项工作考核化”）要求，明确责任到人，制定工作清单，一抓到底、见到实效。要提高抓落实速度，布置的工作一般7天内要有回音，半个月内拿出方案或取得一定进展，不能一拖再拖，甚至石沉大海。要建立常态化的督查、问责机制，实行台账管理、闭环管理，一项项往前推、一件件抓落实，以实绩论英雄。

同志们，开启新征程，广播电视和网络视听大有可为。我们一定要增强“四个意识”、坚定“四个自信”、做到“两个维护”，以奋发有为的精神状态，既扎实做好常规性工作，又突出抓好创新性工作，在“十四五”开局大考中交上合格答卷。

（省局办公室提供）

2021 年全省广播电视和网络视听工作要点

2021 年是实施“十四五”规划、开启全面建设社会主义现代化国家新征程的第一年，是中国共产党成立 100 周年。今年全省广播电视和网络视听工作总的要求是：坚持以习近平新时代中国特色社会主义思想为指导，深入贯彻落实党的十九大和十九届二中、三中、四中、五中全会精神，增强“四个意识”、坚定“四个自信”、做到“两个维护”，紧紧围绕学习宣传贯彻习近平新时代中国特色社会主义思想这个首要政治任务，紧紧围绕庆祝中国共产党成立 100 周年这条主线，紧紧围绕“七个走在前列”“九个强省突破”这个目标，牢牢把握全面从严治党政治责任，以全面落实意识形态工作责任制为统领，抓牢抓实队伍建设、制度建设、内容建设、阵地建设，强化队伍保障、制度管控、内容引领、阵地支撑，加快全省广播电视和网络视听高质量、创新性发展，以优异成绩献礼建党 100 周年。

一、以建党百年宣传为主线，奏响舆论最强音

牢牢把握“党的盛典、人民节日”的基调定位，把核心宣传与建党百年宣传有机结合，让主旋律和正能量充盈广播电视和网络视听空间，形成强大声势，营造浓厚氛围。

1. 持续深入宣传阐释新思想。把学习宣传贯彻习近平新时代中国特色社会主义思想作为最根本的政治任务，深化广播电视媒体“头条”建设，紧紧围绕习近平总书记重要活动、重要讲话、重要部署，指导策划推出重点报道、新闻评论，多形态、多角度、深层次、持续性开展宣传，做到真心召唤、真情感染。加强网络视听媒体“首页首屏首条”建设和内容调控，落实重点网络视听平台首页首屏编排报备机制，推出形式多样、精彩纷呈的视听宣传内容。

2. 精心做好重大主题宣传。聚焦“奋斗百年路　启航新征程”重大主题，统筹网上网下，精心策划重点报道、特别节目和专栏专区，开展全方位多层次立体化宣传，做好建党百年系列重大活动的宣传报道，生动展现百年大党的梦想与追求、情怀与担当、奉献与牺牲。策划推出《跨越时代的旋律》《红色齐鲁 · 百年记忆》《红星耀百年》等系列网络视听精品，组织开展庆祝建党百年优秀电视剧、主题公益广告、优秀网络视听节目征集展播活动，营造隆重热烈的喜庆氛围。

3. 抓好现代化强省建设宣传。紧紧围绕省委、省政府中心工作，围绕推进“七个走在前列”“九个强省突破”，扎实做好新旧动能转换、打造乡村振兴齐鲁样板、海洋强省建设等重大部署宣传，充分展示我省经济社会发展的新成就、新气象、新变化。推出《时光》《我的黄河故事》等系列短视频，全景式、立体化地展现山东人、山东事。协调组织开展以劳动创造幸福为主题的宣传教育，推动形成艰苦奋斗、勤俭节约的社会风尚。

二、强化产业思维、项目意识，推动精品内容创作生产

在优化服务、优化选题、优化机制上下功夫，探索开展全流程的引导和管理，努力推出一批叫得响、传得开、有影响力的精品佳作。

4. 优化创作生产服务。树立现代化项目管理理念，推进内容创作生产精细化、规范化管理。制作《山东省拍摄服务指南》，分区域推介拍摄服务资源、宣传解读优惠政策。完善内容审查机制，加强审查专家队伍建设，提高专业性权威性。实行全流程管理，在项目启动、剧本研讨、拍摄制作、宣传推介、发行播出等各个阶段，全程密切跟踪服务，吸引更多优秀影视团队、高端影视人才落户山东。深入挖掘齐鲁优秀文化资源，加强与文联、作协等部门对接合作，鼓励作家、艺术家参与选题创意和剧本创作，推动优秀文学作品影视化改编。

5. 加强选题规划引领。以建党 100 周年、2022 年党的二十大、2023 年抗美援朝胜利 70 周年、2024 年新中国成立 75 周年等重要时间节点为坐标，超前谋划策划主题题材，确定一批电视剧、纪录片、动画片、广播电视节目、网络视听作品等重点选题。充实完善“重点项目库”，常态化开展选题规划论证，引导制作机构精准创作，构建推出一批、储备一批、创作一批、谋划一批的创作生产格局。

6. 突出抓好重点作品。推动全面建成小康社会、乡村振兴题材电视剧《经山海》《温暖的味道》《我们的小康时代》，庆祝建党 100 周年题材电视剧《饮马长江》《永恒的使命》《青山遮不住》《沂蒙山小调》，庆祝二十大召开题材电视剧《老工人》《老家伙》《九月火车》，现实生活题材电视剧《再见啦！母亲大人》《走起，我的天才街坊》《燃！沙排少女》的创作生产，擦亮“鲁剧”品牌。推动文献纪录片《“一大”代表邓恩铭》《新沂蒙六姐妹》创作生产，推出《五色奇玉记之灵云代码》等优秀动画片。加强网络文化建设，抓好网络电影《飞夺泸定桥》等重点网络视听节目的创作生产，全力打造“网络鲁剧”新品牌。鼓励各市结合本地实际，健全广播电视和网络视听节目创作机制，努力推出一批主旋律精品。

7. 突出重点抓好扶持引导。健全广播电视节目评选工作机制，增设县级台申报名额，进一步优化评选节目类别、评委组成、评选程序，引导推出更多原创精品节目和原创节目模式。继续开展影视精品项目评审活动，用活用好省级影视精品推进计划专项资金，大力扶持重大题材创作生产，集中资金、力量抓精品、抓亮点，形成价值内涵和艺术品格相统一的遴选、资助和推介机制。推动播出机构加强合作，联合推出系列原创节目。细化制订推动我省电视剧、动画片、纪录片、网络影视剧等内容产业发展和规范管理的实施细则和配套措施。举办全省广播电视宣传管理、电视剧业务、广播电视新技术应用和网络安全等培训班。

三、坚持内容供给和基础建设并重，推动公共服务提质升级

贯彻落实十九届五中全会“推进城乡公共文化服务体系一体建设”部署，着力补短板、强弱项，做牢、做实广播电视基本公共文化服务，稳步提高标准化、均等化水平。

8. 搭建全省性节目平台。按照“政府主导、互惠共享”的原则，建设“全省广播电视和网络视听节目共享交易平台”，集聚省、市、县三级播出机构资源，涵盖电视剧、纪录片、网络剧、短视频、广播电视节目，为县级融媒体中心乃至市、省播出机构提供丰富的节目资源。

建立平台运行管理机制，开展平台管理专题培训。

9. 加快应急广播体系建设。认真落实《关于推进山东省应急广播体系建设的实施意见》，开展全省应急广播体系建设攻坚行动，召开全省应急广播体系建设推进会议，推动16个市建设应急广播管理平台、全省95个县（市、区）开展传输适配设备安装调试。把县级融媒体中心纳入全省应急广播体系，实现应急广播资源省、市、县三级的贯通联动、资源整合。联合宣传、应急、公安、水利、国土、地震、气象等部门，组建全省应急广播工作协调机构，建立日常使用、信息发布机制，打造“政务发布、突发应急、为民服务”的综合服务新平台。

10. 加强中波台站建设。把中波台站建设摆上更重要的位置，加强中波工作顶层设计，对全省24个中波台站进行摸底排查，更新更大功率的发射设备，加强对实验频率的规划、调整，全面提升中波台站建设水平。

11. 提升公共服务内涵。在安全稳定提供数字电视信号的基础上，注重加强新技术应用和创新，促进广播电视从“户户通”向“人人通”“移动通”“终端通”升级，更好地满足群众收听收视需要，扩大主流舆论阵地的覆盖成效。推动有关单位、机构参与政务服务、公共安全、医疗教育、防灾减灾、民生保障、生态环保、文化旅游、农业农村、党建工作，更好地参与政务服务、公益性服务、跨领域跨行业服务，提高数字社会、数字政府、数字农村建设的参与深度。

四、推进媒体深度融合，做强新型主流媒体

认真落实国家广电总局《关于加快推进广播电视媒体深度融合发展的意见》，进一步完善制度、健全体系、强化执行，推动广播电视媒体高质量发展。

12. 推进广电媒体深度融合。出台“全省广电媒体做优做强融合发展三年行动计划”，召开全省县级广电媒体融合发展推进会，积极推进跨地区、跨层级、跨行业、跨媒体资源整合。建立完善综合考评体系，推出一批广播电视媒体融合“先导单位”“典型案例”和“成长项目”。

13. 推进“智慧广电”建设。出台《全省“智慧广电”发展实施方案》，制定5G、4K等产业发展行动计划，开展智慧广电示范案例征集活动，带动全行业做优做强。推进市级主频道高清化，积极实施超高清行动计划，加强4K制播能力建设。

14. 抓好县级融媒体中心管理。按照国家广电总局关于县级融媒体中心管理的规定要求，把县级融媒体中心纳入广播电视播出机构管理范畴，并依申请为设区的市、县级地方新闻单位颁发《信息网络传播视听节目许可证》，落实好行业管理职责，督促落实好主管主办责任、属地管理责任。

15. 推进频道精简精办和专业化发展。指导省级、市级播出机构优化频道频率设置，压缩、调整、合并频道，推动频道资源整合、结构优化、精简精办。加强专业电视频道建设管理，严格专业频道设置开办条件、要求和准入管理，严格控制专业频道数量、专业节目播出比例，对严重偏离频道定位、内容导向不正、节目质量低劣、综合效益低或不具备开办条件、能力的频道，依法依规实施退出管理。

16. 推进频率迁移和5G建设。按照国家广电总局《地面数字电视迁移频率指配方案》

部署，研究制定我省700兆赫兹频道迁移具体实施方案，确定时间表、路线图，按时完成迁移任务。指导传输机构开展广电5G组网实验工作。

五、全面落实监管责任，坚决守好阵地安全

严格落实意识形态工作责任制，强化主管主办和属地管理，坚决把好关口、管好阵地、守好安全。

17. 抓牢安全播出保障。围绕建党百年等重要时间节点，实施“全省广电行业安全传输保障能力建设提升专项行动”，将第二季度作为“安全播出季”，开展安全播出和网络安全检查，对历年检查反馈结果进行“回头看”，确保重要保障期安全播出。开展广播电视网络安全应急演练，推进等级保护测评和远程渗透测试，加强关键设施保护工作，筑牢网络安全屏障。紧盯重要时间节点抓好安全播出，确保重要保障期安全播出。

18. 严守广播电视内容导向。坚持“字字千钧、秒秒政治、天天考试”，把好关口、管好队伍、守好阵地。加强关键岗位、关键制度落实，严格执行播音主持人持证上岗和“播前三审、重播重审”制度，加大监测力度，发现问题严格核查处理。完善惩戒机制，持续整治低俗庸俗媚俗、追星炒星、高价片酬、“黑广播”、违规广告等群众反映强烈的问题，严禁丑闻劣迹者出镜发声。开展2021年度卫星电视传播秩序专项整治行动，大力清查整治非法卫星电视接收设施，推进无“小耳朵”社区（村）创建行动，加强广播电视频道频率管理，进一步规范广播电视播出秩序。

19. 强化网络视听阵地监管。以核发《信息网络传播视听节目许可证》为契机，制定完善网络视听平台分级分类管理、事中事后监管制度。督促视听节目服务机构落实总编辑内容负责制，严格执行网络视听节目先审后播、审核会商、信息核查、请示报告、应急处置等制度，压实网络视听企业主体责任。统筹做好网络视听节目信息、直播服务备案管理。持续完善IPTV播控和传输体系建设，加强IPTV传播秩序、节目内容、网络安全和安全播出指标监测，鼓励将市、县级合法合规电视频道纳入省级IPTV播控分平台。持续开展“净网2021”专项行动，加大对视听节目网站、IPTV、互联网电视、公共视听载体、网络直播等监督力度，坚决打击违规传播视听节目的行为。探索建立“创意、制作、推广、监测”等环节的全流程式网络视听管理体系。完成全省网络视听行业服务协会换届工作。

20. 打造新型监测体系。全面梳理管理流程，研究制定规范化管理制度，提升管理规范化水平。整合、提升现有监测系统，打造一体化的广播电视及网络视听综合监管平台，建设“两微一端”监测系统，构建覆盖“发现、处置、整治、预防”全流程、闭环式的监管工作机制，为舆论监管、阵地管理提供有力支撑。

六、深化改革创新，推动产业高质量、创新性发展

深入贯彻新发展理念，强化改革思维，向改革要质量、要效益、要活力，推动高质量发展走深走实。

21. 制定“十四五”发展规划。聚焦文化强省建设，在策划论证、充分征求意见的基础上，研究出台《全省广播电视和网络视听“十四五”发展规划》，建立工作台账和监测评估机制，明确具体的时间表和路线图，引领全行业高质

量创新性发展。

22. 深化体制机制改革。继续深化“放管服”改革，持续优化营商环境，推动“互联网＋政务服务”，大力推动流程再造。推动数据共享，打破“信息孤岛”，加快信息互联、数据互通，实现“让信息多跑路、让群众少跑腿”。深入推进体制改革，积极稳妥推进事业单位改革。

23. 壮大国有、民营企业。支持山东广电网络有限公司、山东影视传媒集团、山东广电传媒集团等国有文化企业改革发展，全力推动海看公司等企业上市。出台《关于支持民营广播电视和网络视听企业高质量发展的若干措施》，补齐民营企业短板，健全“管理、服务、保障”三位一体的扶持体系，引导走“专、精、特、新”发展道路。加强与头部平台、机构的合作，吸引国内知名网络视听平台、短视频创作企业、专业制作中心来鲁创业发展。

24. 引导产业集聚发展。制定《全省广播电视和网络视听基地（园区）管理办法》，引导优质资源、优势产业、优秀企业集中集约发展。抓好全省网络视听（短视频）基地建设，积极创建国家级网络视听产业园区（基地），打造特色鲜明、资源集约、辐射效应显著的头部园区。举办“2021 中国网络视听节目精品创作传播峰会”，推动精品创作传播，辐射带动产业发展。大力建设发展青岛 5G 高新视频园区，推动落实部、省、市三方高层工作对接机制，加快落实三年发展规划，推动国家级重点项目、龙头企业落户，在高新视频产业上实现“领跑”。探索建立黄河流域视听发展联盟，依托沿黄各省、市独特的视听资源、人文禀赋和行业特色优势，谋划实施一批合作项目。

25. 强化新技术应用。顺应数字化发展趋势，在大数据应用、短视频、5G 高新视频、高清电视和 4K/8K 超高清电视、VR/AR 等领域积极发力、主动探索，改造提升传统业态、模式。强化与科研院所、科技龙头企业的合作，打造创新创业共同体和技术服务平台，促进“政产学研金服用”创新要素有效集聚、优化配置。转变网络收入、广告收入单一来源模式，向内容营销、政企服务、直播等领域拓展。

26. 加快“走出去”步伐。积极争取参与国家广电总局“丝绸之路影视桥”“中非影视合作”等工程项目，推动我省优秀节目等进入国际主流市场。推动青岛影视博览会升级为中国山东（青岛）国际影视博览会，支持青岛申办第 33 届电视剧“飞天奖”颁奖典礼。组织参加深圳文博会等重要节展，加强合作交流和作品推介。

七、以创建全国文明单位为抓手，打造模范机关和一流队伍

坚决扛牢全面从严治党政治责任，扎实推进全国文明单位创建工作，引领带动党的建设、机关建设、队伍建设等全面强起来、优起来。

27. 强化政治建设。深刻把握“广播电视工作是政治工作”的定位，把旗帜鲜明讲政治贯彻到广播电视和网络视听工作各方面全过程，增强“四个意识”、坚定“四个自信”、做到“两个维护”。深入学习贯彻习近平新时代中国特色社会主义思想，学好用好《习近平谈治国理政》《论党的宣传思想工作》，做到学思用贯通、知信行统一。结合庆祝建党百年，扎实开展党史学习教育，着力学史明理、学史增信、学史崇德、学史力行，在学党史中强化初心使命。

28. 压实党建责任。牢固树立“抓好党建是最大政绩”理念，压紧压实全面从严治党主体责任、监督责任和意识形态工作责任。实施

基层党组织质量提升计划，突出政治功能，加强分类指导，全面提升党建工作质量。持续推进“政治功能强、支部班子强、党员队伍强、作用发挥强”的“四强”党支部创建活动。开展“三会一课”提质增效行动，严格落实党员领导干部讲党课、参加双重组织生活等制度。坚决扛起巡视整改政治责任，坚持举一反三、标本兼治，实行挂图作战、销号管理，高质量完成整改落实任务。持之以恒正风肃纪，综合运用好监督执纪“四种形态”，维护风清气正、干事创业的良好政治生态。

29. 加强队伍建设。深入开展“大学习、大调研、大培训”活动，扎实开展蹲点调研、挂职锻炼、基层锻炼。继续开设“广电大讲堂”，以新思想、新技术为学习重点，强化政治理论教育和业务培训，增强党员干部的脚力、眼力、脑力和笔力。结合事业单位改革，探索机关、事业单位一体化管理，做到工作统一标准、人员统一调配、资源统一配置，进一步整合资源、提高运转效率。规范机关选人用人机制、考核评价机制，常态化进行轮岗交流，做到人岗相适、人事相宜。打破传统人才选聘机制、办法，加强专业人才队伍建设。加快山东传媒职业学院建设发展，成立全省传媒职业教育行业指导委员会，深化产教融合、体制机制改革，集中优势资源培育高水平特色专业群。

30. 完善制度机制。细化完善落实意识形态工作责任制制度，科学制定职责流程，把意识形态工作责任制落到底、到位。严格落实“三重一大”制度，完善议事决策制度，对重大事项跟踪督办、动态管理，推动落地执行、见到实效。抓好“第一议题”、中心组理论学习、支部日常学习等制度建设，塑造学习型干部、学习型团队、学习型机关。制定党员干部日常监督教育、廉政风险防控、警示教育制度，强化内部控制和财务管理，保证风清气正、干干净净。制定工作月报、重点事项挂牌督办制度，推动真干事、快干事、干成事，形成狠抓落实、干事创业的良好风气。

31. 优化内部运转。继续推行“五化”“十要”工作法，实行目标管理、闭环管理、过程控制、系统管理等先进理念和方法，提高管理运行质量、效率。扎实做好法治建设、政务服务、政府信息公开、人大代表建议和政协委员提案办理、机要档案保密、安全生产、来信来访、财务和资产管理、离退休干部、后勤服务等工作。加强调查研究，实行计划管理，建立成果转化运用工作机制。

32. 落实安全生产责任。牢固树立安全发展理念，始终绷紧安全工作这根弦，坚持管行业必须管安全、管业务必须管安全、管生产经营必须管安全，认真落实中央和省委省政府关于安全生产的部署要求，开展“平安广电”建设，进一步压紧压实广播电视和网络视听各类机构安全生产责任。开展各类安全风险隐患排查整改，建立健全应急预案，全力以赴保稳定、保安全。发挥广播电视和网络视听优势，加强安全生产社会宣传教育，营造安全生产氛围。

（省局办公室提供）

大事记

1 月

6 日

第二届济宁最美交警（辅警）颁奖典礼在济宁广播电视台举办，经过推荐、公示、终评等环节，最终评选出 10 名最美交警和 10 名最美辅警。颁奖典礼通过“声远直播”平台进行了现场直播。

7 日

烟台广播电视台四个电视频道实现全高清播出。

22 日

省委书记刘家义到山东广播电视台视察调研，听取《问政山东》栏目情况汇报并对栏目组工作表示肯定，勉励栏目组当好政府和群众之间的桥梁，发挥好舆论监督作用，推动解决企业群众最忧最急最盼的问题。

23 日

临沂市广播电视台成立政务宣传服务中心。

24 日

菏泽市广播电视台《众志成城　迎春花开》大型主题报道开播。该主题报道真实记录了全市疫情防控、复工复产、爱心奉献的感人事迹。

25 日

东营生活广播推出特别专题报道《聆听天使日记》，讲述抗疫故事，传播抗疫声音。

27 日

潍坊电视台对寿光蔬菜捐赠武汉进行直播报道。

31 日

武城县广播电视台在全省第一个实现与山东广播电视台互联互通，在山东广播电视台电视公共频道《新闻午班车》和《闪电新闻》客户端发起直播连线，直击企业火热生产支援抗击疫情现场。

1 月

国家广播电视总局公布 2019 年度国家广播电视和网络视听产业发展项目库入库项目名单，山东省共有 12 个项目入选总局广播电视和网络视听产业发展项目库，其中高新技术创新开发与应用推广类项目 3 个，精品内容制作能力与衍生开发项目类项目 2 个，智慧广电生态体系建设与网络融合类项目 7 个，其他对广播电视和网络视听产业发展有重要影响和促进作用的项目 1 个。

2 月

1 日

中共烟台市委宣传部、烟台市文化和旅游局联合烟台广播电视台举办“众志成城，共克时艰——烟台市新闻和文艺工作者抗击疫情网络演出”，节目临时组织向武汉捐苹果活动，收到果农捐赠苹果 11 万斤。

“众志成城，共克时艰——烟台市新闻和文艺工作者抗击疫情网络演出”（烟台广播电视台提供）

3 日

济南广播电视台推出 100 分钟大型融媒体直播节目《济南战“疫”》，播出 42 期，全网累计阅读量达 4.5 亿。新华社《山东要情动态》、中宣部《宣传工作》重点介绍济南广电全媒体战“疫”经验做法。省委书记刘家义，省委常委、济南市委书记孙立成专门作出批示予以肯定。

济南融媒体直播节目《济南战“疫”》（济南广播电视台提供）

6 日

由山东广播电视台电视生活频道《生活帮》栏目、电视农科频道《一切为了群众》栏目联合省商务厅发起的“驰援湖北·大爱山东”公益车队开往湖北黄冈。

临沂交通旅游广播特别节目《为了相见在春天》开播，第一时间通报抗击新冠疫情最新动态，引导社会舆论。

14 日

省广电局现组织开展“抗击疫情　我们在行动”——山东省抗击疫情主题优秀网络视听作品评选展播活动。

16 日

淄博市广播电视台访谈节目《城市会客厅》正式开播。节目围绕淄博市委、市政府中心工作，将相关部门和单位负责人请进演播室，进行政策解读、问题梳理与剖析。

19 日

根据真实抗疫故事改编创作而成的微广播剧《敬礼》录制完成并在泰安市广播电视台各广播频率播出。

21 日

中国广电·青岛 5G 高新视频实验园区重点项目网上签约仪式举行。通过远程“云视讯”视频，北京超凡视觉科技、河南北斗通信科技等 14 个项目负责人在企业所在地参加网上签约。

2 月

在疫情防控的关键时期，山东广播电视台先后派出 800 多名记者深入一线采访，第一时间发布疫情权威信息，充分报道全省联防联控举措成效，讲述防疫抗疫一线的动人事迹。

* 疫情严重期间，山东广电网络有限公司利用开机广告、滚动字幕等方式宣传防控知识，启动覆盖全省的 2100 套应急广播系统，推出免费看中央、省、市主要频道等系列免费措施，收视减免额达 6000 余万元。

3 月

1 日

淄博交通文艺广播全新改版，推出《领先早高峰》《了不起的晚高峰》等 7 个版块节目以及《国学小书童》《淄博好医生》《万万没想到》《聊斋小妖精》等 9 档线性节目。

4 日

青岛市广播电视台联合安顺广电共同推出 3 个半小时大型直播特别节目《劳务协作助力企业复工　青岛安顺携手拥抱春天》，全程直击安顺 156 名务工人员包机赴青，助力青岛企业复工复产，近距离感受青岛安顺两地精准推送劳动岗位，帮助安顺贫困劳动力有序返岗的系列举措。

10 日

山东广播电视台电视农科频道联合中国原产递、拼多多、京东农贸等几十家销售平台共同发起“优质农产品　爱上山东味——‘抗疫助农　温暖山东’山东省优质农产品 2020 春季产销公益行”直播活动，观看人次 158 万，单品销售 50 万吨。

17 日

省广电局印发《关于统筹疫情防控和推动广播电视行业平稳发展政策措施的通知》，推出 12 条政策措施，帮助广播电视和网络视听企业、单位抗疫情、渡难关。

18 日

由聊城市广播电视台推出的电视微问政

栏目《问政进行时》播出，栏目开播以来共接到线索电话5000多个，梳理问题1000多个，2020年全年播出33期100多个单元节目，问政76个部门单位。

栏目《问政进行时》（聊城市广播电视台提供）

20日

由山东影视传媒集团联合出品，张建栋任编剧并执导，靳东、蒋欣领衔主演的44集电视剧《如果岁月可回头》在东方卫视、北京卫视首播，爱奇艺、腾讯、优酷、芒果TV四大网络平台同步上线播出。

23日

省委宣传部、省广播电视局、省教育厅、共青团山东省委决定联合省网络视听节目服务行业协会，继续组织开展“弘扬社会主义核心价值观 共筑中国梦”主题原创网络视听节目征集活动暨“中国梦·齐鲁情”山东省第七届原创网络视听节目大赛。

30日

山东传媒职业学院两岸青创基地建设座谈会召开，山东省人民政府台港澳事务办公室副主任孙西忠、乾隆国际控股有限公司董事局主席陈森田、山东传媒职业学院党委书记孙茜芸、院长胡建军等12人参加会议。

3月

省广电局积极贯彻省委、省政府“重点工作攻坚年”部署，落实省委宣传部部署和国家广电总局“六大工程”，确定93项重点工作实事，着力做好巩固、创新、提升文章，推动各项工作提标准、创品牌。

4月

1日

潍坊电视台“快上云”移动客户端20个频道，33个新媒体平台及渠道对潍坊26名援湖北医疗队员回家路进行全程直播，并制作推出《英雄归来——潍坊市26名援鄂医护人员平安凯旋纪实》。

8日

德州市广播电视融媒体平台正式启用。

10日

2020世界牡丹大会以“云直播”方式在菏泽市广播电视台演播大厅举办，通过电视、网络直播等方式，各方名家隔空对话，共话菏泽牡丹产业发展。

15日

省广电局召开2020年度党的建设暨党风廉政建设工作会议，以习近平新时代中国特色社会主义思想为指导，深入学习贯彻落实党的十九届四中全会、中央和国家机关党的建设工作会议精神，认真学习贯彻十九届中央纪委四次全会、省纪委十一届五次全会精神，总结经验，分析形势，安排部署2020年全局党建和党风廉政建设工作。省委宣传部副部长、省广电局党组书记、局长李昌文同志出席会议并讲话。

*德州首档市级大型融媒电视问政节目《问政德州》第1期在德州市广播电视台演播大厅开播。

15日—16日

滨州市人民广播电台文艺广播大型公益活动——“1057天使行动”来到滨州医学院附属医院和滨州市人民医院，向援鄂英雄以及冲在滨州防疫前线的白衣天使们表达敬意。本次活动通过看点直播平台进行现场直播，观看人数达到6300余人次。

16日

青岛市广播电视台与青岛西海岸发展（集

团）有限公司、华为技术有限公司和三维六度（北京）文化有限公司签署战略合作协议，四方拟在 5G 高新视频产业云平台、基于影视工业化标准体系的影视制发云及影视修复云、5G 高新视频联合创新中心等方面建立长期全面稳定的合作关系。

17 日

山东省数字经济园区 5G 数字基础设施建设签约仪式成功举行，山东广电网络有限公司作为主要签约单位之一，与省大数据局共同签署合作共建青岛高新视频产业园 5G 项目的战略合作协议。

21 日

受中央广播电视总台委托，泰安市广播电视台摄制的《中国影像方志·山东卷·宁阳篇》在央视科教频道（CCTV—10）播出。

《中国影像方志·山东卷·宁阳篇》（泰安市广播电视台提供）

22 日

由山东广电信通网络运营有限公司打造的融媒体演播室在山东广播电视台综合楼 28 楼落成，并投入使用，为短视频创制提供演播空间。

广电信通公司技术部进行系统联机测试（山东广播电视台提供）

＊东营市广播电视行业扶贫工作调度会议召开。

24 日

聊城市广播电视台大型融媒问政直播节目《一问到底》改版，节目运用多种宣传手段，实现了“1+2+6”的直播方式，即 1 个频道制作，2 个电视频道并机直播，6 个平台同步直播。

25 日

日照广播电视台直播日照抖音号粉丝超过 1000 万，获赞数 6.8 亿，成为山东省首个开通直播功能、粉丝超 1000 万的媒体抖音号。

30 日

省广电局下发通知，决定建立山东省广播电视和网络视听产业项目库，培育扶持一批广播电视和网络视听产业重点项目和基地（园区）。

4 月

山东广播电视台齐鲁频道联合莘县县委县政府，举办莘县瓜菜菌博览会，采用“云端展会＋品牌发布＋融媒传播”模式，整合优质资源，实现“云逛展会”，助力农产品区域公用品牌宣传推广。

5 月

1 日—3 日

临沂交通旅游广播联合济南、青岛、淄博

等城市台推出“五一文化旅游大联播”特别节目。

“五一文化旅游大联播”特别节目（临沂市广播电视台提供）

8 日

由山东泰昊传媒、山东东蒙企业集团、山东新农村数字电影院线等联合出品的38集电视连续剧《遍地书香》在北京卫视黄金档播出。

*2020青岛·全球创投风投网络大会正式启幕。青岛市广播电视台利用5G技术，采用云访谈形式分别与20多位嘉宾实现了跨地“云”端访谈，跨屏互动，并将采制的内容及时提供给大会主办方，实现云上群英会的内容支持；同时精心制作五期创投风投网络大会《蓝睛对话》的电视版，实现电视、广播、蓝睛客户端多平台分发传播。

17 日

根据济宁市市委（济委〔2020〕123号、124号）文件，李景中同志被任命为济宁广播电视台党组书记、台长，济宁广电传媒集团党委书记、董事长；徐锋同志被任命为济宁广播电视台党组副书记、总编辑，济宁广电传媒集团党委副书记、董事，聘任为济宁广电传媒集团总经理。

21 日

东营市广播电视台健康服务类节目《健康东营》正式开播。

29 日

为做好2020年度中央财政给予补助的8个深度贫困县应急广播体系建设工作，省局在济南召开应急广播体系建设方案论证会。论证会专家由国家广播电视总局广播电视科学研究院、江苏省广播电视局等单位专家组成。

5 月

全国两会召开期间，由山东省人民政府新闻办公室与山东广播电视台联合策划，山东广播电视台纪录片中心具体承制的系列形象片《这里是山东》，在山东代表团驻地室内外电子屏24小时滚动播放，山东卫视、山东广播电视台国际频道及各网络平台适时高密度播出推送，济南遥墙国际机场、部分机关单位、车站、商厦室户外屏循环播放，展示新时代山东形象。

6月

3 日

省纪委监委驻省委宣传部纪检监察组组长郝红、副组长张财勇、四级调研员孙磊，到省局就落实全面从严治党工作情况进行专题调研。省委宣传部副部长、省局党组书记、局长李昌文，党组成员、副局长彭子良和有关处室负责人陪同调研。

5 日

烟台广播电视台综合广播已开播18年的广播节目《民生热线》正式开启融媒视频直播，走出烟台广播节目可视化的第一步。

8 日

围绕做好上合组织青岛峰会成功召开两周年主题，青岛市广播电视台新闻中心在电视《青岛新闻》、广播《1377早新闻》等重点新闻栏目推出特别报道《牢记总书记嘱托　打造改革开放新高地》，突出展示青岛不负重托勇立潮头，不断提升思想方法、改造工作方法，以开放创新引领高质量发展的生动实践。

10日

由山东广播电视台卫视传媒有限公司、北京左城右隅影视文化有限公司联合出品的首部女子沙滩排球运动题材电视剧《燃！沙排少女》在拍摄地青岛西海岸新区举行开机发布会，省局党组成员、副局长彭子良出席发布会并致辞。

《燃！沙排少女》开机发布会（省局办公室提供）

＊临沂市广播电视台与临沂市农业农村局、抖音共同主办的临沂广电首场直播带货——“产自临沂——公益助农　农产品进万家大型公益直播带货活动”举行。

产自临沂——公益助农　农产品进万家大型公益直播带货活动。（临沂市广播电视台提供）

11日

淄博市广播电视台融媒体中心平台正式启用。

12日

《山东省落实全国有线电视网络整合发展工作实施方案》经省委常委会会议审议通过，以省委宣传部、省广电局等九部门名义印发实施。

全国一网整合电视会议（山东广电网络有限公司提供）

＊山东省落实全国有线电视网络整合发展工作视频会议在济南举行。省委宣传部分管日常工作的副部长王红勇出席会议并讲话，省委宣传部副部长、省广电局党组书记、局长李昌文解读《山东省落实全国有线电视网络整合发展工作实施方案》，省直及各市有关单位同志参加会议。

13日

中共青岛市委宣传部主办、青岛市广播电视台承办“天下青岛人”云艺演，唐国强、吕思清、黄渤等30多位青岛籍演艺明星参加演出。演出在人民网、新华网、凤凰网、蓝睛等20余家直播平台同步推出，近千万观众在线观看，获得良好社会效果。

15日

经省委、省政府同意，山东广电控股集团有限公司成立大会暨第一次股东大会在济南召开。该公司是我省参与全国有线电视网络整合的唯一发起人，整合后持有山东广电网络有限公司49%的股权。省委宣传部正厅级干部王少杰出席会议并讲话，省广电局党组副书记、副局长孙杏林主持会议，省财政厅文化处处长李丽宣读大会议案。

16日

临沂市广播电视台策划开展“实施三步

走 对接长三角”融媒体采访活动，派出3路报道组多次赴上海、苏州、杭州等地，重点聚焦沂蒙精神上海展馆等14个采访点及个人，进行全程实地调研，深入报道临沂市“实施三步走 对接长三角”战略的成功实践和典型经验，讲述“沂蒙人”深度融进长三角，开拓市场、经商创业的奋斗故事。

22日

菏泽市广播电视台《牡丹产业大讲堂》栏目开播。该栏目以宣传牡丹和牡丹产业为主，邀请国内知名牡丹专家，以及菏泽牡丹种植、研发、加工行业的优秀人才作为嘉宾，科普牡丹种植知识、推介牡丹科研成果、展示牡丹产业风采、传播菏泽牡丹文化。

30日

省广电局召开2020年度全省广播电视网络视听统计业务培训视频会议。各市、县广播电视行政管理部门、省属集团单位、有关广播电视和网络视听单位近300余名统计负责同志参加视频培训会议。

*第二届儒商大会暨青年企业家创新发展国际峰会召开，滨州电视台组成22人直播团队，圆满完成滨州分会场信号的采集、制作，以及向省主会场传输信号任务。

6月

为贯彻落实省委、省政府《关于深化制度创新加快流程再造的指导意见》（鲁发〔2020〕8号）和省政府《关于持续深入优化营商环境的实施意见》（鲁政字〔2020〕67号），进一步方便企业和群众办事，减少审批环节，提高政务服务效率，打造精简高效政务生态，结合广播电视实际，省广电局决定对省级行政审批事项推行“全程网办”。

*潍坊传媒网创新“网络+问政”民生服务新模式，推出《12345直播间》民生访谈栏目，打造全市首个5G网络直播间，建立“5G+民生”新型传播阵地。

7月

1日

山东广播电视台齐鲁频道资讯服务节目《88881234》开播，节目采用“电视节目+新闻热线+短视频+手机直播”的全媒体传播方式，针对群众反映的有代表性、有普遍意义的问题，采访政府部门、专业机构和权威专家，为观众答疑解惑、解读政策。

*淄博综合广播节目全面升级改版。《今日头条》《下午茶有点早》《鲁C车生活》等六个版块节目和《非常说法》《报时淄博经济》《嗨体育》等六个线性节目全新上线，《89早新闻》《新闻十八点》《整点新闻》等节目全面改版。

*临沂市广播电视台《临沂县区新闻联播》在临沂公共频道正式开播，节目时长15分钟。主要报道各县区时政活动、动态新闻、主题性报道以及各乡镇的动态信息等内容。

*经山东省广播电视局批准，聊城市广播电视台综合频道、公共频道正式开始高标清同步播出。

2日

根据《全国地面数字电视广播频率规划》和《国家广播电视总局关于按规划关停地面模拟电视有关工作安排的通知》（广电发〔2020〕42号）要求，结合山东省实际，省广电局制定《山东省地面模拟电视节目关停方案》，决定自2020年8月1日起陆续关停中央、地方地面模拟电视节目。

7日—8日

为深入了解掌握县级融媒体中心广播电视节目制作播出情况，推动电视动画片创作生产，省局党组成员、副局长刘国华带队赴青岛市开展广播电视专题调研活动。

8日

滨州传媒集团融媒体中心出台《关于融媒体中心新闻从业人员严格自律的规定》。

10 日—27 日

第二届（2020）临沂广电啤酒音乐节在临沂广播电视塔顺利举办，活动历时 18 天，完成 11 场企业专场演出，实现签约创收 270 余万元。

14 日

在省工业和信息化厅及省通信管理局指导下，山东广电网络有限公司、山东铁塔、电信运营商等单位成立山东省 5G 产业联盟及智慧灯杆联盟，山东广电网络有限公司为轮值理事长单位。

15 日

青岛市广播电视台大型融媒体直播问政节目《问政青岛》正式开播。节目主要聚焦城市发展和社会生活中的热点、难点、痛点、堵点，为政府部门与市民群众搭建面对面直接交流、平等议政平台。

* 日照广播电视台高清播出系统顺利通过省专家组验收，电视新闻综合、电视科教、电视公共三个频道的全高清化播出系统正式上线播出，电视节目采、编、播流程全部实现高清化。

16 日

山东广播电视台与阿里巴巴集团战略合作发布仪式暨座谈会在山东广播电视台会议室举行。双方将利用各自技术和资源优势，在本地商圈数智化升级、“互联网 + 就业培训”、高端商业智库咨询服务等领域开展深度合作，助力我省经济发展，引领数字新消费，精准服务全省就业扶贫等工作。

17 日

淄博市广播电视台完成开发并投入试运行“齐点 · 淄博”APP 项目。截至 2020 年底，该 APP 下载量已有 15 万人次，内容发布达 14000 余条。

18 日

济南广播电视台电视影视频道《不见不散》栏目推出的大型系列节目《走向我们的小康》登录“学习强国”山东平台。节目共 30 集，内容涵盖乡村振兴、反腐倡廉、医疗发展等，通过对近百部电视剧的梳理，全面展现了我国人民在奔赴小康路上的努力与成就，荣获全国第十四届小康电视节目工程好作品奖，被全国 50 多家电视台选取播出。

22 日

由山东影视传媒集团联合出品的网络电影《毛驴上树 2 倔驴搬家》在临沂费县正式开机。省局党组成员、副局长刘国华，山东影视传媒集团党委书记、董事长晋亮等到剧组探班。

《毛驴上树 2 倔驴搬家》剧组探班（山东影视传媒集团提供）

* 青岛市广播电视台举办“橘子 MCN”启动暨主持人签约仪式。供应链代表、各新闻媒体记者及青岛台 50 多位主持人出席活动。

22 日—24 日

由省广电局指导，山东广播电视台、山东省网络视听节目服务行业协会主办，海看网络科技（山东）股份有限公司承办的山东省网络视听主播培训在济南开班。来自全省 22 家融媒体中心、网络视听媒体机构的从业人员共 110 人参加培训。

23 日

山东广播电视台与快手战略合作签约暨山东广电快手融媒学院成立仪式在山东广播电视台综合楼举行。根据合作协议，双方将在媒体 MCN 建设、大小屏融合创新等方面进行全方位战略合作。山东广电快手融媒学院将作为快手与媒体共建的首家短视频和直播培训孵化基地，突出实践特色，在主播实战培训、账号内容搭建、平台数据分析等方面开展培训。

签约仪式现场（山东广播电视台提供）

24 日

副省长凌文到省广电局开展工作调研，进行座谈交流，对做好下步广播电视工作提出要求。

28 日

聊城市广播电视台移动端旗舰平台“聊如指掌”APP 正式上线，集新闻资讯、观看电视、收听广播、政务服务、线上互动于一体。

29 日

德州市电视艺术家协会第一次会员大会在德州市广播电视台举行。会议审议并表决通过《德州市电视艺术家协会章程》等，选举产生了第一届理事会理事和主席团成员，选举邱红玲同志为德州市电视艺术家协会主席。

30 日

山东传媒职业学院与鲁信文化、贝壳视频三方战略合作签约暨新媒体产业学院揭牌仪式在山东传媒职业学院文东校区举办。

7 月

国家广播电视总局通报表扬 2019 年度基层广播电视统计工作优秀集体、优秀个人，我省有 5 个集体、5 名个人获表扬。其中，省局规划财务处、山东广电网络有限公司财务资产部、青岛市文化和旅游局（新闻出版广电局）广播电视管理处、泰安市文化和旅游局（新闻出版广电局）、临沂市文化和旅游局（新闻出版广电局）被评为基层广播电视统计工作优秀集体，另有 5 人被评为基层广播电视统计工作优秀个人。

* 泰山转播台组织实施 4K 超高清节目无线发射试验，组织人员到肥城、东阿、聊城等地收测数字电视覆盖情况。测试数据表明，泰山转播台试验发射的 CCTV—4K 超高清数字电视在码率达到 33.53Mbps 时，覆盖半径可达 130 公里，标志着全省首次高海拔、大功率、超高清无线数字电视发射试验取得成功。

* 日照广播电视台全媒体演播室建成并顺利启用，具备全媒体高清直播功能，能够实现虚拟和现实场景有机转换，主要服务于新闻播报、访谈互动类节目。

8 月

5 日—7 日

总局媒体融合发展司副司长韩冬到我省调研媒体融合发展和有线电视网络整合工作情况。省局党组副书记、副局长孙杏林陪同调研。

13 日

国家广播电视总局发展研究中心党委副书记崔承浩，山东省广播电视局党组成员、副局长刘国华带队，到日照市开展网络视听工作调研，到 KOL 文化创意产业园、日照广播电视台新媒体中心、岚山区融媒体中心考察。日照市文化和旅游局党组书记、局长肖梅参加调研活动。

国家广电总局发展研究中心党委副书记崔承浩，山东省广播电视局党组成员、副局长刘国华带队，到日照市开展网络视听工作调研（日照广播影视集团提供）

14 日

省局召开全省网络视听行业专项统计调查视频调度会议，各市广播电视行政管理部门、省属集团单位统计部门负责同志和统计工作人员参加会议。

* 为提升节目质量，推进广电事业发展，枣庄广播电视台在全市各单位的热心受众中邀请 23 名代表，担任广播、电视各频道节目质量监督员，对本台节目、栏目制播情况进行监督与指导。

20 日

青岛市广播电视台举行中波发射台迁建项目开工奠基仪式。新建中波发射台占地面积 390 亩，建设内容包括发射塔、专业系统及配套设施，将满足中央、山东省和青岛市广播节目的转播、发射需要，提升广播覆盖能力和服务水平。

项目开工奠基仪式（青岛市广播电视台提供）

25 日—26 日

中国红十字会、山东省红十字会及省内 15 地市红十字会主要负责人、骨干等 70 多人到滨州电视台《情暖滨州》栏目现场观摩并召开全省“人道救助”经验交流会，现场募集善款 1366610 元，救助 62 名寒门学子。

28 日

胶东五市融媒体联盟筹备会议在青岛市广播电视台召开。青岛市广播电视台邀请烟台、威海、潍坊、日照等胶东四市广电新闻频道、融媒体中心负责人和青岛市文旅局相关同志共同参会，讨论胶东五市融媒体联盟成立仪式、运行机制、联制联播及融媒体直播合作项目等议题。

29 日

山东广播电视台 4K 超高清 IP 转播旗舰车启用仪式在济南奥体中心举行。新启用的 26 讯道 4K 超高清 IP 转播旗舰车，是山东省第一辆 5G+4K 全 IP 超高清转播车，也是全球最大、技术最领先的 IP 车之一，标志着山东广电真正进入了超高清时代。

9 月

1 日

菏泽市广播电视台《一心一意推动经济发展》主题报道开播。宣传报道全市各级各部门凝心聚力、担当作为，以强大产业集群筑牢后来居上的生动实践。

6 日

“2020 敬泉盛典暨第八届济南国际泉水节启动仪式”在济南举行，济南广播电视台全 IP 架构 4K　HDR 超高清电视转播车承担活动现场信号制作，在省内首次实现了通过有线电视网络平台进行 4K 超高清电视现场直播。

8 日

省广电局组织局机关和部分局属单位青年干部到东平县新湖镇开展“坚守初心使命、引领青年成长”青年干部党性教育活动。省派东平县新湖镇乡村振兴服务队队长、省广播电视局党组成员、副局长谢宁参加活动。

* 菏泽市广播电视台有线高清电视、地面数字电视暨全媒体中心启动上线。

9 日—20 日

由山东广播电视台发起的“高质量发展黄河行”——沿黄九省区省级广电媒体大型融媒体采访活动举行。采访团从东营黄河入海口出发，沿黄河逆流而上，跨越 9 省区，自驾行驶近一万公里，深入沿黄九省区城市乡村，讲述生态保护和高质量发展的“黄河故事”。

10 日—11 日

2020 年全省广播电视技术能手培训暨竞赛活动在济南成功举办，省直及各市选拔推荐的 160 余名广电系统技术骨干参加了培训竞赛。

11 日

省局党组成员、副局长彭子良带领电视剧处有关同志到山东影视传媒集团就精品创作生产、行政审批服务等方面工作进行调研并召开座谈会。

15 日

由济南广播电视台摄制的济南大型历史文化形象片《大河之畔》举行首映式。全片时长 20 分钟，由文明源承、文化汇融、中华枢轴 3 个篇章组成。

历史文化形象片《大河之畔》正式发布（徐舟摄）

16 日

由泰安市委宣传部指导，中央电视台社会与法频道和泰安市广播电视台联合摄制的大型电视外宣纪录片《见证·生态泰安》启动开机仪式。

16 日至 10 月 9 日

青岛市广播电视台策划组织“新时代黄河万里行”大型融媒体行动。本次活动以“河海相连心相依，奏响新时代黄河大合唱”为主题，以自驾报道方式，沿黄河自西向东，经西宁、兰州、银川、呼和浩特、太原、运城、西安、郑州至东营黄河入海口，用时 24 天，驱车行程 7000 公里。报道围绕黄河流域生态保护和高质量发展两大主题，生动讲述沿黄流域城市服务国家战略、推动形成“东西互济、陆海联动”开放新格局的新时代黄河故事。期间推出主题报道、网络直播、嘉宾访谈、短视频、深度解读等一系列形式多样、内容丰富的新闻产品近 200 篇，网络点击量超过 200 万次。

17 日

山东广电网络有限公司享 TV 智能机顶盒、医养健康平台、广电 5G 等文化产品和智慧应用，集中亮相首届中国国际文化旅游博览会。省委常委、宣传部部长于杰，副省长凌文，省委宣传部正厅级干部王少杰等领导参观展区并给予高度评价。

17 日—21 日

山东影视传媒集团以“跟着鲁剧去旅游”为主题参展首届中国国际文化旅游博览会，游客们跟随山影剧中人物、故事和场景一起畅游山东，揽胜中国，阅览世界。

19 日

省委常委、宣传部部长于杰，省委宣传部副部长、省政府新闻办公室主任袭艳春，省委宣传部正厅级干部王少杰等领导到山东影视传媒集团调研指导工作。

26 日

“红动齐鲁”山东省第二届红色故事讲解大赛在徂徕山脚下启动，大赛由省委宣传部、省委党史研究院、省委教育工委、大众报业集团、省文化和旅游厅、山东广播电视台等部门共同举办，山东广播电视台综合广播承办，主题是“大力弘扬伟大抗战精神、决胜全面建成小康社会”。

* 山东广播电视台齐鲁频道在济南市华山历史文化湿地公园和齐河泉城欧乐堡度假区举行两场“天空音乐节”，邀请二手玫瑰、马赛克、五条人、大波浪等 12 支乐队演出，吸引两万余人到场。

天空音乐节（齐鲁频道提供）

＊以“梦圆小康·光影同行”为主题的2020青岛影视博览会在西海岸新区星光岛大剧院隆重开幕。青岛市广播电视台技术保障部成功攻克了4K超高清电视直播中的多项关键技术难点，实现了4K超高清与高清电视直播的无缝衔接，顺利为青岛市广播电视台、山东广播电视台公共频道及蓝睛APP、闪电新闻APP、有线4K专区输送直播和点播信号。

28日

由东营市广播电视台与东营市教育局联合开办的教育新闻节目《东营教育》举行开播仪式。节目聚焦东营教育，搭建各学校宣传交流平台。

《东营教育》举行开播仪式（殷亚男 提供）

28日—29日

省广电局召开“沂山转播台信息化平台”项目验收会，分别在沂山转播台山顶机房和济南进行了两个阶段的验收和评议工作。

29日—30日

东营市垦利区融媒体中心参与央视新闻频道《直播黄河——九曲黄河　水润齐鲁》栏目电视和网络同步直播，并作为全市第一取景点直播，时长5'26"，央视频实时点击量过百万。

30日

泰安市广播电视台配合中央广播电视总台央视新闻频道和山东台，圆满完成《直播黄河·九曲黄河　水润齐鲁》泰安篇大型直播活动。

30日至10月8日

临沂交通旅游广播联合大同、杭州、苏州等城市电台，推出四省十六地交广“国庆文化旅游”大联播活动，9天大跨度特别直播，通过广播直播、手机视频等进行音、视频、图文直播。

10月

11日

聊城市广播电视台《民生面对面》栏目开设党史学习教育专栏《聊城史纪》。

15日

由全国传媒职业技术教育联盟、省广电局主办，山东传媒职业学院承办的“影视新力量”全国大学生影像文化节颁奖盛典在山东传媒职业举行。本次大学生影像文化节共征集到来自23所院校共计367件影像作品，最终评出同心抗疫类获奖作品10部，摄影类获奖作品23部，视频类获奖作品27部，单项奖3部。

16日

省委副书记杨东奇，省委常委、宣传部部长于杰，省委宣传部常务副部长王红勇、省委办公厅副秘书长赵晓晖、省政府办公厅副秘书长张建德到山东广播电视台，代表省委、省政府看望慰问《问政山东》栏目组。山东广播电视台党委书记、台长吕芃，总编辑周盛阔，副台长林修功、舆论监督部负责同志及《问政山东》栏目组、广电技术公司共 20 多人参加座谈会。

16 日

山东传媒职业学院建校六十周年庆祝大会隆重召开。

* 济宁广播电视台《声远直播》直播平台单日增粉 8805 人，粉丝量超过 40 万。完成《声远直播》180 场，合计 320 小时，其中济宁本地粉丝占比为 60.14%，山东粉丝占比为 88.95%。

18 日

淄博市广播电视台正式向国家广电总局申请除新闻频道外，另外四个频道的高标清同播。至此，五个频道高标清同播系统的建设全面完成。

19 日

第三届新媒体发展年会在济南举行，济南广播电视台天下泉城新闻客户端荣膺全国广电十佳融合创新客户端。

第三届新媒体发展年会（济南广播电视台提供）

23 日

临沂市中小学生诗词大会在临沂市广播电视台举行。通过层层选拔，共 18 个单位、42 个学校、64 名选手进入决赛。

30 日

青岛市教育局与青岛市广播电视台举行战略合作签约仪式。双方将合力打造青岛电视台教育频道，联合建设教育融媒中心，深入报道全市教育重大活动、做好政策解读、大力宣传教育先进典型，打造王牌教育栏目和品牌，服务好全体市民，提升广大市民的教育获得感和满意度。

11 月

2 日

第三十届中国新闻奖、第十六届长江韬奋奖颁奖报告会在人民大会堂举行。山东广播电视台 4 件作品荣获中国新闻奖，其中 2 件作品获一等奖。

6 日

德州市广播电视台举行践行“四力”记者分享会，庆祝第 21 个中国记者节。

7 日

由中共威海市委宣传部与山东火龙文化传播有限公司联合摄制的纪录片电影《大洋深处鱿钓人》获第 33 届中国电影金鸡奖“最佳纪录片 / 科教片单元”评委会提名。

8 日

《使命·担当》——2020 年潍坊电视台记者节晚会举行。WFTV—2、WFTV—3、WFTV—4 等 3 个频道并机直播，“快上云”移动客户端、《人民日报》、央视新闻 +、新华社现场云、潍坊微直播、今日头条、抖音、快手等 30 余个平台和渠道进行了同步直播。

12 日

由国家广播电视总局主办、中国广播电视社会组织联合会承办的“2017—2018 年度中国广播电视大奖·广播电视节目奖”评选结果揭晓。山东广播电视台乡村广播《第一书记朋友圈》栏目荣获“广播节目大奖”；齐鲁频道创作的作品《我国首座深海渔场“深蓝一号”黄海启用》荣获电视消息类大奖。

14 日

由东营市广播电视台主办，东营首届青少

年“超级星主播”大赛暨2021东营少儿春晚小主持人选拔赛决赛顺利举行。

17日

由山东卫视传媒有限公司领衔出品的网络电影《春来怒江》在济南举办展映仪式。省委宣传部副部长、电影局局长程守田，省广电局党组成员、副局长刘国华，山东广播电视台总编辑周盛阔出席仪式并致辞。

20日

第五届济宁年度新闻人物颁奖盛典在济宁广播电视台演播大厅举行。

22日

菏泽市广播电视台大型系列报道《为了总书记的嘱托》开播，对总书记2013年11月26日视察菏泽以来，全市牢记总书记嘱托，砥砺奋进，谋事力作，奋力开创后来居上新局面进行了全方位报道。

24日

菏泽市广播电视台党建特别节目《我来讲党课》启动，该节目立足菏泽党性教育和典型教育资源优势，邀请全市先模人物、优秀基层党组织书记和共产党员走进演播厅讲述精彩党课，激励引导全市党员学先进、当先锋，发挥好、宣传好基层党组织的战斗堡垒作用。

26日

在省工业和信息化厅指导下，山东电子学会联合山东广播电视台、海信、华为等从事超高清视频产品制造、视频传输、内容生产、应用和服务的相关机构，成立山东省超高清视频产业联盟，山东广电网络有限公司当选副理事长单位。

*山东广播电视台农科频道与中国农资流通协会签署战略合作协议，双方共同创办全媒体专栏《中国好肥》；与中国磷复肥工业协会签署战略合作协议，双方将在指导农民减肥增效，提高种地产出效益等方面进行深度合作。

签约仪式现场（山东广播电视台农科频道提供）

27日

由山东影视传媒集团子公司山东齐鲁音像出版有限公司影视节目交流中心组织的2020年度山东省城市广播电视台台长会在济南召开，来自全省16个市的广播电视台主要负责人和代表共聚一堂，就电视节目联合采购、城市广电融媒发展等议题进行深入交流。

28日—30日

以“艺术让城市更时尚”为主题的2020中国（青岛）艺术博览会在青岛国际会议中心举办。青岛市广播电视台圆满完成博览会整体运营工作和报道任务。

29日

由山东影视传媒集团联合摄制的以山东援鄂医疗队人物、故事为原型的网络电影《武汉，你好！》在武汉正式开机。

11月

山东影视传媒集团邀请著名编剧、作家、全国政协委员高满堂来山东就拍摄献礼建党100周年、党的二十大电视剧《老工人》（暂名）创作开展采风采访活动。省委宣传部副部长、电影局局长程守田带队调研采风。

*潍坊电视台开设《改革攻坚面对面》专题节目，节目围绕省“九大改革攻坚行动”、市“十大攻坚战”等重点改革任务，邀请改革主责人物走进演播室或开展实地访谈，展示改革攻坚措施与成效，分享改革经验与心得体会，解读改革典型案例。

12 月

2 日

济南广播电视台电视影视频道《光影礼赞百年》荣获全国节目交易会“2020 年度最受欢迎优秀栏目奖”。《光影礼赞百年》大型百集特别节目，梳理了 1921 年中国共产党建立以来的千余部优秀电影作品，分红色记忆、时代精神、美好生活、大片献礼四个篇章，用精彩的电影片段讲述党的百年历史。

3 日—4 日

省局党组成员、副局长刘国华带领宣传管理处、省广播电视监测中心相关人员，赴江苏南京调研学习广播电视和网络视听节目共享平台建设经验；到滕州市融媒体中心调研了解县级台节目供应、播出情况。

8 日

《新华社山东要情动态》刊发山东广播电视台农科频道积极响应乡村振兴战略，主动加快完成自身角色转型，从传统的宣传者、报道者转变为参与者、实践者和推动者的相关工作和主要做法。省委书记刘家义，省委副书记杨东奇，省委常委、宣传部部长于杰重点关注并专门批示。

9 日—10 日

“新形势 · 新挑战 · 新问政——首届全国城市台电视问政节目发展论坛”在济南举行。

10 日

省局召开“数字微波线路改造工程及配套项目”终验会，项目顺利通过验收。

10 日—12 日

省广电局在北京国家广电总局研修学院举办 2020 年全省电视剧业务培训班。16 市文旅局的分管负责同志，省、市广播电视台、相关电视剧制作机构负责同志，共 50 多人参加培训班。省局党组成员、副局长彭子良出席培训并作开班动员讲话。

11 日—12 日

由山东传媒职业学院主办、山东亚太礼学文化研究院承办的“影像视角下的齐鲁文化传承与传播”学术研讨会在济南召开。

14 日—16 日

省广电局在济南举办全省网络视听节目精品创作传播研讨培训班，局党组成员、副局长刘国华作动员讲话。

15 日

由国家广播电视总局《中国广播影视》杂志社主办的“TV 地标（2020）”中国电视媒体综合实力大型调研成果发布会上，山东广播电视台齐鲁频道连续 9 年获“年度综合实力省级地面频道”，咨询服务节目《88881234》荣获“省级地面频道年度优秀节目”；济宁广播电视台再次荣获“年度综合实力城市台”。

18 日

山东广播电视台《问政山东》栏目研讨会在北京召开。研讨会由中国记协和省委宣传部主办，省记协协办，山东广播电视台承办。中国记协、国家广播电视总局宣传司、山东省委宣传部、山东省记协、山东广播电视台相关负责同志以及北京部分专家学者参加。研讨会深入学习习近平总书记关于新闻舆论工作的重要论述，以《问政山东》栏目为样本，研讨总结主流媒体践行舆论监督和正面宣传相统一，提升舆论引导能力，推进政府部门工作落实等方面的经验和建议。

18 日

国家广播电视总局发布《国家广播电视总局办公厅关于公布 2020 年度全国广播电视媒体融合先导单位、典型案例、成长项目征集评选结果的通知》，在 280 家机构申报的 339 个项目中，济南广电获评 2020 年全国十大广播电视媒体融合先导单位，鹊华 MCN 城市 IP 孵化项目同时入选 2020 年全国广播电视媒体融合成长项目。

20 日

“我就是网红”临沂市首届网红大赛决赛及颁奖晚会在临沂市广播电视台一楼演播大厅举行。

21 日

由中共济南市纪委监委、中共济南市委宣传部主办，济南广播电视台承办的“架起连心桥——济南电视问政直播五周年分享会暨‘小薇热线’融媒平台启动仪式”在济南广播电视台举行。平台包括天下泉城新闻客户端“掌上问政”、《作风监督面对面》栏目微信公众号、新闻频道热线 82958080、都市频道热线 88981234 等版块，集新闻线索收集和分发、反映问题归类和转办功能于一体，实现横向覆盖广播、电视、网络、手机、公交移动电视，纵向贯穿报料、问政、追踪、结果反馈全过程，形成多位一体的政务监督“云”平台。

22 日

济宁广播电视台（集团）在 600 平米演播室举行“电视全高清、广播全覆盖”上线仪式。

24 日

山东广电网络有限公司利用 700M 频谱 5G 技术，实现董家口港第二锚地距海岸 38 公里超远距离海上 5G 覆盖，刷新了 5G 信号海上超远距离覆盖纪录。

＊临沂市广播电视台启动“初心·答卷——庆祝建党一百周年百名党员寻访”活动，

26 日

第十届“光影纪年”——中国纪录片学院奖颁奖典礼在北京落幕，山东影视传媒集团出品的历史人文纪录片《东方丝路》获最佳网络纪录片提名奖。

28 日

在济南市人民政府与山东产业技术研究院共建高端集成电路产业集群签约暨 8K 超高清芯片发布会上，山东广电网络有限公司与山东产业技术研究院、国科微电子股份有限公司签署共建“新一代通信和视频技术产业创新中心”战略合作协议。

签约暨 8K 超高清芯片发布会（山东广电网络有限公司）

29 日

临沂市广播电视台启用全媒体演播室。演播室面积 120 平米，总投资 800 万，由多家行业顶尖公司基于国际主流电视演播室设计理念联合打造，软硬件设施均达到同级演播室较高水平，高清四讯道视音频系统，可满足多种形态节目的直播和录制需求。

30 日

“一路阳光”济宁广播电视台《政风行风热线》开播二十周年庆祝活动在济宁广播电视台演播大厅举行。庆祝活动全面回顾了《政风行风热线》开播二十周年以来的发展历程，向栏目监督员代表颁发聘书，举行文艺演出。

31 日

《山东广播电视报》社（《时代影视》杂志社）挂牌仪式在山东广播电视台举行。

＊淄博市广播电视台承办的“嗨，淄博”2021 夜经济跨年直播顺利进行。直播设立了广电大厦 $300m^2$ 主演播室、唐库文创园分会场演播室以及万达广场直播点和水晶街直播点，全程共计 4 小时 30 分钟。

＊枣庄广播电视台新城广电大楼启用，枣庄广播电视台搬迁新址。

12 月

聊城市广播电视台围绕着“守正创新、稳中求进”这一主线，以融合发展为方向，以建设全媒体为目标，按照“坚持党管媒体、坚持依法依规、坚持正向稳定改革、坚持公平公正公开”的原则，进一步推进深化改革工作。

＊菏泽市8个深贫县应急广播建设工程全部竣工。

编辑：张千　金红

重大新闻宣传报道

山东广播电视台十九届五中全会宣传报道情况

山东广播电视台总编室　程惠琳　孟豪宏

为全面准确深入做好十九届五中全会精神的宣传阐释，山东广播电视台充分发挥融媒报道优势，统筹网上网下，综合运用专题专栏、访谈、图解、短视频、H5等形式和手段，第一时间推出反响报道，大力宣传二〇三五年远景目标和“十四五”时期经济社会发展主要目标，深入解读会议重要意义和深远影响，切实把全会精神讲清楚、说明白、解读好。同时，持续做好“十三五”成就报道。自全会胜利闭幕以来，截至11月18日15时，广播、电视各频道主要新闻栏目共播出相关报道334篇，齐鲁网、闪电新闻累计发布相关稿件900余篇，总阅读600万+。

一、新闻栏目开设专题专栏，紧扣主题主线，及时做好十九届五中全会反响报道，深入解读阐释全会精神

山东卫视《山东新闻联播》等节目联动发声，浓墨重彩做好权威报道和全会精神解读、反响报道。头条推出全会反响报道《【学习贯彻十九届五中全会精神】迈向新目标　砥砺谱新篇　全面建设社会主义现代化国家》，报道层次丰富，点面结合，根据全会提出的“十四五”时期经济社会发展主要目标，采访党校、高校的专家学者、企业家代表，以及在脱贫攻坚、乡村振兴一线的基层党员干部等，结合自身领域谈变化，说“十三五”成就，展望“十四五”决心信心，气氛热烈。10月31日起，策划推出“十九届五中全会精神解读”专栏，对全会精神进行解读。首篇播发《经济发展取得新成效》，围绕十九届五中全会提出的“十四五”时期经济结构更加优化、创新能力显著提升、农业基础更加稳固、城乡区域发展协调性明显增强等经济社会发展主要目标，采访专家学者及省直部门主要负责同志，对全会精神进行理论阐释和解读，《改革开放迈出新步伐》围绕“十四五”规划期间山东在全面深化改革、构建高水平社会主义市场经济体制方面，结合全会精神进行解读和部署。为营造浓厚热烈的氛围和声势，策划推出“深入贯彻落实五中全会精神”专栏，播出《韩家牟城村：啃下硬骨头　改善农村人居环境》《邹平：物业服务“酬金制”　化解基层矛盾纠纷》等报道，并分别配发闪电评论。刊发时政报道《中央宣讲团党的十九届五中全会精神报告会在济南举行》，配发新闻特写《【贯彻落实十九届五中全会精神】新闻特写：面对面宣讲　心贴心交流》，派出多路记者，现场跟随宣讲团记录宣讲实况，采访了现场干部群众的反响。同时，重点推出“贯彻落实五中全会精神市委书记访谈”

系列报道，首篇播发《【深入贯彻落实五中全会精神——市委书记访谈】济南：加快打造“五个济南” 绘就“十四五”发展新蓝图》。此外还播发《省委召开省级党员领导干部会议 传达学习习近平总书记在党的十九届五中全会上的重要讲话和全会精神》《省委常委会召开会议 认真学习习近平总书记重要讲话精神》等时政报道，展现全省各级各部门贯彻落实习近平总书记重要讲话精神和十九届五中全会精神的具体行动。《早安山东》转载播发《中国共产党第十九届中央委员会第五次全体会议公报》《科学规划“十四五” 擘画发展新蓝图》《人民日报社论：奋力夺取全面建设社会主义现代化国家新胜利》《改革开放迈出新步伐》等报道。《晚间新闻》推出《【学习贯彻十九届五中全会精神】迈向新目标 砥砺谱新篇 全面建设社会主义现代化国家》《山东省进一步公开征集“十四五”规划意见建议》《省委召开省级党员领导干部会议 传达学习习近平总书记在党的十九届五中全会上的重要讲话和全会精神》等时政和反响报道。

《共产党员》“党建周报”版块重点播发《中国共产党第十九届中央委员会第五次全体会议胜利召开》，播发全会公报摘要。

电视齐鲁频道《每日新闻》围绕十九届五中全会精神，播发《中共中央举行新闻发布会介绍党的十九届五中全会精神》《党的十九届五中全会精神在我省广大党员干部群众中引起强烈反响》《淄博淄川：“明理胡同”响起党的十九届五中全会精神解读声》，特别策划《向往的生活：高铁老司机的过去现在和未来》等多篇鲜活的报道。

电视生活频道《生活帮》开设“十九届五中全会关键词”专栏，围绕全会公报关键词，邀请省委党校进行解读、省内各界干部群众热议全会内容，播发《十九届五中全会关键词》《畅想新生活 你对“十四五”有哪些期待？》《十九届五中全会关键词——“意义非凡！” 专家解读党的十九届五中全会公报亮点》《五年跨越 开启新征程——干好本职工作！贯彻落实党的十九届五中全会精神》《畅想新生活——来听长者说 来听青年说》等。在“速览天下”版块，根据新华社、央视等权威媒体的信息，及时报道会议议程，传达会议精神。此外，还播发《“以人为核心的新型城镇化”：区域战略 人地协调》《巩固拓展脱贫攻坚成果 全面推进乡村振兴战略》等重点稿件，其中，《东营广饶：加快构建现代农业产业体系》报道东营广饶县李鹊镇梨园村大力实施精准扶贫和乡村振兴战略，巩固脱贫成果，建立扶贫长效机制。

电视农科频道《山东三农新闻联播》开设“学习贯彻十九届五中全会精神”专栏，在中国共产党第十九届中央委员会第五次全体会议胜利闭幕之际，栏目结合自身定位，从全会精神发布和解读、学习贯彻精神全面推进乡村振兴和巩固脱贫攻坚成果两个方面进行深入报道。播发《开启新征程 砥砺谱新篇 全面建设社会主义现代化》《优先发展农业农村 全面推进乡村振兴》《坚定“三农”信心 夯实振兴之路》《巩固脱贫成果 确保如期打赢脱贫攻坚战》《脱贫攻坚巩固拓展 乡村振兴全面推进》等重点报道。同时，围绕“十四五”规划目标，重点突出报道生态环保、民生、卫生健康、科教兴国、粮食安全、乡村振兴、巩固脱贫攻坚成果等十点内容，展现发展成就，展望畅想新生活。《一切为了群众》开设“十九届五中全会关键词”专栏，根据中央权威媒体梳理出的 14 个学习全会精神关键词，邀请省委党校戚桂锋教授等权威专家，进行有针对性的解读，为广大观众学习领会全会精神提供指导，先后已播发《聚焦党的十九届五中全会　学习贯彻全会精神》《“意义非凡！”　专家解读党的十九届五中全会公报亮点》等报道。在全会公报发布后，《一切为了群众》第一时间安排采访力量，报道我省各界干部群众踊跃学习全会精神、积极关注“十四五”宏伟蓝图的相关情况，在“五年跨越　开启新征程”专栏中播发《畅想新生活　百姓对“十四五”发展充满期待》《干好本职工作！贯彻落实党的十九届五中全会精神》等稿件。

电视公共频道《民生直通车》《新闻午班车》播发《中国共产党第十九届中央委员会第五次全体会议公报》《中共中央今天上午举行新闻发布会　介绍党的十九届五中全会精神》等稿件。“展望‘十四五’　开启新生活”专栏推出《德州“棉花乡镇”荒废厂房重生记》《枣庄高新区：告别瓦房喜迁新居　村民收获感满满》等报道。《理响中国》栏目围绕十九届五中全会提出的生态文明建设将实现新进步等“十四五”时期经济社会发展主要目标，来到山东省临沂市新时代文明实践中心——兰陵县代村，邀请相关专家、企业代表及环保志愿者，一同探讨全面小康路上如何在“环保攻坚”中开创新局面，铸牢生态安全底线。

综合广播《山东新闻》《山东新闻联播》开设“学习贯彻十九届五中全会精神”“十九届五中全会公报关键词解读”专栏，及时做好全会公报摘要播发及反响报道，推出《中国共产党第十九届中央委员会第五次全体会议公报摘要》《十九届五中全会在山东广大党员干部群众中引起强烈反响》《省委召开省级党员领导干部会议　传达学习习近平总书记在党的十九届五中全会上的重要讲话和全会精神》《【十九届五中全会公报关键词解读】二〇三五年基本实现社会主义现代化远景目标》《济宁：科技创新“赋能”　推动“四新”经济发展》《中央宣讲团在山东宣讲党的十九届五中全会精神　引起山东广大干部群众强烈共鸣》《【新闻特写】让十九届五中全会精神在齐鲁大地生根发芽》《山东台短评：提升创新能力　实现高质量发展》等多篇重点报道和评论。其中，《山东新闻》“沿着习近平总书记指引的方向前进”专栏播发《山东：坚定不移走高质量发展之路　加快优化结构转型升级步伐》，“十九届五中全会公报关键词解读”专栏播发《“十四五”时期经济社会发展主要目标》《山东省进一步公开征集“十四五”规划意见建议》，持续深化全会精神宣传报道。

经济广播《财经第一线》《新闻大屏幕》开设“十九届五中全会精神解读”专栏，播发《聊城：学习领会党的十九届五中全会精神，确保“十四五”开好局起好步》《潍坊：落实党的十九届五中全会精神，着力提升农业现代化发展水平》等，报道我省各地党员干部群众结合实际工作认真学习、深刻领会党的十九届五中全会精神，切实把全会精神贯彻落实到各领域与各项工作当中。同时，栏目头条播发《省委召开省级党员领导干部会议　传达学习习近平总书记在党的十九届五中全会上的重要讲话和全会精神　让广大人民群众温暖过冬、安全过冬》等。

交通广播早新闻《一路畅通》播出全会胜利闭幕消息，选编公报关于二〇三五年远景目标和“十四五”主要内容，开设“聚焦十九届五中全会”板块，每天一篇精神解读和群众反响。邀请专家对全会公报划重点、权威解读。播出录音报道《山东广大党员干部群众持续引发的强烈反响》等。同时，摘录全会公报中的新提法、新理念，录制“这样的‘十四五’　你知道吗”

音频小单元，在每个整点播出。

二、创新报道形式，策划推出一批宣传全会精神的重点融媒体产品，不断深化宣传效果

齐鲁网、“闪电新闻”客户端做好相关发布会、十九届五中全会反响报道。第一时间刊发《中国共产党第十九届中央委员会第五次全体会议公报》《中共中央将于30日上午举行新闻发布会，介绍党的十九届五中全会精神》《山东省委召开省级党员领导干部会议　传达学习习近平总书记在党的十九届五中全会上的重要讲话和全会精神》《山东省委常委会召开会议　认真学习习近平总书记重要讲话精神》等稿件，在首页头条等重点位置推荐，重要信息弹窗推送。推出直播《直播丨中共中央举行新闻发布会，介绍党的十九届五中全会精神，并答记者问》。及时转载《人民日报》、新华社、央视新闻等媒体权威报道。同时，根据十九届五中全会公报内容，盘活《山东新闻联播》反响内容，推出《学习贯彻十九届五中全会精神丨迈向新目标　砥砺谱新篇》《【十九届五中全会精神解读】经济发展取得新成效》《“十九届五中全会精神”系列解读丨国家治理效能得到新提升》等系列原创内容，以图解形式展现专家学者对“十四五”规划的解读，并结合实际工作谈打算。

首页首屏专题专栏及时更新。齐鲁网、“闪电新闻”客户端紧紧围绕十九届五中全会公报内容，做好相关稿件、评论转载集纳，在齐鲁网、闪电新闻首页首屏进行重点推荐，营造良好的舆论氛围。推出两端专题《擘画新蓝图　开启新征程——聚焦党的十九届五中全会》，移动端专题《回眸“十三五”丨山东这些新变化都与你有关》《专题丨“十三五”之变》等。推出“建言‘十四五’　共谋强省策”意见征集平台在全网进行推广。原创发稿《组图丨“开启新征程，发展谱新篇”来自基层的他们这样说！》并配发海报在社交媒体平台广泛转发推广。齐鲁网首页上线“聚焦党的十九届五中全会”专区。

创新表达，策划推出系列新媒体产品。齐鲁网、闪电新闻29日晚上线“热烈祝贺十九届五中全会胜利召开”闪电新闻开机页。推出图解报道《划重点！闪电海报速览十九届五中全会提出的12项重要举措》《政能量丨14个关键词速读五中全会公报》《长鲸戏水、蛟龙问海……一图看懂山东如何壮大海洋经济、建设海洋强省》。制作《“十四五”规划的这些关键词与你密切相关》快闪短视频，推出H5产品《跑动“十三五”，数看山东之变》《开卷“十四五”！这张事关你我未来五年的试卷，你答对了吗》，以答题形式对“十四五”规划内容提干货、划重点，以群众喜闻乐见的形式进行解读传播。推出山东干部群众反响类H5《进发，向着新征程！山东干部群众这样说》。同时，上线“建言‘十四五’　共谋强省策”意见征集平台，推出“十四五”规划意见征集H5《我为山东“十四五”规划编制献一策》，稿件《@所有人，山东“十四五”规划不能少了你》及推广海报。推出互动H5新媒体产品《H5丨乘上145号时光机，穿越2025》，通过卡通手绘动态演示的方式，趣味解读全会精神。推出“智库专家解读五中全会”系列报道，刊发《智库专家解读五中全会①丨切实提高党领导经济工作的能力和水平》《智库专家解读五中全会②丨抢抓机遇　再塑山东经济发展新优势》等，邀请闪电智库专家对十九届五中全会提出的经济社会发展目标等进行分析解读，为山东发展建言献策。策划推出《漫漫说㊿丨是时候表演真正的技术了！原来学霸是这么理解政治题的》，通过漫画和文字形式，对“十四五”规划的内容进行通俗易懂的解读阐释，加强在青少年间的传播。发起“建言‘十四五’、共谋强省策”建言征集平台，每日精选优质留言

信息进行推荐。并推出移动专题《来！一起为山东美好未来建言献策》。加强多渠道推广，在“学习强国”发布《深入贯彻落实五中全会精神：山东加快建设新旧动能转换重大工程　加速完善现代产业体系》《深入贯彻落实五中全会精神：看山东省潍坊市韩家牟城村精致村居的美丽蝶变》等图文和音频、视频稿件，并积极向《人民日报》客户端、头条、腾讯、百度、一点等推广稿件。

配发系列评论文章，强化舆论引导。配发《把准坐标，精准破题，“十四五”规划擘画高质量发展新蓝图丨闪电评论》《与你我息息相关，一起在2035年远景目标中发一份光丨闪电评论》《新形势下党员干部要用好“加减乘除”干事法则丨闪电评论》《闪电评论丨谋篇“十四五”，开启全面建设社会主义现代化国家新征程》《坚持人民至上，“十四五”规划彰显为民初心丨闪电评论》等系列评论，通过地评线向中央网信办及时报送。

在“学习强国”平台、《人民日报》客户端，新华社客户端，今日头条、腾讯、微博、微信、抖音等全网各平台发布相关内容累计900余篇，总阅读量超过600万。其中“学习强国”平台，《@所有人，山东“十四五”规划不能少了你》《海报速览十九届五中全会提出的“12项重要举措”》《这就是山东丨“十三五”看山东之“变”：基础设施建设全面提速》《创新山东丨高端智库看山东　“十四五”规划调研行走进山东东营》等稿件被推荐至今日山东、观点时评等页卡。《人民日报》客户端，《权威发布丨“十三五”期间山东新增7家市值过千亿元上市公司》《@所有人，山东“十四五”规划不能少了你》《“十四五”规划的这些关键词与你密切相关》《“十三五”看山东之“变”丨建设文化强省　打造文化产业发展新高地》《【学习贯彻十九届五中全会精神】迈向新目标　砥砺谱新篇　全面建设社会主义现代化国家》等稿件被推荐至山东频道页。《@所有人，山东“十四五”规划不能少了你》被《人民日报》党媒平台首页及新华社客户端重点推荐，登陆今日头条济南热议榜前四。

三、全方位、多角度、深层次做好“十三五”成就报道

山东卫视《山东新闻联播》“沿着习近平总书记指引的方向前进”专栏播发《国家战略　山东机遇》，报道了山东积极融入国家战略，抢抓发展机遇，实现高质量发展方面的生动实践。播发《山东：“四增两减”推动能源结构变革》，报道了“十三五”期间，山东大力实施“四增两减”工程，通过“外电入鲁”，发展清洁绿色能源，压减煤炭产能等方式，推动能源结构调整取得明显成效。策划推出“辉煌‘十三五’”专栏，以系列发布会为载体，详细梳理“十三五”期间山东经济社会发展成就，播发《突破壁垒　山东区域一体化发展走向纵深》《两个人的跨市审批》《做好城乡统筹大文章　打造对外开放新高地》等，通过虚拟演播室数字解读、典型报道、新闻特写等形式，围绕新闻发布会内容全方位做好成就宣传组合式报道，讲好“十三五”期间改革开放山东故事。齐鲁网、“闪电新闻”客户端做好碎片化传播。《调查》11月11日晚播出“创新驱动，让新能源汽车跑的更远”。节目从普通用户视角出发，介绍我省发挥工业大省优势，整合企业、研究院等机构，以科技为驱动，解决用户痛点。电视齐鲁频道《每日新闻》播出特别策划“我的‘十三五’”，播发《薛军：七本火车驾照见证“中国速度”》《乡村振兴体验官：“一村一法律顾问”带来的可喜变化》《我的“十三五”：无轨电车巡线员的深夜守护》《乡村医生转型记》《给老楼做保温的人》等报道，小切口展现大主题。电视生活频道《生活帮》持续深化“十三五”

成就宣传，播发《科技创新赋能产业　临沂电商腾飞发展》《向往的生活——“粮王”李庆双：实施绿色增产综合技术模式》等，其中，《新突破！18000吨转体桥完成“重量级转身”》，报道在济宁东外环路与新兖铁路交汇处，重达18000吨的转体桥成功跨越新兖铁路，标志我国首个一次建成的城市内环高架桥建设取得新突破。电视农科频道《山东三农新闻联播》开设“回望‘十三五’　数字看‘三农’”专栏，针对“十三五”期间，我省在粮食生产、水利建设、农村电商、美丽乡村、农村道路、农村医疗等方面的发展情况，记者通过蹲点报道，由点及面地进行宣传报道，播发《山东水利：年均投资翻两倍　全力保障水安全》《山东：电商引擎激活农村市场新活力》《山东：改善农村人居环境　建设美丽宜居乡村》等。《一切为了群众》推出“五年新跨越　开启新征程”专栏，展示我省“十三五”取得的巨大成就。先后播发《青年说：运用核心技术　助力农业现代化》《科技赋农　动动手指能种菜》《莱西：六个创新平台揭牌　八个高新技术项目落地》《龙口：“量身定制”乡村振兴发展方案》等。“身边的‘十三五’”专栏播发《临沂：晚稻成熟收割忙　稻虾共育“丰收曲”》《寿光：“大环网”发力　让城市“暖洋洋”》等。综合广播《山东新闻》《山东新闻联播》“沿着习近平总书记指引的方向前进”专栏播发《山东：加大基础教育和学前教育投入　全省教育环境得到显著提升》《山东：加强保护修复，打造黄河生态廊道》《山东：增强经略海洋意识　做优做强海洋发展大文章》等。此外，还播发《山东：“十三五”以来谋划沿黄重大项目556个　“一带一路”沿线国家进出口破2.5万亿元》等重点稿件。经济广播在《财经第一线》《新闻大屏幕》开设“‘十三五’成就巡礼”专栏，宣传我省各地“十三五”期间经济领域取得的巨大成就。播发《寿光：强力推进蓝天保卫战，持续擦亮“寿光蓝”》《青岛胶州：开放引领上合示范区加速崛起》《教育惠民项目，让学生享受均衡优质教育资源》等。交通广播围绕“十三五”成就报道，策划“回眸‘十三五’　数说山东交通这五年”“我家门前小康路”等系列报道，回顾我省“十三五”期间交通领域所获得的成就与发展，播发播发《“十三五”期间，山东省公路建设养护“质”“量”齐升，新增公路通车里程一万七千公里，重新跻身全国第一方阵》《“出门石板巷，出村硬化路”，沂源鲁村镇楼子村村民说，这就是俺们向往的小康生活》等稿件。齐鲁网、闪电新闻对省政府新闻发布会内容提炼要点进行碎片化传播，刊发《“十三五”山东新旧动能转换“成绩单”：“四新”经济增加值占比从21.7%提高到28%》《“十三五”山东海洋经济“成绩单”：海洋战略性新兴产业增加值增长14%左右》等系列稿件。

四、加强对上发稿，积极发出山东声音

截至11月18日，山东广播电视台在央视《新闻联播》播发《十九届五中全会在各地干部群众中引起强烈反响》《【“十三五”成就巡礼】我国残疾人事业取得长足进步》《【学习贯彻十九届五中全会精神——奋进新时代　开启新征程】锚定目标　坚定前行》。在央广《新闻和报纸摘要》播发《为夺取全面建设社会主义现代化国家新胜利而奋斗——十九届五中全会在各地引起强烈反响》《【落实全会精神　一线调研行】青岛西海岸新区：深化体制机制创新　引领高质量发展》《【落实全会精神　一线调研行】青岛西海岸新区：深化体制机制创新　引领高质量发展》《学习贯彻党的十九届五中全会精神中央宣讲团成员分别在湖南、山东、广西、贵州、宁夏进行宣讲》。

五、加大公益广告制作播出力度，全力烘托全会浓厚舆论氛围

加大公益广告制作播出力度，迅速形成宣传声势，积极营造学习宣传贯彻十九届五中全会会议精神的浓厚舆论氛围。制作播出《深入学习贯彻党的十九届五中全会精神》《铭记辉煌路　奋进新征程》《为夺取全面建设社会主义现代化国家新胜利而奋斗》《开启全面建设社会主义现代化国家新征程》等多部广播电视公益广告，密集编排播出，充分展现山东全面建成小康社会的伟大历程、伟大成就、伟大经验，全力烘托十九届五中全会浓厚舆论氛围。

（山东广播电视台提供）

山东广播电视台全国两会宣传报道情况

山东广播电视台总编室　杜文娟

2020年全国两会5月中旬在北京召开。为做好疫情防控常态化背景下全国两会宣传工作，山东广播电视台提前策划，统筹安排，紧紧围绕习近平总书记下团活动、重要讲话精神，政府工作报告、代表委员通道等重要议程，积极探索创新报道形式，运用4K、AI等技术，打造多元创新产品，讲好山东代表委员履职故事，传递两会山东好声音，充分展现全省上下努力克服疫情影响，牢记总书记嘱托，统筹做好疫情防控常态化和决战决胜脱贫攻坚，奋力谱写山东发展新篇章的昂扬姿态。截至5月28日，广播、电视主要新闻栏目共播发稿件202篇，齐鲁网、“闪电新闻”客户端共刊发2950余条，总阅读量3.8亿+。山东卫视《山东新闻联播》、综合广播《山东新闻》《山东新闻联播》同时开设的“直通全国两会”专栏，受总局表扬。

一、做好习近平总书记重要活动、重要讲话精神报道及重要议程报道

山东广播电视台主要新闻栏目、新媒体端首屏首页头条聚焦习近平总书记两会期间各项活动，深入阐释总书记重要讲话精神，山东卫视《山东新闻联播》、综合广播《山东新闻》持续深入宣传贯彻习近平总书记重要讲话精神，第一时间播发《山东代表团举行小组会议　学习习近平总书记重要讲话精神　审议全国人大常委会工作报告》《习近平总书记在参加政协经济界委员联组会和人大湖北代表团审议时的重要讲话引发强烈反响　坚定发展信心　奋力答好统筹疫情防控和经济社会发展考卷》《山东代表团分组学习习近平总书记在内蒙古代表团的重要讲话》等，充分报道总书记重要讲话精神及引发的热烈反响。

精心策划习近平总书记视察山东两周年宣传报道。5月16日，山东卫视《山东新闻联播》头条播发“习近平总书记视察山东两周年综述”专栏专题报道《新旧动能转换再起势　高质量发展谋新篇》，报道了两年来，山东牢记习总书记嘱托，围绕“走在前列、全面开创”目标要求，从质量结构、体制机制到发展环境，对经济进行重塑。5月18日，

推出“牢记嘱托　重塑山东之变”专栏，首篇播发《山东：增进民生福祉　托起民生幸福》，时长6分13秒，报道了山东牢记总书记嘱托，两年来，坚决贯彻以人民为中心的发展思想，面对民生所需、民生所求，把细致入微的民生工作落到实处，让人民群众安心放心。同一天，综合广播在《山东新闻》《山东新闻联播》开设《牢记总书记嘱托，奋力做好“四个扎实”》专栏，全面介绍山东落实习近平总书记提出的“四个扎实”重点任务的好做法、好典型。首篇推出《青岛蓝湾整治　“绣”出美丽生态岸线》。两会期间，广播电视主要新闻共播发《【牢记嘱托　重塑山东之变】山东：打造国际合作平台　主动融入“一带一路”》《【牢记嘱托　重塑山东之变】青岛上流佳苑社区：小电梯　大民生》《【牢记嘱托　落实“四个扎实”】山东：扛牢农业大省责任　超额完成高标准农田建设任务》等10多篇报道，充分反映山东牢记总书记嘱托，贯彻落实总书记要求的生动实践。

充分发挥各平台优势，精心做好政协、人大开幕会、部长通道、代表通道、委员通道等重要议程报道。《山东新闻联播》《山东新闻》《早安山东》《民生直通车》《新闻午班车》等广播、电视新闻栏目精心编排，统一包装，开设“直通全国两会”专栏，播发《全国政协十三届三次会议在北京开幕》《十三届全国人大三次会议开幕》《同舟共济复兴路　凝心聚力再出发》《山东代表团举行全体会议　审议政府工作报告　王勇出席并发言　刘家义主持　李干杰出席》等报道90多篇。总局表扬该专栏播发的系列报道从小切口展现了代表们肩负重任、砥砺前行的精神风貌和工作状态。

齐鲁网、“闪电新闻”客户端推出24小时不间断网络直播，对会议召开、政府工作报告等内容做好碎片化传播，第一时间全网弹窗推送。制作推出九大产品宣传矩阵海报——《决胜2020！闪电新闻九大产品聚焦全国两会》在社交媒体进行推广。聚焦“部长通道”“代表通道”，重点摘编经典言论、建议，策划推出互动H5产品《H5 丨首场“部长通道”“代表通道”云开启！这些热点与你相关》《H5 丨企业、环保、基层工作……第二场“委员通道”谈了这些事》，增强了阅读性和趣味性。推出H5产品《决胜2020聚焦14大关键词看政府工作报告》、“政能量”可视化图解产品《政能量丨 2020政府工作报告来了！这20句话暖心提劲》《政能量丨划重点！极简版2020政府工作报告来了》和深度解读报道《闪电深1度丨让流量变成“新农资”！山东农村电商发展的表与里》等，深入解读政府工作报告。

二、生动讲述代表委员履职故事，传递两会“好声音”

两会召开前，山东卫视《山东新闻联播》、综合广播《山东新闻》开设“履职一年间”专栏，齐鲁网、“闪电新闻”客户端推出“代表委员履职记”专栏，以主题报道、短视频、图文报道等形式，播发《周云杰：抢抓工业互联网机遇　实现制造业弯道超车》《孙建博：守护绿水青山　助力生态振兴》《李燕：完善养老服务　实现老有所安》《孙丕恕：深耕大数据　质量“码”上知》《卢林：深入基层　推动全民健康》，生动讲述代表委员履职故事。齐鲁网、“闪电新闻”客户端在做好碎片化传播的同时，策划制作互动H5新媒体产品《闪电新闻记者蹲点看履职丨牢记嘱托　铸造山东之变》，集中展现代表委员风采。

两会召开期间，山东卫视《山东新闻联播》、综合广播《山东新闻》《山东新闻联播》推出“代表委员议国是”系列反响报道，播发《代表委员议国是：求真务实谋发展　攻坚克难赢未来》《破除体制机制障碍　服务“六稳”“六保”大局》《让脱贫攻坚与乡村振兴同频共振》等报道。山东卫视《山东新闻联播》及时关注全国政协十三届三次会议开幕和十三届全国人大三次会议开幕，第一时间播发时政消息，推出反响报道《凝聚共识共奋进　同舟共济再扬帆》《风雨同舟复兴路　凝心聚力再出发》，采访了全国政协委员潘鲁生、陈增敬、段青英等及全国人大代表王威东、孙建博、卓长立等，围绕新冠肺炎疫情防控、“六稳”“六保”、乡村振兴、脱贫攻坚等热点畅谈感想和打算。综合广播推出“新闻特写”，播发《全国人大代表梅建华：切实做好疫情下高校毕业生就业创业工作》《全国人大代表张新文：菏泽要精准打赢脱贫攻坚战》等报道，无论是播发速度还是稿件质量，都在省内同行中遥遥领先。齐鲁网、“闪电新闻”客户端策划推出“真知灼见·现场声”系列报道80余篇，生动呈现两会现场山东声音，其中《全国人大代表宋文新：整顿“饭圈文化”　引导演艺明星成为“正能量偶像”》，单条短视频微博阅读突破1000万；策划推出“两会真观察”系列Vlog报道，通过随行记者个人视角，从细节看变化，共推出《“火药味儿”特别浓　山东代表团小组会议直奔问题》《“云旁听”不间断：全国两会的变与不变》等10余篇，生动捕捉全国两会现场精彩瞬间。

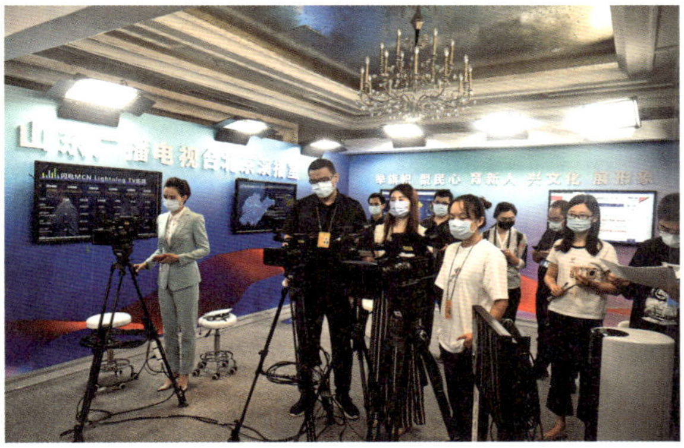

山东广播电视台记者和工作人员为十三届全国人大三次会议山东团新闻发布会做准备（山东广播电视台提供）

三、技术加持不断创新，精品内容推动“智媒”转型

在2020年全国两会报道中，山东广播电视台通过5G、AI、VR、H5等前沿新技术的应用，在北京搭建了融媒体演播室，打造720度沉浸式“云会场”，推出北京、济南同屏共振“云访谈”、策划24小时不间断的“闪电大直播”、创新AI解读两会关键词以及多个内容形式丰富的新媒体产品，实现了与用户更深层次的交互。

十年品牌节目再创新，云对话“穿”屏直播。2020年是山东广播电视台品牌节目《两会大家谈》的第十个年头，在疫情防控常态化背景下，通过济南“中央厨房”演播室与北京演播室云端连线直播，全国人大代表与理论专家隔空对话，双主持跨屏互动，为人们呈现了特殊背景下令人深刻的两会。“云对话·两会大家谈”直播访谈节目两会期间共推出15场，就脱贫攻坚、全面小康、疫情防控常态化、“六稳”“六保”等热点话题与观众、网友隔空互动交流。直播节目在全网各平台重点推荐，直播全网总推荐量2000万+。其中，《人民日报》党媒平台在直播频道置顶“云对话·两会大家谈”访谈节目预告；新浪“对焦两会”专题置顶推荐。

AI、VR、MGC科技赋能，打造多元创新产品。齐鲁网、“闪电新闻”客户端推出新媒体产品《2020年全国两会代表委员微名片》，结合大数据和人脸识别技术，实现“文字+面部”搜索0.5秒精准识别、网友和代表委员进行实时互动。同时，推出2020全国两会特别策划720°云会场，发布VR视频作品《720°云会场丨2020全国两会山东广电北京演播室启用》、VR图片场景作品《720°云会场丨智媒技术、全媒呈现！2020全国两会山东广电北京演播室》。闪电MGC机器人根据直播内容进行快速剪辑，生产竖版号外等新媒体产品。以卡通动漫形式解读两会，生动讲述代表委员履职故事，推出《MG 动画丨7 大看点！100 秒带你读懂不一样的全国两会》《漫漫说丨全国人大代表刘庆民履职记！那山、那人、那药箱……》等多篇条漫、动画短视频产品。策划推出大量内容扎实、互动性强的 H5 新媒体产品，《闪电日历本交互产品》《答题闯关丨看似很远其实很近！民法典将这样影响你我生活》《攻坚“转”不停》等产品进行全网推广，深受网友欢迎。

创新评论产品，凝聚决战决胜力量。“闪电新闻”客户端精心筹划推出“智库专家评两会”系列报道，邀请闪电智库专家进行分析解读，进一步坚定信心，凝聚决战决胜的磅礴力量。《董彦岭：从“六稳”到“六保”，提振决战决胜信心》《宋协娜：党的科学统筹是疫情防控的核心保障》等多篇评论文章在评论页卡重点推荐。此外，邀请代表委员撰写评论文章。其中，全国政协委员潘鲁生撰写的《【全国两会地方谈】齐鲁网评：因地制宜促进乡村文化振兴》被中央网信办全网推荐转发。

“区块链”共享，主流媒体共创云上新闻编辑部。“闪电新闻”客户端联合湖北广播电视台长江云、北京广播电视台北京时间、上海报业集团澎湃新闻等 12 家主流新媒体共同创建云上新闻编辑部。编辑部充分发挥“区块链”共享、共融、共赢的理念，策划了“2020，我们一起拼”联合云直播、“战‘疫’斗贫 有你有我”“走进人民大会堂的战‘疫’代表”“代表人民来带货”、通过 5G 传播技术的“全息面对面”等两会主题宣传策划。其中，由齐鲁网、“闪电新闻”客户端策划推出的《攻坚转不停》等多款产品入选流媒体杂志。编辑部所有成员单位联手策划、联合宣推，共建两会报道中新闻传播大舞台，也为以后大事件新闻报道提供了有益的借鉴经验。

四、全网联动，多渠道矩阵式推广，形成强势传播力

充分发挥台、网、端、微、屏、号等优势资源，携手“学习强国”、新华网、人民网、央视网、腾讯、今日头条等央媒和市场平台共同打造融合传播平台，面向全网用户深度下沉。

拓展推广渠道，与央媒、党媒和商业媒体平台建立联动矩阵。重点专题报道、图解、评论文章被“学习强国”全国平台推荐。“云对话·两会大家谈”访谈直播节目在全网各平台重点推荐，其中，《人民日报》党媒平台在直播频道置顶节目预告。央视频同步开设“两会真观察”记者专栏，每日同步更新稿件。与今日头条、凤凰网联合共建两会专题，在头条两会频道重点推荐。携手百度与全国 60 家权威政务、媒体共建 2020 全国两会传播矩阵。此外，闪电新闻抖音开设话题 # 决胜 2020#，话题阅读量 6465 万；闪电新闻开设的 #2020 聚焦两会 # 微博话题，在新浪微博视窗重点推荐，阅读量 3679.8 万。

业内传媒大 V 刊文，点赞山东台两会智媒报道。《广电时评》《中广协广电分会》微信公众号刊文《从融媒、全媒到智媒，山东广电两会报道创新实践“5 智模式”》，点赞山东广播电视台两会报道积极创新，主动拥抱新技术，开启智云、智品、智传、智网、智库的“5 智”，向“智媒体”转型。网络传播杂志官方微信以《今年两会，媒体秀出哪些“新神器”？》为题，对 2020 年全国两会报道进行集成报道，点赞山东广播电视台云对话、双主持跨屏互动、闪电 MGC 机器人快速剪辑，生产竖版“号外”等新媒体产品。短视频评论作品《【地评线】齐鲁视评：7 大看点！100 秒带你读懂不一样

的全国两会》被中央网信办全网推荐转发。

发挥闪电 MCN　LightningTV 优势，打造多个爆款短视。山东广播电视台充分利用县融媒矩阵及闪电 MCN　LightningTV 优势，积极联动区县力量，调动全台主持人、栏目等百余个 MCN 内账号，通过小视频及竖屏视频形式，在微博、微信、抖音、快手等多平台连续发布，打好矩阵传播、融媒报道组合拳，传播两会声音，讲好山东故事。齐鲁网、“闪电新闻”客户端围绕“打造乡村振兴齐鲁样板”“整顿‘饭圈文化’”“农村‘土专家’考核”等会上代表发言，精准设置议题，策划推出“两会热点话题”等 9 个系列网络小专题，在微博发起 # 建议对娱乐界不良风气进行整顿 # 微博话题，阅读 2 亿 +，制作的《真知灼见 · 现场声 | 全国人大代表宋文新：整顿“饭圈文化”　引导演艺明星成为“正能量偶像”》，单条短视频微博阅读突破 1000 万，头条新闻、新京报、搜狐娱乐、网易新闻客户端、环球时报、三联生活周刊、Vista 看天下、36 氪等转载，百度热榜 top6。紧跟社会热点，加强竖版短视频的传播，其中，闪电新闻及时跟进“海尔奖励见义勇为员工一套房”热点话题，推出短视频稿件《海尔总裁回应员工爬楼救女童被重奖：100 平住房更有实用意义》，被央视等各大平台转发；在抖音平台同步发布的短视频播放量近 500 万，点赞 45.6 万。

以县级融媒体中心为着力点，“一朵云”联动发声形成传播合力。两会期间，依托山东省平台技术优势，在“闪电云”平台的指挥调度下，闪电新闻向平原、博兴、鄄城、邹平等 54 家区县融媒体中心转推 15 场《云对话 · 两会大家谈》直播、决胜 2020——聚焦全国两会专题、蹲点看履职专题和《真知灼见 · 现场声》等融媒产品，其中 15 场云对话 · 两会大家谈直播总点击量近 500 万人次，近百家区县融媒体中心在各自客户端、网站显著位置发布，覆盖基层群众超千万人。此外，闪电新闻还联动宁津融媒体中心，在德州宁津县近 300 部电梯广告全天 24 小时滚动展示《闪电新闻》真知灼见 · 现场声海报，让全国两会权威声音直达基层人心。

五、借力央媒平台，展现山东代表委员履职风采

全国两会期间，我台在央视新闻频道和央广《中国之声》播出多篇重头稿件，借力央媒平台，传播山东声音，塑造山东奋力走在前列的精气神。截至 5 月 28 日，山东广播电视台在央视新闻频道播发两会相关报道 20 条，其中在央视《新闻联播》发稿 8 条。各档新闻节目共采访山东代表团全国人大代表、住鲁全国政协委员 19 人次。在央广《中国之声》发稿 42 条，其中在重点栏目《新闻和报纸摘要》《全国新闻联播》发稿 16 篇。

央视《新闻联播》播发的《【同心协力　砥砺奋进——代表委员议国是】攻坚克难　为全面建成小康社会打下决定性基础》《【同心协力　砥砺奋进——代表委员议国是】凝心聚力迎难而上　坚定信心努力奋斗》《【同心协力　砥砺奋进——代表委员议国是】上下齐心真抓实干　凝聚力量勇往直前》等组合提要报道，采访了山东聊城茌平县贾寨镇耿店村党支部书记耿遵珠、海尔集团总裁周云杰、浪潮集团董事长兼 CEO 孙丕恕等代表委员，展现履职风采。

围绕习近平总书记下团反响、大会开幕反响等两会重要议程，积极向央广《中国之声》提供卓长立、王凌等代表的采访同期声，报道他们学习总书记重要讲话的体会感受，积极展现山东的热烈反响。围绕央广《中国之声》两会特别策划《两会热议》《两会大综合》等专栏，山东台从高质量打赢脱贫攻坚战、打好污染防

治攻坚战、做好“六稳”、抓好“六保”、高校毕业生就业、稳外贸、提振消费等方面展开采访，张淑琴、李希信、孟凡利、孙丕恕、张新文、梅建华、韩峰等住鲁全国人大代表采访素材被选用。

（山东广播电视台提供）

全省疫情防控宣传工作情况

省局宣传管理处

新冠病毒肺炎疫情防控工作开展以来，省广电局立足自身职责，全力推进疫情防控的广播电视宣传和舆论引导工作。

一、及时响应，迅速行动

1月26日，向各市局、台发出《关于进一步做好疫情防控广播电视宣传相关工作的提示》，指导全省各级广电行政部门和播出单位提高政治站位，切实把思想和行动统一到习近平总书记重要指示精神和党中央决策部署上来，全面做好疫情信息发布、防控宣传、舆论引导等工作。1月28日，印发《关于做好应对肺炎疫情宣传引导工作的紧急通知》，进一步强调提高政治站位，落实政治责任，以更为有力的行动，全面加强有关工作，做好疫情防控宣传和舆论引导工作。

二、启动突发事件重大宣传引导

（一）强化头条建设。组织全省广播电视聚焦抗疫主题，强化广播电视头条建设，在重点新闻头条位置突出报道习近平总书记关于疫情防控工作的重要指示精神和党中央重大决策部署，大力宣传省委、省政府和各级党委政府采取的措施和成效。习近平总书记每一次对新冠肺炎疫情作出重要指示和批示后，《山东新闻联播》以及各市地新闻节目在头条位置都进行了详尽的报道，提炼讲话的金句，充分体现总书记和党中央对广大人民群众生命安全和身体健康的极端重视、关心关怀，对疫情防控工作的科学决策、精准施策，持续反映社会各界的热烈反响，表达了众志成城，坚决战胜疫情的决心。

（二）调整节目编排。指导全省各级广播电视台迅速调整节目编排，减少与疫情无关节目播放量，全面聚焦疫情防控报道。调整后，全省各级广播电视台的主频道主频率，开辟各类疫情防控宣传新闻直播节目和特别报道50余档，每日累计播出时长超1200分钟，作为新闻宣传主阵地，高频次、高质量、高水平发布疫情防控权威信息，充分展示主流媒体的责任与担当；其他各频率频道结合自身内容宗旨和定位，开设特别栏目、特别节目180余个，多种方式、多种角度宣传疫情防控知识、报道疫情防控信息，形成强大宣传声势。济南广播电视台在广播、电视、新媒体开设“战‘疫’”频道，及时传递中央和省市疫情防控政策措施，用及时准确的新闻报道打击谣言、稳定人心。

青岛、烟台等多地广播频率打破常规节目设置，设立大版块直播互动节目，充分发挥广播的直播优势，每天连线湖北广播频率，报道一线最新情况。

（三）积极对上供稿。指导各级广播电视台积极加强与央视、央广沟通，围绕重大典型、创新举措、便民惠民、开工复工等方面进行精心策划，提前准备，全力做好对上供稿，关键时刻发出山东声音。截至2月24日，在央视新闻频道疫情防控的发稿总量224条，其中《新闻联播》65条（含头条5条，提要16条，单条3条）；综合广播在中国之声播发稿件171条，其中重点栏目《新闻和报纸摘要》37条，包括头条综合6条，提要综合稿件18条，发稿量位居全国前列，进一步宣传山东“抗疫”新形象。

（四）严把导向关口。及时发出宣传提示，提醒各级广播电视台在疫情报道的过程中严格落实“播前三审”“重播重审”等制度，把好关口，坚持正确舆论导向，密切跟踪研判各类舆情，对社会关注点、舆论聚焦点有效开展舆论引导，疏导平复恐慌，焦虑和极端情绪，引导群众辩证的看待问题，防止过度煽情，防止以偏概全；切实核实核准报道信息，不允许编发未经核实、没有根据的信息和传言，防止报道失实，保证主流平台的权威性和公信力。部署省广播电视监测中心对全省疫情防控广播电视宣传情况进行专项监测，与总局监管中心对接，及时了解监测最新情况。我省疫情防控广播电视宣传没有发现违反宣传纪律问题。

三、全力做好服务保障

（一）协调内容产品供应，公益助力抗疫攻坚。按照总局部署，2月10日，全省各级广播电视启动了“众志成城、共同战疫”的公益展播活动。省广电局积极做好对接协调，及时向全省各级广播电视台转发公益展播节目下载地址30余次，经典咏流传、中国诗词大会等180余部文艺作品、动画片、纪录片充实到各级广播电视播出机构节目资源，用优秀的作品凝聚了正能量。

（二）指导协调创作生产，丰富抗疫题材作品。调度省台和16市台，协助湖北广播电视台制作各地人民助力湖北和武汉抗疫的爱心传递视频，鼓舞抗疫斗志和信心。部署省内广播电视制作机构发挥自身优势，策划创作生产落实党中央决策部署、讲述疫情防控先进事迹、歌颂战“疫”英雄、宣传战“疫”精神等题材的专题片、纪录片、动画片。对防疫抗疫优秀原创作品，纳入重点项目库，开通节目内容审查绿色通道，加快备案审核流程，研究出台鼓励政策，在申报2020年国家和省级各类专项资金项目、评奖推优时给予倾斜。

“战疫”英雄张鑫一家四口在分别66天后的重聚（山东广播电视台提供）

（三）做好对企服务，推动复工复产。通过电话、微信、网络、电子邮件等各种形式，逐个联系对接动画片制作公司，引导抗疫选题，宣传政府帮扶政策，推动复工复产。持续优化疫情防控期间行政审批服务，《广播电视节目制作经营许可证》通过网上预审、邮寄材料进行“不见面审批”，特事特办、急事急办，《广播电视节目制作经营许可证》、动画片发行许可等审核事项办理时间力争在前期已压减的基础上再压缩1/3,为企业复工复产提供最大便利，保证节目内容供给渠道最大畅通。

（四）发挥协会作用，凝聚行业力量。指导省广播电视协会充分发挥社会组织平台作用，建立联络员制度，通过“抗击疫情”工作群推送广电总局相关政策解读、省局工作部署、各地宣传亮点和经验作法，及时进行工作引领；积极开展“战疫”选题策划，在《现代视听》推出专栏，以“面对重大公共事件，主流媒体的责任与担当”为题，向7位业内资深专家学者约稿，分析探讨当前抗疫宣传报道现状，对存在的问题进行及时而权威的解答和指导；2月20日，向各市地广电协会、全省广电从业人员发出《慰问信》，送去温暖，鼓舞士气、凝聚力量，打好舆论宣传主动仗。

（省局宣传管理处提供）

山东广播电视台决战脱贫攻坚宣传情况

山东广播电视台

2020年是决胜全面小康社会，决战脱贫攻坚的收官之年。山东广播电视台始终将脱贫攻坚作为全年宣传工作重点，紧紧围绕习近平总书记关于脱贫攻坚的系列重要讲话精神、重要指示批示及省委、省政府决策部署和工作大局，结合“新春走基层”“习近平总书记参加山东代表团审议两周年”等重大主题、节点，统筹做好疫情防控和脱贫攻坚的宣传报道，通过专题报道、主题新闻、动态资讯等报道形式和直播、H5、图解、短视频等新媒体手段，多角度、立体化讲述山东脱贫攻坚、人民安居的感人故事，全面展现山东决战脱贫攻坚的硬核措施和重大成就。

一、深入基层一线，发掘典型案例，生动、鲜活讲述脱贫攻坚一线的巨大变化

2020年春节前，山东卫视《山东新闻联播》《早安山东》等新闻栏目开设“新春走基层·脱贫攻坚一线见闻”专栏，关注在脱贫攻坚一线坚守的典型人物和故事，记者蹲点章丘三涧溪村，感受小乡村里的新变化；走进朱家林，见证这个从一个三分之一人口贫困的空心村四年间成山东省唯一的国家级田园综合体试点的蜕变历程；下沉宁阳县东疏镇，看干部下基层的行政村的集体增收、农民致富之路；来到平阴县孔村镇前大峪村，倾听扶贫路上“夫妻档”的感人故事；探访沂水县吴家楼子村，寻找七旬老人靠传统手艺缝棉袄过上好日子的秘密……播发《春到朱家林，看沂蒙小山村蜕变》《扶贫路上的“夫妻档”》《外来媳妇的扶贫路》等多篇生动鲜活的报道。

电视齐鲁频道《每日新闻》栏目“新春走基层”开辟《脱贫攻坚看落实》专栏，报道全省多地典型经验与脱贫攻坚成绩：东明县在大力推进黄河滩区居民迁建的同时，坚

持“边迁建，边脱贫”的工作思路，立足滩区资源禀赋，统筹谋划产业发展，积极招引特色种养殖项目入驻黄河滩区，带动农民就业增收；昌乐大力建设扶贫项目，帮助贫困人口脱贫；山东哥哥隋刚 18 年如一日坚持爱心助学，致力科技扶贫等，播发《喜欢串门的村支书》《昌乐贫困户的致富路》《山东哥哥隋刚助学记》等多篇报道。《小溪办事》栏目特别策划“第一书记的腊月”系列报道。2020 年 1 月初，记者先后走进东平县辛庄村、阳谷县七一村、冠县北童庄村、平邑县夏家村等四个乡村，采访跟拍这四个村的驻村第一书记的日常工作，采制播出了八集系列报道，通过第一书记的视角，围绕近几年各乡村脱贫工程或项目的推进，展现了当地脱贫攻坚工作的巨大进展，以及曾经的扶贫户家庭对未来更加美好生活的期盼，也树立了脱贫攻坚一线的优秀第一书记的典型。

“黄河滩、沂蒙山、老病残”，是山东脱贫攻坚的三大重点。黄河滩区作为全省较为集中连片的贫困地区，滩区脱贫成为山东全面建成小康社会的攻坚之战。围绕黄河滩区脱贫迁建，山东卫视《山东新闻联播》《早安山东》等新闻栏目“新春走基层·脱贫攻坚一线见闻”专栏策划推出主题报道，播发《黄河滩区：搬进好日子》《滩区群众的新年景》《镜头记录黄河滩区搬迁居民在旧村的最后一个春节》《新家新车新生活　黄河社区的别样春节》等多篇报道，记者蹲点济南长清滩区小镇、菏泽鄄城董口镇、济宁梁山“小路口镇”刘灿东村等滩区，直击居民迁建情况、搬迁后生活的变化和第一个春节的喜庆场面，讲述居民搬迁故事。《调查》栏目播出《老房子里的最后一个新年》专题报道，通过采访黄河滩区三个家庭忙年的经过，展现滩区人民自力更生，借助迁建的东风，脱贫致富的故事。

电视公共频道《民生直通车》推出《媳妇都好找了！这个滩区新年喜洋洋》，从一张热闹喜庆的结婚照片切入，记者来到典型的黄河滩区村梁山县赵固堆乡贾庄村村民的婚礼现场，通过村民的生活、工作、环境等变化，展现滩区迁建的成果。同时还推出《从村台到楼房　记者带您去这个滩区瞅瞅》《【一线见闻　蹲点 Vlog】这个村子每年加高村台　今年为何不需要了？》等多篇报道，用镜头记录搬迁村庄每时每刻的变化。

齐鲁网、“闪电新闻”客户端将黄河滩区居民迁建宣传工作与 2020 山东两会、这就是山东、新春走基层、脱贫攻坚等系列宣传策划相结合，累计发布各类相关稿件 46 条。先后推出《这就是山东·身边事　看变化 | 菏泽滩区居民日子越过越有奔头》《直通两会 | 滩区百姓搬进新家了，还缺点啥？》《Vlog·今朝更好看 | 从黄河滩区搬进复式新楼房》等策划报道，多角度、立体化展现滩区迁建前后居民生活变化；刊发纪录片《润物无声》，记录三位省派“第一书记”在黄河滩区的扶贫路；此外还充分发挥县级融媒体中心的通联合作优势，推出《济南市平阴县：抓防疫促复工　早圆滩区安居梦》《济南章丘黄河镇：吹响滩区迁建工程复工“集结号”》《东营市利津县后十四村滩区西瓜种植基地掀起秧苗栽植热潮》等一系列深入基层的优秀报道稿件。通过一系列策划报道，深入宣传省委、省政府关于滩区迁建的政策措施和工作方案，让“迁建不是目的，致富才是根本”的迁建脱贫目标深入人心，从宣传工作角度力助滩区群众“搬得出、稳得住、能致富”。

二、围绕重要节点，做好结合文章，及时权威传递中央大政方针和省委安排部署

3 月 6 日，习近平总书记出席决战决胜脱贫攻坚座谈会并发表重要讲话，会后，省

扶贫开发领导小组召开2020年第一次全体会议，深入学习领会习近平总书记重要讲话精神，研究部署今年重点工作。山东卫视《山东新闻联播》第一时间播发《省扶贫开发领导小组召开2020年第一次全体会议》，同时配发总书记讲话的反响报道《坚决克服疫情影响　坚决夺取脱贫胜利】坚决打赢这场硬仗——习近平总书记在决战决胜脱贫攻坚座谈会上的重要讲话在山东引起强烈反响》。报道采访了各地市、县区的扶贫开发办公室领导、乡镇党委书记、社区党支部书记、村贫困户等，纷纷表示将坚定信心、迎难而上，落实党中央决策部署，确保如期完成脱贫攻坚任务。随后又播发《省委决战决胜脱贫攻坚座谈会召开》《省委常委会召开会议　认真学习习近平总书记在决战决胜脱贫攻坚座谈会上的重要讲话》等时政报道。“统一思想　狠抓落实　奋力夺取‘双胜利’”专栏推出《菏泽：村台就是战场》《寿光打造全国全产业链数字蔬菜供应链》《聊城：农业稳产保供　全力支持重点城市菜篮子》《省农科院选派400名科技人员助力春耕一线》《山东：金融赋能　组织振兴带动乡村振兴》等系列内容扎实、细节生动，反映全省上下在省委、省政府的领导部署下，团结一心抗击疫情，打赢脱贫攻坚硬仗的报道。

电视农科频道《山东三农新闻联播》播发《【决战决胜脱贫攻坚】山东：两场硬仗一起打　不获全胜不收兵》《【决战决胜脱贫攻坚】李海霞：为追梦远行　因助贫返乡》等，及时宣传报道省委、省政府的决策部署。针对3月11日上午省委决战决胜脱贫攻坚座谈会，播发《【决战决胜脱贫攻坚】坚决打赢疫情防控和脱贫攻坚两场硬仗》《【抗击疫情　决胜小康】　坚定战“疫”信心　高质量打赢脱贫攻坚战》，报道山东将坚定信心克服新冠肺炎疫情的影响，坚决扛牢脱贫攻坚重大政治责任，紧盯“黄河滩”、聚焦“沂蒙山”、锁定“老病残”，推动各项扶贫政策落实落地落细，探索建立稳定脱贫长效机制，确保如期高质量完成脱贫攻坚任务。

综合广播围绕党中央关于脱贫攻坚的决策部署、各部门统筹推进疫情防控和脱贫攻坚工作的新举措好办法、基层扶贫干部的典型事迹和贫困地区人民群众艰苦奋斗的感人故事，播发了《习近平在决战决胜脱贫攻坚座谈会上强调：坚决克服新冠肺炎疫情影响，坚决夺取脱贫攻坚战全面胜利》《习近平总书记在决战决胜脱贫攻坚座谈会上的重要讲话在山东干部群众中持续引发强烈反响》《省扶贫开发领导小组召开2020年第一次全体会议，深入学习贯彻习近平总书记重要讲话精神，确保高质量打赢脱贫攻坚战》《省委常委会召开会议，认真学习习近平总书记在决战决胜脱贫攻坚座谈会上的重要讲话》《刘家义在省委决战决胜脱贫攻坚座谈会上强调　深入贯彻落实习近平总书记重要讲话精神　坚决打赢疫情防控和脱贫攻坚两场硬仗》等多篇重头报道。

2018年3月8日，习近平总书记在参加十三届全国人大一次会议山东代表团审议时指出，实施乡村振兴战略要统筹谋划，科学推进，打造乡村振兴的齐鲁样板。围绕“习近平总书记参加山东代表团审议两周年”重要节点，山东卫视《山东新闻联播》开辟“牢记殷殷嘱托　决胜全面小康”专栏，自3月8日以来，连续四天播发5分钟以上的主题报道。首篇综述《沿着总书记擘画的蓝图笃定前进》，时长8分51秒，记者走访山东各地，采访基层干部和相关负责人、专家，全方位梳理两年来山东牢记殷殷嘱托，在扎实推进乡村振兴建设方面的重要举措和突出成果。此外还推出《桃园振兴的“三部曲”》《山东：接“二”连“三”　“新六产”融出新动能》《山东：兜底线　抓重点　高质量打赢脱贫攻坚战》几篇重点稿件，聚焦山东打造“乡村振兴齐鲁样板”，落实落细各项扶贫政策，建立脱贫长效机制做出的积极探索和克服困难的生动实践，多角度展现山东借助农业产业优势，加快实现乡村振兴的系列举措。

电视齐鲁频道《每日新闻》栏目从科技创新、绿色发展、产业升级以及滩区脱贫迁建等方面，选取先进典型和先进做法，展示山东在打造乡村振兴齐鲁样板和脱贫攻坚中做出的成绩，播发了《山东战“疫”之乡村振兴如何破题》《黄河滩区脱贫迁建：高青：滩区居民上楼记》《说唱吃播“猪倌”王元虎有点忙》《脱贫攻坚：工坊大姐的宅经济》《乡村振兴：草莓种植大户的新战场》。《拉呱》栏目紧扣乡村振兴、脱贫攻坚主题主线，生动鲜活地讲好脱贫攻坚一线奋斗故事，平实贴近地推广经验，播发《区块链技术助力“云”上农业》《高级白领回乡种草莓》《生猪代养，小伙开展“云”养猪》《“三嫂”的扶贫车间》《建档立卡的贫困户如今成了小老板》等报道。《再度挑战吃播又卖花　商河“网红县长”很忙》《惠民：我省首位县委书记网络直播带货拓销路》《惠民：“电商特色”镇镇委书记网络带货初体验》先后报道了商河县、惠民县等地积极拓展营销渠道，从县领导到乡镇领导、农副产品种植户齐上阵，通过电商平台带货，努力抵御疫情带来的冲击，充分展现了政府在疫情面前服务意识不断增强，积极创新的良好形象。

综合广播播发《五大振兴绘就乡村振兴齐鲁样板，推动高质量打赢脱贫攻坚战》《山东：打造“新六产”，融出脱贫攻坚新动能》等多篇综述报道。经济广播在“推动乡村振兴　打造齐鲁样板”专栏播发多篇稿件，报道我省各地在乡村振兴方面采取的有效举措和取得的成就。

齐鲁网、闪电新闻策划推出“面朝大海　春暖花开”大型融媒体报道。聚焦“黄河滩”“沂蒙山”等主题，多路记者深入临沂代村、黄河滩等基层一线，聚焦新农民，推出 Vlog《迎荷兰“海归”硕士，“种地养牛”的五里墩，有哪些产业升级？》等多篇生动鲜活的短视频报道，多角度讲述两年来齐鲁儿女牢记嘱托，奋力打造乡村振兴齐鲁样板的山东故事。同时，创新可视化表达、互动化呈现，采用智能剪辑、AI 剪辑等，制作《AI 闪电·今朝更好看丨春暖花开春耕忙　60 秒来听齐鲁大地这组数字奏鸣曲》《今朝更好看丨“做优质农产品的搬运工！”烟台莱州 80 后电商达人张全自述创业历程》《Vlog·今朝更好看丨山村新貌真喜人！潍坊“90 后”大学生村官干劲足》等一批精品佳作，以第一视角，小切口展现百姓身边的大变化。推出 H5 作品《燕子说，这里的春天最美丽！》《H5 丨 2018 年—2019 年山东乡村建设大事记》，手绘漫画《从绿色田野到深蓝海洋，这是一张长长长的春天答卷》。以“原山林场”“沂蒙山小调诞生地”“良心谷”等为案例的沉浸式 VR 报道《面朝大海，春暖花开丨VR 云游齐鲁》，展现乡村振兴、绿水青山、现代农业等新时代山东画卷。

三、一手抓疫情防控，一手抓脱贫攻坚，统筹宣传呈现打赢疫情防控阻击战和决战脱贫攻坚的信心决心

新冠肺炎疫情期间，山东广播电视台重点关注了山东春季农业生产、农产品稳产保供、扶贫等工作进展，解读各项扶贫政策落实落地落细。山东卫视《山东新闻联播》第一时间开辟“统一思想　狠抓落实　奋力夺取‘双胜利’”专栏，播发《济宁：扶贫车间复工复产　巩固脱贫攻坚成果》《山东聚焦关键阶段重点任务　加大扶贫审计力度准度》等稿件，报道山东各地一手抓疫情防控，一手抓脱贫攻坚，细化帮扶措施，促进贫困劳动力返岗就业，确保按时完成脱贫攻坚的系列举措。“扛牢防控责任　抓好复工复产”“众志成城　抗击疫情”等专栏加强报道力度、密度和频次，联动山东

各地市和县区台积极报道山东加强疫情防控，推动脱贫攻坚的举措。记者深入一线，采制播发《山东：抓好疫情防控　推进脱贫攻坚》《菏泽定陶区：防疫　脱贫　农作三不误》《山东：人勤春来早　田间春耕忙》《1. 首批务工人员包机到岗就业　2. 青岛精准对接安顺助力脱贫攻坚》《菏泽：复工复产促脱贫》等报道，立体化展现山东各地战疫情，赶进度，全力组织复工和春耕生产，打通堵点难点，稳产保供的经验做法。同时，关注疫情期间野生动物禁食令的下发对济南章丘“金蝉村”村民生活的影响。《调查》栏目播出《企业复工如何安全破局》专题，介绍企业在疫情期间，就近吸纳农民工就业，保障农民收入和民生物资生产。《复工复产进行时》专题，体现政府相关部门为企业搭建招工信息平台，吸纳农民特别是贫困人口就业，并协助贵州、重庆等贫困地区的劳动力来鲁就业。

电视齐鲁频道结合疫情防控、脱贫攻坚主题，报道脱贫攻坚人物典型，并充分发挥栏目帮扶职能，对接相关部门，帮助贫困户解决销售难题。播发《破解农产品滞销难题　“产销对接平台”助力销售》《优质山楂滞销　如何打造增值产业链？》《巾帼不让须眉　第一书记是个农业专家》《抓防控抓复产　75 岁女支书决战脱贫攻坚》。疫情发生后，出现了很多农产品滞销的情况，为帮助种植户、养殖户打开销路，电视生活频道《生活帮》栏目开辟《战“疫”助农》版块。记者走进田间地头，了解种植户、养殖户的难处，介绍滞销农产品的各种优点，帮助对接商超和批发市场，呼吁有需要的企业和个人前去采购。其中，《愁！七万多斤红薯滞销》播出后，众多爱心朋友打电话表示要帮帮种植户，滞销变畅销。电视农科频道开设“希望的田野”版块重点聚焦春季农业生产过程中，省内各地为克服疫情带来的不利影响，在田间管理、农技应用、交通运输、人员招工等方面，采取的好经验、好做法。另外，持续开展公益活动——助农“站”C 位，涉及潍坊、临沂、烟台、威海、青岛、济宁多地，帮扶全省十几万农户销售滞销的十多种农产品，半个月的时间内，售出共计 1000 多万斤（株），金额达 5000 多万元。开展“抗疫助农　温暖山东”山东省优质农产品 2020 春季产销公益行活动，收集到来自全省十六市 1000 多份农产品滞销信息，记者核实产品信息之后，根据产品属性对接销售平台，通过拼多多直播带货，县长（区长）直播间为本地农产品代言的形式，对地域特色农产品进行销售。其中，《菏泽单县：县长变身主播　助销滞销鸡蛋》《临沂临沭紫薯销售难　县长局长直播带货》广受关注，不仅打开销路，解决了部分农民朋友的燃眉之急，进一步提升了当地产品的知名度，也通过县委书记、县长直播带货，展示了干部亲民助农、一心为民的形象。

综合广播全力开展疫情防控宣传的同时，做好脱贫攻坚方面的宣传报道，在《山东新闻》《山东新闻联播》两档主要新闻节目重点策划推出《黄河滩区脱贫大迁建》系列报道，播发《黄河滩区脱贫大迁建（上）：给 60 万滩区百姓稳稳的家》《黄河滩区脱贫大迁建（中）：新社区里的幸福生活》《黄河滩区脱贫大迁建（下）：让黄河成为造福人民的幸福河》稿件，通过丰富的音响、生动的语言以及微小的细节反映主题，生动刻画了山东牢记习近平总书记嘱托，用真招实招，向最难处聚焦聚力，精准扶贫、精准脱贫，让人民群众有更多获得感的具体实践。经济广播开办《战疫情　抓经济》专栏，做好习近平总书记重要讲话精神的宣传和我省各级各部门落实举措，持续加大力度和密度做好疫情防控、复工复产“两手抓”。交通广播特别节目“众志成城　抗击疫情”，在全省村村响、社区音箱、十六市县市区应急广播频率播出中央、省级扶贫政策、春季农业生产恢复、农产品销售等内容。

齐鲁网、闪电新闻联合山东多家县级融媒

体中心策划推出“这就是山东·惊蛰春耕忙”融媒联动直播，记者走进田间地头，选取良种培育、化肥生产配送、农耕机械设备代耕、农技专家在线教学等农产链条的重要环节，通过无人机、手机 APP 等智能形式，展现出一幅齐鲁大地的美好画卷。同时，记者走进超市和果园，实地探访如何帮助村民解决蔬菜水果销售最后一公里的情况，以小切口、活现场展示了农业如何新手段化解难题，陆续复产复工、助力脱贫的具体案例。策划图解新闻《政能量丨大干300天，攻坚一整年！打赢脱贫攻坚收官战，山东这样干》《紧盯“黄河滩”、聚焦“沂蒙山”、锁定“老病残”！山东确保完成脱贫攻坚任务》等重要稿件，介绍山东省统筹抓好疫情防控和春季农业生产等工作的进展，解读相关政策。

（省局宣传管理处　山东广播电视台提供）

山东广播电视台
关于抗美援朝 70 周年宣传报道情况

山东广播电视台总编室　杜文娟

为更好地铭记历史，传承和弘扬伟大抗美援朝精神，山东广播电视台通过多种形式和手段，挖掘人物典型，追忆革命先烈，大力弘扬爱国主义和革命英雄主义精神，讲好中国抗美援朝英雄故事。广播电视主要新闻栏目共播发稿件电视端 158 条，齐鲁网、闪电新闻 550 余条。

山东卫视《晚间新闻》《早安山东》播发《颁发抗美援朝出国作战 70 周年纪念章　致敬老战士　老同志》《纪念中国人民志愿军抗美援朝出国作战 70 周年大会 23 日上午在京隆重举行　习近平将出席大会并发表重要讲话》等时政新闻资讯。《早安山东》播发《【中国人民志愿军抗美援朝出国作战 70 周年】　传承抗美援朝精神　担起新时代使命》，关注山东各地的纪念活动。此外，还推出《英雄“王成”原型于树昌的家找到了　在山东莱阳！》，记者现场探访电影《英雄儿女》中英雄王成原型家乡，慰问于树昌烈士的亲属，回忆讲述抗美援朝战场上的英雄故事，弘扬爱国主义精神。此外，联合电视公共频道《民生直通车》《新闻午班车》统一开设“纪念中国人民志愿军抗美援朝出国作战 70 周年”专栏，播发《康玉杰：20 岁拿枪上战场的步兵通讯员》《莒县九旬老兵赵景山忆峥嵘岁月　18 年战火洗礼不改本色》等稿件，推出一批参加抗美援朝战役山东籍老兵的先进事迹。还派出记者赶赴辽宁丹东的抗美援朝纪念馆，通过闪电连线的方式，切身感受抗美援朝战争和抗美援朝运动的光辉历史。

电视齐鲁频道《每日新闻》策划推出《致敬最可爱的人》系列报道，联合省退役军人事务厅，展现抗美援朝十大老兵风采，营造浓厚氛围。播发《国际主义战士史元厚：为救朝鲜儿童献出生命》《深藏功与名　济南有位“张富清式”的老兵李仲祥》《父辈的战争　〈奇袭白虎团〉主创后代讲述剧作背后的故事》等报道。《拉呱》推出《光荣之家》特别板块，从家庭角度讲述退役军人退伍不褪色的光荣品质。《小溪办事》“老兵口述历史”系列报道重点采访几位抗美援朝老兵，通过他们的讲述，走进那段峥嵘岁月，感受胜利的来之不易，呼吁大家珍惜现在的幸福生活。策划推出《英烈面孔：“等等”，等着与您“相见”》，讲述革命故事，传承红色基因，致敬“最可爱的人”。电视农科频道《一切为了群众》推出特别节目“不朽征程”，重温战与火的岁月，体会英雄用鲜血换来的伟大胜利，播发《齐纪庸：入朝作战　我是第一批志愿军》《林淑芬：朝鲜战场　我和丈夫并肩作战》等报道。电视生活频道《生活帮》推出“中国人民志愿军抗美援朝出国作战70周年”系列报道，播发《313位山东籍志愿军烈士　他们的家人在哪里？》《泪目！志愿军老战士70年后再忆抗美援朝》等多篇报道。综合广播《山东新闻》《山东新闻联播》播发《【习近平总书记在纪念抗美援朝出国作战70周年大会上的讲话反响强烈】铭记伟大胜利　推进伟大事业》《新闻特写：“开国大典红一师”的红色教育课》等报道。

齐鲁网、“闪电新闻”客户端开设“纪念抗美援朝70周年”网络专栏，发布王海、黄继光、董存瑞等系列战斗英雄微视频并在闪电新闻大图位置推荐。策划制作互动H5产品《雄赳赳气昂昂，跨过鸭绿江》，整合梳理大量历史资料素材，通过竖版视频的形式还原激荡人心的抗美援朝作战历史事件节点。微信、抖音发布《兵哥哥执行任务　军嫂一人举行婚礼》，并全网重点推广，今日头条该稿件登上泰安热榜第2。联动县级融媒体中心等，关注参加抗美援朝战疫山东籍老兵的先进事迹和各地举行的纪念活动，刊发《96岁抗美援朝老兵高万功：一把炒面一把雪》《39秒丨致敬！邹城249位抗美援朝老兵收到纪念章》等报道。

积极做好对上发稿。10月19日，央视《新闻联播》播发组合提要《【英雄不朽——纪念中国人民志愿军抗美援朝出国作战70周年】特级英雄黄继光　舍身堵枪口》，采访了黄继光战友李继德；《铭记伟大胜利　推进伟大事业——习近平总书记在纪念中国人民志愿军抗美援朝出国作战70周年大会上的重要讲话引发强烈反响》等报道采用山东素材。

同时，10月25日—30日每天上午10:36，山东卫视排播央视6集系列纪录片《为了和平》。电视公共频道密集播出6支反映抗美援朝英雄先进事迹的微视频。电视齐鲁频道10月28日晚间播出特别节目《忆往昔还看今朝——抗美援朝英雄赞歌》，营造浓厚氛围。

（山东广播电视台提供）

强化责任担当　发挥媒体联动优势

——山东广播电视台全方位做好防汛救灾宣传

山东广播电视台总编室　程惠琳

为贯彻落实习近平总书记对做好防汛救灾工作的重要指示精神，根据省委、省政府关于防汛救灾的工作安排，山东广播电视台及时启动防汛应急机制，建立24小时值班制度，充分发挥融媒体平台资源整合优势，派出多路记者奔赴一线，通过专栏专题、直播、预警海报、短视频、H5、公益科普等多种方式，推出集实时化、矩阵化、故事性、创新性于一体的融媒体报道，提高全社会防灾减灾意识和能力，推动社会各方力量共同做好灾害风险防范工作。7月份以来，广播、电视各新闻栏目共播发相关稿件430余条，齐鲁网、“闪电新闻”客户端刊发相关稿件500余篇。

一、深入宣传我省贯彻落实习近平总书记防汛救灾重要指示的精神，坚持人民至上、生命至上的行动和进展

广播、电视各主要新闻栏目深入学习宣传习近平总书记关于防汛救灾工作的重要指示精神，及时播发相关报道。7月12日，围绕习近平总书记对进一步做好防汛救灾工作的重要指示要求，山东卫视《早安山东》播发口播。《共产党员》栏目7月17日“一周头条”播出时政新闻《习近平对进一步做好防汛救灾工作作出重要指示要求　尽最大努力保障人民群众生命财产安全》。7月24日“一周头条”播出时政新闻《中共中央政治局常务委员会召开会议研究部署防汛救灾工作　中共中央总书记习近平主持会议》和《中共中央组织部印发关于在防汛救灾中充分发挥基层党组织战斗堡垒作用和广大党员先锋模范作用的通知》。

山东卫视《山东新闻联播》播发时政新闻《刘家义到济南市调研并看望慰问困难群众》《山东省实施〈河湖管理监督检查办法〉细则》《省防汛抗旱指挥部成员（扩大）会议召开》《李干杰到东营调研黄河防汛和生态保护等工作》等。及时关注省政府新闻发布会，发布权威信息，播发《全省防汛工作会议召开》《青、烟、威等地降下暴雨　各地积极开展防汛应急处置工作》《全力做好防汛抢险救灾各项工作》《【权威发布】山东1643项重点水利工程主汛期前既定建设任务全部完成》，介绍山东省重点水利工程建设情况及山东防汛救灾的部署安排。《早安山东》《晚间新闻》及时整合权威素材，播发《中共中央政治局常务委员会召开会议　研究部署防汛救灾工作　中共中央总书记习近平主持会议》《山东本周末迎入汛以来强度最大降雨　各地需对各类应急力量情况再检查、再确认》《应对暴雨山东各地开展防汛应急处置工作》等报道，全方位报道我省传达学习贯彻习近平总书记关于防汛救灾工作的指示要求、中央决策部署以及全省人民众志成城做好防汛工作相关情况，大力宣传党和政府防

灾减灾救灾工作的成效。

二、及时关注雨情、汛情，不断加大报道力度，全景展现各地各部门防汛救灾有效举措、感人事迹

围绕我省各地各部门防汛救灾的举措和抢险能力等，山东卫视《山东新闻联播》等电视栏目重点播发《省防汛抗旱指挥部：做好随时投入抢险救灾的准备》《山东：新技术　新装备　防汛有了“智慧眼”》《【权威发布】山东：今年汛期平均降水较常年偏多两成左右或有1到2个台风影响》《备战主汛期　山东重点水利工程建设任务如期完成》等，通过权威数据解读、采访专家、现场报道等方式，全面报道我省贯彻落实中央决策部署，多措并举保障安全度汛的情况。《早安山东》《晚间新闻》开设“备战主汛期”等专栏，重点播发《省1643个重点水利工程项目建设任务如期完成》《预计今年汛期全省平均降水量较常年偏多两成》《山东：加强防汛演练　提高抢险能力》《沂南：暴雨致居民家中进水　当地组织群众转移　紧急排水2、设立安置点　让群众住上宿舍吃上热乎饭》《山东交警全警动员　确保雨天交通安全》等，关注气象部门预测信息和各地提高抢险能力的重点举措和成效。

电视公共频道《民生直通车》《新闻午班车》开设“关注汛期安全”板块，通过闪电连线、现场报道等形式，播发《山东：24小时值守　筑牢汛期安全防线》《枣庄：新台高速韩庄运河特大桥项目开展防洪防汛应急演练》《山东：党员干部冲锋在前　确保重大水利项目如期完工》《【闪电连线】暴雨来袭　青岛西海岸景区全力预防灾害天气》，既有台风动态、灾情情况、启动救灾应急响应等权威信息，又及时报道各地各级领导干部和基层党员靠前指挥，冲锋在前的模范风采，多角度展现山东各地应对汛期到来安全防范的生动实践。

电视齐鲁频道《每日新闻》根据省防汛抗旱指挥部、省气象台、省水利厅等部门发布的权威信息，及时准确发布暴雨天气与山洪地质灾害预警，宣传我省各级各部门提高防汛救灾能力的实际行动与成效，播发《应对雨情　济南山洪灾害易发地已做好安全防范措施》《7月21日晚开始山东迎大范围强降雨　党员干部冲锋一线》等。此外，关注我省重点水利工程建设、重大工程建设汛期施工、我省重点文物防汛等，播发《穿黄隧道：盾构机已掘进至黄河主河槽》《济南：关注文物防汛　记者探访四百多年永济桥》等。

电视农科频道《一切为了群众》围绕防汛救灾推出“群众新观察”“远离溺水　安全度夏”“防汛抗洪　直击一线”“小东爱较真”“山东消防　驰援安徽”等15个板块，播发《防汛抗洪　直击一线——4G连线持续降雨两昼夜！青岛一居民楼挡土墙垮塌　住户紧急撤离》等大量报道。《山东三农新闻联播》关注山东各地防汛期间加强隐患排查，打造全方位链式预防体系，提高防汛救灾举措成效，播发《排查隐患！德州建设乡村防汛预警平台》《黄河德州段防洪工程提前3个月竣工》《滨州：总投资8亿元重点水利工程提前完工》等，节目播出后碎片化短视频传播。

综合广播《山东新闻》《山东新闻联播》播发《聊城：多项举措确保黄河平稳安全度汛》《东营：加大严防死守力度，筑牢汛期安全防线》《临沂：加快防汛设施建设　提升防汛能力》等，报道全省各地应对汛期到来采取的措施。经济广播《财经第一线》《新闻大屏幕》利用连线形式，联动烟台、潍坊、临沂等各地通讯员播发专题报道《我省各地抓好防汛工程安全，确保安全度汛》《我省1643项重点水利工程主汛期前全部完成　总投资272.06亿元》《我省严阵以待　筑牢防汛关口》《国家防汛抗旱总指挥部：各级行政责任人要下沉一线组织抗洪抢险救灾》等，充分报道我省各地在防汛救灾

方面采取的有力举措和取得的扎实成效。加强与省气象台的深入合作，7 月 16 日《新闻大屏幕》节目播发专题，邀请省气象台首席预报员聚焦七下八上防汛关键期，预报我省近期降水、台风情况，提醒各地各部门做好防范工作。

交通广播早新闻开设“应急之声”专栏，播发《备战“七下八上” 山东深入开展地毯式、拉网式防汛隐患排查整治》《聊城消防开展防“溺水宣传进课堂”活动》《【连线报道】日照交警介绍 22 日暴雨对交通出行的影响等。还报道了我省跨区域增援安徽滁州营救当地被困群众、协助当地紧急运送物资、抢救财产等情况》《【录音报道】山东消防增援安徽滁州第三日，营救遇险群众 291 人，现进入排涝阶段》等，宣传各地各部门严阵以待，全力做好防汛抢险救灾各项工作，切实保障人民群众生命财产安全。

深入挖掘先进典型和感人事迹。山东卫视《早安山东》播发《连续奋战 20 小时 网友点赞“美丽的大脚”》，聚焦暖新闻，弘扬正能量。7 月 18 日，《齐鲁先锋》栏目播出《信得过的“老孟”》，报道了德州市宁津县宁城街道司法所所长孟红军在暴雨来袭前帮助村民疏通河道的事迹。电视公共频道同重点采发《【这就是山东】暖心！山东姑娘为抗洪官兵订外卖水果》等暖新闻，全方位展现山东各地应对汛期到来安全防范的生动实践。

电视齐鲁频道挖掘我省党员干部群众防汛救灾典型事迹，播发《车辆被淹 消防员成功转移 19 名被困者》《老房倒塌 消防员徒手救人》等报道，其中《女子黄河护堤员》，报道济南河务局一支由 5 位 90 后前后小姑娘组成的“女子护堤天团”，在汛期来临前冒着烈日，顶着风雨穿梭在黄河大堤，守护一方平安的事迹。《青岛：持续强降雨 300 人抢险队紧急出动防汛排涝》报道了青岛遭遇持续强降雨，青岛水务排水公司出动 7 支共 300 人的抢险队伍，奋战在易涝和积水地段，记者冒雨跟拍，记录抢险人员的雨中抢险。

电视生活频道《生活帮》播发《防汛前沿 清障队日行 30 里》《临沂兰陵：轿车误入积水路段 消防员暴雨中施救》《黄河守堤人：探摸根石的“生死兄弟”》等，其中，《以肩为梯！消防员让九旬老人踩自己身体过水》报道山东省消防救援总队抗洪抢险力量展开了跨区域增援行动，派出 6 支增援分队 325 名消防员，火速前往防汛重点地区之一安徽滁州进行抗洪抢险工作。

电视农科频道播发《远离溺水 安全度夏——潍坊：平均年龄 63“平安守护者”上岗退休不褪色 巡河队风雨无阻守护平安》《临沂：成立党员先锋队 连夜排水保大棚》《山东消防 驰援安徽——对话王坤亮：群众记者连线抗洪勇士》等，着重报道各地各部门防汛抢险救援典型宣传，以及抗洪救灾过程中涌现出的感人事迹。

三、重点关注南方汛情及防汛进展，展现山东千里驰援的深情厚谊

南方汛情严重，山东广播电视台第一时间派出 7 名记者，分三路赶赴汛情最严重的江西、安徽和湖北一线，在主要新闻栏目推出相关报道，及时跟进我省支援江西、安徽等地抗洪行动。山东卫视《山东新闻联播》播发《中央防汛抗旱物资济南仓库首批支援江西抗洪抢险物资启运》。《早安山东》《晚间新闻》、电视公共频道《新闻午班车》《民生直通车》开设“关注南方汛情”专栏，先后发起《记者直击南方防汛一线丨江西永修县三角乡洪涝严重 仅余一村尚未被淹》《记者直击南方防汛一线丨湖北洪湖：坚守大堤的巾帼女子突击队》《闪电连线丨汉口江滩公园水位出现回落 长江洪峰已通过武汉汉口站》等 7 场直播连线，关注抢险现场、汛情动态和群众生活安置等情况。发布现场报道和新闻特写，并挖掘典型人物和暖心

故事，播发《【记者直击防汛一线】1·13省市防汛抢险物资陆续抵达江西抢险一线》《【记者直击南方防汛一线】1. 江西抗洪圩堤上的德州退伍老兵　2. 老战友肩并肩齐抗洪　德州老兵闻名一“坝”》《南方多地积极防汛救灾　确保人民生命财产安全》《安徽滁州古河镇受灾严重　山东消防3天共营救疏散群众约500余人》《这就是山东丨山东消防325名指战员跨区域增援安徽》《【新闻特写】致敬　！长江大堤上的最美睡姿》等大量稿件。电视齐鲁频道《每日新闻》播发《山东消防325名指战员跨区域增援安徽》报道山东省消防救援总队抗洪抢险跨区域增援队，向安徽滁州市实施跨区域增援。全椒县古河镇一名90岁老人被困家中二楼，菏泽消防队员王振强一下扑倒在水里，让老人从他背上踩着走过去，用身躯垫出了一条生命通道。电视农科频道《一切为了群众》为了真实记录抗洪一线故事，栏目派出全媒报道小组到达安徽滁州全椒县，与山东消防抗洪勇士们会合，播发《4G连线——安徽滁州全椒县　群众记者全媒出击　奔赴安徽抗洪一线》，展现鲁皖两地情，滁州一家亲。《山东三农新闻联播》根据安徽蓄洪、湖北等地抗洪救灾现场报道情况制作10条短视频产品，其中抖音发布《湖北黄梅河堤现重大险情　上千空降兵昼夜奋战一线》点赞90万+。综合广播派出两名记者，跟随山东消防救援队奔赴安徽，融媒报道前方汛情。7月23日《山东新闻》播出录音报道《增援滁州：山东325名消防队员全面投入抗洪攻坚战，三天营救疏散群众500多人》，频道微信号、抖音号、快手号等多个新媒体端口跟进报道。

四、多媒体联动，多元化表达，通过更加直观鲜活的方式记录抗洪抢险全过程

为做好防汛救灾宣传，齐鲁网、“闪电新闻”客户端充分发挥县级融媒体中心平台作用，积极策划推出网络专题、闪电直播、蹲点报道、公益科普产品等，全方位做好宣传报道，及时回应热会关切，正面引导舆论。并积极与省外媒体联动，直击抗洪一线，多形式展现全省、全国人民万众一心抗击洪水的感人场景。自7月12日以来，在今日头条、新浪、一点、腾讯、搜狐、百度、凤凰、搜狗、快手、微视、人民、央视频、爱奇艺、秒拍等平台推广相关稿件470余篇，阅读总量约14000万+。

联动区县融媒体平台，派出大量记者奔赴山东16市，深入防汛一线，多角度报道汛期情况，齐鲁网、“闪电新闻”客户端开启“图文+短视频+现场连线”新媒体不间断直播《直播：闻讯出击　24小时不间断直击多地雨情汛情》。充分开发各类新媒体产品，加强可视化传播，结合前方报道及专题策划推出《H5丨闻汛而动！闪电新闻记者直击防汛一线》《H5丨鄱阳湖战汛记》等H5产品，策划推出系列海报，并编发《闪电海报丨堤坝上的橙色长城》等，其中《H5丨鄱阳湖战汛记》被中央网信办全网推送。此外积极组织评论文章，加强理论宣传引导工作，推出《闪电评论丨“热血”驰援！这就是山东》《【地评线】齐鲁漫评：铮铮誓言风雨同担，共筑防汛抗洪安全坝》《【地评线】齐鲁漫评：让党费专项资金用在防汛救灾的“刀刃上”》等评论稿件。

南方发生汛情以后，山东广播电视台融媒体资讯中心联合武汉广播电视台，充分运用电视连线、客户端直播、短视频、海报、航拍等形式，全天候提供形式多样的融媒体产品，直击抗洪一线，挖掘典型人物感人瞬间，进行现场报道。重点推出手机专题《战汛情　闪电新闻记者直击防汛一线》，设置“连线武汉”“连线九江”“山东汛情”“媒体聚焦”“防汛科普”等板块，集纳防汛抗洪相关稿件。发起《闪电新闻江堤直击：武汉两江四岸闸口封闭　长江水位持续高位》直播，在《人民日报》、人民

视频、央视频、百度、搜狐、快手、抖音平台在线观看，全网在线观看人次达100万+。发起《江西省防汛抗旱指挥部召开第五场新闻发布会》《一起见证！江西鄱阳莲湖乡浮桥即将抢搭完成》等移动直播，并深入挖掘防汛现场的感人故事和温暖瞬间，实时发布《山东325名消防队员增援安徽滁州全面投入抗洪 三天营救疏散群众500多人》《鲁皖情深！抗洪救援休息间隙，小朋友送上来一瓶矿泉水：消防员叔叔辛苦了》《直击防汛一线丨洪湖水乡24小时守堤人：日夜驻守堤坝，床铺距洪水不足一米》《山东消防增援安徽首日：苦口婆心劝70多岁老人撤离 意外受伤却默默藏起手臂》《“鲁”力同心 力“皖”狂澜丨抗洪抢险时手指被砸断 直到10小时任务结束后他才感到了疼》等稿件10余条。

推出航拍组图及短视频《48秒丨闪电新闻记者武汉江堤直击：汉口江滩建成18年来首次全面过水行洪》《影像力丨闪电新闻记者现场直击全面过水行洪的武汉市汉口江滩公园》《62秒丨江西返乡抗洪青年蔡小兵：手臂晒出俩颜色 已连续搬运沙袋三个多小时》等，通过震撼直观的现场高清航拍图和生动鲜活的动态影像，记录汛情一线抗洪抢险过程。其中，闪电新闻抖音《闪电新闻记者来到江西九江抗洪一线，直击当地防汛救灾工作。这段采访，让人感动又心疼》阅读量3155万，《洪湖市三八湖实行防汛责任到人，守堤人把床垫搬到闸口上，为夜间防汛做准备。这样的休息环境，他已经坚持了12天》阅读量3797万，点赞量突破170万，《兵哥哥抢到编织袋后乐得露出大白牙！兵哥哥圩堤上抢编织袋：自家兄弟，匀一点嘛！》阅读量1733万。新华网抗洪防汛专题重点推荐《山东消防总队驰援安徽：消防员化身“人力马达”临沂支队营救遇险18人疏散63人》《山东消防增援安徽滁州抗洪 救出多名被困湖心岛的群众》，总阅读127万。

五、借助央媒平台，聚焦我省防汛救灾各项工作

加大在央视、央广各平台发稿力度，共播发相关稿件5篇。

7月1日，央视《东方时空》播发《进入防汛关键期 防洪度汛 大江大河准备好了吗？全国主要江河来水总体偏多》，报道了拆除河南、山东浮桥63座，河南山东两省启动防汛抗旱行政首长责任制。7月14日，央视《16:00新闻》播发《黄河山东段大流量过程基本结束 浮桥陆续恢复通行中》。7月17日，央广《新闻进行时》播发《山东18日正式进入雨季，迎来大到暴雨，“七下八上”防汛关键期已至》。7月18日，央视《17:00新闻》播发《山东发布海上大风黄色预警》。7月20日，央广《全国新闻联播》播发稿件《山东消防救援总队迅速集结火速驰援安徽等地区抗洪抢险一线》。

六、精心策划，有效引导，全面做好防汛抗旱公益科普宣传

广播、电视各频道精心制播《防汛知识要知道》《防雷电应对措施快收好》等公益广告，通过流码字幕、口播等形式，高频次排播防汛救灾科学知识，提高全社会安全意识和自救能力。

电视齐鲁频道推出“山东省特殊气象5D弹窗预警”，根据天气变化情况实时播出天气预警，更直观了解各地天气变化。电视生活频道《生活帮》栏目“生活气象站”连线山东气象台气象主持人，及时发布恶劣天气预警信息，并通过主持人口播的形式，扩大普及覆盖面。交通广播利用省应急广播体系，推出“防汛播报”特别节目，每天制作5分钟音频内容，宣传最新气象、预警信息、防汛举措、防汛知识等，通过村村响、社区音柱、各地应急广播频

率，进村入户。齐鲁网、“闪电新闻”客户端发起《2020年防溺水公益宣讲网络直播活动》，大众网、中国山东网、菏泽广电网等多平台转播，形成网络宣传热点。推出防汛科普系列策划，包括短视频《55秒丨汛期出行不只是带把伞　开车or步行都应牢记6个细节保安全》，在电视频道全天候左飞防汛提示。播发《溺水动画视频》《水之祸》等公益片，以通俗易懂的形式普及自救常识，增强青少年安全防范意识。

（山东广播电视台提供）

山东广播电视台2020年以来黄河滩区居民迁建宣传情况

山东广播电视台总编室　程惠琳

2020年以来，山东广播电视台认真学习贯彻习近平总书记关于脱贫攻坚的系列重要讲话精神，紧紧围绕山东省委、省政府中心工作，持续加强黄河滩区居民迁建的正面宣传，通过新闻报道、专题、纪录片等多种形式及直播、航拍、短视频等新媒体手段，全方位、多角度、立体化讲述滩区群众迁建安居、脱贫攻坚故事，全面展现山东在滩区迁建、脱贫工作方面的硬核措施和突出成就。截至12月10日，广播、电视各频道共播发相关稿件230多篇，齐鲁网、闪电新闻累计发布各类相关稿件500多条。

一、围绕重大主题，结合重要节点推出重点报道，全面展现山东加快推进黄河滩区脱贫迁建的生动实践

2020年是全面建成小康社会和打赢脱贫攻坚战的收官之年，也是我国扶贫史上具有重要里程碑意义的关键一年。山东广播电视台广播、电视各频道精心策划专题专栏，多角度、多途径展现黄河滩区今日新貌和产业发展情况，全面展现我省在黄河滩区迁建方面的经验成就。

做好新春走基层蹲点报道。2020年春节前后，山东卫视《山东新闻联播》《早安山东》等新闻栏目“新春走基层·脱贫攻坚一线见闻”专栏策划推出主题报道，播发《黄河滩区：搬进好日子》，记者走进济南市长清区滩区小镇蹲点采访，直击滩区居民迁建情况和搬迁后生活的变化。《滩区群众的新年景》报道了菏泽鄄城县董口镇的一万多户村民搬进新家——黄河社区的生活情况和第一个春节的喜庆场面及对未来的期盼。此外，《山东新闻联播》推出2020年习近平主席新年贺词的反响报道《【不同凡响的中国力量——聆听习近平主席2020年新年贺词】搬进新房喜迎新年　黄河滩区群众圆了安居梦》，报道采访了黄河滩区喜迁新居的鄄城县李进士堂镇的小辛庄群众，畅谈搬入新社区后的心声和喜悦，以及对未来的新期盼。《调查》栏目播出《老房子里的最后一个年》专题报道。从一位回家过年的普通滩区群众的视角切入，从一家人过年的忙碌到他们见到新村台的喜悦，通过生活中的一个个细节，展示

了黄河滩区一户普通人家生活即将发生的巨变以及他们对新生活的向往。

电视公共频道《新闻午班车》推出现场报道《镜头记录黄河滩区搬迁居民在旧村的最后一个春节》，记者将镜头对准济宁梁山“小路口镇”刘灿东村正在搬迁的居民，展现他们的生活新气象和搬迁中浓浓的年味。同时，为了记录滩区村庄的搬迁历程，派出摄制团队，驻村全天候跟踪拍摄，临近春节依然坚守，真实记录搬迁农民的生活日常。《民生直通车》播发《蹲点日记：黄河滩区刘灿东村搬迁的记录者》，关注蹲点摄制组记者拍摄记录滩区居民的点滴故事。《新家新车新生活　黄河社区的别样春节》则关注了菏泽市鄄城县116户村民搬入的新社区的第一个春节。《媳妇都好找了！这个滩区新年喜洋洋》从一张热闹喜庆的结婚照片切入，记者来到典型的黄河滩区村梁山县赵固堆乡贾庄村村民的婚礼现场，通过村民的生活、工作、环境等变化，展现滩区迁建的成果。同时还推出《从村台到楼房　记者带您去这个滩区瞅瞅》《【一线见闻　蹲点Vlog】这个村子每年加高村台　今年为何不需要了？》等多篇报道。电视农科频道《山东三农新闻联播》在2020年春节期间，推出“新春走基层”主题报道，记者蹲点采访济宁梁山县赵固堆乡、菏泽东明两地的村民，讲述他们告别滩区生活旧时代，开启脱贫致富的新征程的故事。播发《【新春走基层】滩区人民的幸福年》《【新春走基层】一位农民画家滩区记忆》。

在全国两会及总书记参加山东代表团审议两周年重要节点，聚焦“决胜全面小康、决战脱贫攻坚”主题主线，精心策划相关报道。山东卫视《山东新闻联播》推出两会专题《聚力筑牢底板　坚决打好三大攻坚战》，采访了省人大代表张继争，围绕省政府工作报告加快黄河滩区迁建进度，畅谈规划和期盼。同时，将黄河滩区居民迁建宣传与2020全国两会报道结合，《山东新闻联播》《晚间新闻》等栏目以《全国专家为济南黄河流域生态保护和高质量发展建言》为题进行报道。齐鲁网、闪电新闻策划推出“云对话·两会大家谈”，5月26日，节目通过云技术对话全国政协委员刘均刚、王树理，邀请他们畅谈如何抢抓机遇，扎实推进黄河流域生态保护与高质量发展。闪电新闻进行直播，并刊发《云对话·两会大家谈丨全国政协委员刘均刚：绿色发展催生高质量发展　让“母亲河”成为“幸福河”》《云对话·两会大家谈丨全国政协委员王树理：科技附能发展现代农业，让黄河滩区成为“幸福滩”》等短视频稿件。闪电新闻记者用vlog等形式推出极具现场感的报道，电视公共频道《新闻午班车》播发《【乡村振兴·蹲点日记】闪电蹲点记者Vlog讲述黄河滩区新变化》，2020年是山东台记者蹲守济宁市梁山县小路口镇刘灿东村的第二年，这两年的时间里，小到土路变新路，大到土地流转，记者用镜头记录着搬迁村庄每时每刻的变化。电视齐鲁频道《每日新闻》“改革攻坚在行动”专栏推出聚焦黄河滩区迁建系列报道，以个人受益于滩区迁建的案例及其幸福感的真挚表达，小切口生动折射黄河滩区迁建的历史性成就。3月23日至3月30日《每日新闻》制片助理带队，前往东明县、鄄城县蹲点报道，发回6条鲜活报道，《跟着老马探新房（上、下）》跟随沙窝镇马集村68岁的村民代表探新房，充分展现其一路欣喜与看房后的惊喜，鲜活生动。《鱼骨村过河记（上、下）》记者走访鄄城县鱼骨村，深入采访村民迁居后的生活变化，通过今昔对比，深刻呈现迁建带动脱贫致富的实效。《东明：守着黄河竟缺“水”　乡村振兴服务队解难题》讲述东明县沙窝镇齐王集村的省派乡村振兴服务队请来打井队，为当地解决吃水用水难的困境，确保了农业生产旱涝保收，也将加快贫困群众脱贫致富的步伐。《菏泽：昔日黄河滩　如今“聚宝地”》记者蹲点观察黄河入鲁第一乡、曾经一贫如洗的老滩区——焦园乡竟然让北美加州鲈鱼游了进来。现如今，鱼骨粉条已成为贫困户的“脱贫粉”“致富粉”。电视农科频道《山东三农新闻联播》及时有效宣传省发展改革委等政府部门的决策部署，播发《山东黄河滩区迁建年底前全面完成》，重点策划“黄河滩区迁建”专栏，播发《泰安东平520户群众喜迁新居》《“村台一姐”董青霞》等稿件，小切口鲜活事例反映大主题，集中报道为了圆滩区安居梦，菏泽东明、鄄城，泰安东平等地黄河滩区迁建工程加快建设进度。此外，栏目还积极寻找滩区“边迁建，边脱贫”的工作亮点，通过招引特色种养殖项目入驻黄河滩区，带动农民就业增收，播发《【决战决胜脱贫攻坚】菏泽：引进特色产业　助力滩区群众增收》《【促进农民增收】“加州鲈鱼”落户东明》等重点稿件。《一切为了群众》栏目开通“我在滩区迁建一线”专栏，重点报道在东明县、济南平阴、东营利津黄河滩区改造工作中的进展、亮点及涌现出来的典型人物，其中《东明：坚决打赢黄河滩区居民迁建攻坚战》《我在滩区迁建一线——翟联宾：村台不建好我不退休！》《选房啦！济南滩区迁建按下“快进键”》等一系列报道，取得良好的反响。综合广播《山东新闻》《山东新闻联播》“决胜脱贫攻坚”专栏推出21篇相关稿件，精心策划系列报道《黄河滩区脱贫大迁建》（上、中、下），记者采用蹲点调研，全景展现山东省黄河滩区迁建的恢弘篇章。《做客山东台》推出直播访谈，邀请菏泽东明、泰安东平相关负责同志到直播间，聚焦访谈黄河滩区迁建、就业、规划、社区建设等。

关注新冠肺炎疫情期间黄河滩区迁建工程复工复产，山东卫视《山东新闻联播》“统一思想　狠抓落实　奋力夺取‘双胜利’”专栏播发《村台就是战场》，记者深入一线，报道了菏泽市鄄城县黄河滩区迁建工程——旧城镇三合村村台，正在全力赶进度、抢工期的火热现场。《山东：抓好疫情防控　推进脱贫攻坚》的报道中，关注了作为黄河滩区居民迁建的主战场——东明县，为保证工程进度，全县24个村台陆续复工。为解决工人来自外省不能按时复工的难题，东明县迁建指挥部动员附近村民参与建设，并设立专班，做好疫情防控工作。五一期间，将镜头对准坚守一线的扶贫干部，播发《【劳动成就未来　奋斗成就梦想】只争朝夕　打赢脱贫攻坚战》，报道了菏泽东明、邹城市后庙社区、费县薛庄镇三星村的扶贫干部，通过黄河滩区居民迁建、发展乡村旅游、扶贫就业岗位帮扶等措施，帮助村民脱贫致富。2月26日《齐鲁先锋》栏目播出《战疫脱贫　同抓并举》，对我省广大党员干部集中力量打响脱贫攻坚战，紧盯“黄河滩”、聚焦“沂蒙山”、锁定“老病残”，齐心协力同奋战的先进事迹进行了报道。《晚间新闻》播发时政报道《全力做好脱贫攻坚、黄河滩区迁建工作》，副省长于国安到菏泽市调研统筹疫情防控与脱贫攻坚、黄河滩区迁建、农村人居环境整治和农村饮水安全工作。电视公共频道《新闻午班车》“扛牢防控责任　抓好复工复产”专栏播发《1.鄄城黄河滩区迁建工程复工　2.复工人员近千名　打造“三合村”速度》《菏泽：黄河滩区居民迁建工程陆续复工》等报道，及时关注黄河滩区迁建进展。电视齐鲁频道《每日新闻》“改革攻坚在行动”专栏采制了8分钟时长新闻节目《高青：滩区农民搬家记》，记录了疫情之下当地迁建稳步进行，百姓难舍旧居的乡愁，以及对美好生活的憧憬。经济广播结合疫情防控和脱贫攻坚宣传，围绕黄河滩区迁建施工进度、项目建设等，播发《滨州阳信加强易地扶贫搬迁后续扶持》《东明县是黄河滩区居民迁建的主战场，为保证工程进度，全县24个村台陆续复工》等稿件。

结合中秋、国庆双节节点，做好蹲点报道。山东卫视《山东新闻联播》“走向我们的小康生活”专栏播发《告别滩区　喜迁新居》，报道了国庆前夕，菏泽鄄城县4万多名滩区群众告别“水窝子”，喜迁新居的现场。电视齐鲁频道《每日新闻》推出聚焦鄄城县黄河滩区迁建系列报道，从搬新家到脱贫车间，从不舍到新期盼，全程记录滩区群众过上新生活。《鄄城：滩区群众搬新家　老房有点难割舍》国庆假期，菏泽鄄城黄河滩区的老百姓陆续乔迁新居，记者跟随张发财老人来到他的老家，记录他的不舍和期盼。《搬得出　稳得住　黄河滩区群众迈向致富路》记录菏泽鄄城县滩区百姓搬迁后通过扶贫车间、建设高标准农田、中药材示范园，多措并举助脱贫。《影像记录黄河滩区村迁建历程　张越和耿山口的故事》通过大量的纪录片素材讲述小学老师张越用六年时间记录了工作所在的村庄拆迁过程，展现脱贫故事。电视公共频道《民生直通车》结合国庆前夕中央广播电视总台央视新闻频道“直播黄河”节目，播发《【九曲黄河　水润齐鲁】毛吉志：农民画出滩区新生活》《【九曲黄河　水润齐鲁】天鹅之恋　一个驯养师和天鹅的故事》，通过典型人物和故事，记录居民滩区生活的变迁和生态环境的改善。《新闻午班车》播发《【双节同庆迎小康】1.高青县常家镇黄河滩区迁建村民迎来搬家后第一个中秋节　2.从平房搬进楼房　村民过上城市生活》，通过闪电连线等方式，关注淄博市第一个完成整建制搬迁的社区常盛社区居民从滩区搬迁后，在新家度过的第一个国庆节和中秋节的情况。综合广播在《山东新闻》《山东新闻联播》播发《【走黄河　看脱贫】刘凤岭：搬出“水窝子”　开启美好新生活》《【走黄河·看脱贫】从“黄土岗”到“水果乡”　林果产业助推乡村发展》。

围绕深入贯彻落实十九届五中全会精神以及“十三五”成就宣传。山东卫视《山东新闻联播》播发时政报道《刘家义主持召开贯彻落实〈黄河流域生态保护和高质量发展规划纲要〉情况汇报会》。“深入贯彻落实五中全会精神——市委书记访谈”专栏播发《菏泽：建立现代产业体系　重点突破　后来居上》，结合十九届五中全会提出的加快发展现代产业体系，推进产业基础高级化、产业链现代化等经济社会发展目标，以菏泽滩区脱贫等为例，展现菏泽扭住经济质量和效益，围绕核心产业重点突破，提高核心竞争力的举措实践。电视公共频道《民生直通车》以《【权威发布】1.山东村级集中供水实现全覆盖　2.基本解决60万滩区居民防洪安居》为题，关注省政府“十三五”成就巡礼系列新闻发布会，介绍山东省在“十三五”时期水利改革发展成效，指出我省自2017年起全面启动实施黄河滩区居民迁建工程，截止到11月10日，我省滩区迁建累计完成工程建设投资308亿元，占方案批复总投资的83.5%。2020年底，已经基本解决60万滩区群众的防洪安全和安居问题。此外，各平台对《你好　幸福摊》大型融媒直播进行报道，关注滩区影视作品首映情况，播发《首部黄河滩区村台改造题材电影〈高家台〉上映》。综合广播《山东新闻》播发《黄河滩区群众圆了“安居梦”　念起“致富经”》《菏泽鄄城县黄河滩区居民迁建最大村台完成搬迁》等重点报道，【决胜脱贫攻坚】专栏推出《山东黄河滩区居民迁建迎来安置高峰期》。

“高质量发展黄河行”采访现场（山东广播电视台提供）

二、创新报道形式，充分利用短视频、vlog、图文报道等形式，不断深化宣传效果

齐鲁网、“闪电新闻”客户端将黄河滩区居民迁建宣传工作与2020山东两会、这就是山东、新春走基层、脱贫攻坚等系列宣传策划相结合，截至12月，累计发布各类相关稿件100多条。推出《这就是山东·身边事　看变化丨菏泽滩区居民日子越过越有奔头》《直通两会丨滩区百姓搬进新家了，还缺点啥？》《Vlog·今朝更好看丨从黄河滩区搬进复式新楼房》《这就是山东丨“挪穷窝”后“拔穷根”！淄博高青黄河滩区这样诠释安居乐业》等策划报道，多角度、立体化展现滩区迁建前后居民生活的变化；关注典型人物。2020年是全面建成小康社会和打赢脱贫攻坚战的收官之年，也是我国扶贫史上具有重要里程碑意义的关键一年。此外还充分发挥县级融媒体中心的通联合作优势，推出《济南市平阴县：抓防疫促复工　早圆滩区安居梦》《济南章丘黄河镇：吹响滩区迁建工程复工“集结号”》《东营市利津县后十四村滩区西瓜种植基地掀起秧苗栽植热潮》等一系列深入基层的优秀报道稿件。通过一系列策划报道，深入宣传省委、省政府关于滩区迁建的政策措施和工作方案，让“迁建不是目的，致富才是根本”的迁建脱贫目标深入人心，从宣传工作角度力助滩区群众“搬得出、稳得住、能致富”。

策划发起《再见滩区　你好社区》系列短视频征集活动。实施黄河滩区脱贫迁建，是全省滩区群众长久以来的热切期盼。“闪电新闻”客户端策划发起《再见滩区　你好社区》系列短视频征集活动，邀请在黄河滩区长大的大学生、服务滩区发展建设的工作者等，以短视频第一视角的形式，展现滩区迁建给人民群众带来的美好变化。发布《再见滩区　你好社区Vlog丨东营利津“滩区村”变身美丽乡村　还被拍成了电影》《再见滩区　你好社区Vlog丨走，看新家去！滨州黄河滩区村民即将迁新居》《再见滩区，你好社区丨学校就在小区对面、女儿有了自己的卧室……　滩区村民：期待日子越过越红火》等稿件10多条。

为深入贯彻落实习近平在黄河流域生态保护和高质量发展座谈会上的讲话精神，“中国梦·黄河情——黄河流域生态保护和高质量发展”暨“黄河落天走东海”网络主题活动于9月22日启动。记者到济南、淄博、东营等地深入一线采访，通过走访滩区居民迁建社区、生态保护湿地和自然保护区等，深入一线，践行“四力”，宣传报道山东推动黄河沿线生态治理和经济高质量发展的典型经验和成绩。齐鲁网、闪电新闻刊发《中国梦·黄河情丨石头水槽、老酒壶、大木箱……承载黄河滩区岁月变迁的老物件，他们不舍得丢，也不能丢》《中国梦·黄河情丨多次选址　抓阄选房　全程直播　来看山东高青黄河滩区人民的搬迁记》《中国梦·黄河情丨搬新家了！电梯楼房PK土屋，一组图了解黄河滩区人民的新旧生活》《中国梦·黄河情丨山东高青县：来看黄河滩区迁建人民的致富经》等图文、短视频稿件，挖掘滩区迁建背后的故事，展现居民生活的新变化、新气象和搬迁后脱贫奔小康的新思路、新举措。山东广播电视台、闪电新闻等发起“高质量发展黄河行”大型融媒体采访活动，播发《山东广播电视台“高质量发展黄河行”大型融媒体采访活动圆满收官》，采访内蒙古台记者对菏泽东明滩区迁建等的感受体会。同时，闪电新闻继续推出“我的黄河印象”自拍Vlog征集活动，持续刊发纪录片《黄河滩区大迁建》的记者手记，推出《我的黄河印象Vlog丨黄河滩区林家村第一书记：黄河是我写作的源泉　会用一生感知这条河的脉动》《滩区迁建手记丨迁新居选新房，菏泽鄄城为黄河滩区群众送上“国庆大礼》等报道。

中秋国庆双节，齐鲁网、闪电新闻刊发《72

秒丨高青黄河滩区居民搬进新楼房　务工、孩子上学都在家门口》《69 秒丨黄河滩区居民搬入新社区的首个中秋节：三代人共济一堂　黄河鲤鱼、龙虾安排上》等大量沾泥土、带露珠、冒热气的稿件。

围绕省政府“十三五”成就巡礼系列新闻发布会，刊发《权威发布丨截至 11 月 10 日，山东滩区迁建累计完成工程建设投资 308 亿元》《权威发布丨山东基本解决 60 万滩区群众的防洪安全和安居问题》等稿件，推出短视频《山东省滩区迁建累计投资 308 亿元　解决 27.6 万滩区群众防洪安全问题》。此外，还关注滩区迁建相关的扶持政策，刊发《黄河滩区“安居梦”背后的“金融力量”：仅 17 天亿元贷款落地》等报道。制作推出 H5 产品《彻底告别“穷水窝”,这次他们靠啥有了稳稳的家？》，通过手绘和交互式设计，将镜头聚焦黄河滩区村庄外迁、就近筑村台、改造旧村台、建设撤离道路等多个场景和搬迁、脱贫、安居的路径，展现山东落实总书记指示批示精神，坚决打赢脱贫攻坚战的生动实践。

12 月 6 日，齐鲁网、闪电新闻重点策划推出大型融媒体直播“你好！幸福滩”。“闪电新闻”客户端、齐鲁网、山东电视公共频道同步发起，11 路记者 +8 路直播信号，串联起菏泽、泰安、济宁、济南、淄博、东营、滨州等山东境内沿黄 7 个城市多县区，通过记者连线、演播室访谈、资料再现等手段，多角度、行进式、立体化全景展现黄河滩区群众在就近筑村台、外迁安置、旧村台改造等多种迁建模式下热火朝天奔小康的幸福场景。在确保直播内容扎实的基础上，充分发挥自有 MCN 机构 Lightning　TV 的矩阵传播优势，在小屏端同步发起滩区好物公益带货直播，助力滩区解决农产品滞销难题。此次融媒直播紧扣“黄河滩区脱贫迁建”主题，精心组织选题，大胆创新形式，大小屏“双直播”实时联动，相互引流，快手、抖音、百度等平台约 1600 万用户同步观看。

三、策划创作滩区迁建纪录片和纪录电影，用影像生动记录这一历史进程

2020 山东卫视春晚先导片中把滩区迁建作为重要表现内容之一，表现了滩区生活环境的巨大变化，以及居住条件改善给滩区人民带来的强烈获得感与幸福感。该片改编自菏泽黄河滩区的真实故事，以滩区新村——竹林新村为取景地，并邀请了乔迁新居的滩区居民参与出镜，营造出了真实热烈、欢乐祥和的节庆氛围，深度契合“爱国家　想回家”的春晚主题。

3 月 31 日，纪录片《向春而行》在山东卫视播出并通过闪电新闻、齐鲁网向全网推送。该片全景式记录复工复产的“山东速度”，用细节展示齐鲁儿女追赶春天的脚步，用故事体现山东全面复工复产的生动交响。整期加碎片化内容得到“学习强国”、央视频、《人民日报》客户端、今日头条、腾讯新闻、百度、凤凰、新浪微博等平台转载转发，全网转载稿件 40 余条，相关总推荐量 3700 万 +，总阅读量 244 万 +。其中，《向春而行：黄河滩区村台上盖新房：1200 多位工人复工干劲足》被央视频推荐。此外，策划拍摄 5 集专题纪录片《黄河滩区大迁建》和纪录电影《远去的黄河》。

（山东广播电视台提供）

编辑：张千　全红

综　述

·综　合·

山东省广播电视概况

一、基本情况

全省广播电台2座，电视台4座，广播电视台139座。

公共广播节目套数171套，公共电视节目套数259套，付费电视节目2套。

全省节目制作播出情况：全省制作广播节目59.74万小时，总播出时间103.01万小时，全省制作电视节目20.83万小时，总播出时间144.84万小时。

广播电视覆盖情况：全省广播综合覆盖人口10062.42万人，综合覆盖率99.45%；全省电视综合覆盖人口10076.85万人，综合覆盖率99.59%。

全省发射台和转播台数量：中短波25座，调频、电视转播发射台192座。

有线电视覆盖用户数3454.89万户，有线数字电视覆盖用户数3404.39万户。有线电视实际用户数1570.56万户，其中有线数字电视实际用户数1451.27万户，有线电视入户率47.89%。

全省广播电视从业人员54671人，其中管理人员7603人，各类专业技术人员31620人，其他人员15448人。

全省广播电视系统实际创收收入1231050.24万元，其中广告收入458394.90万元，包括广播广告收入74840.91万元，电视广告收入250814.68万元，网络媒体广告收入77089.23万元；有线电视网络收入448514.71万元，其中有线电视收视维护费收入159560.85万元，集团客户业务收入102745.17万元；新媒体业务收入107601.75万元，其中交互式网络电视（IPTV）收入88683.82万元；广播电视节目销售收入29947.78万元；节目制作相关服务收入20015.71万元；电视购物频道收入27614.62万元；其他产业收入138954.06万元。

二、2020年主要工作

2020年，在省委、省政府的正确领导下，全省广播电视战线坚持以习近平新时代中国特色社会主义思想为指导，认真落实省委、省政府部署要求，稳中求进、守正创新，取得许多新亮点、新成绩。

（一）重大宣传导向正确、氛围浓厚

各级播出机构按照统一部署，深化拓展广

播电视“头条”和网络视听“首页首屏首条”建设，深入宣传习近平新时代中国特色社会主义思想，宣传党的十九届五中全会精神，协调推出“牢记嘱托”系列主题报道、《学习路上》等一批重点节目栏目。聚焦“八大发展战略”“九大改革攻坚行动”等全省性工作，推出系列宣传报道，为现代化强省建设营造浓厚氛围。开设“众志成城　抗击疫情”“战疫情　保复产”等专栏、节目，制作防疫主题公益广告 2.1 万余条、播出 330 万余次。在第 30 届中国新闻奖评选中，我省 6 件作品获奖，其中济南、青岛各有 1 件作品获奖，实现市级台新突破。

（二）内容创作生产生机蓬勃、成果丰硕

紧紧围绕全面建成小康社会、脱贫攻坚，围绕弘扬优秀传统文化、传承沂蒙精神，加快推进电视剧、网络剧生产，质量、影响力得到新提升。备案公示电视局 22 部、768 集，6 部作品入选全国脱贫攻坚题材重点电视剧，数量全国第一。山影集团拍摄制作的《温暖的味道》，入选 2021 年央视电视剧片单。临沂市推出的弘扬沂蒙精神题材电视剧《遍地书香》，在北京卫视热播，最高收视率达 1.295%。《绿水青山带笑颜》在湖南卫视首播，在爱奇艺、优酷、腾讯三大平台同步播出。《大运河》等 10 部剧在央视和一线卫视排播。网络剧方面，规划重点网络影视剧 214 部、上线 16 部。反映习近平总书记两次回信、指导云南怒江独龙族整体脱贫的网络电影《春来怒江》，列入中宣部宣传思想工作要点，入选全国“精品创作传播工程”，并在爱奇艺热播，得到总局领导和省领导肯定。威海《大洋深处钓鱿人》获第 33 届金鸡奖最佳纪录片 / 科教片提名，电视剧《经山海》在日照开机，济宁策划电视专题片《悠悠运河情》，泰安组织拍摄纪录片《泰山挑山工》，潍坊市策划网络电影《飞夺泸定桥》、聊城市推出网络短片《老疙瘩脱贫记》，进展顺利、效果良好。

（三）阵地管理从严从实、日益规范

认真落实意识形态工作责任制，切实守好阵地、把好关口。组织开展安全播出大检查，全力以赴抓整改、促提升、保安全，圆满完成重要保障期安全播出任务，我省被国家广电总局通报表扬。开展卫星电视传播秩序专项整治行动，全面清理青烟威部分宾馆酒店违规接收境外电视节目问题，成效显著，尤其是烟台市力度最大。开展违规用频治理行动，查处“黑广播”案件 71 起。在非法卫星电视接收设施整治工作中，我省得分全国领先。开展“净网”专项整治行动，查处违规网站 116 家、清理违规节目 28 部、违规账号 79 个。深化 IPTV 规范管理，省级平台通过国家验收，我省获 IPTV 集成播控服务牌照，是 2017 年全国正式验收以来首家。

（四）公共服务覆盖扩大、质量提升

加快推进应急广播体系建设，联合出台《关于推进山东省应急广播体系建设的实施意见》，省级应急广播云平台投入运行，54 套传输适配设备完成安装对接，66 个县建成应急广播“村村响”系统，19 个深度贫困县完成应急广播体系建设，推出防疫、防汛特别节目 168 期，取得很好效果。顺利关停地面模拟电视信号，实现从模拟到数字的平稳过渡。选派 38 名干部下基层，助力乡村振兴、脱贫攻坚，得到了市、县高度评价。在全国广播电视公共服务座谈会上，我省作典型发言。

（五）产业发展结构优化、活力增强

出台《关于加快推动我省广播电视和网络视听产业高质量发展的实施意见》，国家广电总局全文刊发。青岛 5G 高新视频实验园区建设成效显著，列入全省重大产业平台和新旧动能转换重大项目库优选项目，与国家广电总局联合共建了 5G 高新视频应用安全重点实验室、超高清节目技术质量自动评测实验室，引进重

点企业 60 家，其中行业头部企业 18 家。积极布局网络视听行业发展，评定全省网络视听（短视频）基地 10 个，推出重点网络视听项目 11 个。海看网络科技（山东）股份有限公司成功通过上市前置审批。

（六）改革攻坚稳步推进、亮点频出

深化广播电视、网络视听领域改革攻坚，取得一系列突破性进展。推进简政放权，18 项行政审批事项实现“全程网办”。大力推进媒体融合，县级融媒体中心省级技术平台通过国家验收，95 家县级台全部整合到县级融媒体中心。总局评选全国广播电视媒体融合评选获奖单位（项目）40 个，其中省台 2 个、济南台 2 个，总数占到了 1/10。“智慧广电”建设初见成效，山东广电网络有限公司“享 TV 综合业务平台”、微波总站“台站全业务信息化平台建设”等 5 个项目入选全国智慧广电典型案例。扎实推动“全国一网整合”，较好地完成了工作任务。我省出资额占中国广电网络股份有限公司 4.66% 的股份，在非上市省网公司中位居第 2，国网公司有董事 11 名、我省入选 1 名。经省委批准，正在组建新的省广播电视传输保障中心。“两厂一站”完成转企改制，泰山出版社、山东电影发行放映集团纳入省文资理事会管理。

（七）自身建设全面加强、成效明显

把政治建设摆在首位，深入学习贯彻习近平新时代中国特色社会主义思想，增强“四个意识”、坚定“四个自信”、做到“两个维护”。实施“党建质量提升计划”，开展“模范机关”和“四强党支部”创建活动，加强党风廉政建设，深入整治形式主义官僚主义。做好配合省委巡视工作，各项任务较好完成。抓紧抓实疫情防控，推出 12 条措施抗疫情、促发展，国家广电总局予以推介。开展财务管理标准化建设和全省首批部门整体绩效管理试点，省局、省网络公司和泰安、临沂、青岛被评为全国统计工作优秀集体。山东传媒职业学院举办 60 周年校庆活动，微波总站微波干线网升级改造项目通过验收，积极做好中波同步广播工作，《现代视听》期刊影响力大幅提升、《山东广播电视年鉴》编纂质量进一步提升，监测中心全省视听新媒体综合监管云平台投入使用，泰山转播台成功开展 4K 超高清电视节目无线发射试验，各项工作都取得了新进展。

（省局办公室、省局规划财务处提供）

·省局机关工作·

省局办公室工作

2020年，省局办公室共收文3800余份，承办人大建议5件、政协提案7件，发布各类信息1200多条（次），办理政务热线服务1500多件，较好完成档案、保密、信访、值班等任务。

一、加强协调服务

协调局领导参加各类会议活动130余次，服务党组会26次、局长办公会6次。完成全省工作情况汇报、各类专题汇报材料等重要文稿150余篇，有效文字量超过70万字。把好公文政策关、格式关、文风关，审核各类文件、函件1100多件次。做好信息挖掘工作，上报各类信息130余篇，应急广播体系建设、网络视听基地建设等重点、亮点工作信息被上级部门采用。落实计算机软件正版化整改，稳步推进安全可靠应用项目国产化替代工作。

二、抓牢疫情防控

严格落实疫情防控责任，结合全局实际制定工作预案，每天一调度、每日一报告，协助局领导召开各类专题会议10余次。迅速部署疫情防控物资的采购调配及内部防控等工作，推动各项应对处置措施落实落地。及时报告省局统筹疫情防控和推动行业平稳发展的经验、做法，国家广电总局予以充分肯定、并向全国推广。

三、积极配合巡视

按照局党组统一部署，积极发挥牵头联络作用，全员靠上做好巡视工作动员会、下沉了解、个别谈话等各环节工作。按要求组织撰写党组工作汇报等各类专题材料，共计6万多字。积极协助巡视组查阅有关文件、档案、会议记录等资料，全方位做好支持配合和服务保障工作。

四、推进流程再造

牵头制定《推动机关高效有序运行流程再造若干措施》《省广电局职责任务清单》，明确工作任务184项、职责边界事项15项，制定工作流程图83张、工作规范85项，建立了职责交叉事项协调配合机制，核减审批材料11项，得到省委编办高度评价。

五、改进政务服务

持续推进简政放权，向济青烟 3 市、青岛西海岸新区下放行政许可权限 2 项，向自贸试验区济南片区、烟台片区下放行政许可权限 1 项。向省电子证照库归集 9 类证照，整理数据汇聚、开放、共享“三个清单”。加快实现行政审批事项“全程网办”，明确 18 项“全程网办”行政审批事项，占比达到 90%。8 项“掌上办”服务事项全部接入“爱山东”APP。推进“互联网 + 监管”，37 项监管数据实时汇聚到省监管数据中心，占监管事项总数的 100%。编制完成全省广播电视系统证明事项通用目录和实施清单。

（高辉）

规划财务工作

一、重点改革任务强力推进

做好“两厂一站”改革后续收尾和与山东影视传媒集团整合重组工作。完成有关房产四邻指界、土地测绘、土地价值评估等工作。11 月 16 日，山东电影洗印厂和山东省有线电视工程技术中心完成资产划转并取得产权登记证书。11 月 20 日，两家单位已完成工商登记，“两厂一站”转企改制全面完成。加紧协调重组事宜，重组方案正待省文资理事会上会研究。

二、财务管理效能进一步提升

提升财务管理系统化、规范化和科学化水平。一是构建财务管理标准化体系。制定印发《山东省广播电视局财务管理标准化建设实施意见》《山东省广播电视局关于进一步加强政府采购管理工作的意见》《山东省广播电视局政府采购工作流程指南》，编辑《财务管理重要文件汇编（2020 版）》，形成标准统一、管理一致、评建一体的工作体系。二是深入开展财务监督内部检查。组织开展 2019 年内部审计发现问题整改情况“回头看”行动，并选取 8 家单位就 2020 年工作重点和当前重点审计事项开展内部审计，未发现明显问题。三是深化局机关内部控制建设。聘请专业内控团队作为专家智库，重新梳理局机关现有内部控制制度和程序，优化内部分工和流程。组织省局属各单位编报 2019 年度行政事业单位内部控制报告，完成省局机关财务管理风险点的全面梳理，形成内部控制建设制度手册。四是扎实开展固定资产清查，厘清家底。同时，开展全局行政事业性国有资产全面清查核实，清查结果上报省财政厅、省机关事务管理局审定。五是提升财务队伍能力。探索实行业务线上联审和网上培训学习制度，组织全体财务人员开展线上网课学习 3 次，受到全局财务人员一致好评。举办全局财务人员素质能力提升培训班，提升财务人员专业素养和财务管理能力。

三、绩效管理成效明显增强

全面实施绩效管理成效初显。一是试点任务取得阶段性成果。作为全省首批部门整体绩效管理试点单位，探索开展绩效管理改革，形成具有广电行业特色的部门整体绩效管理体系和工作流程。试点工作得到省财政厅充分肯定。二是进一步规范项目支出绩效评价。结合全局流程再造工作，制定《山东省广播电视局项目支出绩效评价工作规程》。组织指导机关处室及直属单位分别开展年度预算项目、中央转移支付项目及重点项目绩效评价工作，检验评判各项目绩效实现情况，并将绩效结果与预算分配、资金分配挂钩，做实反馈运用机制。组织指导16市完成中央补助地方公共服务转移支付项目，绩效自评工作情况及报告受到总局公共服务司的充分肯定，经验做法在全国广播电视公共服务工作座谈会上进行了交流。三是探索建立分行业绩效指标体系。积极落实《山东省省级绩效指标标准体系建设方案》任务分工要求，建立行业重点项目绩效指标库，并与第三方机构积极对接，制定《山东省广播电视局绩效指标标准信息表》，初步形成完善的行业绩效指标体系。

四、重点任务经费保障有力

合理统筹财力，保障重点工作资金投入。一是统筹预算资金保障防疫支出。累计安排疫情防控资金100万元，疫情防控专用设备和应急物资采购等方面，为打赢疫情防控阻击战和疫情防控常态化保障提供财力支撑。二是想方设法为行业纾困减压。全面统计广电行业受疫情影响和复工复产情况，向总局和省文改办及时报送抗疫情促发展工作建议。协调局属单位对房屋出租进行减免，定期调度汇总房屋减免收入情况，对房屋减免给企业和单位造成的经济损失争取财政优惠政策，帮助企业局属单位度过难关。三是用足用好存量资金。梳理机关及直属单位历年往来账款、结存资金情况，研究制定资金使用方案，将盘活存量资金用在当前急需工作上。

五、产业引领持续发力

制定产业扶持政策，着力提升广播电视和网络视听产业发展质效。一是加强产业顶层设计。制定印发《关于加快推动我省广播电视和网络视听产业高质量发展的实施意见》，提出未来五年产业发展目标，确定4项重点任务和21条具体措施，为产业高质量发展提供了基本遵循。二是抓好“十四五”规划编制工作。对“十四五”发展规划前期重点课题调研成果进行转化，形成8篇高质量课题调研报告，为下步编制“十四五”发展规划打下了基础。制定印发《山东省广播电视和网络视听“十四五”发展规划编制工作方案》，成立专门起草工作队伍，开展“十四五”规划编制起草工作。形成《规划》初稿，并谋划了15个重点工程项目。三是全力推进产业项目建设。坚持抓重点和带整体相结合，坚持项目储备和管理两手抓，制定印发《关于建立山东省广播电视和网络视听产业项目库的通知》，建立省级产业项目库，研究开发了项目库网上申报系统，实现与总局项目库的有效对接，形成上下贯通、有序运行的项目管理机制。完成2020年山东省广播电视和网络视听产业项目库入库申报工作，25个重点项目和3个重点基地（园区）入库。四是服务企业上市工作。加快推进山东海看股份上市工作，上市方案已通过中共中央宣传部、国家广播电视总局上市前置审批程序。

六、公共服务有序推进

公共服务常态化管理机制逐步建立，各项惠民工程推进力度不断加快。加强公共服务统筹协调。实行每月一调度，对深度贫困县应急广播体系建设工程、广播电视无线发射台站基础设施建设工程开展了10次督导检查，并想方设法督促项目单位加快工程进度和资金执行力度。开展广播电视公共服务调研，形成《“十四五”时期山东省广播电视公共服务体系建设研究报告》。制定《关于切实加强全省广播电视公共服务体系建设的实施意见》，研究提出未来五年公共服务体系建设目标任务。

七、统计管理逐步完善

全面提升统计服务水平。一是进一步加强行业统计管理。制定出台《关于进一步加强全省广播电视行业统计工作的实施意见》，从深化认识、准确把握行业统计新变化、理顺统计工作管理体制等方面提出一系列切实可行举措。二是创新统计内容。印发《山东省网络视听专项统计调查实施方案》，部署开展全省网络视听专项统计调查，通过多次遴选和甄别，最终确定纳入统计调查范围的网络视听单位265家，形成《关于集中开展全省网络视听行业专项统计调查分析报告》，摸清了我省网络视听家底，为领导决策和产业发展提供数据支撑，为全国网络视听专项统计探索出了经验。三是优化行业统计服务。完成2019年广播电视服务业统计年报数据确认，撰写《2019年全省广播电视服务业统计分析报告》。四是开创行业统计工作新方式。分别通过视频连线方式召开全省统计制度线上培训和网络视听专项统计视频调度会议，在线参加培训人员达300多人，培训形式和培训效果良好。被总局评为“2019年度基层广播电视统计工作优秀集体”。配合完成全省妇女儿童发展监测统计工作、2019年山东省社会综合统计工作和2020年国防动员潜力统计调查工作。

（周琛）

宣传管理工作

2020年，宣传管理处严格落实意识形态工作各项要求，认真组织协调重大宣传，推动广播电视节目创新创优，不断提升监管水平。

一、围绕主题主线，提高宣传引导质量

按照上级部署，精心组织协调全省各级广播电视媒体做好主题主线宣传。深化“头条”建设，指导广播电视播出机构制作播出分量重、影响大、权威性高、可听可视性强的主题报道，多形态、多角度、深层次宣传习近平新时代中国特色社会主义思想和党的十九大精神，不断把学习宣传习近平新时代中国特色社会主义思想引向深入。策划推出重点报道、新闻评论和新媒体作品，深入宣传阐释习近平总书记视察山东重要讲话、重要批示精神。

全力推进新冠肺炎疫情防控、统筹抓好疫情防控和经济社会发展、脱贫攻坚、决胜小康等主题宣传；围绕省委、省政府重大决策部署，全国两会等重要事件加强宣传，为推动全省经济社会发展营造了良好的舆论氛围。同时，配合省内有关职能部门对中央环保督查整改落实、安全生产、防范和处置非法集资、防汛抗旱、双拥工作等重点工作进行宣传报道，为工作顺利开展营造浓厚舆论氛围。

二、协助省局党组抓好落实意识形态责任制工作

按照省局党组部署要求，以落实意识形态工作责任制为主线，以加强制度建设为基础，以坚持问题导向为重点，以阵地建设为保障，不断完善意识形态工作。省局党组理论中心组开展落实意识形态工作责任制专题学习，重点学习新修订的实施办法、中央及省委有关通报等；围绕工作大局，科学谋划全年工作，印发省局2020年落实意识形态责任制工作要点；及时向省委意识形态和宣传思想工作领导小组办公室上报有关工作情况，按照要求及时报送省局意识形态工作情况、意识形态工作整改任务清单；积极报送省局多项措施帮助企业机构抗疫情渡难关等工作信息。

三、强化内容监管

安排部署全省各级播出机构对播前三审制、重播重审制等宣传管理制度执行情况进行自查自纠。部署做好重点广播电视节目、纪录片、动画片创作播出工作，要求全省播出机构紧扣重要时间节点，做好爱国主义题材、脱贫攻坚、优秀少儿作品的编排展播，精心组织建党100周年作品创作，把好创作播出导向关、内容关、安全关。

及时通报宣传提示和要点，全年组织有关处室、播出机构参加宣传工作例会共42次，确保上级宣传提示要求及时传达到位，报道口径与中央保持高度一致。向广播电视播出机构发出转播中央台《新闻联播》安全播出提示。加强与省监测中心联动，部署专项监测任务12次，对疫情防控宣传、民生新闻类节目、转播全国和省内主要新闻节目及重要宣传期广播电视节目等开展全面排查和专项监听监看，核查《监听监看简报》57期，坚决遏制违反宣传纪律、宣传要求的问题发生。对65个问题节目分级分类核查处理，进行问题提醒38件次、发出《核查整改通知书》27件次，要求播出机构严肃整改，监管工作的针对性和时效性持续增强。加强对全省各级广播电视台转播中央电视台《新闻联播》及省台新闻节目情况的监测，发现问题及时提示提醒，确保准时、完整转播。

四、推动精品创作

统筹考虑全省优秀广播电视节目评选、省级影视精品项目扶持、总局季度推优等奖励扶持项目内在联系，结合实际，着力优化机制，发挥最大“杠杆”效应，搭建全省广播电视节目创新创优培育平台。克服疫情影响，打破常规集中评审、采用分散评审的方式，顺利开展2019年度全省优秀广播电视节目评选、2017—2019年度广播电视节目（电视文艺“星光奖”评选）。16部纪录片、2部动画片获得2020年度山东省影视精品专项资金扶持。

在国家级奖项评选中，取得新突破。《神奇的教科书》《国学小名士（第三季）》2件作品获得总局2019年度少儿节目精品表彰和专项资金扶持，《问政山东》《传家宝里的新中国》2件作品获得总局2019年度创新创优节目表彰和资金扶持。《高原上的天行者》《美丽中国》《传家宝里的新中国》3件作品获第26届电视文艺“星光奖”提名；在第三十届中国新闻奖评选中，《黄河滩区脱贫大迁建》《病死猪田间乱丢知道吗？〈问政山东〉现场局长被8连问后语无伦次》2件作品获一等奖；《传家宝里的新中国》1件作品获二等奖；《寻找胶东育儿所“乳儿”》《小橱窗里有“乾坤”》《“海上巨无霸”交付巴西　“中国制造”加速走向世界》3件作品获三等奖。《全球首次在热带沙漠种植水稻成功收获》《第一书记朋

友圈》《我国首座深海渔场“深蓝一号”黄海启用》3件作品获2017—2018年度中国广播电视大奖。

五、优化政务服务

发扬店小二服务精神，到动画制作企业实地调研，对接了解实际需求；立足审批流程再造，充分站在服务对象的角度检视审批工作，简化流程，压缩审批时限，全面提升服务水平。按照统筹疫情防控和推动广播电视行业平稳发展精神，在前期优化的基础上，再次进一步压减申报材料数量，压缩审批时限、细化服务措施，加快防疫抗疫类节目审核审批进度。《广播电视节目制作经营许可证》全年新发证402个。审核发行10部动画片共478集，4413分钟。

按照山东省行政审批制度改革工作部署，配合做好政务服务事项公共信用信息数据清单和信用清单、可委托市级收件的政务服务事项，“证照分离”改革全覆盖试点等工作。按照省政府《数字政府建设“四个一”重点任务攻坚责任书》要求，对全省《广播电视节目制作经营许可证》持证机构证照信息进行收集汇总，共统计1096家持证机构，采集1万多条子项信息，提前完成省局签定的省政府责任目标书任务，为实现电子证照“一网通办”打好基础，助力优化营商环境，推动全省经济社会持续健康发展。

（李琳）

电视剧工作

2020年，电视剧处按照年度工作计划，聚焦脱贫攻坚奔小康、建党100周年等重要时间节点，狠抓重点电视剧创作生产，各项工作取得新成效。

一、重点电视剧项目有力推进

对重点剧目进行分析、分类和排队，梳理出34部，建立《电视剧重点创作项目台账》，按照不同的创作阶段，实行项目式管理、台帐式督导，确保尽快立项、开机、发行。播出电视剧《奋勇向前》《遍地书香》《我们好好在一起》等6部。在央视和一线卫视排播的剧目共10部，分别是《大运河》《库尔班大叔和他的子孙们》《温暖的味道》《我们的小康时代》《燃烧大地》《铸匠》等。

二、11部电视剧入选总局重点剧目片单

紧扣脱贫攻坚奔小康主题、建党100周年主题，向全省征集选题，并综合考虑创作进度、完成情况、内容品质等方面的因素补充调整精品创作生产项目库，构建推出一批、储备一批、创作一批、谋划一批的创作生产格局，保持20部重点剧目规模，积极择优推荐上报电视剧重点选题，分三个批次，共上报51部（次），其中11部电视剧入选总局重点剧目片单。2020年3月17日，总局研究确定22部脱贫攻坚题材重点电视剧，我省共入选5部，分别是《好雨知时节》《遍地书香》《我们的小康时代》《温暖的味道》《绿水青山带笑颜》。2020年6月23日，总局公示第三

批100部2018—2022年重点电视剧规划选题，我省入选6部，分别是《饮马长江》《我们的队伍向太阳》《空中突击》《经山海》《老家伙》《势不可挡》。

三、内容审查工作严谨细致

严格落实备案、审查等制度机制，把好集数长度、成本配比等关口。对脱贫攻坚和全面建成小康社会题材、庆祝建党100周年题材、抗疫题材电视剧开通内容审查绿色通道，按照“特事特办、急事急办”原则，加快备案审核、内容审查，在6部剧集中送审的前提下，加班加点，压缩审查时限，确保重点项目如期创作播出。按照总局推动电视剧创作生产高质量发展电视电话会议要求，坚决治理“注水剧”。对我省剧目进行全面梳理摸底，共排查出超过40集的剧目21部，并要求制作机构在剧本创作、拍摄制作等不同阶段进行压缩。

2020年，初审通过备案剧目32部，其中通过总局备案公示剧目22部、768集。审查国产电视剧完成片7部，分别是《我们的小康时代》《温暖的味道》《燃烧大地》《再见啦，我的母亲大人》《无忧面包店（第二部）》《茶乡花正开》《走起！我的天才街坊》《温暖的味道》。初审境外引进剧《孤叶三娇（一）》，并报总局立项。审查境外引进剧完成片2部，分别是《烤猪公主开心路》《孤叶三娇（一）》。核发国产电视剧发行许可证6部，分别是《奋勇向前》《我们好好在一起》《燃烧大地》《我们的小康时代》《无忧面包店（第二部）》。脱贫攻坚题材电视剧《遍地书香》在北京卫视播出后受到充分肯定，局领导在我们上报的《我省电视剧〈遍地书香〉播出取得良好社会反响》的汇报上作了批示。

四、第三批影视精品项目评审活动圆满完成

4月份会同省委宣传部下发《关于申报2020年度山东省影视精品推进计划专项资金项目的通知》，共收到符合参评条件的电影项目25件、电视剧项目3件，电视记录片项目37件，电视动画片项目3件，已完成评审工作。

五、电视剧参评活动及时上报

按照总局办公厅《关于组织参加第32届中国电视剧“飞天奖”评奖工作的通知》要求，对我省电视剧进行初评，推选出符合条件的剧目3部，申报第32届中国电视剧“飞天奖”，分别是《温暖的村庄》《海上嫁女记》《军人使命》。按照省委宣传部《关于报送重点文艺作品的通知》要求，推选出《我们的小康时代》《温暖的味道》等符合条件的剧目12部。

六、电视剧展播活动扎实开展

按照省委、省政府有关要求和总局工作部署，积极组织“纪念中国人民抗日战争暨世界反法西斯战争胜利75周年鲁剧经典作品展播活动”。8月—10月，以“铭记历史，开创未来”为主题，精选获得“五个一工程”、飞天奖等大奖，有广泛影响力的7部电视剧经典作品，在山东卫视、山东电视影视频道及全省16市电视主频道展播，收到良好的社会反响。

七、组织参加电视剧相关活动

2020青岛影视博览会上，积极组织协调，在总局电视剧司的指导下，围绕脱贫攻坚和全面建成小康社会等现实题材，以“新时代重大现实题材电视剧的创作之路”为主题开设电视剧主题单元。总局电视剧司副司长周

继红出席活动并讲话，省局党组成员、副局长彭子良致辞。业内专家学者围绕现实题材电视剧的创作和制作进行了主题演讲和圆桌论坛。《温暖的味道》《燃！沙排少女》《我们的小康时代》《光阴里的故事》《天路》五部精品现实题材电视剧发布。由省局指导，青岛东方影都牵头，9月28日，山东省影视摄制基地联盟成立发布会在青岛西海岸新区举办。

八、全省电视剧业务培训班成功举办

12月9日—12日，在北京举办由省局领导、各市文旅局，济南、青岛、烟台广播电视台，部分国有、民营影视制作机构等60人左右参加的全省电视剧业务培训班。省局党组成员、副局长彭子良出席并作开班动员，广电总局电视剧司高长力司长进行了专题授课。

（郭亚丹）

传媒机构管理工作

一、加大境外卫星节目管理力度

针对青、烟、威三市部署开展为期半年的违规接收境外节目问题专项整治行动，三市共梳理排查宾馆酒店300余家次，严厉查处违规接收单位6家，对7家需要继续接收境外节目的酒店宾馆办理了手续，纳入正规平台管理，对25家超范围接收节目的宾馆酒店进行整改，其他不再需要接收境外节目的宾馆酒店终止了违规行为。2020年下半年经两轮暗访验收，均未发现违规行为，违规现象得到彻底清理，境外卫星电视良好管理秩序得到有效巩固。

二、大力推进有线电视网络整合

按照中央关于加快全国有线电视网络整合和广电5G一体化发展的决策部署，成立省有线电视网络整合发展联席会议，联席会议办公室设在省局，承担联席会议日常工作。参与制定《山东省关于落实全国有线电视网络整合发展工作的实施方案》，召开山东省落实全国有线电视网络整合发展工作视频会议和山东广电网络有限公司股东大会，成立山东广电控股公司作为全国一网整合发起人，签署了组建全国一网股份公司的协议。2020年9月24日中国广电网络股份有限公司召开创立大会，10月12日召开成立大会、正式揭牌，标志着“全国一网”股份公司组建工作基本完成，全国有线电视网络整合取得突破性进展。山东省在中国广电网络股份有限公司中所占股份比例居第六位、非上市省网公司中居第二位，入选一名董事。

三、重点推动专题类公益广告创作播出

一是加大扶贫公益广告创作播出力度。协调省台创作播出3个扶贫作品，省委副书记杨东奇同志对此作了批示，“对省广电局、省广播电视台表示衷心感谢”。二是率先启动疫情防控公益广告宣传工作。在总局就防疫公益广告宣传作出统一部署前，率先启动山东省防疫公益广告制作播出工作，利用管理工作群及时通知督导各级播出机构制作播出防疫公益广告

和流动字幕，同时，协调省台将制作的防疫公益广告及时放入省局的公益广告作品库，供全省各级台下载播出。经统计，至2020年4月底，山东省播出机构制作防疫主题公益广告2.1万多条，播出约330万条次、总时长390万分钟。同时，完成2019年年度公益广告评审工作，共评选出优秀广播电视公益广告作品124件，其中一类作品15件、二类作品29件、三类作品80件，优秀传播机构15家，优秀组织机构10家。向总局推荐参评的2件广播作品和1件电视作品获得资金扶持，争取资金18万元。

四、规范频道频率呼号和广告养生类节目播出

下发《关于进一步规范广播电视播出机构播出秩序的通知》《关于进一步加强广播电视广告和养生类节目播出监管工作的通知》《关于坚决清理频道频率违规问题的通知》，要求各级播出机构对违规问题自查自纠，各市局要认真履行属地管理职责，坚决纠正辖区内播出机构存在的违规问题。2020年10月8、9日，监测中心对全省省、市两级广播电视台进行了全面监测，频道频率呼号除历史遗留问题菏泽科教频道外，全部规范到位，没有违规问题。广告养生类节目播出除广告时长超时外也基本达到总局要求。针对养生类节目播出时间长、违规多、易引起关注的特点，充分考虑目前省内各级台实际，对养生类节目实行分类管理。分三个层次：一是县级台已有财政保障，县级台养生类节目除个别当地医院的专家讲授的外一律禁止播出。二是除济南、青岛、烟台以外的在播养生类节目数量少的市级台，申报备案的，都是通过播出。三是对省台、济南青岛烟台4家，养生类节目播出数量已很多，对这4家台是控制总量，在年初数量的基础上，停播一档，可以新上一档的原则。同时指导要求这4家台内部各频道之间调整均衡，如省台去年有的频道一天播出达到8、9个时间段（每个时间段50分钟），有的频道播出2、3个时间段，要求省台内部频道之间调整均衡，把播得多的频道的节目调整到播得少的频道，已调整到每个频道每天不超过4个时间段。

五、组织开展县级台标准化建设“回头看”

印发《关于对县级广播电视台标准化建设实施情况“回头看”的通知》，部署开展县级台标准化建设“回头看”工作，明确了“回头看”的具体检查内容、检查方式和进度安排，主要检查基本运行、财政保障机制建立、频道频率开办等6个方面情况，重点是财政保障情况。下半年专门实地抽查4个市的11家县级台，又结合县级融媒体中心验收工作抽查30余个县级台，财政保障均能到位，标准化建设保持住2018年验收时的水平。

六、全力推进高清播出

至年底，省台、省教育台以及除滨州、威海市台外的57个频道已经总局批准实现高清播出和已具备高清播出条件。滨州、威海台在建设进行中。山东省高清播出推进完成情况在全国居第二个档次（全国落实情况可分为4个档次）。

七、全力推进媒体融合

按照省委宣传部的主导统一指挥，一是协调推进县级融媒体中心建设。山东省经总局批准设立的95家县级台，已经全部整合到县级融媒体中心，形成一次采集、多种生成、多元传播、有效应用的运作模式，与平面媒体、网络媒体实现深度融合发展。积极参与省委宣传部牵头的县级融媒体中心建设验收工作，2020

年 8 月份完成对省技术平台的验收，10 月份开展了第一批县（市）融媒体中心验收，12 月份开展了第二批验收。二是按照总局部署要求，积极做好全国广播电视媒体融合典型案例、先导单位、成长项目征集和评选工作，4 个单位、项目（省台 2 个、济南台 2 个）分别入选先导单位、成长项目、典型案例。全国一共仅有 40 个获奖，包括中央级单位，山东获奖数量在各省数量中位居前三。

（杨杰）

网络视听节目管理工作

一、抓好主题主线宣传

一是加强首页首屏首条建设。以学习宣传习近平新时代中国特色社会主义思想和党的十九大、十九届历次全会精神为指引，积极开展“首页首屏首条”建设。十九届五中全会召开前，指导持证网站制定宣传报道方案，在首页首屏首条设置专栏专题，报道全会最新要闻，会议结束后，指导网络广播电视台，设置专栏专区，解读全会精神。二是开展拟上线节目播出计划报备工作。组织持证网站、IPTV 播控分平台、有线电视点播平台开展 2020 年度和月度视听节目播出计划报备工作，经审核后上报总局网络司各类备案节目 844 个。并为机构开通互联网视听节目信息库、网络视听节目信息备案系统、网络视听节目直播服务备案系统账号及密码，便于机构进行信息查询和节目备案。三是组织开展主题主线作品征集展播活动。疫情期间，组织开展“抗击疫情　我们在行动”——山东省抗击疫情主题优秀网络视听作品评选展播活动，征集作品 380 余部，遴选 44 部优秀作品在重点视听节目平台展播。指导省内持证网站、IPTV 平台开设“我们的小康 2020”专区，共征集展播主题作品 185 部，报送总局 21 部，11 部作品在抖音、快手、爱奇艺等全国 16 家头部平台展播。四是完成重大活动转播任务。按照总局要求，部署抗击新冠肺炎哀悼日活动，并实行全网监测，随时调度沟通，完成管控和转播任务；组织持证网站开展中国人民抗日战争暨世界反法西斯战争胜利 75 周年纪念日活动转播。五是指导 IPTV 平台开展疫情防控内容建设。组织指导山东 IPTV 限时免费了 7100 多部、约 3 万小时内容；开设“众志成城 抗击疫情”专区，共计上线 960 条防疫相关内容，实现访问 1679.7 万次；协调多方资源，指导 IPTV 上线“海看教育云课堂”专区，疫情期间访问次数 4000 多万次，共收录全省各地同步课程 2.5 万节。

二、推动精品创作生产

一是完成前三个季度重大题材网络影视剧项目征集报送。前三季度共征集重大题材网络影视剧项目 41 个，遴选 12 部报送总局参加评审。二是完成全年“网络视听节目精品创作传播工程”征集报送。全年征集精品工程作品 61 部，遴选 14 部报送总局参加评审，网络电影《飞夺泸定桥》入选总局精品工程，给予 80 万资金扶持。三是完成前三季度网络视听节目推优。前三季度共征集作品 85 部，遴选 24 部报送总局参加评审。其中《山东“战”疫原创沙画不平凡的平凡》入选总局一季度优秀视听节目;《老疙瘩脱贫记》入选 2019 年度优秀网络视听节目。四是开展“中国梦”和山东省第七届原创网络视听节目大赛征集评审报送。2020 年“中国梦”暨山东省第七届原创网络视听节目征集活动共征集到 195 家单位报送的 1283 部作品，遴选 45 部作品参加总局“中国梦”单元评比；山东省第七届原创网络视听节目大赛评选共评选出 90 部优秀网络视听节目和 20 个优秀组织奖，予以通报表彰。五是对重大题材作品进行提前谋划，重点推荐。按照 2021 年建党 100 周年主题，组织重点制作机构召开座谈会和专家评议会，明确从网络纪录片和系列短视频的角度，定制建党 100 周年作品，已完成招标工作。网络电影《春来怒江》作为脱贫攻坚重大题材作品，入围总局“精品创作传播工程”重点扶持作品、2020 年重大题材网络视听项目库、2021 年庆祝中国共产党成立 100 周年精品网络视听节目片单，获得 50 万元扶持资金，并写入中宣部 2020 年宣传思想工作要点。

三、加强网络阵地监管

一是对全省视听网站、移动 APP、直播平台、点播平台、互联网电视接收设备、公共视听载体等开展专项治理，查处违规网站 57 家，公共视听载体违规播放广播电视节目 1 起，违规开展互联网电视和视频点播业务 2 起。全年共查处违规网站 116 家。二是开展违规广告清理、内容清查活动，共清理整治 28 部违规节目。三是组织开展“两微一端”账号清理，共清查出违规账号 79 个，提交省委网信办处理。四是严格落实网络意识形态工作责任制要求，坚持科学、依法、有效管理，起草下发了《关于进一步加强网络视听监管工作的通知》等文件，明确责任分工，明确任务目标，做到责权清晰。五是开展向设区的市、县级新闻单位核发《信息网络传播视听节目许可证》工作。截至 12 月底，共收到 47 家机构申请材料，经审核，20 家县级融媒体中心材料符合核发《信息网络传播视听节目许可证》条件。

四、深化 IPTV 规范管理

印发《关于加强 IPTV 规范建设管理工作的通知》，规范引导 16 家市级台、52 家区县台上线 IPTV；持续开展 IPTV 专项整治工作，清查各种违法行为和违规内容，确保内容安全、规范发展；推进我省 IPTV 平台测试验收，取得阶段性成果，成功获得 IPTV 集成播控服务牌照。

五、网络影视剧审核进一步规范

印发《关于疫情期间促进山东省网络影视剧健康发展若干措施的通知》，通过备案资料报送网络化、缩减规划备案初审周期、开通防疫抗疫网络影视剧审核绿色通道等措施来支持网络视听制作机构复工复产、稳定发展。政策推出后，规划备案审核量成倍增长，审核效率提高。月均规划备案审核量达百部。网络影视剧数量和质量稳步攀升，截至 12 月 9 日，共组织重点影视剧规划备案审核 1035 部次、上线备案审核 72 部次；发放规划备案号 214 部，发放上线备案号 16 部；办理境外演员参演重点网络影视剧申请 10 次；协调重大特殊题材作品审核 16 部；组织完整剧本审核 5 次。上线的网络电影中，平台分账过千万元的 1 部，过 500 万元的 2 部，整体质量相较往年有极大提升。为进一步做好我省重点网络影视剧精品创作生产，充分调动全省网络影视剧工作者的积极性，促进我省重点网络影视剧提质升级，建立山东省重点网络影视剧种子库、项目库、片单库，遴选公示入库项目名单。

六、推动规划项目实施

征集活动方案，向总局正式递交《关于申请举办第一届中国网络视听节目精品创作传播峰会的请示》，推动总局活动落地山东；组织开展全省网络视听基地申报工作，经专家评选最终确定10家网络视听（短视频）基地，11个重点打造项目，以政府购买服务的方式给予扶持；推进短视频创意联盟建设，拟定设想，起草实施方案；与总局广播影视发展研究中心开展课题合作，进行深入调研，协助征求意见，完成《山东省网络视听发展情况调研报告》。

（李玉建）

科技工作

一、积极推进全省应急广播体系建设

一是加强顶层设计。联合省委组织部、省委宣传部、省财政厅、省应急管理厅等4部门联合印发《关于推进山东省应急广播体系建设的实施意见》，出台《山东省应急广播体系技术系统建设规划》，为各地开展应急广播建设提供政策支持和机制保障。二是充分发挥应急广播优势，助力新冠肺炎疫情防控和全省防汛工作。在全省疫情防控和防汛防涝的关键期，及时协调山东交通广播启动应急机制，迅速推出疫情防控宣传特别节目108期和防汛减灾宣传特别节目60期，推送给各地应急广播平台进行播出，有效保障了疫情防控、防汛指挥等服务需求。三是做好2020年深度贫困县应急广播建设工程有关工作。5月29日在济南召开应急广播体系建设方案论证会，邀请国家广播电视总局广播电视科学研究院、江苏省广播电视局等单位专家，对2020年度中央财政给予补助的8个深度贫困县应急广播体系建设技术方案进行论证，确保技术方案更具科学性、合理性，各地已按照专家意见对技术方案进行修改完善，并完成项目招标程序。四是开展应急广播传输适配体系建设，全省54套传输适配设备全部完成安装调试和系统对接，实现了与省应急厅、省广播电视台、省广电网络公司以及全省部分县级应急广播平台的互联互通和数据交换。

二、推进无线模拟电视数字化过渡

一是指导各地开展模拟关停和数字化过渡准备工作。成立了全省地面数字电视700兆赫兹频率迁移工作领导小组，统一部署推动相关工作。先后下发《关于开展地面数字电视台站相关信息核查工作的通知》和《关于做好关停模拟电视和频率迁移调整等工作的通知》，指导各地制定工作计划，完成地面模拟电视向数字化过渡期间的信息核查、政策宣传、频率调整等各项准备工作，为模拟关停和数字化过渡打下良好基础。二是研究制定我省《地面模拟电视信号停播方案》。为确保关停工作顺利开展，在全面摸清底数、吃透总局要求的基础上，制定《山东省地面模拟电视节目关停方案》，明确了我省关停地面模拟电视的时间表和路线图，并提出了相关工作要求和保障措施。三是参加总局700兆赫频率迁移实施工作座谈会，对接广电总局和国网公司，商讨实施方案，明确任

务分工，落实资金保障，确保按时完成频率迁移任务。

三、积极推进沂山转播台迁建工作

9月21日，省局党组会对沂山台迁建工作进行专题研究，根据会议精神，积极启动沂山台迁建的相关筹备工作。一是拟定技术方案。委托国家广电总局设计院、广科院对临朐县提供的三个备选台址进行实地考查，开展沂山转播台迁建升级相关事宜可行性分析，多次对迁建前后的覆盖效果进行预测和比对，先后拟定《沂山转播台新址建设方案》《沂山转播台选址覆盖评估报告》《项目投资估算表》等相关方案，并将初步工作情况向省局领导进行汇报。二是会议研究部署。在相关技术方案制定完成后，召集有关人员一起，传达省局党组对沂山台迁建工作的指示和要求，对沂山台搬迁工作进行研究和部署，并成立由省局相关处室、微波总站、沂山台等有关人员参加的工作专班。三是多方协商推进。11月27日，省局工作专班在临朐县召开由总局设计院、微波总站及潍坊市、临朐县党委政府领导和相关部门负责同志参加的沂山转播台迁建工作座谈会，就迁建工作相关问题达成初步共识。

四、不断提升全省安全传输保障能力

一是加强组织领导，确保安全播出。按照总局有关文件要求，及时下发通知，并通过全省安全播出预警平台发布安全播出和网络安全预警信息，组织全省各级广电行政管理部门和安全播出责任单位做好“清明”“两会”“国庆”等重要保障期的安全播出保障工作。二是落实网络安全管理责任，开展重要网络安全检查。联系总局监管中心对86个县级播出单位的170个广播电视播出系统进行网络安全管理和技术情况专项检查。通过检查和评估，发现各单位存在的网络安全问题，及时下发整改通知，督促各单位对发现的网络安全漏洞隐患、风险及突出问题进行整改，坚持“以检查促整改”“以整改促提高”，把网络安全管理责任落到实处。三是开展网站漏洞扫描和渗透性测试，提升网络安全防护水平。委托广电总局监管中心对省内22家持证及备案视听网站进行网站漏洞扫描，并选取山东省融媒体平台、济南融媒体平台、大众网三家省内影响较大的广播电视和网络视听行业信息系统进行了渗透性测试，及时发现系统安全漏洞，为实现行业网络安全监督管理提供抓手，为被测单位及时修复安全漏洞提供技术依据，整体提高被测系统的安全保障能力。

五、持续提升传输覆盖网管理能力

一是持续开展打击治理“黑广播”违法犯罪专项行动，推广“黑广播”查处系统。积极联系总局292台、省工信、省公安等部门，建立“黑广播”查处联动机制。针对当前“黑广播”违法犯罪活动特点，指导省局监测中心在各地试点“黑广播24小时不间断轮巡自动发现”系统，并协调省局微波总站，为各地查获的“黑广播”设备提供检测鉴定服务，有效降低了“黑广播”违法犯罪发生率。共收集“黑广播”线索113条，全省各地查处案件71起，缴获非法设备71台（套），抓获犯罪嫌疑人1名。二是继续开展违规用频治理活动。对我省的调频广播频率违规情况进行了核查和整顿，开展了为期3个月的频率收测行动，全面了解、密切追踪我省广电系统内违规用频整改进度，并积极协助广播电视播出机构办理相关用频手续，确保广播电视用频安全。三是积极向局党组汇报，开展区级台频率规范化治理，委托专业机构开展测算并报总局备案，加强对频率的统一管理和顶层设计。四是对长期未进行重新登记和换证的乙类许可频率进行清理，确保无线电传输秩序规范可控。

六、着力提升技术队伍保障能力

一是开展安全播出和网络安全专题培训。9月份，在济南举办全省广播电视网络安全培训班，邀请总局广科院、规划院的3名专家教授围绕国家政策法规、行业网络安全管理办法、应急预案、安全防护建设等相关内容进行了详细讲解，全省各市广播电视行政管理部门、市县广播电视台共计165人参加培训，进一步提升了全省广播电视网络安全技术保障能力。二是组织开展网络安全竞赛。2020年国家网络安全宣传周期间，组织山东广播电视台、山东广电网络有限公司、省局监测中心派队参加2020“云天·泰山杯”山东省网络安全大赛，并获得“优秀组织奖”。三是开展技术能手竞赛。按照总局有关要求，组织开站全省广播电视技术能手竞赛活动，竞赛选拔出的4位选手在总局组织的全国竞赛中全部获奖，其中1人获全国一等奖。通过以赛代练、以赛促学，极大地激发了广电从业人员学习网络安全知识的热情，为广播电视行业网络安全队伍建设提供人才保障。

（马德安）

人事工作

一、积极稳妥推进事业单位改革任务

对局属事业单位内设机构、职责任务、工作情况进行认真梳理，结合各单位实际情况，研究提出多套优化整合建议方案，并根据省委编办的反馈情况不断优化调整；多次到省委编办汇报沟通，积极反映局属事业单位在意识形态领域担负的重要职责任务等，争取对省局在机构设置、人员编制、领导职数配备等方面给予政策倾斜。

二、全力支持配合巡视工作

4名同志全员参与巡视工作，支持配合巡视组和选人用人专项检查工作组工作。配合综合联络组完成巡视动员会议的准备工作。对2016年以来的机构编制、干部任免、职级晋升等人事工作进行梳理总结，完成几千余份的文书档案材料整理收集和报送工作。坚持对组织、对干部高度负责的原则查摆问题，先后起草《组织人事工作专题汇报材料》和《选人用人工作专题汇报材料》，得到巡视组和选人用人专项检查工作组认可。

三、凝心聚力推进重点工作任务

与省委编办、省委宣传部、省广播电视台积极沟通，会同规划财务处制定《关于进一步做好对山东广播电视台管理服务工作的若干措施》，进一步加强对山东广播电视台的行政管理。会同有关业务处室进一步加强局属社会组织管理工作，积极推动省影视文化学会、山东和谐发展研究中心撤销登记和省网络视听协会换届工作，进一步推动局管社会组织健康有序发展。省影视文化学会和山东和谐发展研究中心完成撤销登记。积极破解属地参保的障碍，加快推进驻济以外事业单位养老保险属地参保工作，泰山转播台等6个驻济以外事业单位属地参保工作全部完成。开展作风建设提升专项行动，邀请大国之礼文化研究院院长围绕政务礼仪进行专门培训，促进干部作风进一步转变、执行能力进一步增强。配合办公室扎实做好机关编制职责任务清单的起草工作，拟定局机关人员编制分解表，梳理汇总机关处室工作流程、工作规范和工作任务，进一步提高机关管理效能。

四、深入实施干部能力提升工程

做好年轻干部培养选拔工作。按照“一人一议”的原则及时完成13名科级干部职级晋升工作。建立“导师”传帮带年轻干部机制，为机关35岁左右的科级（含）以下年轻干部委派1名政治素质高、经验丰富、责任心和业务能力强的处级领导干部担任导师，对年轻干部进行传帮带。加大人才引进力度，为局微波总站等6家事业单位招聘8名年轻干部，指导山东传媒职业学院招聘51名优秀人才。制定《关于激励干部担当作为　实施容错纠错的实施细则》，激励广大干部敢闯敢试敢干的积极性、主动性和创造性。选派2名处级和1名科级干部参加省委党校专题研修班，进一步促进干部能力提升。“我的业务我来讲”活动继续开展，邀请机关党委、离退休干部处2位正处级干部授课，取得良好反响。

五、从严从实加强干部监督

进一步发挥考核“指挥棒”作用，结合疫情防控期间干部表现，先后组织开展机关和事业单位年度考核、局属单位领导班子考核、局属事业单位绩效考核等多项考核工作，全方位、近距离了解考察干部。组织实施机关公务员平时考核，科学合理设置考核关系及打分权重，全面考核公务员政治素质、工作实绩和工作作风，为一流机关建设提供有力支撑。进一步做好机关绩效考核工作，先后印发《2020年度机关绩效考核总体方案》和《关于进一步做好2020年省直机关绩效考核工作的通知》，进一步统一思想，明确职责分工和当前重点工作，积极争取优异成绩。积极参与事业单位绩效考核，制定下发定量考核评价标准，组织开展综合评价和预算绩效评价。完成11名处级干部试用期满考核工作，办理正式任职手续。组织开展领导干部个人有关事项报告专项整治和随机查核工作，查核通过率保持较高水平，结合工作中发现的问题，及时印发《事项变化后即时报告明白纸》，确保领导干部准确掌握有关政策。进一步加强因私出国境证件的管理，印发《进一步做好干部职工因私出国境管理工作的通知》，确保证件应备尽备，证件应交尽交。严格执行“凡提四必”、干部选拔任用全程纪实等制度，确保选拔任用工作经得起考验。对机关和事业单位处级干部社会团体和企业兼职情况进行清理核查，对不符合政策的，督促其及时整改，进一步规范党政领导干部兼职行为。

六、全面提升行业人才队伍水平

严格按照标准和程序完成首批广播电视和网络视听行业领军人才和青年创新人才推荐选拔工作，向总局推荐28名领军人才和53名青年创新人才，发现挖掘一批系统内德才素质好、创新能力强的高层次人才和优秀青年人才。持续加强广播电视播音员主持人持证上岗管理，为我省214人核发广播电视播音员主持人证，为250人办理广播电视播音员主持人证延续注册手续。认真开展省局中级评审委员会核准备案工作，对2017年—2019年省广播电视局播音、广播电视工程技术、新闻和艺术专业中级评审委员会的评审工作认真开展自查，并顺利通过省人社厅核准备案。印发《关于做好 2020 年度专业技术职称评审工作的通知》，启动年度职称评审工作。顺利完成 2020 年全国广播电视编辑记者、播音员主持人资格考试现场报名和考试组织工作，共有 1849 人参加考试，省局连续 10 年被总局授予资格考试组织工作一等奖，全省广播电视人才队伍水平进一步提升。

七、全力支持保障疫情防控工作

向全局近 800 名干部职工发出《就做好疫情防控工作致全体干部职工的倡议书》，进一步将广大干部职工的思想统一到局党组决策部署上来。下发《关于做好疫情防控工作人员家庭关心关爱工作的通知》，对参与疫情防控、医疗救治的干部职工家庭进行摸底统计，有针对性地制定关爱政策。扎实做好“四进”工作人员服务保障工作，积极协调财务处、机关党委等处室及时为工作队购买了价值 5 万元的防疫物资和慰问物品，全力支持疫情防控工作，并有效解决队员后顾之忧。紧紧围绕服务省委工作大局，按照选优配强的原则，先后选派 25 名优秀干部到基层开展“四进”攻坚行动，选派 5 名干部参加“加强基层党组织建设”工作队。

八、统筹做好干部人事综合服务工作

进一步提高工资管理和社会保障服务水平，全年办理、审核年度晋级晋档、晋升薪级、年休假报酬等工资调整业务 1000 余笔。印发《关于进一步做好干部人事档案管理工作的通知》，完成 3000 余份干部人事档案档案材料归档工作和局属事业单位 100 余册档案的移交工作，进一步规范干部人事档案管理。积极稳妥实施局属企业负责人薪酬核定工作，牵头组织实施 2018 年度和 2019 年度企业负责人双效考核工作，企业负责人收入分配秩序进一步规范。及时为 23 名干部办理退休手续。

（朱孔阳）

机关党建工作

一、协助党组落实全面从严治党主体责任

按照党组安排部署，研究制定《全面从严治党责任清单》《落实全面从严治党主体责任 2020 年度任务安排》，层层签订《全面从严治党责任书》，党组研究全面从严治党 4 次，召开党建工作领导小组会议 4 次，把责任牢牢扛在肩上、抓在手上。认真做好《党委（党组）落实全面从严治党主体责任规定》贯彻落实，党组开展专题学习，制定《关于开展全面从严治党主体责任落实情况自查整改的实施方案》和《对照〈党委（党组）落实全面从严治党主体责任规定〉查找差距问题清单、整改任务清单》。加强对机关党建工作的统筹谋划，制定局党组、局党组书记、局领导班子成员《2020 年度履行机关党建责任清单》，印发《2020 年机关党建工作要点》，召开 2020 年党的建设暨党风廉政建设工作会议，形成全员重视、全员参与、全员负责的工作格局。

二、强化理论学习实效

认真做好中心组学习秘书服务工作，中心组开展集体学习13次，深入开展学习研讨，多数情况下都扩大到各处室、单位负责人，示范带动各基层支部搞好学习。组织深入学习贯彻习近平新时代中国特色社会主义思想，印发《关于认真组织学习〈习近平谈治国理政〉第三卷的通知》，转发省委宣传部《关于认真组织学习〈论党的宣传思想工作〉的通知》，每天学、跟进学在全局形成常态。扎实做好党的十九届四中、五中全会精神学习贯彻，分两期举办四中全会精神专题学习班；印发《关于认真学习贯彻党的十九届五中全会精神的通知》，举办五中全会精神专题辅导报告1次，局领导深入基层开展宣讲6次。组织基层党组织书记和年轻干部到胶东（烟台）党性教育基地举办“守初心　担使命　强素质　转作风”专题培训，组织年轻干部到泰安昆山党性教育基地开展“坚守初心使命、引领青年成长”党性教育，加强“学习强国”、“灯塔—党建在线”使用，进一步提升学习实效。

三、全面提升支部标准化建设水平

把模范机关建设作为提升支部质量的有力抓手，制定《开展模范机关建设工作实施方案》，从10个方面制定32条推进措施，印发《关于落实〈模范机关建设工作评估认定办法（试行）〉和〈模范机关建设工作表现突出集体评估指南〉抓好重点工作任务的通知》，进一步增强“走在前、作表率”的思想自觉和行动自觉。以“抓落实、强制度、求实效”为主题，在全局开展政治功能强、支部班子强、党员队伍强、作用发挥强的“四强党支部”创建活动，印发《关于扎实做好党建工作档案管理的通知》《关于做好“山东e支部”使用工作的通知》等一系列配套文件，积极打造支部特色品牌30余个，全面提升全局机关基层党组织标准化建设水平。强化党建工作任务落实，制定《基层党建督查制度》《党支部考核评价办法（试行）》，开展专项督查2次，全面检查1次。

四、深化问题整改提升

扎实做好2019年抓基层党建述职评议考核反馈问题整改落实文章，针对3项反馈问题，逐一制定整改措施，明确责任单位和整改时限，把各项整改任务往深里抓、往细里抓、往实里抓，目前各项整改任务都已取得阶段性成效并长期坚持。认真做好“不忘初心、牢记使命”主题教育确定的整改任务落实文章，制定《主题教育整改任务落实情况台账》，从严从实抓好各项整改任务落实。会同办公室，开展为期3个月的“转作风、压责任，以问题整改推动工作提升”专项行动，对2015年以来上级巡视、审计、考核反馈问题开展一次全面“回头看”，对相关问题进行再整改、再落实、再提升，确保所有问题见底清零、应改尽改。

五、持续整风肃纪

认真学习十九届中央纪委四次全会、省纪委十一届五次全会精神，印发《2020年党风廉政建设和反腐败工作要点》，传导压力、落实责任。开展“严明党的政治纪律和政治规矩”学习教育月活动，排查廉政风险点101个，集中观看专题警示教育片4部，督促党员干部始终绷紧“廉政弦”。注重加强日常监督，在元旦、春节等问题易发多发的关键时间节点及时下发通知，采取多种方式对工程项目、职称评定等事项进行专项督查。深入开展形式主义官僚主义专项整治，制定全局工作方案，形成整治问题清单和措施清单，逐一建立台账、落实责任，明确推进措施、完成时限。严肃监督执纪问责，坚决支持省纪委监委驻省委宣传部纪检监察组履职，多次召开局党组会议，研究初核方案和定性处理意见。2020年，在驻部纪检组的指导下，根据信访问题线索核查案件2件次，进行纪律审查2件次，给予党纪政纪处分1人。

六、服务中心大局

做好疫情防控工作，印发《关于在抗击新型冠状病毒感染的肺炎疫情中充分发挥基层党组织战斗堡垒作用和党员先锋模范作用的通知》，组织开展“助力社区打赢疫情防控阻击战”志愿服务活动和抗击疫情爱心捐款活动，参加志愿活动680人次、捐款226738元。扎实开展“双报到”，为驻地社区捐赠近千册图书和各类疫情防护用品，全体党员积极参与社区疫情防控各项工作。积极为“双联共建”帮扶单位——泰安市东平县新湖镇楼岔村办实事、办好事，一年来投入10万元搭建智慧党建工作平台，协调资金600多万元进行道路改造提升、整修村内文化广场、建设农家书屋等，得到当地干部群众一致认可。做好迎接省委巡视全面从严治党、机关党建各项工作，制定《信访工作应急预案》，处理信访4件。全面提升文明建设水平，打造“不忘初心强党性　改革攻坚创一流”“‘坚定信念讲党性　忠于职守敢担当’优秀主题征文展”两块展板，张贴“带头制止餐饮浪费　切实弘扬节俭风尚”倡议书，营造浓厚氛围。同时认真做好全国文明单位创建筹备工作，向省委省直机关工委石光亮书记作专题汇报，开展专题调研2次，起草完成《创建全国文明单位实施方案》。

（吴凯）

离退休干部工作

2020年，省局离退休干部工作认真贯彻落实全国、全省老干部工作会议精神和省局党组决策部署，适应疫情防控形势，提出“五个突出”的工作思路并注重抓贯彻、抓成效，各项工作取得新进展。

一、突出离退休工作党建引领

始终坚持以党建统领老干部工作，积极引导老同志学习宣传贯彻习近平新时代中国特色社会主义思想，增强“四个意识”、坚定“四个自信”、做到“两个维护”，始终做到退休不褪色、离岗不离党。不断健全完善集中学习、议事决策、主题党日等各项制度，定期印发政治学习资料，及时组织集中学习、主题党日活动，持续深入学习习近平新时代中国特色社会主义思想。党的十九届五中全会召开后，加大组织学习力度，在老同志中掀起学习宣传贯彻全会精神的热潮。认真落实党要管党、从严治党要求，经常开展党性教育和廉政教育活动，教育党员守纪律、讲规矩，始终保持底线思维、敬畏之心。制定完善防控措施、落实各项制度，自觉接受监督。坚持防疫、学习两手抓、两不误，组织老同志线上学习《不断增强抓党支部建设的“硬核”能力》《进一步坚定制度自信》等党建内容，收听收看“全省离退休干部脱贫攻坚”“学好用好民法典”“初心助力社会治理”等线上云报告，帮助老同志进一步锤炼党性、提升修养。组织开展“纪念抗战胜利75周年”、抗美援朝胜利70周年颁发纪念章、勋章及走访慰问活动，代表局党组到每一名离休老同志家中走访。

二、突出离退休干部健康保障

疫情形势下，坚持把维护老同志身体健康作为工作重中之重。2月份，与人事处协调省中医院，帮助一名急需住院的老同志办妥住院手续。根据老同志的需求，及时协调权威专家组织开展中医药健康知识宣传讲座。针对老同志乘坐公共交通工具去医院就医取药存在安全风险问题，加大用车保障力度，严格执行每周固定两次保障离休干部去医院用车制度。健康疗养工作方面，安排享受保健疗养待遇的48名老同志根据自己意愿到省属6个疗养院健康疗养，老同志满意率达到100%。在老同志健康查体工作中，为老同志提供“一对一”贴心服务，通过积极协调医院优化体检流程、开辟专门通道和检查室等，压缩等待时间、降低交叉感染风险，确保老同志以最短时间顺利完成查体。根据体检反馈，及时组织11位老同志进行体检复查。积极做好老同志困难专项救助工作，为3名救助对象申请到省委老干部局下拨总计16000元的特困救助金。

三、突出离退休干部作用发挥

积极搭建平台、创造条件，为老同志发挥优势和作用提供支持。建立与社区的“党建联席会”制度，积极鼓励老同志就近参加社区党员学习和组织生活，党员“双报到”机制、联培机制、志愿服务工作都得到较好落实。先后组织老同志参加社区疫情防控志愿活动30人次、党建活动2次，老同志到社区报到、在社区活动、发挥作用逐步走上正轨。在疫情防控形势十分严峻的时刻，及时向广大老同志发出倡议，鼓励大家利用所学专长支持疫情防控。老同志们积极响应，创作一系列鼓舞士气、凝聚民心的文艺作品，得到省委老干部局充分肯定。

四、突出发挥典型示范带动作用

注重发掘选树淡泊名利、奉献爱心、遵规守纪、热爱生活以及退休不褪色、离岗不离党等各方面的先进典型，通过会议宣讲、座谈交流、网络平台、微信群等形式，大力宣传他们的事迹，在老同志中形成见贤思齐、比学赶超的良好氛围。

五、突出离退休干部处自身建设

坚持“老干部工作无小事”“把老干部当家人”的理念，每月都通过走访、电话等方式，了解他们在生活、就医等方面的实际需求，倾听他们对工作的意见建议，每季度到离退休老同志家中走访一次，以“起而行之”“马上就办”的态度，千方百计、想方设法把实事办实、好事办好，确保把党组对老同志的关心爱护传递到位、落实到位，进一步凝聚全力支持局党组工作的共识。

（李冬梅）

编辑：张千　金红

·省局直属单位·

山东传媒职业学院

一、基本情况

山东传媒职业学院是经山东省人民政府批准成立、教育部备案的全日制普通高等职业院校。隶属于山东省广播电视局，由省教育厅共管，是省内唯一一所广播影视及大众传媒类国有公办普通职业高校。前身是1960年创建的山东省广播学校，1982年更名为山东省广播电视学校。2008年，经山东省人民政府批准，教育部备案，成立山东传媒职业学院。2014年，山东省出版技工学校并入。建有章丘校区和文东校区，其中章丘校区为主校区。设有播音主持系、影视制作系、新闻传播系、信息工程系、艺术设计系、动画系、基础教学部、思政教学部八个教学机构30个专业和实训中心、信息网络中心、图书馆三个教辅机构。共有在校生9600余人，教职工近400人。学院先后获得"全省广播电视系统先进集体""省直文明单位""省级文明单位""平安建设先进基层单位""山东最佳社会声誉高校""山东最具就业竞争力高职院校""山东高校校园文化宣传奖""2020年度融媒体影响力奖""2020年度融媒传播最具影响力高校"等称号。

二、2020年主要工作

（一）做好疫情防控工作

严格贯彻落实上级疫情防控部署。第一时间成立疫情防控工作领导小组，召开专题会议15次，党委会、院长办公会研究疫情防控18次，传达落实各级各部门疫情防控文件142份，建立健全各类疫情防控方案19个。通过"钉钉"平台严格管理全院师生员工健康状况。强化疫情防控知识科普，邀请专家到校指导8次，发布防疫知识190余篇。开展应急处置模拟演练13次。投入近50万元全力做好防疫物资保障。建成心理健康功能室，"'疫'路花香"获山东省学生心理健康节省级特色活动称号。3月开始线上教学、远程办公。5月底，通过各级教育部门多次核验、复核，恢复正常教学秩序。9月份，首次在无承训部队情况下较好完成新生军训任务。

（二）六十周年校庆圆满成功

承办全国传媒职业技术教育联盟理事会第三次全体会议，全国46家联盟单位的近百名代表参加。校庆晚会暨迎新晚会全程由师生共同完成导播、摄像和直播，当日直播浏览量达百万人次，新华社、人民网、“学习强国”、山东卫视等媒体进行跟踪或转载报道。

（三）教育教学改革稳步提升

广播影视节目制作、广播电视技术两个省级品牌专业群已做好验收准备。牵头完成教育部广播影视行指委专业目录修订工作。成功申报早期教育、电子商务等2个新专业。首个电商主播专业方向在学院落地。4个种类证书参与“1+x”证书试点。学生在各类专业大赛中获奖160余项。在首次办学质量考核中获得B档成绩。科研能力持续增强。校企合作开发活页教材8部，课题立项26项，发表论文近百篇，其中核心期刊论文5篇。有限脊波变换在数字水印中的应用、以山东电视剧为载体提升文化自信研究两项成果获得山东省高等学校优秀科研成果奖三等奖。

（四）人才发展基础更加扎实

新招聘教师51名，聘任31名行业企业带头人，师资结构进一步优化。再次修订专业技术职务竞聘等系列制度，教师发展空间广阔。1名教师荣获省学校思政理论课教学比赛一等奖。3件作品荣获山东省职业院校教学能力大赛三等奖。3位教师入选第五批省级非物质文化遗产代表性项目评审专家库，9位教师入选山东省职业教育青年专家库，12位教师入选山东省教师队伍建设专家库。3名辅导员分别获得山东省高校辅导员2019年度优秀工作案例一等奖、二等奖和山东省高校辅导员素质能力大赛二等奖。

（五）招生就业、“双创”、校企合作稳步提升

2020年录取新生3769人，生源质量明显提升，在校生规模近万人。初次就业率85.56%。连续3年承办山东省黄炎培职业教育创新创业大赛。与行业企业合作成立新媒体产业学院。与省级创业孵化示范基地共建创新创业基地，全年获得省级创新创业奖励17项。校企合作不断深化，新增校外实践基地4家、合作项目4个。

（六）社会服务深化拓展

完成1973名出版专业技术人员继续教育工作，编辑记者及播音员主持人职业资格考试工作。中标山东省农村电影数字化放映工程监管服务平台系统运行维护管理项目，与山东旅游职业学院名师工作室联合共建乡村振兴实践基地2处。与“齐鲁壹点”联合开展的拍摄活动收到良好的社会与经济效益。

（七）群团作用得到有效发挥

教职工、工会会员和学生代表大会如期顺利召开。入选山东省中华优秀传统文化传承基地。全年看望慰问教职工15名，发放慰问金累计1万元；通过发放纪念品、申请专项补助资金等方式，持续关爱离退休人员。

（八）服务保障能力持续增强

推广使用“山传云盘”，保障了疫情期间在线教学。深化智慧校园建设，实现一站式报到。建设媒资平台，为全院资源规范管理奠定基础。综合实训中心扩建开工在即。预算编制执行有序快速，一般公共预算财政拨款执行率99.76%。圆满完成70个项目的招标采购任务。累计投入460万元用于修缮改造基础设施、线路及绿化，投入71万元进行门禁改造、监控扩容，打造安全舒心工作生活环境。

（九）党的建设全面加强

全年组织党委理论学习中心组集体学习12次。组织中层以上干部专题读书班5次。全年党员培训达100学时，各党支部书记近200学时。学习强国党员注册使用率100%，活跃度达到95%以上。合理调整设置12个各级党组织。严格规范党员发展程序发展师生党员51名。“一

部一品”建设不断深化。10余篇党建优秀论文发表在全国思政网、省直机关党建网。召开党的建设暨党风廉政建设工作大会，逐级签订党风廉政建设责任书。纪委采取“四不两直”方式到部门督查工作12次。10月上旬在局党组指导下积极配合省委第十二巡视组的巡视工作，现正按要求进行整改。

（十）持续打牢意识形态安全根基

签订意识形态工作责任书，开展意识形态校内巡查。严格执行“一事一报”制度，加强网络意识形态阵地管理。思政工作成效纳入年终绩效考核。完善统战工作制度，加强宗教信仰自查督查，凝聚更大发展合力。

山东传媒职业学院（章丘校区）鸟瞰图（山东传媒职业学院提供）

（付丽媛）

山东省广播电视局微波总站

一、基本情况

山东省广播电视局微波总站，又名山东省广播电视局高山转播台管理中心，是山东省广播电视局直属的全额拨款事业单位，下设广播电视科、综合科、播控科、微波科、总务科、济南微波站等六个科站。作为省局微波总站，承担着中央和省台广播电视节目在全省的无线传输任务，省微波干线上10站9跳的数字微波电路的规划设计、运行管理、设备维护等任务；作为省局高山转播台管理中心，承担着省局泰山转播台、蒙山转播台、沂山转播台、大泽山转播台、昆嵛山转播台和莱阳转播台六个局属高山转播台的业务管理工作。传输和发射的广播电视节目，覆盖了全省70%以上的面积和人口，是广播电视“村村通”工程和山东省公共服务体系建设的重要组成部分。截至2020年底，山东省广播电视局微波总站共34人。

二、2020年主要工作

（一）统筹疫情防控和事业发展

一是压实疫情防控政治责任。及时成立疫情防控领导小组，下发《关于做好疫情防控工作的紧急通知》，组织全体在职人员签订疫情防控承诺书，对人员行踪、健康情况进行全面排查摸底，确保各项防控举措落实到位。立足疫情防控常态化实际，针对疫情发展的态势，认真梳理疫情防控流程，适时完善防控预案，细化防控措施，实现了全员“零感染”疫情防控目标。二是坚持疫情防控和行业发展“两手抓、两不误、两促进”。果断实施战时管理，要求值班人员严守防疫规程，严肃播出纪律，进一步强化关键岗位值班值守力量，党员干部充分发挥先锋模范带头作用，主动要求加班值班，一线值班人员密切关注播出设备运行状态，认真做好巡机抄表、应急处置等工作，确保传输信号安全优质，把党的声音及时准确地传送到千家万户。

（二）提升安全播出保障水平

一是严守安全播出“底线”，以时刻不松懈和事故零容忍的态度，圆满完成元旦、春节、国家哀悼日、“两会”、十九届五中全会等重要节日、重大活动期间安全播出保障任务，重要播出保障期累计 27 天，未发生一起人为责任停播事故。二是强化播出管理，圆满完成中央和省广播电视节目在我省的无线覆盖任务。全年省微波干线微波传输 376680 小时・套，信号可用度达到了 99.99%；各转播台广播电视节目累计播出 817658.2 小时・套，播出停播率均优于 30 秒 / 百小时的一级保障要求，远超广电总局 62 号令要求我们达到的小于等于 60 秒 / 百小时的二级保障要求。

（三）稳步推进事业建设

1. 有序做好省数字微波干线网升级改造工程终验准备工作。以继续优化完善线路功能为重点，制定试运行线路运行管理方案，围绕故障隐患挖掘、优化工程系统配置等方面用力：一是不断完善微波线路监测数据存储整理与分析，排除故障隐患，及时向厂家提出改进要求，完成多项指标的修正；二是调整设备和网管指标，做到网管分级使用，网络安全可控；三是开展业务分级传输试验，为今后大规模传输业务做好技术准备；四是开展半年检修和年度检修工作，及时解决运行中发现的问题，进一步对微波线路进行调整、优化；五是实施微波网管升级改造项目，实现全线路性能监测统一规范、实时统计。

2. 圆满完成省级应急广播传输覆盖适配系统建设工作，总站及各转播台现已具备播出条件。一是制定《省级应急广播微波传输覆盖适配系统建设方案》，确定各台站应急广播设备连接详细接口图，为顺利施工做好充足的技术和设备准备；二是组织各转播台高质量、严标准完成项目施工任务。施工过程中，指导各责任单位严格按照施工方案进行安装、调试工作，经总站与各转播台进行联调联测，各台站设备的网管应急信息接收、应急语音信息接收、声光电报警等功能均能够正常实现；三是各台站应急广播系统已建设完备并通过测试，省应急广播微波传输覆盖适配系统可以适时上线启用。该系统补齐了基层广播电视应急服务短板，切实提升了突发事件和公共危机的应急管理能力，实现了局属转播台山东省应急广播的微波传输链路备份功能。

3. 紧跟“智慧广电”发展方向，组织指导沂山转播台完成“台站全业务信息化平台”项目建设。9 月，项目通过专家组验收；10 月，在总局智慧广电示范案例评选活动中，项目被评为运行监管先进案例。

4. 根据《山东省地面模拟电视节目关停方案》安排，按时关停了中央一套模拟电视节目、山东卫视和齐鲁频道等省级模拟电视节目。原覆盖区域全部转为数字电视节目覆盖，进一步提升公共文化服务水平，更好地满足了人民群众对高质量广播电视节目的需求。

5. 指导泰山转播台成功开展 CCTV—4K 超高清电视无线发射试验。试验结果表明高山转播台播超高清数字电视节目已具备推广应用条件，该项目为打造 4K 超高清技术条件下的广播电视新生态，推动广播电视播出技术转型升级、满足公众对高品质多样化视频节目需求提供了技术参考。

6. 完成好“黑广播”检测鉴定工作。微波总站接到济南市文旅局和历城区公安局在中海御山首府小区查获的 FM93.9MHz“黑广播”发射设备及信源设备一套，对发射设备功率进行测定并出具检测报告，对信源设备内容进行鉴定并出具鉴定报告，协助公安部门立案侦查，这是济南市首个黑广播刑事案件。

7. 按照总局有关“防止 5G 有害信号干扰”

的要求，组织局属各转播台对卫星接收设备加装防干扰高频调谐器和滤波器，有效提升卫星信号源的稳定性和安全性。

（四）强化业务管理工作

一是深入开展“责任压实年”活动，压实党建、播出、管理主体责任。督促、指导各转播台对新线路、新技术、新设备从流程再造入手，梳理完善安全播出应急预案，制定印发《工作制度汇编 I》，进一步强化安全播出制度落实；加大财务、人事、管理等内部工作流程优化力度，建立完善《微波总站内部控制管理手册》，形成透明、高效的运作机制，较好地完成对局属各转播台的日常业务管理指导工作。二是加强线路运行管理力度，指导各转播台常态化做好设备指标测试和维护工作，制定年度例行检修计划并报广电总局备案。本年度共开展例行检修 24 次，及时对发射机及附属设施进行检修和调测，确保设备状态运行良好。三是坚持播出优劣以落地信号质量为判断标准，组织各转播台开展场强收测工作。全年统筹部署收测点 121 个，经对收测数据对比分析，广播电视信号总体覆盖效果良好。根据场强收测数据，将莱阳转播台中波和 5 个高山转播台数字电视节目覆盖图补充到原场强覆盖图中，进一步完善场强收测资料。四是深入实施人才素质提升工程。注重特种作业人才培养，组织 32 名职工进行电工培训，完成了 48 名职工特种作业证的复审工作；充分发挥专业技术人才优势，组织总站和各台站积极开展全省技术能手的选拔、推荐工作，16 名同志参加全省广播电视技术能手竞赛，2 人获得一等奖，7 人获得二等奖，6 人获得三等奖。其中，一名同志获得网络安全科目一等奖，并代表我省参加全国广播电视技术能手竞赛，获国家广电总局表彰。五是积极组织开展合理化建议和技术革新活动。全年共申报技术革新项目 43 项，25 项获奖。其中，一等奖 9 项，二等奖 11 项，三等奖 5 项，进一步激发了职工创新创优的工作热情，提升了安全播出工作的保障水平。六是做好台站年终检查考核工作。聚焦播出、传输、安全保卫、综合管理等重点工作，有序开展业务考核、年终检查工作，推动各项规章制度落实落细。

（傅义军）

山东省中波转播台管理中心

一、基本情况

按照《关于成立省中波转播台管理中心的批复》（鲁编办〔2001〕16 号）文件精神，山东省中波转播台管理中心（以下简称“中波中心”）于 2001 年 3 月 22 日正式成立，为山东省广播电视局所属全额预算管理的处级事业单位，主要承担全省地方中波转播台的管理与服务工作。中波中心人员编制 9 名，配备正副主任各 1 名，下设有综合科、管理科两个科室，现实有干部职工 9 人。中波中心代省局履行政府行政管理职能，下辖 20 个中波台，中波台实行省局主管、市有关部门具体管理的体制。中波中心对中波台的人员、经费、资产及业务等方面负监管职责，主要涉及中波台台长的任免、定岗定员、频率功率及技术设施的规划报批、保障转播中央、省广播节目等正常运转的固定补助经费拨付、技术指标监测、财务目标考核等。

二、2020年主要工作

（一）安全播出保障到位

面对新冠肺炎疫情带来的影响，严格落实党中央、国务院和省委、省政府、省局防控要求，统筹推进全省共管中波系统疫情防控和安全播出工作，切实做到守土有责、守土负责、守土尽责。印发《关于做好2020年春节及全国“两会”重要保障期安全播出工作的通知》《关于做好2020年全国“两会”重要保障期安全播出工作的通知》等文件，明确工作任务、强化责任落实。2020年圆满完成了春节、“两会”“十一”、十九届五中全会等重要节假日、重大活动、重点时段重要保障期的安全播出工作，无重大停播和劣播事故发生。

（二）台站建设稳步推进

按照广播标准化机房建设条例及广电总局规划院《台站标准化建设2.0版》，为莒县新建发射机房提出规划、防雷、散热等方面优化设计意见，并严格督促施工进度和质量落实，现已完成机房土建施工工作。组织烟台、威海中波台开展机房环境整治工作，台站面貌焕然一新。针对淄博中波台原天调网络设计缺陷，易遭雷击烧坏功放板等元件的问题，指导淄博中波台完成了603千赫与1557千赫的天调网络调整，改造调整后，台站在播5套中波节目运行稳定。对聊城、莘县、德州、沂源等9个中波台的17座发射塔进行了大修检查，更换加固地锚36个、敷设地网3个、新建塔基安全围栏200米。除沂源中波台外，其他8个中波台天馈线系统维护均已完工，运行良好。对龙口中波台自台监控系统进行改造升级，为10个台站更新了12部10KW中波发射机，为13个中波台购置了车载场强仪，满足了台站急切需求。

（三）同步广播初见成效

为消除同频干扰，提高收听效果，扩大有效覆盖，组织实施全省中波同步广播工程。1月，在莒县和临沂中波台完成了最新技术的同步激励器安装调试工作，并在临沂中波台配置音频延时器，实现了载频和音频的同步，经收测可听度达到5级，收听效果良好，达到了同步广播实验预期目标。9月，根据先行试点实验数据，组织开展中波同步广播工程的论证、招标、调试安装及终验等工作。经对交叉覆盖区大的1548KHz和918KHz重点收测，几乎不存在同频干扰现象，收听效果极佳，有效扩大了实际覆盖范围。

（四）经费管理日趋规范

根据《中共山东省委山东省人民政府关于全面推进预算绩效管理的实施意见》《关于全省中波转播台划转及其管理问题的通知》等文件精神，依据各台的发射功率、转播节目套数、例行维护项目、上年度绩效考评、各台事业建设专项申报及项目论证结论对正常运转固定补助经费分配方案进行科学编制，并经省局党组讨论通过后，及时进行划拨，保障了中波台正常运转。5月下旬至6月上旬，委托第三方会计师事务所对济南、聊城等10个中波台2018年和2019年正常运转固定补助经费和中央广播节目无线覆盖运行维护专项经费开展审计，极大促进了各中波台财务管理制度化、规范化，进一步提高了专项经费使用效益。

年终业务大检查——听取德州中波转播台工作情况报告（山东省中波转播台管理中心提供）

（徐伟）

山东省广播电视局新闻研究所

一、基本情况

山东省广播电视局新闻研究所（山东省广播电视产业中心）是山东省广播电视局直属理论科研单位，承担着理论调研和课题研究、《现代视听》期刊与《山东广播电视年鉴》编辑出版、全省广播电视综合统计、评奖评审及向《中国广播电视年鉴》《山东年鉴》供稿等任务。现有在编人员 14 人，为省直文明单位。

二、2020 年主要工作

（一）《现代视听》学术影响力提升

《现代视听》期刊坚持严把政治关，传播正能量，全年编辑出版 12 期，250 余篇文章，近百万字没有发生任何政治差错。在编辑内容上，紧紧围绕全局中心工作，每期有策划、有选题，全国影响力进一步提升，中国科学文献计量评价最新统计结果年指标增加 142.86%，年下载量增加 103.17%，高影响作者发文增加 64.52%。30 篇稿件被中国人民大学书报资料中心函约，将全文刊发；微信公众号订阅量同比上涨 285%。在山东省新闻奖和山东省优秀广播电视论文奖评选中，刊发的论文有 17 件获得一等奖，6 件获二等奖，7 件获三等奖。获奖总数及一等奖比例均高于往年。在中国广播电影电视报刊协会年度评奖中，《现代视听》推送的 5 件作品全部获奖，其中一等奖 1 件，二等奖 3 件，三等奖 1 件。影响力超过很多核心期刊。

（二）年鉴编纂、供稿等相关工作任务圆满完成

编纂完成《山东广播电视年鉴（2020）》，全卷约 60 万字，内容更加全面，编纂质量进一步提升。向《中国广播电视年鉴》提供相关资料 4 万字，向《山东年鉴》提供相关资料 1.5 万字，高质量完成供稿任务。省局连续五年获评中广年鉴工作先进单位，一名同志获年鉴工作优秀组织工作者，两名同志获先进个人。牵头编纂的《山东省志·报业志（1991—2005）》《山东省志·出版志（1988—2005）》获全省史志优秀科研成果——优秀省志·分志。

（三）广播电视和网络视听统计工作

完成对全省 1091 家广播电视和网络视听单位年报任务并撰写《2019 年度全省广播电视服务业发展情况报告》；完成了 2020 年季报任务；起草《全省网络视听行业专项统计调查实施方案》《2020 年全省网络视听行业专项统计调查操作细则》并完成全省网络视听行业专项统计调查工作，汇总数据 7 万余条。撰写《2017—2019 年全省网络视听行业发展情况报告》在没有明确的统计制度、没有确定的名录库、没有网络申报系统的情况下，克服困难完成统计调查，摸清家底；完成国防动员潜力统计调查和全省妇女儿童发展监测统计工作；完成向《山东省统计年鉴》《山东省文化及相关产业统计概览》等提供行业数据。新闻研究所被评为全省年度基层广播电视统计工作“先进集体”；1 名工作人员被评为全国年度基层广播电视统

计工作“优秀个人”和全省“优秀个人”。

（四）博士后工作站工作

完成2019级博士后开题报告及中期考核工作，两名博士后课题研究进展顺利，取得阶段性成果；完成2017级博士后出站答辩工作，两名博士后顺利出站；完成2020级博士后进站工作，经专家面试评审遴选出两名进站人员，目前已完成入站手续办理及开题工作；期间与清华大学、复旦大学确定了合作导师。

（五）其他工作

按照总局和省局相关要求积极申报课题，最终确定《县级融媒体中心建设发展研究》和《新时代广播电视舆论传播力、引导力、影响力、公信力提升研究》两个课题，两个调研组分赴济南、枣庄、潍坊、威海、临沂等地广播电视播出机构开展深入调研，并搜集大量数据及资料完成两个调研报告：《县级融媒体中心建设发展研究》和《新时代广播电视舆论传播力、引导力、影响力、公信力提升研究》；协助起草省委宣传部、局“十四五”发展规划；完成山东广播电视协会的审计、补报材料、规章制度建立和历史遗留问题的处理、评审评奖、征文、获奖评析成果书目《听海观澜》出版等相关工作；影视集团80余名老干部工资预算、划拨工作没有出现任何问题。

（金红）

山东省广播电视监测中心

一、基本情况

山东省广播电视监测中心（山东省广播电视安全播出调度中心）为山东省广播电视局所属正处级公益一类事业单位，事业编制核定人数60人。主要职责：承担全省广播电视安全播出、节目内容、传播秩序、覆盖效果的监测工作；承担全省网络视听播出情况的监测工作；承担全省广播电视安全播出调度工作；承担省级广播电视监测系统建设、运行、维护工作。2017年至2020年，连续四年保持省级精神文明单位称号。先后荣获“全国广播电视技术维护先进台站（集体）”“全国广播电视预警指挥平台维护先进单位”“省直机关先进基层党组织”等荣誉。2020年中心党总支被表彰为“先进基层党组织”，在省属事业单位年度绩效考核中考核优秀。

二、2020年主要工作

（一）加大广播电视和网络视听节目监测力度

加强对广播电视节目内容的监听监看。以确保宣传导向正确为总要求，依据宣传管理规定，对坚持正确舆论导向、主流价值方向和健康审美风范的优秀节目重点表扬；对背离宣传要求，内容有害或有不良苗头倾向的节目及时发现、及时研判、及时处置；对内容低俗庸俗、过度娱乐化等突出典型问题，启动快速反应机制，迅速形成专报上报。全年监听监看节目时长近9000小时，撰写891篇评议稿件，总结评析51档亮点节目，发现问题节目85个次。定期对全省各级广播电视主频率（道）准时、完整转播中央台《新闻联播》《新闻报纸和摘要》和省台《山东新闻联播》等重点新闻节目情况进行监测。全年共发现未按要求转播的播出机构17个次。对全省141个电视主频道早7点播放国歌情况进行了排查，共发现9个播出机构未按要求播放。

加强对网络视听网站及其内容的监测。一是依据国家广电总局有关规定，对全省2300余家视听网站进行了全面监测，对23家持证或备案视听网站及3家网络广播电视台进行重点监测。全年发现播放淫秽色情、内容低俗等违规内容的视听网站120家。二是加强“两微一端”监测，组建了15人的网络视听监测队伍，对全省广电、报业媒体及节目主持人开设的500余个平台公众号和省内150余个重点移动客户端的11万多个视听节目进行监测，发现96家违规客户端及平台公众号。三是集中开展IPTV集成播控平台和传输平台节目内容的监测，重点对影视剧持证情况，境外电视节目持证落地情况，以及违规开办电视频道、违规设立APP等问题进行了监测，共发现违规视听节目34个，违规设立的APP2个。

加强对医药广告、养生类节目的监测。依据有关规定，对全省广播电视播出的养生类节目进行全面监测，共发现61个养生节目存在违规问题。以查处医药广告和虚假广告为监测重点，对全省广播电视商业广告实施了两轮次的全覆盖监测，发现商业广告违规超时1859分钟、违规播出医药广告38条次。

进一步加强工作流程的规范。按照流程再造的要求，在工作程序、简报整合等方面做了一些创新尝试。强化问题导向、研判、分析、审核复查等一系列工作流程，形成重点更加突出、内容更加充实、问题更有针对性的工作简报。

（二）积极开展广播电视安全播出监测

圆满完成重要播出保障期的安全播出保障任务。先后完成了春节、全国两会、清明全国哀悼活动、纪念中国人民志愿军抗美援朝出国作战70周年大会等重大节日、重要会议、重大政治活动的现场直播等安全播出保障任务，确保了全年17个重要保障日和2个政治敏感日的播出安全和重要保障期零报告制度的落实。

完成对全省各级播出机构广播电视播出信号的安全监测和日常调度任务。全年发布预警信息44万条，监测确认安全播出事故68起，其中重大事故6起。年内还完成了安全播出指挥调度系统扩容工作。

加强对地面无线广播电视频率和“黑广播”的监测。采用固定站点监测与移动设备监测相结合的方式，对覆盖全省的184个无线发射台站的广播电视进行了频段扫描，人工核查了广播电视频率、呼号、台标的使用情况，发现并上报“黑广播”线索61个，有效维护了广播电视的播出秩序，广电总局第108期《值班日报》对省局开展“黑广播”的监测查处工作进行了全国通报，对创新性的监测做法和高效准确的监测结果给予了充分肯定。年内还对承担无线覆盖任务146套无线发射设备转播中央广播电视节目情况进行了监测，对收测的监测数据进行了汇总分析，并上报相关职能部门。

（三）进一步加强监测平台和队伍建设

完成IPTV监管平台和IPTV可视化项目建设。建成全省视听新媒体综合监管云平台，实现了对节目内容的一致性、节目直转播、EPG等内容的监测。

完成广播电视内容综合监管系统扩容项目建设，实现全省广播电视节目内容的监测覆盖和功能升级。系统扩容后，可实现对220套广播节目、320套电视节目的采集存储，并将节目内容的监测范围扩大至县级播出机构，并能够及时发现台标、呼号、直转播异常等情况，有效提高广播电视节目内容监测的覆盖范围和监测效率。年内还完成了13个县级播出机构高清数字电视监测前端的改造。

2020 年 6 月 28 日，山东省广播电视监测中心党员干部赴章丘三涧溪村开展“不忘初心　牢记使命”“七一”主题党日教育活动。（山东省广播电视监测中心提供）

积极开展“岗位大练兵”活动，不断提升监测队伍的专业能力。9 月中旬，组织中心 6 名同志参加全省广播电视技术能手竞赛均荣获“山东省广播电视技术能手”称号，其中 2 人获得一等奖，1 人获得二等奖，3 人获得三等奖。两名同志代表省局参加了 11 月份国家广电总局组织的全国广播电视技术能手竞赛，分别荣获监测监管专业一等奖、有线网络专业二等奖。

（亓振军　刘超）

山东省广播电视局机关服务中心

一、基本情况

山东省广播电视局机关服务中心，是山东省广播电视局直属正处级事业单位，主要职责是协助局领导制定服务保障工作发展计划，组织、协调和实施省局的服务保障工作。编制 86 人，现有在编干部职工 67 人。

二、2020 年主要工作

（一）狠抓重点工作落实

全面落实疫情防控工作要求，全力做好全局疫情防控工作。疫情发生后，积极承担机关一线防控任务，成立疫情防控领导小组，制定《新冠肺炎疫情应急预案》，完善常态化疫情防控措施，持续在组织领导、卫生宣传、人员管控、岗位防护、服务保障上严密部署、压实责任，重点抓好“五个关口”，确保全局疫情防控各环节管控措施落实落地，保障了全局职工群众生命安全和身体健康，筑牢常态化疫情防控防线。

组织实施机关办公楼维修改造工程。加快推动机关办公大楼维修改造项目，健全工程管理组织机构，严格落实工程管理制度，制订《局办公楼维修改造工程工作议事规则》等各项工程管理制度和办法，定期召开工程例会、专家论证会、清单编制、招标文件审查、智能化系统建设专题会议 50 余次，全力打造“工程安全、安全工程”。

推进物业社会化改革任务清尾工作。一是推动 4 个较大住宅小区 1289 户业主委员会对专业化物业公司的选聘工作；完成两个独单元住宅 22 户自治移交工作；对不具备成立业主委员会条件的 4 个独栋楼 156 户移交属地办事处、居委会。各住宅小区物业服务社会化移交全面完成。二是积极推动供水、供电、供暖改造移交。在政策资金不配套的情况下，将舜玉南区 319 户供水、供电服务保障职能进行移交；

促成青年东路两个较大小区供水改造工程的立项招标实施，签订了青年东路7号院宿舍区9栋多层住宅供暖移交协议。机关服务中心管理的所有宿舍区的供暖改造移交工作全部完成。

（二）提升机关后勤服务保障水平

扎实做好疫情期间餐饮安全保障工作。加强餐饮场所的管控，关闭堂食，张贴疫情防控提示牌，设置安全距离警示线，每天两次环境消杀和厨具炊具餐具的高温消毒。适时恢复快餐厅的正常使用，设置餐桌小隔板，做好安全防疫配套措施；严把采购安全关，把好入口关、储存关、制作关，确保食品安全卫生。定期组织工作人员讨论、研制、改进菜品，不断提高饭菜质量；在受疫情影响、工作人员减半的情况下，突出重点时段的服务保障，提高就餐人员满意度。

做好全局疫情防控以及医疗卫生健康服务工作。开展疫情防控知识讲座；加强重点单位重点部位人员筛查和登记，严防输入性传播。指导消毒液的配比和消毒方法，确保消毒工作安全有效；为参加外出学习培训的49名干部职工提供核酸标本采集服务。采取线上预约与线下联系相结合的方式，设置职工体检专区，优化体检流程，保证了疫情期间省局815名干部职工的健康查体、保健疗休任务的顺利完成。以创建省级卫生先进单位和无烟机关为抓手，定期开展多种形式的健康教育、宣传活动，努力开创爱国卫生工作新局面。

做好房产管理和维修维护工作。完成省局管理使用的办公、生活、公有住房使用情况的现场测量和清查核实以及办公用房信息统计上报、办公楼房产证办理资料的整理、补办等工作；对部分办公楼房屋安全进行了鉴定；配合做好未出售公有住房清退工作；不断加强对公有住房租赁使用的规范管理；圆满完成全年日常维修维护工作。协调更换燕子山锅炉房电缆，确保燕子山电视发射台及职工宿舍区的正常供暖；积极推动小区环境整治改造，协调驻地政府，投入资金近100万元，对青年东路3号院进行综合整治改造。

做好供冷供暖工作。严格落实疫情应急期间公共场所空调通风系统使用相关要求；定期对技术设备进行维护保养，严格落实交接班制度，确保按时按需供冷供暖，全年安全运转无事故；积极配合广电大楼维修改造，做好高低区空调主管道更换工作；多措并举做好节能降耗工作。

做好安全保障工作。加强门卫管控，加大安保巡查力度，对消防通道及老旧房屋进行安全隐患排查，对重点部位和设备进行了全面维护和保养，更换办公区域灭火器材，落实消防安全值班制度，完成了16、17号两栋高层消防管道断裂抢修任务。举办火灾防控及“119消防宣传日”应急疏散演练，提高消防安全意识。确保全年安全无事故。

做好防汛工作。制定应急处置预案，成立了防汛抢险领导小组和20余人的防汛抢险队伍，做好防洪物资准备，确保一旦发生险情，在最短时间内做到组织领导到位、救援人员到位、救援器材到位、应急处置到位。

做好通讯保障工作。完成局机关、局属单位电话线路维修维护、装机移机、光缆及宽带安装铺设工作，共完成电话移机布线20余次、网络布线30余次、新装10余部，确保了通讯畅通。

2020年1月19日，省局机关服务中心主任进行节前安全检查。（省局机关服务中心提供）

（张丽）

编辑：张干　金红

各市广播电视工作

济南市广播电视概况

一、基本情况

全市节目播出情况：全年公共广播节目播出 109944 小时，全年公共电视节目播出 132564 小时。

全市广播电视综合覆盖情况：全市广播综合覆盖率 99.7%；全市电视综合覆盖率 99.3%。

全市发射台和转播台数量：中、短波转播发射台 1 座，发射功率 90 千瓦；调频电视转播发射台 9 座，其中，市级调频发射机 3 部，发射功率 31 千瓦；区县级调频发射机 6 部，发射功率 0.55 千瓦：市级调频发射机发射功率 4 千瓦；区县级调频发射机发射功率 1.48 千瓦；电视发射（转播）发射功率 14.8 千瓦，市级电视转播发射机发射功率 5 千瓦，区县级电视转播发射发射功率 9.8 千瓦。

全市广播电视台 8 座，其中市级台 2 座，区县级台 6 座：全市广播电视从业人员共计 2985 人，市级 2165 人，区县 820 人。

全市广播电视系统实际经营收入 39561.69 万元，其中广播电视总收入 29219.35 万元，广告收入 24597.22 万元，广电网络总收入 38506.38 万元。其中有线电视费 17663.88 万元，付费节目 2128.06 万元。广播电视节目制作持证机构 399 家。

二、宣传工作

认真贯彻落实上级要求，做好宣传引导工作，营造良好舆论氛围。发布“众志成城　抗击疫情”广播宣传内容共 108 期，发布汛期应急广播内容共 61 期。济南广播电视台推出《牢记总书记嘱托，书写新时代答卷》等 50 余个新闻专栏，开辟“牢记总书记嘱托　书写新时代答卷——总书记视察山东两周年”“走进我们的小康生活”等网络专题；及时推出 42 期大型融媒体直播《济南战“疫”》等“十个一”组合拳，构建网上网下一体、内宣外宣联动、宣传服务并举的应急宣传新机制；打造问政、商量、有话好好说、警民共建等“解困式”大型宣传服务平台，完成 12 场电视问政直播和区县大型直播季，推出电视问政直播五周年“五个一”创新工程；在央视央广《新闻联播》《新闻和报纸摘要》等重点栏目发稿 500 余篇，“学习强国”全国平台发稿 1500 余篇，对上发稿实现新突破。疫情期间，全市播出机构共制作疫情公益广告 355 条，播出总条次 92157 条次，播出总时长 113788 分钟，流动字幕播出 383188 条次。

三、精品创作

支持优秀电视剧创作生产。电视剧《奋勇向前》在山东电视台齐鲁频道首播，山东地区市场份额、收视率全省第一；电视剧《我们的小康时代》完成拍摄，入选广电总局扶贫脱贫攻坚重点剧目；电视剧《青山遮不住》开机拍摄。推动优秀网络视听作品创作。组织推荐全市 9 部作品申报 2020 年度“网络视听节目精品创作传播工程”扶持项目；开展 2020 年“弘扬社会主义核心价值观 + 共筑中国梦”主题原创网络视听节目征集活动和“重大题材网络影视剧项目”和“网络视听节目季度推优工作”；做好重点网络影视剧备案。全市广播电视节目、新闻和国产纪录片在全省创新创优评选中共获扶持资金255万元，其中2部电视剧《我们的小康时代》《奋勇向前》各120万元，三部纪录片《我们的七十年》《跨过黄河》《悠然见南山》各5万元。纪录片《悠然见南山》、消息《小橱窗里有“乾坤”》、大型纪录片《四十城四十年》、公益广告《保国家平安做人民英雄》、新媒体作品《济南人大吉祥物系列漫画》分别获全国纪录片行业最高奖、中国新闻奖、中国广播电视大奖、全国广播电视公益广告扶持项目电视类优秀作品和中国人大新闻奖。《众志成城的力量》入选新华社《情系武汉　大爱中国》抗疫优秀歌曲系列。济南广播电视台荣获“金长城传媒奖”五项大奖，获评中国十大影响力城市台，在山东省优秀广播电视节目评选和山东新闻奖评选中，获奖数量名列全省首位。在广播电视公益广告评审中，全市12件作品获奖，1件作品获总局三类奖项，11件作品获省局奖项，其中：一等奖1件，二等奖3件，三等奖7件，1家播出机构获“优秀传播机构”，全市共获国家、省级扶持资金22.8万元，市文旅局获“优秀组织机构”。

四、阵地管理

做好广播电视安播工作，履行指导监管职责，认真完成元旦、春节、疫情防控、全国两会、敏感日等重要保障期广播电视安全播出、防干扰插播和网络安全值班调度工作，每日零报告；加强广播电视内容监管，对市县级广电媒体节目中存在的问题下发整改通知书，督促整改落实，组织开展广播电视宣传管理制度落实情况专项自查自纠；完成平阴台新台址迁移的评审、试播工作，推进保护3400—4200MHz频段广播电视卫星接收台免受5G通信基站干扰工作；组织全市播出机构进行网络安全检查测评；开展违规频率核查整改，规范广播电视播出秩序，对县级广播电视台标准化建设实施情况“回头看”，做好2020年养生类节目制作备案和播出管理工作；重点加强对微信公众号和营销号等自媒体的监管力度，严厉打击利用微信公众号传播政治敏感、色情暴力等视听节目的违法行为，及时发现并处置涉及全国7省、全省8市网络传播境外反华和淫秽色情视听节目重大案情，立案查处网络视听案件6件，关闭涉案网站、微信公众号、手机客户端和百度网盘帐号13个，清除渲染色情暴力视频30部，删除服务器影视侵权作品2万余部，向公安部门移交并立案侦办传播淫秽色情视听节目案件2起；积极开展卫星电视传播秩序专项整治行动，先后与市工信、公安、市场监管等部门联合开展执法行动23次，共出动监管执法人员1400余人次，动用车辆500余台次，发放、张贴各类宣传资料3400余份；查处黑广播21起，移交公安部门立案侦办1起；查处取缔违规经销点6家，收缴和拆除非法安装使用卫星设施51套（件）。

五、媒体融合

济南广播电视台坚持移动优先，拓展壮大全媒体矩阵，构建无处不有、无时不在、无人不用、无所不及的传播格局。携手全国50家移动电视机构组建中国户外数字媒体联播平台，打造国内最大的户外媒体平台和短视频数字媒体平台。天下泉城客户端荣获全国广电十佳融合创新客户端，叮咚FM获年度全国主流媒体新锐十佳客户端，“学习强国”济南平台注册学员120万+。建成并成功运营全国首个市民文明行为激励回馈平台暨文明建设智慧管理总平台，受到中宣部、中央文明办及社会各界高度评价。联合头部MCN机构贝壳视频，成立全国城市台第一家短视频孵化平台“鹊华

MCN”，入选山东省网络视听（短视频）基地、全国广电十佳 MCN 机构，同时登上抖音、快手两大平台榜单前十。媒体融合发展案例入选全省改革试点成果，被国家广电总局评为全国广播电视媒体融合先导单位，鹊华 MCN 城市 IP 孵化项目荣获全国广电媒体融合成长项目，在全国 280 家参选单位和 339 个项目中，成为唯一揽获两项荣誉的城市台。

六、产业发展

济南广播电视台大力发展“一老、一少、一婚、一教”产业及政务服务、研学、文旅、会展等项目，打造新媒体之都，发力直播电商总部基地建设，高标准建设中国（济南）新媒体产业园。推出“政府产业扶持”“企业优惠券消费扩容”“金融融资纾困”“校企合作招聘”“网红品牌孵化”五大计划和“鹊华通”网上公益服务平台，积极探索“媒体 + 电商”“广告 + 电商”“直播 + 短视频”“节目 + 产业”新模式，在全省率先实现 5G+4K 直播，开展微爱助农、百名县长的山东味、“二安”带您游泉城——济南文旅“云端好物节”“济南制造　天下共享”云展览等助农、助企、助商直播近百场。大力推进超高清视频产业发展，打造“黄河 V 谷”5G+ 超高清视频产业基地，被列入《济南市国民经济和社会发展第十四个五年规划和二〇三五年远景目标的建议》。

青岛市广播电视概况

一、基本情况

全市节目播出情况：全年公共广播节目播出 103345 小时，全年公共电视节目播出 104853 小时。

全市广播电视综合覆盖情况：全市广播综合覆盖率 99.61%；全市电视综合覆盖率 99.31%。

全市发射台和转播台数量：中、短波转播发射台 1 座，中波发射机 4 部，发射功率 40 千瓦；调频电视转播发射台 15 座，调频电视转播发射机 28 部，发射功率 56.40 千瓦，其中，市级调频发射机 17 部，发射功率 31 千瓦；区县级调频发射机 11 部，发射功率 25.40 千瓦；电视发射机 18 部，发射功率 12.20 千瓦，市级电视发射机 2 部，发射功率 2 千瓦；区县级电视发射机 16 部，发射功率 10.20 千瓦。

全市广播电视台 8 座，其中市级台 1 座，区县级台 7 座。全市广播电视从业人员共计 4859 人，市级 3449 人，区县 1410 人。

全市广播电视总收入 248605.70 万元，其中实际创收收入 194112.45 万元，广告收入 65185.95 万元；广电网络收入 84198.43 万元，其中有线电视收视维护费 21108.45 万元，付费数字电视频道收入 3556.51 万元。广播电视节目制作持证机构 368 家。

二、宣传工作

按照“新闻宣传就在中心大局工作之中”的要求，积极推进节目供给侧改革，不断创新节目内容、报道手段和表现形式，在抗击疫情、引导舆情、稳定社会、促进发展中牢牢站稳舆论主阵地，唱响主旋律，打好主动仗，彰显了主流媒体力量。上合峰会两周年之际，策划推出《牢记总书记嘱托、打造改革开放新高地》特别报道；围绕打造世界工业互联网之都，策划推出《学习贯彻两会精神　青岛绽放工业互联网之花》《抢抓时代机遇　打造世界工业互联网之都》等系列专栏节目；对2020青岛（全球）创投风投网络大会、深圳企业家青岛行、“三我”民声倾听主题活动等80多项重大活动，坚持顶格宣传报道，突出展示青岛提升思想方法、改造工作方法，以开放创新引领高质量发展的生动实践。策划执行“新时代黄河万里行”大型融媒体行动，独家策划执行《青岛楷模》颁奖礼，成功举办《众志成城赢战疫——青岛市新闻和文艺工作者抗击疫情文艺专题晚会》、2020青岛台春晚等大型活动，策划执行“感动青岛”“慈善十佳”颁奖晚会及2020时尚青岛云上艺术季、青岛最动听——原创音乐扶持计划等活动近30场。

三、精品创作

精品创作取得佳绩，电视新闻《“海上巨无霸”交付巴西“中国制造”加速走向世界》获中国新闻奖三等奖；《四十城　四十年》荣获中国广播电视专题类大奖，全年近40部

2020年8月28日，“爱青岛，让青岛更美好”——青岛市“学深圳、赶深圳”原创文艺作品汇报演出在青岛市广播电视台800平米演播厅精彩上演。

作品获得省级一等奖、国家二等以上奖励。坚持内宣外宣联动，全年在央视发稿1705条，其中《新闻联播》84条，创青岛台在央视《新闻联播》播发单条数量和质量历年之最。在央广发稿979篇，获得全国十强称号。在《山东新闻联播》发稿679条。8月20日，央视《新闻联播》播出《青岛：搞活一座城，让百姓共享发展成果》，时长3分47秒；9月3日，央视《新闻联播》播出王清宪书记专访《用高水平开放服务“双循环”格局》，时长3分17秒；《山东新闻联播》连续播发青岛重头稿件。

四、媒体融合

在媒体深度融合上持续加力，采取“团队＋平台”的形式，着力打造新型全媒体传播平台。蓝睛客户端全年共发稿7.2万条，直播1300余场，推出各类专题160余个。全新上线蓝睛生活圈，打造“广电＋新媒体+N”产业链模式。国家广电总局“国家广电智库”专门推出专题《“蓝睛”APP：打开青岛广电全域传播新领域》，全面介绍青岛广电积极探索媒体融合发展的转型之路，发挥主流媒体优势，在互联网主战场唱响主旋律的做法和经验。电视节目中心整合30多档电视栏目和抖音、快手、微信等头部平台资源60多个新媒体账号，运营专业社群200余个，总用户数突破900万，构建全媒体生态圈。“回澜听涛”微信公众号原创作品311篇，专注青岛时政、经济领域深度解读，助力市委市政府中心工作，成为青岛时政经济领域的头部公众号和青岛关键少数的新媒体智库。橘子MCN全国影响力持续增强，倡议成立山东城市广电新媒体联盟吸引省内16家城市广电加入，并在多领域寻求合作。橘子资讯矩阵账号全网粉丝突破200万，抖音号达100万，登上抖音全国媒体MCN黑马榜。

五、行业监管

查处的“任某某擅自从事互联网视听节目服务案”是全省第一起利用文化行政执法手段打击通过互联网传播异端宗教的新型案件，已被评为青岛市网络生态治理“2020 雷霆净网”专项行动 5 大典型案例；查处的“宋某某擅自从事互联网视听节目服务、视听节目含有危害社会公德的内容案”是青岛市查处的第一起涉及有影响网红的网络文化案件。指导成立全国首家地方演出行业协会网络表演（直播）分会。2020 年 8 月 6 日，青岛演出行业协会网络表演（直播）分会正式成立，架起政府与企业之间的沟通桥梁，促进企业间的公平竞争与合作共赢。

六、产业发展

备案电视剧 4 部，完成片 1 部，电视剧《空中突击》入选总局重点电视剧选题片单；备案网络影视剧、网络动画片 44 部。7 部电视动画片获得发行许可证，占全省产量的四分之三。青岛市广播电视台瞄准新基建、新技术、新产品，着力布局 5G、4K、大数据等产业方向，安排专业团队从事 5G 高清视频、短视频包装制作、全媒体平台开发等新兴领域的资本运营、产品开发、场景开拓业务，顺应发展大势，融入大局，在场景创新中实现广告创收、产业发展的增长。青岛市影视文化产业集群入选山东省“十强”产业“雁阵形”集群。IBF 拳击协会和凤凰卫视总项目、中央戏剧学院教育实践基地项目、华谊兄弟星剧场项目、音赞中国项目等文化影视项目全力推进。加快 5G 高新视频实验园区建设步伐，以青岛市政府名义制定印发实施园区建设推进方案，推动黄岛区先行投入 1 亿元资金出台园区专项扶持政策。举办 2020 青岛影视博览会，发布《5G 高新视频系列技术白皮书 2020 版》。截至 2020 年底已签约引进高新视频企业 60 家。积极推进即墨中国电影云基地项目建设，引进影视科技企业 14 家。

（鲁晓丽）

淄博市广播电视概况

一、基本情况

全市节目播出情况：全年公共广播节目播出 34186 小时，全年公共电视节目播出 53477 小时。

全市广播电视综合覆盖情况：全市广播综合覆盖率 100%；全市电视综合覆盖率 99.90%。

全市发射台和转播台数量：调频、电视转播发射台 12 座，调频发射机 11 部，功率 12.3 千瓦；电视发射机 33 部，功率 9.642 千瓦。

全市广播电视台 9 座，其中市级台 1 座，区县级台 8 座；全市广播电视从业人员共计 1701 人，市级 913 人，区县 788 人。

全市广播电视系统实际经营收入 11638.61 万元，其中广播电视总收入 34214.23 万元，广告收入 11039.05 万元。

截至 2020 年底，共有广播电视节目制作持证机构 76 家。

二、扎实推进广播电视公共服务

一是淄博市广播电视台做好高标清同播各项准备工作，定于2021年3月30日实现淄博都市频道、科教频道、生活频道、公共频道高标清同播。二是完成全市广播电视户户通扶贫任务，制定《关于对电视户户通扶贫工作进行督查的通知》《关于对广播电视户户通扶贫工作中存在问题进行排查和整改落实的通知》，对10个区县20个贫困村63个贫困户进行了实地督查，圆满完成贫困户收看数字电视节目的行业扶贫任务。实现了全市474个省定扶贫工作重点村通村工作，实现在网贫困户58021户，有线电视用户为57855户，卫星接入的方式有286户，地面数字电视天线的方式有125户。三是应急广播体系建设正在有序推进，印发《关于推进淄博市应急广播体系建设的实施意见》。

三、积极营造良好的舆论氛围

全市紧紧围绕全面建成小康社会、决胜脱贫攻坚和疫情防控这一主线，牢牢把握“守正创新”主基调，认真履行“举旗帜、聚民心、育新人、兴文化、展形象”的使命任务，发挥媒体优势，巩固舆论阵地。

（一）做好主题宣传和重大活动报道。2020年，淄博市广播电视台建立健全重大宣传常态化策划机制，聚焦淄博市委、市政府中心工作，做好重大主题新闻策划。对全市重要会议、重点工作、重大活动，开展了立体化、全媒体宣传报道。全年开设广播电视新闻专栏、主题系列报道62个。高质量完成17场次的电视直播、20场次的广播直播车流动直播以及多部大型专题片的摄制工作。

2020年新冠疫情来袭，淄博市广播电视台启动宣传应急预案。广播、电视、新媒体打破常规，调整编排，建立24小时应急宣传和值班制度，全年共播发各类抗疫稿件21799条，被淄博市委、市政府表彰为“全市抗击新冠肺炎疫情先进集体”。

（二）加强舆论监督。2020年，淄博市广播电视台在问政监督方面听民声、察民意、解民情，与市政府市民投诉中心联合打造广播节目《直播12345》及特别节目《直播12345周末对话》。其中《直播12345》全年共计播出400余期，接听市民电话5000余个，微信3000余条，问题解决和答复率95%以上。《直播12345周末对话》全年共播出78期，接听群众电话1800余个，问题解决率达到95%以上。电视《淄博问政》直播节目播出4期，8个区县、3个功能区、6个市直职能部门接受现场问政，累计曝光、处理、转办市民投诉问题155个。《淄博问政·热点追踪》播出35期，反映问题142个，有力推动了群众所反映问题的及时解决。

（三）做好对上对外宣传。广播在中央人民广播电台发稿96篇，得分910分，居全国地市台第二名，其中重点稿件12篇；在山东人民广播电台发稿1069篇，重点稿件251篇，位居全省地市台前列。电视在中央电视台发片134条，其中在《新闻联播》发片38条；在山东卫视《山东新闻联播》发片702条，居全省第一位，其中，一分钟以上的重点稿件92条，居全省第二位。

（四）组织完成品牌活动。2020年，淄博市广播电视台继续精心打造百姓春晚、少儿春晚、老年春晚等文化类活动。先后策划淄博国际汽车博览会、购房节、家居节、夜经济跨年直播、影响淄博年度经济人物评选等经济类活动。其中，两场汽车博览会成交额近5亿，有效拉动了疫情期间淄博汽车市场消费。策划推出“声音的力量”普通话巡讲、爱心助学、寒冬爱心餐、书香淄博等公益类活动。

四、媒体融合取得新进展

2020年，淄博市广播电视台媒体融合取得突破进展。融媒体中心平台建成启用，该项目获得了中国广播电视设备工业协会和国家科学技术交流工作办公室颁发的“2020科技创新奖”。“齐点·淄博”APP于2020年7月开始试运行，截至2020年底，“齐点·淄博”APP下载量已有15万人次，注册用户近13万，发布内容14000余条，直播127场，长短视频320余条，音频243个，原创齐点述评60余篇，H5 231个，海报1278个。

五、努力推进影视精品创作

深化创新创优，提高精品创作水平。全市节目获奖实现稳中有升，共有69件作品获得省级及以上奖项，其中山东新闻奖一等奖作品1件，山东省优秀广播电视节目一等奖5件，《复工第一天》《你敬我一尺，我敬你一丈》获2020年山东省抗击疫情公益广告金奖。淄博市广播电视台经济广播获“2019—2020全国广播收听市场风云榜”最具成长性频率Top10。山东翼起吧创新创业服务平台有限公司被推荐为山东省网络视听（短视频）基地。

六、进一步强化依法管理

加大监管力度，规范安全播出秩序。一是加强广播电视广告和养生类节目的监管。下发《关于加强我市广播电视广告播出规范管理工作的通知》，加强对广播电视广告的监管。二是加大违法违规案件查处力度。对“梦幻人生”等违规网站和8个“黑广播”进行了查处；对4家播出机构违规用频和发布违法广告问题进行了通报并责令整改。三是规范播出秩序。印发《淄博市广播影视管理实施方案》，对全市5家广播站实施了业务年检，对9家播出机构安全播出情况进行了实地检查。

枣庄市广播电视概况

一、基本情况

全市节目播出情况：全年公共广播节目播出51965.17小时，全年公共电视节目播出58901.53小时。

全市广播电视综合覆盖情况：全市广播综合覆盖率97%；全市电视综合覆盖率96.7%。

全市发射台和转播台数量：中、短波发射台1座、发射功率161千瓦；调频电视转播发射台9座，其中，市级调频发射机4部，发射功率2400千瓦；区县级调频发射机6部，发射功率4200千瓦；电视发射（转播）发射功率13.550千瓦，市级电视转播发射机发射功率6千瓦，区县级电视转播发射功率7.55千瓦。

全市广播电视台7座，其中市级台1座，县级台1座，区级台5座；全市广播电视从业人员1475人，市级764人，区县711人。

全市广播电视系统实际经营收入13339.54

万元，其中广告收入 2656.40 万元，其中广播广告收入 923 万元，电视广告收入 1242.40 万元；有线电视网络收入 5994 万元，其中有线电视费 4839 万元，付费节目 67 万元。广播电视节目制作持证机构 17 家，注册资金 6920 万元。

二、扎实推进广播电视公共服务

枣庄广播电视台电视新闻频道完成高清化改造任务，实现高清化播出；省级电视节目无线数字化覆盖工程和应急广播体系建设有序推进；认真落实年度电视扶贫户户通扶贫资金，保证脱贫仍享受政策贫困户收看数字电视；全年共制作各类公益宣传信息数千条，在广播、电视、网站、客户端等旗下传播平台制作播发各类公益广告，收到良好社会效果。

三、积极营造良好舆论氛围

（一）做好主流舆论宣传工作。切实做好习近平新时代中国特色社会主义思想和党的十九大、十九届五中全会精神宣传；聚焦全面建成小康社会、“脱贫攻坚”“美丽乡村建设”等主题，推出“新时代　新作为　新篇章”“众志成城抗击疫情”“走向我们的小康生活”“决战决胜脱贫攻坚”等专栏，全面报道全市各项工作取得新成就新成效，播出专栏稿件 2000 余篇。主动与省台、中央台沟通协调，着力提高重大题材、重要稿件的发稿数量和质量。全市广播电视系统在中央广播电视总台主要新闻节目播发稿件 50 多条（次），在山东广播电视台发稿 3200 余条（次），其中头条稿件 30 多条（次）。

（二）进一步加强新闻舆论监督，聚焦群众关心的热点难点问题。枣庄市共有 81 家部门（单位）上线广播《政风行风热线》节目，受理群众反映问题 441 件，办结 438 件，群众回访满意 421 件。

（三）积极开展大型活动，聚焦常态化疫情防控，助力复工复产。先后在市中区齐村镇、山亭区水泉镇、台儿庄区邳庄镇等地举行“新闻主播直播带货”活动，发布特色旅游资源和农产品信息，助推地方特色农产品和旅游资源走出枣庄、走向全国。推出 20 余场“线上购车节”活动，激发后疫情时期市场活力。推出“战疫路上·有爱同行——抗击疫情爱心企业公益宣传”活动，免费为抗疫爱心企业进行公益宣传。通过网上销售农产品 500 余万元，销售车辆 400 余台，减免广告费用 80 多万元。

（四）发挥媒体优势，助力东西部扶贫协作。组织精干力量三赴重庆市丰都县全方位宣传报道枣庄市对口支援工作。7 月 12 日在“学习强国”学习平台推出的《爱心助农 聚焦“山东枣庄——重庆丰都”东西部扶贫协作》访谈节目，充分展现推广枣庄和重庆丰都县东西部扶贫协作工作特色亮点，并在实播过程中通过新闻主播带货，推介宣传丰都县的土特产品，有效拓宽了当地农产品的销售渠道，受到了两地主要领导的肯定。

四、积极改革创新　搭建先进融合媒体生产播出平台

（一）积极拓展媒介传播新渠道。鲁南传媒网与枣庄广播电视台广播、电视各频道的深度融合进一步加大；手机客户端“指动枣庄”累计访问量接近三千万人（次）；官方微信直播账号“枣庄直播”观看用户现累计达 893 万人（次），关注人数突破 24 万人；广播节目形成广播、360 水滴直播、微信、微博、手机蜻蜓 FM、酷 FM、鲁南传媒网、有线数字电视的多渠道传播和实时、错时点播推送。

（二）着力推动县级融媒体中心建设。坚持移动优先，着力打造全媒体传播矩阵。在巩固提升报纸、广播、电视等传统媒体传播质量的基础上，整合新媒体优势资源，打造具有本土特色、适应受众需求、权威度公信力强的媒体矩阵，并积极"入住"国内官方主流媒体，合作开设"滕州融媒"号，抢占地方主流舆论的话语权。滕州市建成由《滕州日报》、滕州电台、滕州电视台等20多个发布平台组成的"台、网、报、端"全媒体传播集群。其中，依托"闪电云"平台，整合各类信息资源打造的"上善传媒"移动客户端（APP），在满足读报纸、看电视、听广播等"视、听、看"需求的同时，以其海量的国内外时政新闻内容、丰富的党务政务商务信息、多样化的服务社交功能和个性化体验，吸引大量用户，注册量突破7万户。

五、努力推进影视精品创作

组织参加山东省抗击疫情主题优秀网络视听作品评选展播、山东省影视精品推进计划专项资金项目申报、山东省优秀广播电视节目（电视文艺类）评选、2019年度少儿节目精品发展专项资金扶持项目申报、2020年网络视听节目季度推优、2020年广播电视节目季度推优、2020年"网络视听节目精品创作传播工程"扶持项目申报、2020年广播电视创新创优节目评选、全国广播电视和网络视听行业领军人才工程、青年创新人才工程推荐选拔的申报，组织播出机构参加2020年度山东省广播电视和网络视听产业项目库、智慧广电示范案例申报工作等。

六、进一步强化依法管理

一是加大广播电视播出秩序整治力度，进一步规范广播电视播出机构播出秩序。按照省局部署，组织各广播电视播出机构开展自查自纠，违反总局、省局相关规定的，立即整顿清理。二是大力推进公益广告制播。支持各级广播电视播出机构疫情防控宣传，按照总局、省局要求和部署，组织开展广播电视节目"众志成城　共同战疫"公益展播活动。进一步做好广播电视公共服务工作，组织开展地面数字电视公共服务公益广告展播工作。开展第三届知识产权公益广告作品征集工作。三是扎实开展卫星电视接收执法专项治理行动。传达全省2020年前三季度卫星电视专项整治情况通报，组织协调广电执法工作开展情况。四是维护网络意识形态安全，加强网络视听节目监管。开展网络视听行业专项统计调查。向设区的市、县级地方新闻单位核发《信息网络传播视听节目许可证》，将设区的市、县级地方新闻单位播出的网络视听节目纳入网络视听节目监测监管平台和管理系统。开展网络视听平台内容清查工作、开展排查违规使用境外音视频制作播出网络视听节目工作、开展网络视听节目违规广告集中整治工作，加强视听节目内容的监看监管。

（张筱琳　魏伟）

东营市广播电视概况

一、基本情况

全市节目播出情况：全年公共广播节目播出203357.5小时，全年公共电视节目播出76651.5小时。

全市广播电视综合覆盖情况：全市广播综合覆盖率100%；全市电视综合覆盖率100%。

全市发射台和转播台数量：调频转播发射台6座，调频转播发射机9部，功率10.3千瓦；电视（转播）发射台6座，电视发射机17部，功率38千瓦。

全市广播电视台6座，其中市级台1座，区县级台5座：全市广播电视从业人员共计820人，市级434人，区县386人。

全市广播电视系统实际经营收入4510.56万元，其中广播电视总收入1270.15万元，广告收入3240.41万元。

广播电视节目制作持证机构15家，注册资金1.6亿元。

二、扎实推进广播电视公共服务

一是加强行业扶贫，推进贫困户“户户通”。全市12413户建档立卡贫困户和即时帮扶户已经进行逐户排查，并全部落实广播电视行业扶贫政策，完成2020年度广播电视行业扶贫任务。二是积极推进应急广播体系建设工作。东营市文旅局牵头建设，成立东营市应急广播体系建设工作领导小组，与东营市应急管理局建设的市域社会治理平台统筹共建市级应急广播平台。三是完成电视新闻频道高清化改造任务。全市各电视台电视新闻频道实现高清化播出，迈入高清时代。

三、积极营造良好的舆论氛围

全市各广播电视台进一步发挥媒体融合优势，坚持围绕中心，服务大局，坚持团结、鼓劲和正面宣传为主的方针，传播好党的声音。东营市广播电视台紧紧围绕“统筹疫情防控和经济社会发展”、全市重点工作攻坚年、“六保”“六稳”、党的十九届五中全会精神学习贯彻等工作，在新闻栏目中开设“众志成城 防控疫情”“‘改革攻坚、狠抓落实’大竞赛大比武”“深入学习贯彻党的十九届五中全会精神”等重点新闻专栏16个，播发新闻稿件700余条。瞄准市委、市政府工作突出点和闪光点，不断打造外宣精品，电视在《山东新闻联播》发稿405条，在央视新闻频道播发稿件69条；广播在《山东新闻》播发稿件305条，在中国之声播发稿件57条。广播、电视、融媒体均荣获全省市级先进集体一等奖。全方位构建抗疫宣传报道体系，在省级以上媒体播发抗击疫情新闻稿件160余条，1人被省委、省政府授予“山东省抗击新冠肺炎疫情先进个人”称号。

四、努力推进影视精品创作

进一步引导广播电视播出及制作机构推陈出新，创作更多的精品佳作。3月，组织开展

2019年度优秀广播电视节目评审会议，共收到来自东营市广播电视台、各县区广播电视台的参评作品297件，创近年来报送作品数量、质量新高。抗击新冠肺炎疫情期间，制作播出大量普及防疫知识、鼓舞斗志的优秀网络视听节目，充分发挥强信心、暖人心、聚民心的作用，为打赢疫情防控阻击战作出重要贡献。与东营市委宣传部、教育局、团市委联合开展“弘扬社会主义核心价值观共筑中国梦”主题原创网络视听节目征集活动，共收到网络电影、网络纪录片、短视频等原创网络视听节目196件，择优推荐至省局参加网络视听节目大赛。5月份，省广电局公布2019年度广播电视公益广告的评审结果。全市共获得二等奖1个，三等奖5个，利津县广播电视台被表彰为优秀传播机构，东营市文化和旅游局被表彰为优秀组织机构。同时，利津县广播电视台被省广电局推荐为全国优秀传播机构评。6月份，在省广电局开展的2017—2019年度优秀广播电视节目（电视文艺类）评选中，推荐的作品《一鸣惊人》被评为优秀戏曲节目、《牛家村换届风云》被评为优秀电视动画节目。

东营市广播电视大楼全景（提供人：殷亚男）

五、进一步强化依法管理

5月份，印发《2020年度卫星电视传播秩序专项整治行动暨无“小耳朵”创建活动实施方案》，开展为期八个月的卫星电视传播秩序专项整治行动暨无“小耳朵”创建活动，确定每月20日为整治活动集中开展日。自6月份活动开展以来，市、县文化旅游局和文化市场执法人员上下联动，以查处违规接传境外电视节目的宾馆饭店、有线网络等为重点，坚决杜绝擅自宣传、推广境外频道收视业务行为，堵住非法卫星接收设施流通渠道，对非法安装、使用环节进行集中整治，有秩序的收缴、拆除非法接收设施，着力推动全市广播电视市场的健康有序发展。同时印发《关于开展“净网2020·整治网络非法传播视听节目”专项行动的通知》，对违规从事互联网视听节目服务的网站进行分类整治，严厉打击违法传播有害视听节目行为，清理违规开办互联网电视业务和直播、点播业务，规范户外大屏幕、楼宇电视、移动车载电视等公共视听载体管理，营造健康向上的网络视听传播氛围，确保网络意识形态阵地安全。

（严玮　殷亚男）

烟台市广播电视概况

一、基本情况

烟台广播电视台节目播出情况：全年公共广播节目播出 24156 小时，全年公共电视节目播出 32677 小时。

烟台广播电视台直属发射台和转播台数量：调频电视转播发射台 3 座，调频补点站 1 座，调频转播发射机 15 部（含中央人民广播电台 2 部，海阳人民广播电台 1 部，招远人民广播电台 1 部），功率 18 千瓦；地面数字电视发射机 9 部（含中央地面数字电视覆盖工程 6 部），功率 5.5 千瓦。中波转播发射台 2 座，中波发射机 9 部（含中央人民广播电台 2 部，山东省人民广播电台 2 部，实验频率 1 部），功率 76 千瓦。

烟台广播电视台在职员工 513 人，其中管理人员 30 人，各类专业技术人员 459 人，其他人员 24 人。

2020 年烟台广播电视台全年创收总额为 10245.34 万元，其中广播完成 2282.47 万元，电视完成 7882.74 万元，移动数字等其他收入 80.13 万元。

二、积极营造良好舆论氛围

拓展广播电视媒体“头条”和新媒体“首页首屏首条”建设，开设“学习路上”等 28 个专题专栏，做到习近平总书记重要思想和风采“天天见、天天新、天天深”。深入开展中心工作宣传。围绕省市中心工作，聚焦复工复产、三重工作攻坚、创建文明城市以及科学发展观摩会、乡村振兴现场会、山东自贸试验区烟台片区宣传等精心策划开设近百个专题专栏，推出了一批有分量、有声势、有亮点的宣传报道。深入开展对上宣传。在中央人民广播电台《新闻和报纸摘要》节目播发综合头题 1 篇，在中央电视台发稿 114 篇，其中在央视《新闻联播》节目发稿 38 条，上提要稿件 12 个。在山东电视台《全省新闻联播》发稿 360 条，头题 38 条，提要 12 个。“寻找身边榜样”网络主题宣传活动纳入2020年山东省重大主题宣传。深化抗疫宣传，市直各媒体矩阵抗“疫”发稿总量超过 1 万篇，各端口累计阅读量近 2 亿。开设“广电融媒会客厅”“空中问诊专家答疑”专栏，3 部作品入选山东省抗击疫情优秀网络视听作品。组织抗击疫情文艺创作，推出文艺作品近 3000 件；举办抗击疫情网络演出，直播当晚网络点击率突破 100 万人次；举办抗击疫情群英会演出，成为烟台大剧院“破冰”演出。

三、强化行业监管

明确管理重点，针对山东网络烟台分公司涉嫌私自通过有线网络传送境外卫星电视节目违规问题，建立约谈机制，与各区市广电网络公司签订责任书，确保不发生违规行为。按照《广播电视广告播放管理办法》，规范商业广告播出秩序，加大养生类节目审核把关力度，责令停播 3 档违规养生类节目。组织专项行动，开展净网 2020 网络视听节目专项整治行动，检查公共视听载体、网站等 185 家次，责令整改 2 家次。制定下发《2020 年度卫星电视传播秩序专项整治行动暨无“小耳朵”创建活动实施方案》，组织4次境外卫星专项行动，检查各类宾馆酒店625家，收缴、撤除卫星接收设施231台套。捣毁6处“黑广播”，相关做法由国家广电总局推广。

四、确保安全播出

盯紧重要节点，按照“秒秒是政治、分分是安全、天天是考试”的总要求，认真做好汛期安全播出检查督导，确保《新闻联播》不误时，圆满完成春晚、国家哀悼日、全国抗击新冠肺炎疫情表彰大会、纪念抗美援朝出国作战70周年纪念大会、十九届五中全会等重要保障期和相关敏感日的广播电视安全播出保障任务。

五、推进公共服务

完成对全市37782户建档立卡贫困户逐户排查摸底，让全部符合安装条件的34430户建档立卡贫困户看上了免费有线电视，为3户（地处长岛大黑山岛）安装了直播卫星接收器。全年两次组织“百镇千村万户扶贫大走访”活动，对扶贫任务进行“全覆盖式”走访调研，顺利通过省市扶贫督导检查。

六、抓好精品创作

一是抓精品创作强实力。影视创作上，电视剧《好雨知时节》入选国家广电总局脱贫攻坚重点项目，占全省1/4；电视纪录片《烽火洪流》获2020年度山东省影视剧精品推进计划项目。广播剧创作上，《亲爱的陌生人》获评中国广播剧研究会专家评析一等节目；《叫俺一声娘》获山东省精品工程入选作品奖。影视基地培育上，烟台广告创意产业园区管理服务中心列入全省10家网络视听（短视频）基地之一，烟台1861文化创意产业园、海阳秧歌·琵琶岛影视文化旅游基地入选2020年度山东省广播电视和网络视听产业项目库重点产业基地，占全省2/3。

二是抓节目创优强实力。栏目策划上，《问政烟台》播出16期，初步形成以《问政烟台》《民生热线》《网上民声》等舆论监督栏目为核心、大小屏联动、线上线下互动的全媒体阳光政务平台。新推出市民与公共领域对话栏目《共进一步》，每期聚焦一个典型案例，推进和谐社会建设；广播栏目《一路畅通》打造的“大惊小怪”组合深受年轻受众喜爱。节目创新上，助推苹果产业推出“烟台苹果吃播”，护士节推出“最美天使评选”，帮扶走失老人儿童推出“温暖回家路”，以及“五一”“五四”“六一”特别节目等，传播效果明显。全市30多件作品获省级以上奖项，4名选手获全省广电技术比武奖，实现历史性突破。公益广告制作播出上，全市广播电视播出机构共刊播防范疫情公益广告87288条，其他公益广告135154条，刊播时长77648分钟，刊播条数、条次、时长，均创历史新高。

七、抓融媒体改革强实力

烟台市广播电视台在全省率先实现了全频道高清播出，12个有建设任务的县级融媒体中心全部建成，建有融媒体推广平台80余个，总粉丝量850多万。实现“深度融”，建立集中统一的新闻信息库，采集信息实现“策划、采编、发布”一条龙、一体化，实现“一次采集、多种生成、全媒传播”。推进“相互融”，探索融媒体联合报道模式，成立时政融媒体报道中心，与报社开展深度合作，在全省首次打破媒体界限，实现共建共融共享。做实“上下融”，推进省、市、县三级互联互通，围绕“春耕春种农事忙”“齐鲁号中欧班列保畅通”等重点主题，市县联动开展融媒体直播、录播活动 150 多场次。创新“广泛融”，加强与“学习强国”、腾讯等各大新媒体平台的沟通合作，在全省首创“融媒体直播 +‘学习强国’新闻发布会”模式，省委宣传部作为典型推广。

（王颖　严庄楠）

潍坊市广播电视概况

一、基本情况

全市节目播出情况：全年公共广播节目播出 66653 小时，全年公共电视节目播出 151890 小时。

全市广播电视综合覆盖情况：全市广播综合覆盖人口 914.63 万人，综合覆盖率 99.13%；全市电视综合覆盖人口 922.66 万人，综合覆盖率 100%。

全市发射台和转播台数量：调频转播发射台 14 座，调频转播发射机 20 部，功率 15.0 千瓦 电视（转播）发射台 14 座，电视发射机 29 部，功率 25.11 千瓦。

全市广播电视台 13 座，其中市级台 1 座，县级台 12 座；全市广播电视从业人员 4204 人，其中管理人员 669 人，各类专业技术人员 2161 人，其他人员 1374 人。

全市广播电视系统实际经营收入 55636.81 万元，其中广告收入 18461.57 万元，其中广播广告收入 4469.47 万元，电视广告收入 12708.35 万元。广电网络总收入 36113.5 万元。其中有线电视费 16102.35 万元，付费节目 2648.93 万元。

广播电视节目制作持证机构 63 家。

二、扎实推进广播电视公共服务

一是应急广播体系建设加快推进。下发《关于推进我市应急广播体系建设的通知》，明确建设单位，用管责任。全市已有 8 个县市区、开发区完成应急广体系建设。二是广播电视扶贫工作稳中求进。全市累计共 54191 户贫困户完成有线电视安装调通工作，完成率为 100%，并严格落实 3 年免费优惠政策。三是完成广播电视无线数字化覆盖工程。昌邑市无线数字化覆盖补点工程完成，有序关停模拟发射，实现从模拟电视到数字电视的跨越。诸城市无线数字化覆盖补点工程稳步推进。

三、积极营造良好舆论氛围

一是全力抓好主题宣传。各媒体采取多种报道形式，开展习近平新时代中国特色社会主义思想、习近平总书记视察山东重要讲话精神的学习贯彻宣传；持续做好潍坊发展大会、鲁台会，全面建成小康社会、脱贫攻坚、“重点工作攻坚年”等宣传。二是抓好抗击疫情和复工复产宣传。面对突如其来的新冠疫情，记者坚守防疫一线报道，开设特别节目，新闻节目和新媒体平台同步宣传，全媒体联动，营造了众志成城、同心战“疫”的浓厚氛围。三是扎实开展思想作风整顿暨“百日攻坚”会战宣传。成立宣传工作专班，组织记者全天候靠在全市攻坚会战一线进行采访。《潍坊电视议事厅》《问政时间》《行风在线》《直通 12345》等栏目常年开展监督报道。四是对外宣传取得新突破。潍坊电视台在省台累计播发稿件 565 条，其中《山东新闻联播》332 条，《山东新闻联播》头条 23 条；在中央电视台累计播发 85 条，其中《中央电视台新闻联播》播发 24 条，创电视台上发稿历史之最；在省台、中央台发稿成绩在山东省各地市电视台名列前茅，其中《寿光 350 多吨价值 200 多万元的优质蔬菜启运援助武汉》新闻在央视《新闻联播》和山东卫视《新闻联播》同步播出，在全国产生巨大影响；荣获山东广播电视宣传先进集体一等奖。潍坊电台在省电台发稿 1685 篇，其中在《山东新闻》发稿 260 篇，在《山东新闻联播》发稿 174 篇；在中央广播电台“中国之声”发稿 63 篇；荣获全国地市台发稿“十强”称号和山东广播宣传先进集体一等奖。潍坊广电报在今日头条、人民号等新媒体平台发布宣传潍坊的各类稿件 1000 多篇。潍坊传媒网被全国各大重点新闻网站转载潍坊新闻 800 多条。

四、精品影视产业提质增效

坚持以人民为中心的创作导向，树牢精品意识，打造出一批正能量的精品力作。在山东省优秀广播电视节目评选中，潍坊广播电视台一共有 64 件作品获奖，其中 16 件作品获得一等奖，居全省地市级台第一名。潍坊新片场传媒有限责任公司的《飞夺泸定桥》入选 2020 年网络视听节目精品创作传播工程重点扶持作品；山东笃乐贝影视传媒有限公司《柳毅传奇》获 2020 年度山东省影视精品专项资金扶持项目。寿光客户端“寿光云 APP”入选 2020 年度山东省广播电视和网络视听产业项目库。诸城市融媒体中心创作的《打开手机“种”果园——我的小康生活》在全省组织的“我们的小康”优秀短视频作品评选活动中被评为一等奖。高新区原创抗“疫”歌曲 MV《我愿为你负重前行》全网点击量突破 5000 万次。全市共播出短视频疫情公益广告 10 万余条次，1400 余篇新媒体作品点击量 10 万 +。

五、媒体融合发展有新进展

潍坊广播电视台 4 个电视频道通过新媒体平台向手机用户同步传输，3 个广播频率实现网络同步在线收听，“快上云”“光新闻”“爱潍坊”3 个客户端注册用户 79 万，新媒体新闻产品质量有了新提升。电视台建成指挥中心大屏系统、“快上云”中央厨房智能操控显示系统，基本实现了融媒体新闻外采、调度、回传、编辑和发布的流程再造；融媒体矩阵平台快速扩展到 20 多个，全年推送、发布潍坊及全国重要信息 6 万多条，累计观看量超过 80 亿人次，粉丝突破 2000 万。充分发挥县级广播电视主导作用，大力推进县级融媒体中心建设，着力打造县域主流舆论阵地、综合服务平台、社区信息枢纽。昌乐县融媒体中心被中宣部确定为县级融媒体中心建设全国试点，青州市、寿光市、诸城市、临朐县被中宣部列入了首批启动的县级融媒体中心名单。潍坊市所有县市区融媒体中心全部挂牌运行，实现了与省平台的互联互通。2020 年 12 月前，14 家县级融媒体中心全部完成省级验收。昌乐县融媒体中心作为全国县级融媒体中心建设试点单位打造出媒体融合发展的“潍坊样板”。

六、进一步加强依法管理力度

全市各播出单位认真贯彻落实广电总局和省局安全播出指示精神，强化政治责任，圆满完成了元旦、春节、全国性哀悼活动、全国“两会”“十一”“中秋节”等重要保障期安全播出任务，确保了安全播出工作万无一失，做到了全年播出零事故、零停播。制定印发《2020 年全市卫星整治专项行动实施方案》，组织全市卫星治理活动，持续开展卫星电视传播秩序专项整治行动和无“小耳朵”社区（村）创建活动，着力规范卫星电视传播秩序。共出动执法人员3493人次，收缴非法卫星设施967套，查处取缔违规经销点17个，拆除非法卫星设施1789套，立案处罚148起，取得显著成效。开展全市净网2020年网络视听专项行动。全市关闭非法网络视听网站9个，移送公安部门查处关闭涉黄网站3个。

济宁市广播电视概况

一、基本情况

全市节目播出情况：全年公共广播节目播出74293小时，全年公共电视节目播出126145小时。

全市广播电视综合覆盖情况：全市广播综合覆盖人口842.22万人，综合覆盖率99.65%；全市电视综合覆盖人口834.04万人，综合覆盖率98.68%。

全市发射台和转播台数量：调频转播发射台9座，调频转播发射机19部，功率21.2千瓦；电视（转播）发射台9座，电视发射机37部，功率15.3千瓦。

全市广播电视台12座，其中市级台1座，县级台11座；全市广播电视从业人员2098人，其中管理人员144人，各类专业技术人员1644人，其他人员310人。

全市广播电视系统实际经营收入10256.96万元，其中广告收入9865.19万元，其中广播广告收入2393.28万元，电视广告收入7301.02万元。

广播电视节目制作持证机构35家。

二、扎实推进广播电视公共服务

全力推进高清频道建设工作，济宁市广播电视台电视新闻综合、教育、公共频道已完成高清化改造任务，实现了高清化播出，标志着市广播电视台迈入了高清时代。省级电视节目无线数字化覆盖工程和应急广播体系建设正在有序推进。济宁市坚持媒体宣传和社会宣传相结合，引导各县市区灵活运用多种形式，全方位宣传广电行业扶贫政策和推进措施。充分利用送戏下乡文化惠民演出、公益电影放映、扶贫入户走访等活动，向广大贫困户发放明白纸，开展政策咨询，将广播电视行业扶贫优惠政策及时传播给广大贫困户，确保广大贫困户能够及时了解扶贫优惠政策，真正享受到扶贫优惠政策。为切实提高广电行业扶贫工作影响力和群众知晓度，督促市、县广播电视台加大扶贫宣传力度，集中开设了一批专栏、播放了一批公益广告、刊发了一批先进典型报道，有力营造了全民支持、全面关注、全员参与的浓厚舆论氛围。认真落实年度电视扶贫户户通扶贫资金，保证了脱贫仍享受政策贫困户收看数字电视。

三、积极营造良好的舆论氛围

（一）做强正面宣传。一是提升全市重大会议活动新闻报道的时效性，及时有效地把市委、市政府重大决策部署传达到全市各级各部门各领域。二是做好重大主题宣传，围绕市委、市政府中心工作，集中力量报道好两会、孔子文化节、尼山世界文明论坛等重大活动。截至10月底，电视《济宁新闻联播》、广播《济宁新闻》开设专栏60余个，在央视、央广发稿30余条，省台发稿2000余条，广播电视机构在全省新闻宣传中保持先进位次。三是开办广播电视栏目17个，其中广播自办栏目9个、电视栏目8个。立足广电主业，举办大型主题活动14场，丰富市民文化生活。

（二）强化舆论监督。在继续强化督导《直播民生》《政风行风热线》《政风行风在行动》等节目舆论监督功能的同时，积极顺应形势变化和公众需求，打造《问政济宁》栏目，累计播出30期。栏目以强有力的曝光、问责和督导机制，推动了济宁市大批深层次问题和顽瘴固疾的解决，成为市委市政府推动工作落实的重要抓手。“济宁市网络问政平台”累计受理群众问政2.74万余件，办结率98.8%，成为广受群众欢迎的民生服务平台。

积极组织各广播电视及网络视听机构发挥内容生产优势，调动全媒体传播渠道，及时准确地进行防疫节目制作、宣传工作，做好舆论引导，为市基层疫情防控构筑正面舆论保障。各级广播电视台及时转播山东应急广播《众志成城　抗击疫情》特别节目，辖区内3981个应急广播终端面向农村不间断进行防疫信息宣传，覆盖人口约471万。济宁市台制作的《众志成城　打赢疫情防控阻击战》播出相关报道270余篇；《新闻联播》《直播民生》等发布疫情防控宣传信息800余条，并开设《防控新型肺炎疫情　济宁在行动》专栏。在PC端、客户端首页首屏同步推出疫情防控新闻专题4个，累计点击量超过560万人次；微信公众号矩阵推送疫情防控相关资讯近700篇，累计点击量580万+。

四、努力推进影视精品创作

全力参与各项申报、评审工作，通过竞争机制提高工作效能。一是推送的广播电视纪录片《牛运震》在2020年度山东省影视精品推进计划项目中获三等奖并获得扶持资金5万元。二是经市局推荐的6件公益广告作品全部获奖，兖州区广播电视台被省广电局评为“优秀播出机构”并获得相应扶持资金，济宁市局被省广播电视局评为“2019年度广播电视公益广告评审优秀组织机构”。三是山东美猴文化创意集团被省广电局命名为“山东省网络视听（短视频）基地”；山东布诺斑克影视文化传媒有限公司——网络电商直播MCN学院孵化项目入选山东省广播电视和网络视听产业项目库，并已推荐入国家广电总局项目库。四是报送的《闫红访谈》《向快乐出发——兖州广电小记者研学游》《“疫”不容辞“课”不容缓》《俺夸十九大》等多个作品被评为“优秀广播电视节目”。五是推荐上报大运河主题文艺作品5部，三集广播剧《河套弯弯》、电视专题片《悠悠运河情》、新编七场大型古装历史剧《千秋伟业》、十二集历史文献纪录片《济宁运河文化》、动漫《白英治水》。

五、进一步强化依法管理

突出广播电视节目、网络视听网站和电视广告等管理，强化重点保障期的安全值守和监测监听，加大执法检查力度，全市广播影视传播秩序有了新改观，全年未发生一起严重责任事故。重要活动期间，严保播出生产保障线，健全领导带班、责任落实、督查整改各项工作，严把广播电视播出关，确保安全播出。加大工作力度，在对播出的电视广告和广告内容进行严格审查的同时，高度重视、精心部署，全面做好元旦、春节、全国“两会”期间的广播电视安全播出、网络安全和设施保护重要保障工作，督促各级广播电视播出机构做好2020年播放国歌工作；疫情期间，做好“党和国家领导同志参加新冠疫情全国性哀悼活动宣传报道工作”。联合公安机关做好2020年公安机关网络安全监督检查自查，开展监测、通报预警、应急处置工作，及时督促各所属单位做好网络安全保障以及网络和信息系统安全。

积极开展卫星电视传播秩序专项整治行动，先后与济宁市工信、公安、市场监管等部门联合开展执法行动，制定专项整治行动实施方案，成立卫星电视传播秩序专项整治工作领导小组，确保卫星电视传播秩序专项整治工作顺利开展，对非法安装使用卫星地面接收设施违法违规行为依法进行全面执法检查和集中整治。全年出动执法人员2785（人次）、车辆681（台次）、发放张贴宣传材料18867（份）、查处违规经销店14（家）、市场收缴非法卫星设施79（套）、拆除非法安装使用卫星设施套470（件）。

泰安市广播电视概况

一、基本情况

全市节目播出情况：全年公共广播节目播出37296小时，全年公共电视节目播出56558小时。

全市广播电视综合覆盖情况：全市广播综合覆盖人口577.06万人，综合覆盖率100%；全市电视综合覆盖人口576.10万人，综合覆盖率99.83%。

全市发射台和转播台数量：中短波调频、电视转播发射台8座，调频发射机功率13.8千瓦；电视发射机17部，发射功率17.8千瓦。

全市广播电视台7座，其中市级台1座，县级台6座；全市广播电视从业人员1426人，其中管理人员166人，各类专业技术人员1065人，其他人员195人。

全市广播电视系统总收入20201.04万元，实际创收收入8598.83万元，其中广告收入8077.25万元，其中广播广告收入1274.47万元，电视广告收入5778.5万元。

二、公共服务能力不断增强

一是东平县应急广播体系更新改造工程顺利完成。东平县属于国家深度贫困县，2020年东平县应急广播体系更新改造项目开始运行并通过了省局组织的专家验收，显著提高了当地应急响应和处置能力，加强了基层宣传工作，在抗击疫情中发挥了重要作用。二是高清化播出进展顺利。2020年，泰安市广播电视台电视综合频道已完成高清化改造，并在获得总局批准后开始高标清同播，同时辖区内县级台均已完成主频道高清化改造，共计7套频道已实现高清播出。三是广电扶贫政策持续推进。落实中央广播电视无线（模拟）运行维护专项资金、年度电视扶贫户户通扶贫资金，完成接山镇补点工程，保障人民群众收听收看广播电视的公共文化权益。

三、积极营造良好舆论氛围

严格落实意识形态工作责任制，认真贯彻落实国家总局和省广电局的指示要求，狠抓工作落实，圆满完成国庆、元旦、全省“两会”、全国“两会”等重要保障期安全播出工作。安排各台在主频道播放《国歌》、红色电影、主旋律公益广告、主题宣传片、征兵广告以及市里安全、应急等专项宣传任务，充分发挥了党媒的主阵地宣传作用。疫情期间，《泰安新闻》时长从15分钟扩展到近20分钟，广播主持人24小时全天候值守，播发新闻3000多条，录制、播发应急广播等700多条次超过6000多分钟；创作、联合推出大量抗疫歌曲、微视频、广播剧、公益广告等，回应人民群众关切，为坚决打赢疫情防控阻击战营造良好氛围。与央视社会与法频道联合拍摄外宣纪录片《见证·生态泰安》，为全国实施山水林田湖草生态保护修复提供了可借鉴、可复制、可推广的“泰山经验”；摄制完成《中国影像方志·山东卷·宁阳篇》，在央视科教频道播出；大型电视外宣系列片《泰山封禅之路》，填补了泰山文化学术研究泰安电视外宣两项空白，荣获山东省第六届社会科学普及与应用优秀作品奖；配合央视和山东台，圆满完成《九曲黄河 水润齐鲁》泰安篇、《坐着高铁看中国》大型直播活动，极大提升了泰安泰山在全国，乃至全世界的影响力、美誉度。紧紧围绕建设新泰山、新泰安这一主题，积极推送作品稿件，增加重头稿件发稿数量，截至10月份，在央视各档新闻节目共计播出近百条，专题60多分钟，其中《新闻联播》15条，山东卫视《新闻联播》播出224条。此外，有60多篇关于泰安市“战疫情”工作中的先进经验在央视、山东卫视播出，总播出量位居全省第四位。

四、努力打造影视精品

先后拍摄完成纪录片《泰山挑山工》《传承中国梦》，电视剧《少林问道》等一批影视作品。其中，电视剧《少林问道》作为泰安市首部登陆央视播出的电视剧，被评为山东省优秀电视剧。着力在泰安影视文化品牌打造上下功夫，积极鼓励扶持引导影视传媒公司多拍摄体现泰山文化旅游特色的影视作品。积极推动做好电视剧《泰山一家人》等影视作品的拍摄发行等工作。同时，出台《泰安市文艺精品项目扶持奖励办法》，充分发挥泰安文艺精品专项资金的的引领带动作用，积极推动影视精品创作生产。

五、进一步强化依法管理

突出广播电视节目、网络视听网站和电视广告等管理，强化重点保障期的安全值守和监测监听，加大执法检查力度，全市广播电视传播秩序有了新改观，全年未发生一起严重责任事故。开展专项巡查工作，按照“互联网+监管”的有关要求，采取“排查+复查+抽查”方式，开展巡查工作。扎实开展黑广播专项整治，联合泰安市工业和信息化局无线电管理监测站、泰安市公安局防电信网络诈骗中心、各县市区文化和旅游局、综合执法局等单位在泰山景区、徂汶景区、新泰莲花山等地查处12起“黑广播”案件，查缴发射机、天线、电缆等设备10余套。

威海市广播电视概况

一、基本情况

全市节目播出情况：全年公共广播节目播出38597小时，全年公共电视节目播出78225小时。

全市广播电视综合覆盖情况：全市广播综合覆盖人口257万人，综合覆盖率100%；全市电视综合覆盖人口257万人，综合覆盖率100%。

全市发射台和转播台数量：调频、电视转播发射台3座，调频发射机7部，功率4.7千瓦，电视发射机12部，功率8.5千瓦。

全市广播电视台5座，其中市级台1座，县级台4座；全市广播电视从业人员1582人，市级786人，区县796人。

全市广播电视系统实际经营收入11612.51万元，其中广告收入10239.4万元。

2020年，广播电视节目制作持证机构33家。

二、加强宣传舆论引导

紧扣总局、省局部署的重要宣传任务，充分发挥广播电视主流媒体的舆论导向作用。一是抓好主题主线宣传。深入实施“舆论引导能力提升”工程，围绕十九届五中全会学习、干部队伍作风建设大改进行动等主题全方位、多角度地开展形式多样的宣传报道。在主要新闻栏目《威海新闻》相继推出“学习贯彻五中全会精神　深入开展干部作风大改进行动”“记者蹲点·五中全会精神在基层”等重点专栏。二是市内宣传亮点多。围绕精致城市建设、企业冲击新目标和七大产业集群培育等12项重点目标任务，坚持点面结合，全年发稿300多篇。聚焦“君子之风·美德威海”建设、新时代文明实践中心建设等主题，开办《创城进行时》《我是文明观察员》《啄木鸟行动》等专栏，通过小切口报道，反映文明创建成果。三是做好对上对外宣传。对上宣传继续保量提质，在中央两台和省两台重点新闻栏目发稿，重头报道、单稿数量增长显著。荣成市融媒体中心图片新闻《海上播种忙》荣登《人民日报》头版显著位置。乳山市融媒体中心与省广播电视台联合采访拍摄的系列报道《寻找胶东育儿所乳儿》获得第三十一届中国新闻奖三等奖。

三、积极推动精品创作

一是鼓励制作播出机构加强防疫主题影视作品的创作力度。环翠区融媒体中心摄制的短片《壮志如磐　共盼春来》、昆嵛影视摄制的短片《人性的灵光》获山东省抗击疫情主题优秀网络视听作品。二是以影视精品扶持推进计划专项资金项目申报、广播电视节目季度推优工作等为抓手，推动影视精品创作生产。荣成市融媒体中心制作的75集大型专题片《为了民族的胜利——荣成抗战英雄谱》，播出后反响强烈。火龙影视摄制的纪录片《大洋深处鱿钓人》获金鸡奖最佳纪录/科教片提名，并入选广电总局国产纪录片推荐播映计划和山东省影视精品专项资金项目。三是组织播出机构公益广告创播，积极参与2019年度广播电视优秀公益广告作品评选，共有7件优秀作品获奖，其中一等奖1件、二等奖3件、三等奖3件。

四、强化广电行业管理

一是加强安全播出。加大元旦、春节、清明节全国性哀悼活动、两会、国庆等安全播出重要保障期的协调调度和监管力度。严格落实24小时值班制度，做好重保期零报告、《新闻联播》等重要节目播出时间调整、应急信息发布、重要直播活动等通知和上报工作，确保广播电视安全优质播出。

二是规范播出秩序。组织开展广播电视宣传管理制度落实情况专项自查自纠工作，重点检查播前三审制、重播重申制、播音主持人持证上岗制等制度的执行情况，确保广播电视节目导向正确。组织广播电视播出机构播出秩序整治工作，开展规范擅自增设频道频率，擅自调整名称、定位、呼号、传输方式、覆盖范围，未经备案播出养生类节目等违规行为。开展减肥传奇瘦身贴广告、违规医药广告等广告整治工作，督促播出机构严格遵守广告播出法律法规，维护主流媒体公信力。

三是强化依法管理。全年共出动监管执法人员806人次，车辆241台次，发放、张贴各类宣传材料1565份，拆除非法安装使用卫星设施133套，查处非法从事卫星地面接收设施安装服务案件1件。整治行动取得明显成效，有力维护了卫星电视传播秩序，保障了文化传播安全。

五、优化提升公共服务

一是推动县级台改革发展。按照省广电局统一部署，开展县级播出机构标准化建设回头看工作，巩固标准化建设成果。对照《山东省县级广播电视台标准化建设实施方案》，重点检查了县级台基本运行情况、财政保障机制建立情况、内部管理机制健全情况、频道频率开办情况、广告播出规范情况、节目版权合法情况等，并通过省广电局的实地检查。所辖县级融媒体中心均以优秀等次通过县级融媒体中心验收工作，在山东电视台召开的“2021山东广电融媒体战略资源尊享会”上，全市3家县级融媒体中心均荣获“2020年度融媒传播力奖”。

二是充分发挥应急广播村村响工程效能。面对新冠疫情，立即启动全市已经建设完成的4100余个应急广播大喇叭，滚动播报权威疫情信息，覆盖范围内有效实现了防控宣传无死角，覆盖人口达68.7万人。应急广播在此次疫情防控中发挥了极其重要的作用，成为各级基层政府及时发布疫情信息、政策宣讲和疫情预警的重要平台。

三是做好广播电视行业扶贫收尾工作。为充分保障广播电视行业优惠政策落到实处，继续通过政府补贴、广电网络公司减免的方式，为全市近1.4万户省定贫困户免费安装有线电视，保障省定贫困户可免费收看70套以上的有线电视节目。

四是运行维护好广播电视节目无线数字化覆盖工程。督促任务台站开展好各级广播电视节目无线数字化覆盖工程的运行维护工作，做好设备运行、检修维护、信号传输等工作，确保惠民工程惠及民生。

日照市广播电视概况

一、基本情况

市级节目播出情况：全年公共广播节目播出 19710 小时，全年公共电视节目播出 28470 小时。

全市广播电视综合覆盖情况：全市广播综合覆盖率 95%；全市电视综合覆盖率 90%。

市级发射台和转播台数量：中、短波转播发射台 2 座，发射功率 52 千瓦；调频电视转播发射台 1 座，其中，市级调频发射机 4 部，发射功率 7 千瓦；市级电视转播发射机发射功率 9 千瓦。

全市广播电视台 3 座，其中市级台 1 座，区县级台 2 座；市级广播电视从业人员 581 人。

市级广播电视系统实际经营收入 11019.23 万元，其中广播电视总收入 7877.17 万元，广告收入 8689.5 万元。

二、扎实推进公共服务

（一）推进广电扶贫工作。认真落实广电扶贫政策，积极推进广电扶贫户户通工作，共为符合安装条件的 43144 户建档立卡贫困户免费安装有线电视。开展中央广播电视节目无线数字化覆盖工程运维工作，确保安全优质高效地把党和国家的声音传入千家万户。

（二）推动应急广播体系建设。会同日照市委组织部、市委宣传部、市财政局等部门转发《关于推进山东省应急广播体系建设的意见》，组织有关人员外出学习考察，应急广播体系建设资金已列入财政预算，确保按要求完成建设任务。

（三）开展智慧广电建设。由山东广电网络有限公司日照分公司打造的“灯塔—日照先锋”智慧党建平台入选国家广电总局智慧广电案例生态建设类入围奖。推动市级台高清播出工作，日照广播电视台三个电视频道高标清同播获国家广播电视总局批复，全部实现高清节目制作、高清化播出，进一步满足了群众精神文化需求。

（四）抓好安全播出。进一步规范广播电视播出秩序，完善安全播出方案，做好应急预案的演练。围绕春节、两会等安全播出重要保障期，组织开展行业安全大检查，及时排查消除隐患。组织广电行政部门、广播电视播出机构及广电网络公司加强值班备勤工作，完善安全播出应急监听、监视等机制，及时传达各类安全警示，顺利完成了重要保障期的安全播出任务。规范广告播出行为，加强对养生类节目和医疗药品、美容减肥、食品保健品等类别广告的监管力度，严格执行养生类节目报备制度。

三、积极营造浓厚舆论氛围

（一）主题宣传声势浩大。紧紧围绕疫情防控、复工复产复市、“9+3”改革攻坚行动、精致城市建设、十九届五中全会精神贯彻落实等重点工作和重要部署，把握“时效度”，精心组织重大主题宣传。全台共播发抗疫宣传和复工复产稿件11150余件，大量稿件被新华网、人民网、凤凰网、澎湃新闻等转载；推出“口罩在线预约”小程序、市民防疫服务手册；第一时间改版电视公共频道为“抗疫频道”。围绕全市中心工作，推出“聚力污染防治攻坚”“改革攻坚在行动”“创建文明城市在行动”“向前一步解决问题”“冲刺四季度　打赢收官战”等专栏32个，推出评论近50篇，发稿535条。

（二）创新升级三大舆论监督平台。《问政日照》新增市民代表席，邀请市民现场提问，凸显民意；成功举办3个直播专场，有20个部门接受现场问政，接收问政线索近2000件，拍摄播出问政暗访短片30个。《行风在线》与日照市政府办公室合作，在12345热线现场搭建政务直播间，实现了三方通话功能。电视科教频道新开《直通12345》栏目，党委政府与市民沟通的途径更加丰富。

（三）内容建设全面提升。从解决内容建设的痛点、难点、堵点入手，推出《宣传内容差错处理实施细则》《采编播人员工作测评办法》《节目生产流程管理实施细则》等规章制度，严格质量管理，严格节目审核，严格兑现奖惩，有效提升了广播电视宣传水平。广播收听市场份额在所有落地日照频率中超过78%。“直播日照”新媒体矩阵产生全国影响力，APP用户达42万，微信公众号粉丝95万，综合排名稳居全省媒体号第一位。抖音号粉丝1300万，播放总量达300多亿，获赞数突破9.4亿，居全国电视媒体前列。

四、媒体深度融合顺利推进

日照广播电视台投资4000万元的融媒体平台建成并投入试运行，初步达到“一次采集、多种生成、多元传播”效果。两个全媒体演播室实现了虚拟和现实场景的有机转换、融合，三个电视频道全部实现高清节目制作、高清化播出。完成两个广播直播间的改造，配置了全媒体导播平台，满足了微博、抖音等新媒体传播需求。用互联网技术改造平台，实施双平台传播策略。广播、电视在利用好传统传播平台的基础上，积极打造新媒体平台，为内容产品寻找新媒体出口。全台有11个微信公众号、14个抖音账号，形成了以“直播日照”为龙头的融媒体传播矩阵。抢占文化产业发展技术高地，新媒体品牌建设进一步夯实。直播日照微信公众号拥有粉丝95万，综合排名居全省媒体号第一位；直播日照抖音号获赞突破9亿，播放量超过300亿，居全国电视媒体前列。

五、努力推进影视精品创作

全年共有36件作品获得山东新闻奖、山东省优秀广播电视节目奖。策划制作的日照市疫情防控MV《逆行天使》，入围山东省抗击疫情主题优秀网络视听作品评选展播，并被“学习强国”平台转载，播放量达到46万。为第25届省运会制作的《山东省第25届省运会倒计时两周年宣传片》在省级新闻媒体播发。联合录制的原创音乐MV《棉花情未了》在“学习强国”平台发布。

六、产业进一步发展

日照广播电视台克服疫情带来的营收压力，经营创收逆势增长，突破亿元。直播带货60余场次，社会反响较好。成功打造会展经济、活动营销、儿童演艺、影视剧生产等文化产业平台。广电车展、房展、建材团购会等活动提档升级；2020日照农民丰收节暨“日照有礼”农产品博览交易会从规模上和商品种类上有较大提高，丰富了市民中秋节日市场。日照文博中心儿童剧场加入省市县三级联合购买，引进 17 部高质量剧目，涵盖儿童剧、音乐会、相声、魔术、戏曲等，实行高品质低票价策略，受到了广大儿童和家长的欢迎。

临沂市广播电视概况

一、基本情况

全市节目播出时间：全年公共广播节目播出 64890 小时，公共电视节目播出 139419 小时。

全市广播电视综合覆盖情况：广播综合覆盖人口 1089.09 万人，综合覆盖率 98.12%；电视综合覆盖人口 1099.02 万人，综合覆盖率 99.01%。

全市发射台和转播台数量：调频转播发射台 10 座，调频发射机 14 部 30.5 千瓦；电视（转播）发射台 13 座，电视发射机 60 部 66.7 千瓦。

全市广播电视台 13 家，其中市级台 1 家，县级台 12 家；广播电视从业人员 2140 人，其中管理人员 279 人，各类专业技术人员 1183 人，其他人员 678 人。

全市广播电视系统经营收入 15456.76 万元，其中广播广告收入 6805.51 万元，电视广告收入 8107.42 万元。

全市广播电视节目制作经营持证机构 81 家，注册资金 8.16 亿元。

二、积极营造良好舆论氛围

（一）做好疫情防控宣传。全年发布抗击疫情宣传稿件突破 50 万条，先后在中央电视台《新闻联播》和央广《新闻和报纸摘要》《全国新闻联播》等播发 20 多篇新闻报道，在省台发稿 70 多条。创作出《爱临沂：战“疫”影像日记》《等着我　亲爱的人》《中国脊梁》《逆行的爱》《蒙山沂水我的家》《“疫”不容缓，战“疫”必胜》等一批深受好评的作品，全面打赢了疫情防控宣传战役。临沂台有 6 名同志被评为全市“最美媒体抗‘疫’人”。

（二）做好主题主线宣传。围绕临沂市委、市政府中心工作，推出“脱贫攻坚看沂蒙”“弘扬沂蒙精神　传承红色基因”“实施‘三步走’牵手‘长三角’”等专题专栏和重头系列报道 50 余个。推出“飞阅家园”大型全媒体走基层系列报道，讲述沂蒙人民的小康故事，全面展示决战脱贫攻坚、全面建成小康社会、乡村振兴的最新成果，全年共播出电视稿件、新媒体稿件、短视频等全媒体报道 180 余篇。完成临沂市委市政府交办的专题片、宣传片制作 13 部，总时长 200 多分钟。启动“初心·答卷——庆祝建党一百周年百名党员寻访”活动，推出百集重头系列人物报道、百集系列短视频、系列图片。

（三）做好对上发稿工作。积极向省台、中央台发稿，提供《春到朱家林》《临沂：两张清单倒逼项目加速推进》《临沂：物流之都转向直播之城》《临沂：主动融入长三角“三步走”助推乡村振兴》《鲁南经济圈：合作共赢　推进一体化发展》《破解用工“两头难”　实招硬招稳就业》等一批重头稿件，在全省、全国展示了临沂良好的形象。在《山东新闻联播》发稿 296 条，在山东人民广播电台发稿 287 条，在中央广播电视总台发稿 36 条，重点稿件实现历史性新突破。临沂市广播电视台先后荣获 2020 年度中央广播电视总台中国之声优秀供稿奖、山东广播电视台 2020 年度电视宣传先进集体一等奖、广播宣传先进集体、融媒体宣传先进集体等荣誉称号。

三、广播电视公共服务扎实推进

一是应急广播“村村响”建设成效显著。全市 12 个县级应急广播播控平台建设全部完成，行政村联网 3809 个，自然村联网 5972 个，全市行政村联网覆盖率超过 90%，应急广播在政策宣讲、移风易俗、疫情防控等方面发挥了重要作用。二是省级电视节目无线数字化建设加快推进。全市 9 座广播电视无线发射台站完成了省级电视节目无线数字化覆盖，全部免费播出包括本地节目在内的 24 套无线数字电视节目。三是圆满完成广播电视扶贫任务。扎实落实户户通扶贫政策，深入推进建档立卡贫困户免费收看数字电视，通过政府补贴方式，为符合安装条件的 18.7 万贫困户免费接入有线或无线信号，保障了贫困户享受广播电视公共服务。

四、广播电视精品创作取得突破

全市新闻监督旗舰栏目《问政临沂》，举办 22 期，累计曝光 118 个方面的 309 个问题，栏目线上线下观看人数达上千万人次。《行风热线》栏目效果列入《2020 年度市直机关绩效考核指标标准》《2020 年度中央、省驻临单位评价指标标准》。广播剧《红色的旋律》获山东省“文艺精品工程”优秀作品奖，广播主持作品《离家是少年　归来是英雄》获山东省优秀广播电视节目评选一等奖第一名，专题片《薪火》《琴者》荣获“沂蒙文艺奖”，《沂蒙山告诉你》专题片完成拍摄、制作和播出 16 期，大型电视纪录片《蒙山》历经五年，完成拍摄和制作。电视剧《遍地书香》入选广电总局 2020 年脱贫攻坚重点剧目，在北京卫视黄金时间首播。《大道》《毛驴上树》《喜迎代村》《沂蒙老兵》等一批弘扬沂蒙精神、传承红色基因的主旋律网络影视剧先后获奖。反映第一书记工作的脱贫攻坚纪录片《春风烈》网络发行。在全省 2020 年度广播电视公益广告评审中，全市有 3 部作品获奖。网络电影《回家》、网络纪录片《初心力量》《亲爱散记》、短视频《时光你慢些走》在省 2020 年“弘扬社会主义核心价值观　共筑中国梦”主题原创网络视听节目征集活动暨“中国梦·齐鲁情”山东省第七届原创网络视听节目大赛中分别获得单元奖项。

五、媒体融合水平不断提高

临沂市广播电视台投资 800 多万元建设 120 平方米全媒体演播室，高清四讯道视音频系统，可满足多种形态节目的直播和录制需要。完成电视频道全高清改造升级，投资 479 万元，可实现与融媒体平台及网络安全系统的无缝对接，安全高效，为下一步 IP、4K 化改造打下了坚实的基础。加快报纸、电视以及新媒体短视频服务的整合。整合全台优势资源，着力打造爱临沂客户端。深入布局微信公众号、微博、抖音、今日头条号等新媒体阵地，打造新媒体账号 58 个。“临沂新闻”微信公众号跻身年度全国 500 强。“公共频道”抖音号位居全国地市级第三。爱临沂客户端今日头条展现量 2 亿，阅读量 1500 余万，位居全市媒体号第一。《临沂新闻》在“学习强国”学习平台开通专区，让党和政府的声音触达更多用户。完成全台微信矩阵搭建，为所有广播频率搭建具有自主权的互动小程序。

六、经营创收实现逆势增长

面对疫情带来的艰难形势，临沂市广播电视台通过组织策划大型活动等方式，努力拓宽经营创收渠道，超额完成全台经营创收任务，实现逆势增长。举办第二届广电啤酒音乐节、第七届“羲之故里”文化精品博览会、中秋欢乐购、2021临沂市春晚等有影响力的品牌活动，有效拉动创收。各频率、频道和中心也都组织了各具特色的活动，如交通旅游广播线上家装品牌团、都市101经济广播助力脱贫攻坚直播带货、综合频道“致敬最美的你——临沂市践行沂蒙精神　最美抗‘疫’人物”发布仪式、广电产业发展中心首届网络戏迷票友大赛等活动，扩大了媒体影响力，有效拉动了创收。此外，临沂市广播电视台还积极探索创收新业态，进军电商直播。成立临沂广电MCN，与临沂市农业农村局合作，共同打造了临沂广电首场带货直播，依托广电主播优势、临沂商城产品优势、物流优势打造临沂广电直播带货矩阵，已打造服装、美妆、母婴、日用百货、食品等垂直类矩阵账号。产业发展中心积极布局娱乐活动、定制类短视频以及影视内容，加快报纸、电视以及新媒体短视频服务的整合。

（刘文增　涂佃春）

德州市广播电视概况

一、基本情况

全市节目播出情况：全年公共广播节目播出53903小时，全年公共电视节目播出75226小时。

全市广播电视综合覆盖情况：全市广播综合覆盖率100%；全市电视综合覆盖率100%。

全市发射台和转播台数量：中波发射（转播）台1座，中波发射机4部，发射功率31千瓦；调频电视转播发射台11座，调频转播发射机15部，功率15.65千瓦；电视（转播）发射台11座，电视发射机38部，功率50.8千瓦。

全市广播电视台11座，其中市级台1座，区县级台10座；全市广播电视从业人员共计1956人，市级570人，区县1386人。

全市广播电视系统实际经营收入10109.81万元，其中广告收入9159.47万元，其中广播广告收入1538.32万元，电视广告收入7442.78万元。

广播电视节目制作持证机构30家，注册资金2.26亿元。

二、扎实推进广播电视公共服务

德州市市、县两级广播电视播出机构所有频道已全面完成高清化改造任务，实现全市所有电视频道高清化播出，标志着德州市广播电视台迈入了高清时代。中央、省级电视节目无线数字化覆盖任务有序推进，认真落实广播电视户户通扶贫工作，保证了脱贫仍享受政策贫困户收看数字电视。

三、积极营造良好的舆论氛围

牢牢把握正确政治方向和舆论导向，紧紧

围绕德州市委市政府中心工作，围绕疫情防控、复工复产、新旧动能转换、乡村振兴战略、三大攻坚战、优化营商环境等开设专栏 40 多个，组织精兵强将开展战役性报道 890 多次。组织策划推出有深度、有影响的大型系列报道 2290 多篇，其中宣传典型 1860 多个。特别是新冠肺炎疫情暴发后，新闻采编人员第一时间进入战时报道状态，深入医院、社区、村居、交通要道等疫情防控最前沿，深入报道党中央、省委、市委重大决策部署，统筹做好医疗救治、社区防控、复工复产、返岗返乡等宣传，用全媒体传播手段即时报道，牢牢坚守住舆论宣传主阵地。共发布新闻稿件 21500 多条，在“学习强国”、闪电新闻、央视频、抖音、今日头条、一点资讯、新浪微博等开放平台多渠道分发，形成了全方位立体报道格局，全网总点击量达到了 2.8 亿人次。

四、努力推进影视精品创作

坚持以人民为中心的创作导向，树牢精品意识，创作推出了一批品味高雅的文化精品，在创精品，优品牌，走时尚上取得新突破。大力实施精品工程，积极组织作品参评工作，2020 年共有 113 件作品分别在省、市级评优中获奖，其中，国家级好作品奖 1 件，省级一等奖 8 件，二等奖 29 件，三等奖 24 件；纪录片《西征记》分别荣获第十三届山东省“文艺精品工程”奖、全省优秀党员教育电视片特别奖第一名、全省优秀广播电视节目评选一等奖、“第 26 届中国纪录片学术盛典”系列片好作品奖。电视新闻评论《“豆”争更需“豆”智》获得山东省优秀广播电视节目评选一等奖、山东新闻奖一等奖；《移风易俗、杜绝婚闹》荣获全省新时代文明实践微视频大赛公益片一等奖。

五、进一步强化依法管理

突出广播电视节目、网络视听网站和电视广告等管理，强化重点保障期的安全值守和监测监听，加大执法检查力度，全市广播影视传播秩序有了新改观，全年未发生一起严重责任事故。在播放《中华人民共和国国歌》等问题上进行了督查整改。积极开展卫星电视传播秩序专项整治行动，今年共出动执法人员 1500 余人次，动用车辆 480 余台次，发放、张贴宣传材料 38000 余份。查处黑广播 8 起，查处违规经销点 1 家，收缴卫星地面接收设施 50 余套，劝拆 140 套非法卫星电视地面接收设施。结合“扫黄打非 · 净网”“扫黄打非 · 剑网”专项行动及“网络直播行业”专项整治工作，对网络视听节目和社交平台进行监管巡查，共巡查网站 400 余家次，直播平台和账号 320 余个，巡查微信公众号 30 个，巡查户外大屏楼宇电视 74 处，签订《公共视听载体管理责任书》148 份。

聊城市广播电视概况

2020年全市广播影视系统按照中央、省、市统一部署，全方位推进，全力做好宣传报道、安全保障、净化舆论环境等各项工作，取得了显著成效。尤其是在疫情期间，作为舆论主阵地，广播电视媒体的权威性、公信力、影响力再次凸显，更好地引导舆论、丰富文化、舒缓情绪、稳定人心、坚定信心，凝聚万众一心、坚决战胜疫情的强大力量。

一、基本情况

全市节目播出情况：全年公共广播节目播出62643小时，全年公共电视节目播出61574小时。

全市广播电视综合覆盖情况：全市广播综合覆盖人口646.99万人，综合覆盖率100%；全市电视综合覆盖人口646.99万人，综合覆盖率100%。

全市发射台和转播台数量：中波发射（转播台）2座，中波发射机9部，发射功率45千瓦；调频、电视转播发射台16座，调频发射机15部，功率15.23千瓦，电视发射机20部，功率12.85千瓦。

全市广播电视台9座，其中市级台1座，县级台7座，区级台1座；全市广播电视从业人员1911人，其中管理人员455人，各类专业技术人员1236人，其他人员220人。

全市广播电视系统总收入66910.3万元，其中广告收入6779.17万元，其中广播广告收入1615.05万元，电视广告收入4093.87万元。

二、讲好聊城故事，做好外宣工作

在全国、全省层面讲好聊城故事、提升聊城影响。2020年聊城市广播电视台对上供稿工作不断实现在中央台、省台用稿数量和质量新的突破。电视对上发稿1132条，同比增长62.9%，其中在中央台发稿52条；《山东新闻联播》300条，其中头条8条、提要53条。广播对上发稿366条，同比增长40.2%，其中《山东新闻》发稿41条。在山东广播电视台举办的年度市区县台宣传评优中，聊城市广播电视台分别获得“电视宣传市级先进集体”“广播宣传市级先进集体”“融媒体宣传市先进集体”三项荣誉称号。

拓展网络发声渠道，2020年聊城市广播电视台在全市“学习强国”学习平台的供稿数量为764篇，其中省采387篇，国采40篇，居全市市直部门第一名。充分利用“新华社现场云、央视频、抖音”等视听新媒体平台，立足服务群众，做观众喜闻乐见的视听新媒体节目。在新华社现场云直播平台发起直播400余次，累计点击300多万，在新华社现场云全国月排行稳居前20名，在新华社现场云全国2000多家媒体总排行榜中进入前100名。抖音账号“直播聊城”，粉丝数量为6.3万，获赞量达186万。

三、加强舆论监督，促进作风转变

聊城市广播电视台开办的大型融媒体问政直播节目《一问到底》2020年共播出10期，包括7个部门问政：市市场监管局、市医保局、市科技局、市卫健委、市教体局、市文旅局、市水利局，2个主题性问政：大气污染综合防治（2次）以及1次问政回头看，县市区政府主要负责人共8人次接受问政，市直部门一把手共15人次接受问政。通过督促整改，相关部门出台了多项政策性文件，推动了我市改革发展的制度创新。

四、精品创作推优

围绕脱贫攻坚、全面建成小康社会等重要时间节点，加强主题创作扶持引导，着力打造主题精品系列。抓好重点电影、电视剧、纪录片的创作生产，推进广播电视节目创新创优和网络视听节目创作。

积极组织全市广播电视和网络视听节目推优和抗疫作品推优工作，做好2019年度山东省优秀广播电视节目市级初选工作。组织辖区内广播电视播出机构和影视制作机构申报2020年度山东省广播电视和网络视听产业项目库。

在第六届山东省原创网络视听节目大赛中，推荐的网络电影短片《老疙瘩脱贫记》被省广电局推选至总局，最终入选国家广播电视总局2019年度优秀网络视听作品推选活动优秀作品名单。在省局联合大众网、齐鲁网组织开展的“山东省抗击疫情主题优秀网络视听作品评选展播活动”中，推荐的《最美逆行者》——肖静战“疫”日记入选“抗击疫情　我们在行动”优秀作品名单。

五、广电扶贫

落实补贴建档立卡贫困户接收有线电视服务所需经费，争取市级广电扶贫资金100万元，按照各县（市、区）资金缺口所占比例分配并下发。

开展广电扶贫查漏补缺工作，通过督导调研等方式，对符合安装条件的建档立卡贫困户进行查漏补缺，在有线通达成本高、接线困难的地区采用无线的形式，解决建档立卡贫困户收看数字电视的问题。

与市财政局联合发文，2021年继续延续广电扶贫政策，将扶贫资金纳入预算，保障建档立卡贫困户的收视权益。

六、公共服务

启动市级应急广播体系建设工程。与市委组织部、市委宣传部、市财政局、市应急局、市广播电视台联合下发《关于推进聊城市应急广播体系建设的实施意见》，推动市应急广播体系建设，建设市、县两级平台并与省级平台对接，完善传输覆盖网络，部署安装接收终端。开展深度贫困县应急广播建设，对临清市、冠县、莘县、阳谷县应急广播进行升级改造。

开展地面数字电视台站相关信息核查工作，落实省局地面模拟电视节目关停方案，助推市广播电视高质量发展，助力广电5G网络建设，进一步提升广播电视公共服务质量。

推进聊城市广播电视台综合、公共频道高标清同播工作，首次实现市台综合、公共频道高标清同步播出。

七、广播电视和网络视听行业监管

1.建立健全问题节目整改、警告、停播制度，加强日常监管、宣传提示、督导查处等职能。

2.加大审听审看力度，建立健全审听审看制度。一是组成审听审看小组，对我市主要频道频率播出的节目进行审听审看，每月印发一期广播电视节目审听审看通报；二是及时核查省局监听监看通报中，聊城市广播电视台存在的问题，并上报整改报告，加强播前三审制和重播重审制度。

3.监管广播电视安全播出秩序，加强广播电视广告播出的管理，规范医疗养生类栏目的备案与播出。

4. 开展卫星电视传播秩序专项整治行动，首次采用“无人机”查处非法安装使用卫星地面接收设施。

5. 与市工业和信息化局成立工作组，开展联合执法工作，查处群众举报“黑广播”，为聊城市营造良好舆论氛围和优质传播环境。

6. 加大市互联网视听传播业务的监管工作，2020 年查处“个人测试”等 3 家擅自从事互联网视听节目服务的网站。

滨州市广播电视概况

一、基本情况

全市节目播出情况：全年公共广播节目播出 47885 小时，全年公共电视节目播出 60628 小时。

全市广播电视综合覆盖情况：全市广播综合覆盖率 100%；全市电视综合覆盖率 100%。

全市发射台和转播台数量：中波转播发射台 1 座，发射机 8 部，发射功率 62 千瓦；调频电视转播发射台 9 座，其中，调频发射功率 22.05 千瓦；市级调频发射机 6 部，发射功率 4.1 千瓦；区县级调频发射机 10 部，发射功率 17.95 千瓦；电视发射机 31 部，发射功率 16.2 千瓦，市级电视转播发射机 6 部，发射功率 6 千瓦，区县级电视转播发射 25 部，发射功率 10.2 千瓦。

全市广播电视台 9 座，其中市级台 2 座，区县级台 7 座。全市广播电视从业人员共计 1120 人，市级 584 人，区县 536 人。

全市广播电视系统实际创收收入 5488.99 万元，其中广告收入 5368.1 万元。广播电视节目制作持证机构 22 家。

二、扎实推进广播电视公共服务

（一）强化措施，狠抓落实，持续推进广电扶贫。按照省广电局扶贫工作要求和全市统一部署，持续推进广播电视行业扶贫工作。全市各县（市、区）建立了广电扶贫工作台账，制订翔实工作方案，委托广电网络公司组织专门工作力量，稳步推进电视扶贫工作进程。同时为有线电视信号覆盖盲区的贫困户，安装无线电视信号接收设备或卫星信号接收设备。2020 年全面完成广播电视行业扶贫任务，为全市符合安装条件 4.4 万贫困户接通电视信号。

（二）开展省级无线数字电视覆盖补点工程，不断提升公共服务。实施无线数字电视覆盖补点工程，沾化滨海发射站于 2020 年 6 月正式发射中央、省电视节目 16 套、无棣碣石山于 2020 年 9 月正式发射中央电视节目 8 套。

三、积极营造良好的舆论氛围

严格落实意识形态工作责任制，认真贯彻落实总局和省局指示要求，狠抓工作落实，圆满完成国庆期间安全保障工作。滨州电视台完成 2 场全省重大项目开工仪式、儒商大会和全省消防演习的网络直播信号传输；完成首次卫星直播——央视直播黄河卫星信号传输，取得亚洲卫星有限公司卫星地球站入网证书。

新闻宣传围绕中心工作，定位准、聚焦实，

做到服务中心、引导有力，聚焦疫情防控、复工复产、双招双引、脱贫攻坚等主题，开展“深入学习贯彻十九届五中全会精神”“沿着习近平总书记指引的方向前进”“攻坚 2020 奋进富强滨州”“打造‘双型’城市 建设富强滨州”等专栏，深入挖掘典型，唱响“富强滨州建设”主旋律。

统筹策划、各方联动，“战疫”宣传有声有色。面对突如其来的疫情，及时组织做好疫情防控宣传，完善疫情信息发布，主动及时回应社会关切。联防联控、社会捐赠、紧急驰援、稳价保供、患者治愈等均当天发生、当天采制、当天传送、当天播发。广播、电视、报纸、网站、微信公众号、客户端、户外大屏等多平台媒体矩阵有序调度、协同配合、统一发声，第一时间、全方位、立体式报道。“万众一心、众志成城 坚决打赢防控新型冠状病毒肺炎攻坚战”专题发稿 6000 余篇，累计阅读量突破 1000 万。滨州市人民广播电台《我们在一起——全国大型抗击疫情歌曲展播》在“影响中国传媒”全国广播影视推介调查活动中荣获 2019—2020 年度十大公益活动。

四、努力推进影视精品创作

坚持以人民为中心的创作导向，树牢精品意识，继续推进影视精品创作生产。组织 2019 年度全市广播电视节目奖评选工作，并择优选荐 40 件作品参加省评选，18 件获奖。组织参加全省 2019 年度广播电视公益广告评选，3 件获奖。滨州市文旅局被评为优秀组织机构。

《滨州新闻》栏目荣获山东省优秀广播电视节目“十佳栏目”奖。原创 MV《在一起》被“学习强国”第一时间推荐到全国平台，并被山东省教育卫视《开学第一课》选做背景音乐。《绿野》栏目被评为山东省广播影视大奖社教十佳栏目奖。纪录片《孙子》荣获山东省第六届社会科学普及与应用优秀作品奖。消息牛客户端荣获第十届中国互联网品牌大奖“2019—2020 中国媒体融合创新 20 佳品牌奖”。短视频《国庆大阅兵，滨州想低调都难！阅兵靴用皮是咱“滨州造”》荣获山东新闻奖媒体融合奖复评一等奖。直播团队助力滨州消防荣获“消防直播季”山东第一，并以全国第四名成绩获评应急管理部“优秀消防直播单位”。参与央视大型直播节目《直播黄河》，滨州经济社会发展成就首次登陆央视大型直播。

五、进一步强化依法管理

突出广播电视节目、网络视听网站和电视广告等管理，强化重点保障期的安全值守和监测监听，加大执法检查力度，全市广播影视传播秩序有了新改观，全年未发生安全播出事故。对个别广播电视台主频道播放《中华人民共和国国歌》存在播出不完整问题进行了整改；积极开展卫星电视传播秩序专项整治行动，先后与市工信、公安、市场监管等部门联合开展执法行动，共出动监管执法人员 965 余人次，动用车辆 246 余台次，发放、张贴各类宣传资料 6732 余份。查处黑广播 6 起，查处取缔违规经销点 2 家，收缴非法卫星设施 31 件，拆除非法安装使用卫星设施 4 套（件）。

菏泽市广播电视概况

一、基本情况

全市节目播出情况：全年公共广播节目播出 64272 小时，全年公共电视节目播出 71502 小时。

全市广播电视综合覆盖情况：全市广播综合覆盖人口 960.08 万人，综合覆盖率 98.21%；全市电视综合覆盖人口 967.93 万人，综合覆盖率 99.01%。

全市发射台和转播台数量：调频转播发射台 10 座，调频转播发射机 13 部；电视（转播）发射台 10 座，电视发射机 22 部。

全市广播电视台 10 座，其中市级台 1 座，县级台 9 座；全市广播电视从业人 2079 人，其中管理人员 133 人，各类专业技术人员 1579 人，其他人员 367 人。

全市广播电视系统实际经营收入 7613.4 万元，其中广告收入 7385.51 万元，其中广播广告收入 1615.28 万元，电视广告收入 5426.91 万元。

截至 2020 年底，菏泽市共有广播电视节目制作持证机构 27 家。

二、积极营造良好舆论氛围

（一）做好主题主线宣传报道。始终把学习宣传贯彻习近平新时代中国特色社会主义思想作为首要政治任务，聚焦“决胜全面小康、决战脱贫攻坚”重大主题，围绕菏泽市委、市政府决策部署，策划相关专题专栏、系列报道和新媒体作品。菏泽市广播电视台全年共策划推出 10 个系列 70 余期主题报道。2020 年 11 月，菏泽市广播电视台制作推出 7 期主题报道《为了总书记的嘱托》，对习近平总书记 2013 年 11 月 26 日视察菏泽以来，全市牢记总书记嘱托，砥砺奋进，谋事力作，奋力开创后来居上新局面进行全方位报道。

（二）做好疫情防控、复工复产等相关报道。全市制作、播发各类疫情防控作品 40 余万条次。2020 年 3 月，菏泽市广播电视台在《菏泽新闻联播》栏目中推出 18 期大型主题报道《众志成城　迎春花开》，全方位展示干部群众抗击疫情的生动故事，影响广泛。

（三）做好对上、对外宣传。菏泽市广播电视台全年在中央电视台发稿 70 多条，《山东菏泽等地铁路部门开通绿色通道　确保物质第一时间运往湖北》《山东菏泽等地多举措　提升产业供应链》《山东菏泽：48 万亩牡丹迎来盛花期》等一批稿件被中央电视台《新闻联播》播发，其中，《毛吉志：农民画出滩区新生活》，时长 3 分 55 秒，刷新菏泽台在央视联播发稿的时长纪录。国庆期间，在《山东新闻联播》播发两篇反映脱贫攻坚的新闻专题。广播系列报道《脱贫路上一个都不能少》的 3 篇报道中有 2 篇在省台《山东新闻》头条播发。2020 年度菏泽市广播电视台荣获山东广播电视台“电视宣传先进集体一等奖”“广播宣传先进集体一等奖”。

三、扎实推进广播电视公共服务

深贫县应急广播建设工作稳步推进，鄄城、巨野、曹县、成武、东明、郓城六县的应急广播建设工作顺利通过省专家组验收。广电扶贫工作成效显著，完成21.2万个贫困户、3970个集中收视点的设备安装工作，占全省安装总数的20%以上。广播电视模转数工作实现平稳过渡，市广播电视台有线数字电视节目全面完成高清化播出。七县两区县级融媒体中心建设通过省验收。

四、努力推进影视精品创作

组织开展优秀广播电视节目评选、优秀公益广告评审、网络视听节目大赛等一系列评优推优活动，共征集作品100余件，菏泽市广播电视台《家有军功章——为烈士寻家张景宪》，曹县广播电视台《我们的力量》等30余件作品荣获全省优秀广播电视作品称号，巨野、成武县广播电视台被评为全省优秀传播机构。电视剧《商圣范蠡》《牡丹花正开》完成剧本备案。

五、进一步加强媒体融合

2020年菏泽市广播电视台加快移动端内容建设步伐，与短视频平台合作实现突破。官方抖音、快手号“看菏泽”发展迅猛，截至2020年12月31日，抖音“看菏泽”粉丝量为172万，快手“看菏泽”粉丝量为112万；菏泽市广播电视台以政策机制推动广电主持人进驻短视频平台，一批正能量主播粉丝逐步壮大，主持人张咏梅快手号粉丝量182万，赵帅快手号粉丝量103万。2020年8月3日，央视市场研究公司CTR媒体融合研究院发布的快手媒体号榜单2020年半年榜，菏泽市广播电视台官方快手号“看菏泽”荣登全国地市级综合榜第一名。

六、切实履行行业监管职责

（一）规范播出秩序。开展县级台标准化建设回头看，广播电视频道（率）名称、呼号、标识全部规范到位。协调处理菏泽市广播电视台、巨野、鄄城、单县、定陶广播电视台卫星接收站受5G信号干扰问题，确保广播电视收转重要新闻节目免受影响。

（二）保障播出安全。严格执行重要保障期零报告制度，圆满完成“元旦、春节、两会”“国庆”等重要节点、重要保障期和敏感期的广播电视安全播出工作。坚持实地实时监测与回看回放监测相结合，认真落实“对标”“对表”两项工作要求，准时、完整、优质做好中央、省《新闻联播》等重要新闻节目转播工作。

（三）加大日常监测。实行中央、省《新闻联播》转播情况月报制度，依托安全播出预警发布系统，及时做好中央《新闻联播》延时应急处置，确保全市广播电视播出机构均在主频道、主频率完整转播中央、省《新闻联播》。

（四）强化依法管理。积极开展打击治理黑广播违法犯罪专项行动，受理市长热线反馈的黑广播查处单5条，查处调频90.0等黑广播12起。加大网络视听节目监管力度，全年共查处“哎呀电视”等3家违规视听节目网站。

（李木春　陈珀）

编辑：张千　金红

产业发展

2020 年全省广播电视和网络视听服务业发展情况报告

2020 年，在以习近平同志为核心的党中央坚强领导下，全省广播电视和网络视听系统深入学习宣传贯彻习近平新时代中国特色社会主义思想，增强“四个意识”、坚定“四个自信”、做到“两个维护”，持续深耕主责主业，积极应对疫情影响，完善政策措施，创新思路方法，事业产业发展稳中向好。

一、主要经济指标总体稳定。2020 年，全省广播电视和网络视听服务业总收入、财政补助收入连续 5 年保持稳定增长，创收收入结构不断优化。全省广播电视和网络视听服务业总收入 174.05 亿元，较 2019 年增加 1.33 亿元，增长 0.77%，占全国广播电视和网络视听服务业总收入的 1.89%。实现增加值 85.80 亿元，较 2019 年减少 2.93 亿元，下降 3.30%。财政补助收入 37.63 亿元，较 2019 年增加 2.42 亿元，增长 6.87%，占全国财政补助收入的 3.89%。实现创收收入 123.11 亿元，较 2019 年减少 2.96 亿元，下降 2.35%，占全国广播电视和网络视听服务业实际创收收入的 1.60%。其中，广告收入和网络收入 90.69 亿元，占全省实际创收收入的 73.67%，较 2019 年增加 2.51%；新媒体业务收入 10.76 亿元，占全省实际创收收入的 8.74%，较 2019 年增加 1.58%；其他创收收入 13.90 亿元，主要为有线广播电视平台、科技软件开发、视听演艺等业务收入。

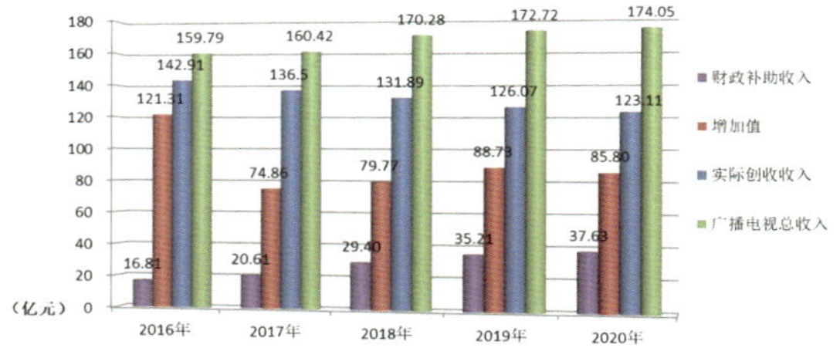

图 1　2016—2020 年全省广播电视和网络视听服务业主要经济指标

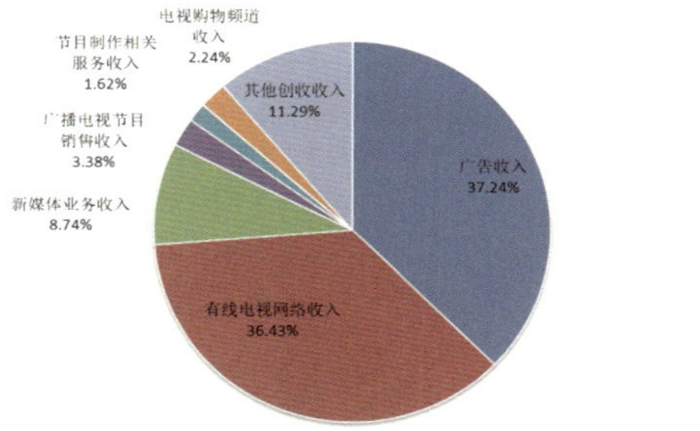

图 2　2020 年全省广播电视和网络视听服务业实际创收收入结构

二、新媒体业务收入增长迅速，网络视听佳作频出。2020 年，全省网络视听行业保持繁荣有序发展，网络电影《春来怒江》列入中宣部思想工作要点，在爱奇艺热播，《飞夺泸定桥》《生命摆渡人》《一家人》等入选总局重点剧目规划。全省实现新媒体业务收入 10.76 亿元，较 2019 年增加 1.73 亿元，增长 19.20%，占全国新媒体业务收入的 0.41%。其中，交互式网络电视（IPTV）收入 8.87 亿元，较 2019 年增加 0.74 亿元，增长 9.10%，占新媒体业务总收入的 82.42%；互联网视听节目服务收入0.21亿元，较2019年增加0.19亿元，增长10.96倍，占新媒体业务总收入的0.19%；其他新媒体业务收入1.68亿元，较2019年增加0.80亿元，增长91.02%，占新媒体业务总收入的9.76%。从地区分布来看，省级新媒体业务为主，市县级新媒体业务发展势头良好，发展潜力较大。省级新媒体业务收入9.24亿元，较2019年增加0.70亿元，增长8.24%，占全省新媒体业务收入的85.91%；市级新媒体业务收入1.48亿元，较2019年增加1.02亿元，增长2.21倍，占全省新媒体业务收入的13.75%；县级新媒体业务收入0.04亿元，较2019年增加0.01亿元，增长22.90%，占全省新媒体业务收入的0.34%。

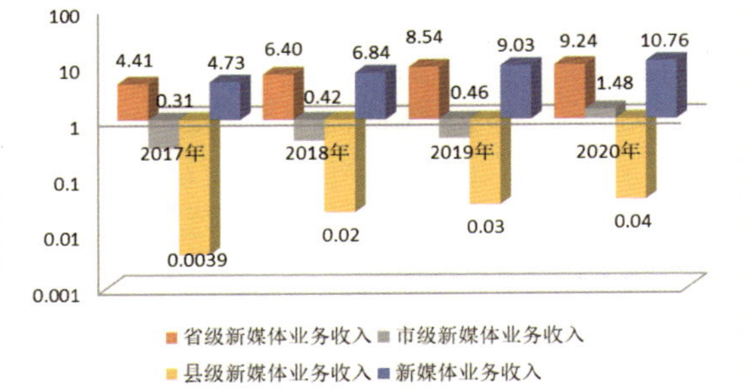

图3 2017—2020年全省新媒体业务收入

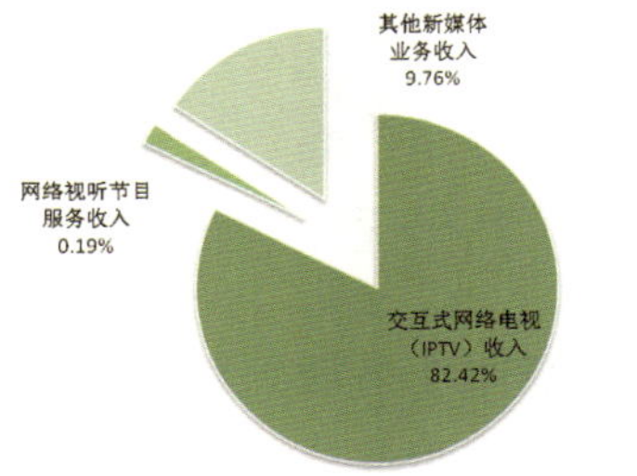

图4 2020年全省新媒体业务收入结构

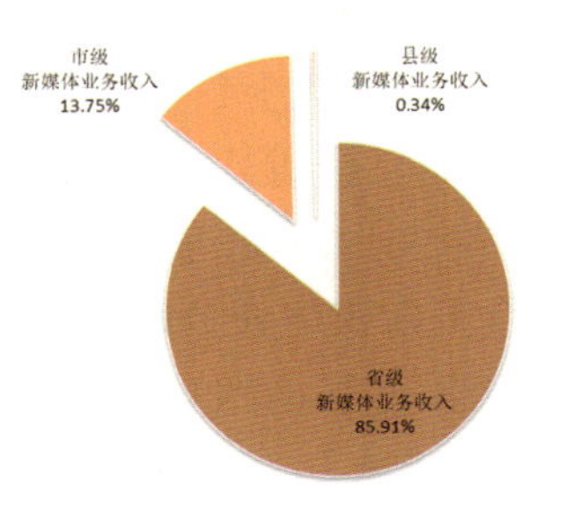

图5 2020年新媒体业务收入地区分布

三、广告收入结构进一步优化。2020年，全省广播电视广告收入有所下降，网络媒体广告收入持续增长。其中，省级广告收入比重下降较大，市级广告收入保持增长趋势。全省广告收入45.84亿元，较2019年减少1.45亿元，下降3.07%，占全国广播电视广告收入的2.36%。广告收入占全省实际创收收入的37.24%，较2019年下降0.27%。其中，广播广告收入7.48亿元，较2019年下降10.13%，占广告收入的16.33%；电视广告收入25.08亿元，较2019年减少14.69%，占广告收入的54.72%；网络媒体广告收入7.71亿元，较2019年增长47.36%，占广告收入的16.82%；其他广告收入5.57亿元，较2019年增加28.39%，占广告收入的12.14%。从地区分布来看，省级广告收入13.94亿元，较2019年下降18.56%，占广告收入的30.41%，同比减少5.78个百分点；市级广告收入27.73亿元，较2019年增长10.29%，占广告收入的60.49%，同比增加7.33个百分点；县级广告收入4.17亿元，较2019年下降17.20%，占广告收入的9.10%，同比下降1.55个百分点。

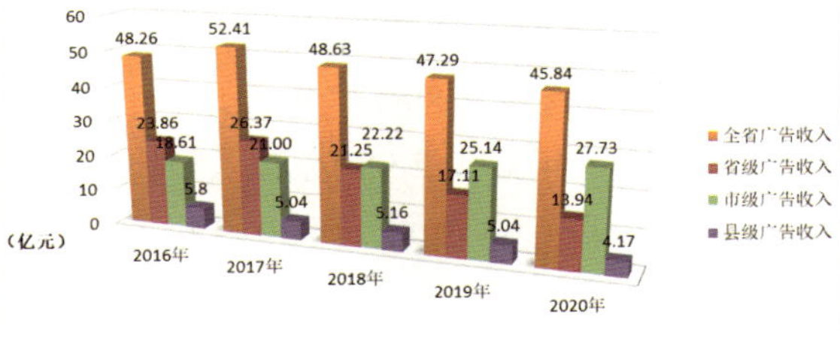

图6 2016—2020年全省广告收入

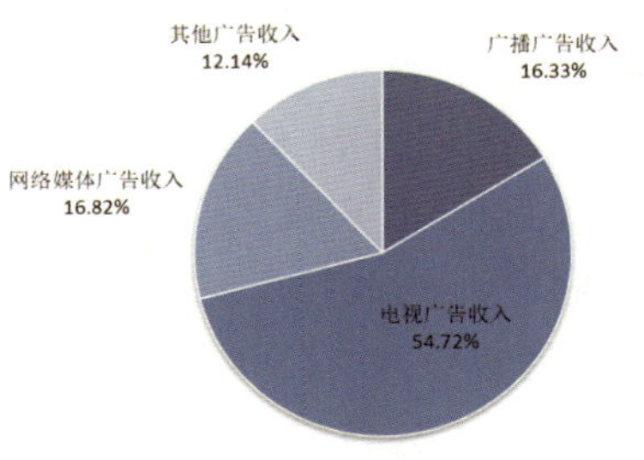

图7 2020年全省广播电视广告收入结构

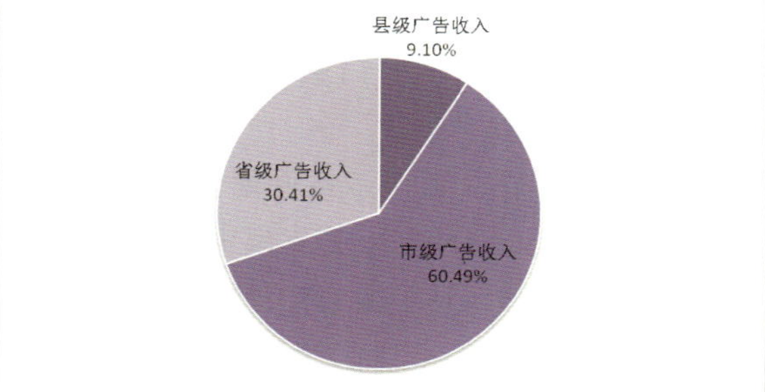

图 8　2020 年全省广播电视广告收入地区分布

四、广播电视综合覆盖率再创新高。广电公共服务工程提质增效，以实施惠民工程为抓手，大力推动中央和省级广播电视节目无线覆盖、广播电视无线发射台站基础设施建设、深度贫困县应急广播体系建设，广播电视基础设施和服务能力不断完善。2020 年，全省广播综合覆盖人口超 1 亿人，综合覆盖率 99.45%，同比增长 0.31%；电视综合覆盖人口超 1 亿人，综合覆盖率 99.59%，同比增长 0.49%。

图 9　2016—2020 年全省广播电视综合覆盖率

五、IPTV 用户规模持续增长，有线广播电视覆盖范围不断扩大。2020 年，我省交互式网络电视（IPTV）用户保持强劲发展势头，有线电视用户基本保持平稳，高清超高清用户稳步增长。2020 年，我省 IPTV 用户数达 1440.83 万户，同比增长 30.98%。有线广播电视覆盖用户 3454.89 万户，较 2019 年增加 245.21 万户，同比增长 7.64%；数字电视覆盖用户 3404.39 万户，较 2019 年增加 233.72 万户，同比增长 7.37%；双向电视覆盖用户 2186.73 万户，较 2019 年增加 221.87 万户，同比增长 11.29%。全省有线广播电视实际用户 1570.56 万户，较 2019 年减少 8.64 万户，下降 0.55%，其中，缴费用户 973.91 万户，较 2019 年减少 80.45 万户，下降 7.63%；有线数字电视实际用户 1451.27 万户，较 2019 年增加 2.69 万户，增长 0.19%，其中，缴费用户 930.61 万户，较 2019 年减少 118.14 万户，下降 11.27%。双向电视实际用户 490.45 万户，较 2019 年增加 120.08 万户，增长 32.42%，占实际用户的 31.23%；有线电视高清用户 633.09 万户，占实际用户的 40.31%；超高清（4K）实际用户 97.42 万户，占实际用户的 6.20%；有线电视网络互联网实际用户 316.09 万户，占实际用户的 20.13%。

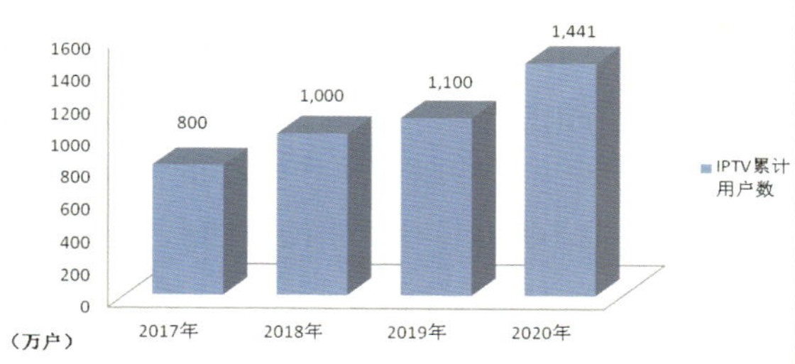

图 10　2017—2020 年全省 IPTV 累计用户

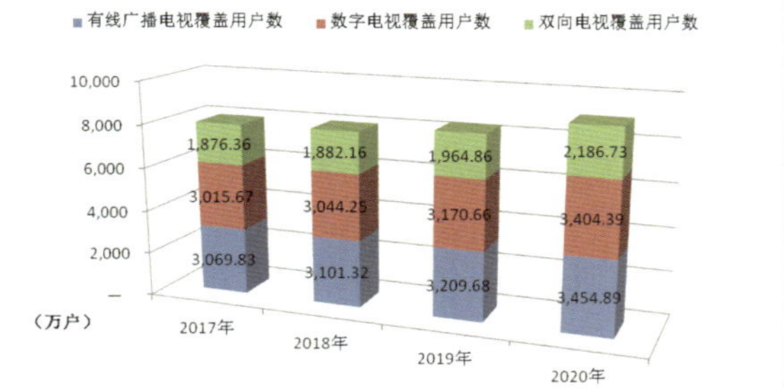

图 11　2016—2020 年全省有线广播电视覆盖用户

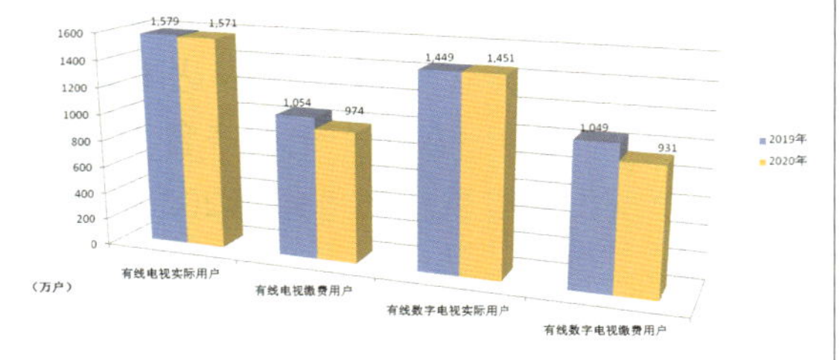

图 12　2016—2020 年全省有线广播电视实际用户

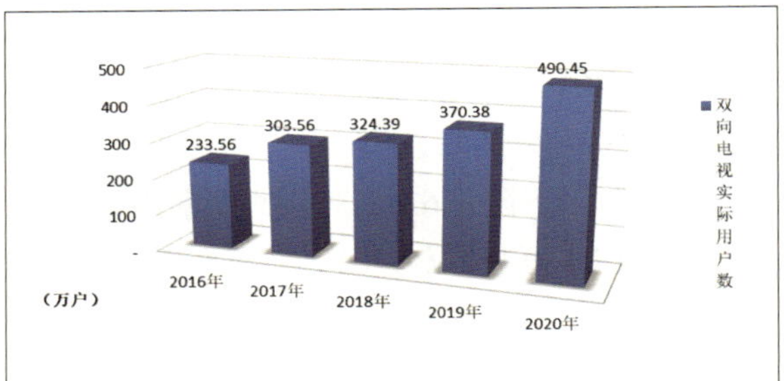

图 13　2016—2020 年全省双向电视实际用户

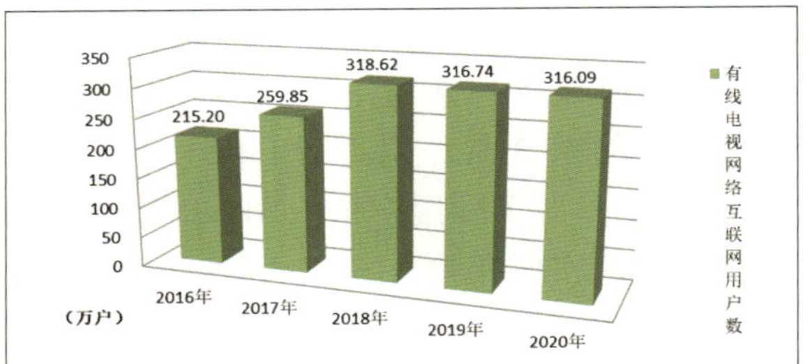

图 14　2016—2020 年全省有线电视网络互联网用户

六、精品创作规划不断完善，现实题材影视剧亮点纷呈。坚持以人民为中心的创作导向，深入实施“精品创作生产推进计划”“新时代精品工程”“突破网络视听工程”，推出了一批具有时代特征、展现山东形象的精品力作。《马向阳下乡记》荣获“五个一工程”优秀作品奖，《绿水青山带笑颜》《遍地书香》《如果岁月可回头》《经山历海》《温暖的味道》等电视剧取得良好口碑。广播电视节目出新出彩，创新创优效果明显，多部广播电视新闻作品荣获中国新闻奖，《孔府档案》《国学小名士》《齐鲁家风》《此时此刻》《美丽中国》《现在的我们》《传家宝里的新中国》《战国大学堂之稷下学官》等精品广播电视节目上榜总局广播电视创新创优节目及优秀国产纪录片名单。电视剧《遍地书香》收视率在全国省级卫视同时段黄金剧场电视剧中稳居前五，最高收视率达 1.295%；电视剧《奋勇向前》在山东电视齐鲁频道播出后，先后获得山东电视台齐鲁频道2020年度“收视王牌奖”、2021“城市之星”国剧颁奖礼“收视贡献奖”。2020 年，全省共审查发行电视剧 7 部 247 集，动画片 10 部 480 集。制作影视剧类节目 4030 小时，较 2019 年减少 11564 小时，下降 74.16%，占电视节目制作时间的 1.93%。

七、电视节目制作销售回落，纪录片持续增长。2020 年，全省电视节目制作销售额受疫情和市场环境等综合影响，整体规模缩水明显，纪录片、动画片制作销售情况整体向好。电视纪录片《给盲人讲电影》《开往春天的列车》获国家广播电视总局推荐播出；电视纪录片《大洋深处钓鱿人》获第 33 届金鸡奖最佳纪录片 / 科教片提名。全省电视节目制作投资额达 3.85 亿元，较 2019 年减少 3.71 亿元，下降 49.09%；电视节目国内销售额 1.85 亿元，较 2019 年减少 0.83 亿元，下降 30.90%。其中，电视剧制作投资额 1.60 亿元，较 2019 年减少 3 亿元，下降 65.21%；电视剧国内销售额 1.08 亿元，较 2019 年减少 1.48 亿元，下降 57.86%。动画电视制作投资额 6706 万元，较 2019 年增加 3601.89 万元，增长 1.16 倍，动画电视国内销售额 106.80 万元，较 2019 年减少 97.78 万元，下降 47.80%。纪录片制作投资额 1145.04 万元，较 2019 年增加 701.28 万元，增长 1.58 倍；纪录片销售额 1138.17 万元，较 2019 年增加 304.89 万元，增长 36.59%。

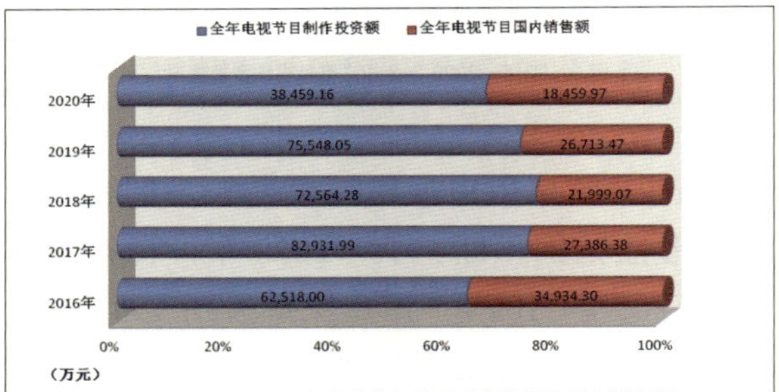

图 15　2016—2020 年全省电视节目制作投资及国内销售额

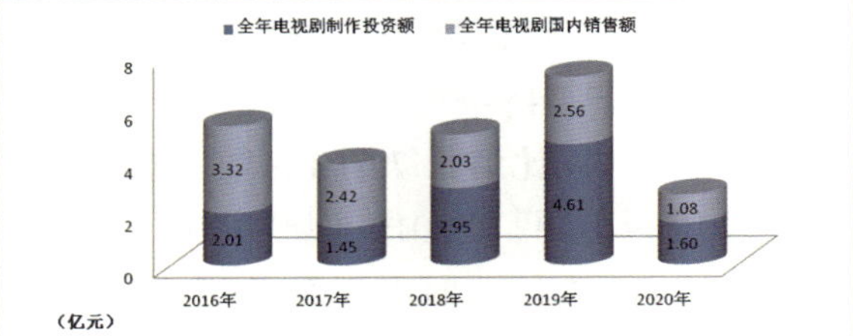

图 16　2016—2020 年全省电视剧制作投资及国内销售额

图 17 2016—2020 年全省动画片制作投资及国内销售额

图 18 2016—2020 年全省纪录片制作投资及国内销售额

八、人才队伍结构逐渐优化，专技人才队伍基本稳定。2020 年，全省广播电视和网络视听系统主动优化队伍结构，从业人员学历层次不断提升，人才队伍年龄结构趋向年轻化，专业水平进一步提高。2020 年，全省广播电视和网络视听从业人员达 5.47 万人，较 2019 年增加 1260 人，增长 2.36%。从学历分布来看，全省现有研究生学历 2062 人，较 2019 年增加 193 人，增长 10.33%，占从业人数的 3.77%；本科及大专学历43519人,较2019年增加841人，增长 1.97%，占从业人数的 79.60%；高中及以下 9090 人，较 2019 年增加 226 人，增长 2.55%，占从业人数的 16.63%。从年龄分布来看，全省现有 35 岁及以下 22444 人，较 2019 年减少 186 人，下降 0.82%，占从业人数的 41.05%；36 岁至 50 岁 24959 人，较 2019 年增加 748 人，增长 3.09%，占从业人数的 45.65%；51 岁及以上 7268 人，较 2019 年增加 698 人，增长 10.62%，占从业人数的 13.29%。从专技分布来看，全省现有专业技术人员 31620 人，较 2019 年增加 312 人，增长 1%，占从业人数的 57.84%，其中：编辑记者 12566 人，播音主持人 2480 人，工程技术人员 9132 人，艺术人员 1005 人，经营人员 3385 人，其他专业技术人员 3052 人。

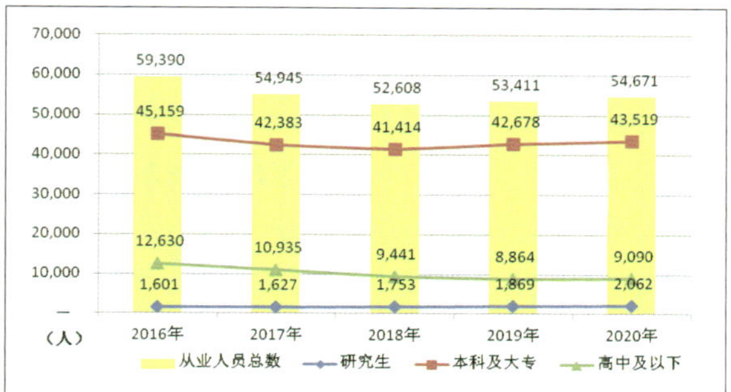

图 19 2016—2020 年全省从业人员（按学历分类）

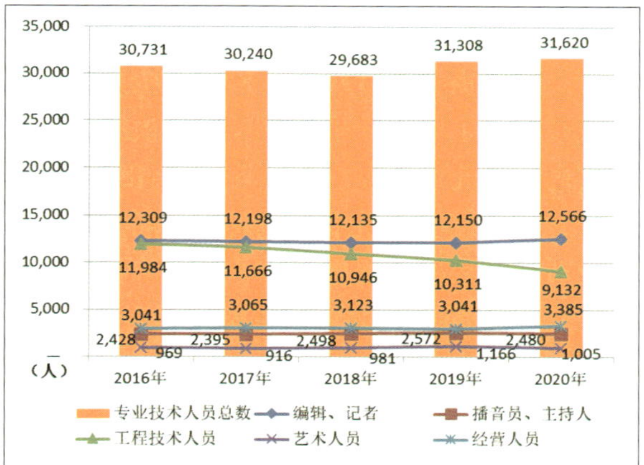

图 20 2016—2020 年全省专业技术人员

山东广播电视台2020年广播电视媒资版权开发运营及产业拓展情况

山东广播电视台媒资版权中心

2020年，在日益严峻的市场形势下，山东广播电视台媒资版权中心克服疫情影响等困难，以媒资管理运营为基础，多方位开拓营收渠道，初步建立以自有版权内容交易为主，版权代理交易为辅的版权创收模式，签署各类版权交易合同20余个，累计创收600万元。山东广播电视台融媒体资讯中心、山东卫视等不断开拓互联网、影视剧运营等，实现收入190多万元。

山东广播电视台媒资版权中心全力推进本台版权节目走出去，采用打包销售模式，先后与省内、湖北、浙江、福建等地的各级电视台合作，销售《齐鲁先锋》《非尝不可》等自有版权节目。积极开展影视剧、外台节目版权交易的发行代理服务，先后与省内各市县台、北京、福建、四川等地多家电视合作，交易《穿越经典》《宝贝厨房》等多部节目、影视剧。积极开拓社会化服务和大型纪录片、专题片项目版权运营工作，产业范围得到拓展。

山东广播电视台电视卫星频道与齐鲁音像出版社等合作，交易电视剧《我的小姨》《越活越来劲》《温暖的村庄》《平凡的世界》《在远方》等，增收近60万元。

山东广播电视台融媒体资讯中心与百度、今日头条、腾讯、凤凰网等开展版权合作，合作模式主要是在新媒体平台开设账号获得收益分成、销售图片等，共创收130多万元。从过去免费甚至付费给互联网提供内容，转变为平台、内容合作收益分成。

济南广播电视台产业发展报告

济南广播电视台

2020年，济南广播电视台深挖产业资源，创新经营模式，产业进一步发展。

一、加强与政府部门合作，提升广电+政务+公益平台价值

依托"济南市公益广告设计制作中心"，成功主办2020年度第五届公益广告大赛，与央视、中广协、全国户外数字媒体联盟联手，推出防疫抗疫为主题的公益广告。整合户外移动媒体，打造应急广播信息服务平台、公益宣传平台，加快广电新基建和5G应用，加强平台服务聚合和精准分发。围绕济南市委市政府中心工作，大力发展政务产业版块，打造引领产业发展和品牌的"头部经济"，先后开展创建全国文明城市宣传服务、济南市委市政府重要工作会议保障服务、新旧动能转换系列重大活动、济南跨国公司高峰论坛等系列宣传服务。搭建"赢商下午茶"平台，为线下产业开发、政企合作提供服务；组建"短视频微纪录片制作中心"，为政府企事业单位打造制作短视频精品。与济南市委编办合作的"基层治理创新的济南模式"全媒体宣传服务、"制度创新的济南答卷"全媒体宣传服务项目，连续两年获得济南市委市政府"创新奖"。

二、依托济南广电媒体港大厦，加快建设中国（济南）新媒体产业园

坚持高点定位，优化营商环境，与济南高新区管委会共建新时代文明实践中心，与济南动漫协会会长单位山东馨漫园动漫文化有限公司共建国家级动漫产业基地，与山东省文化创意设计行业协会会长单位泉韵历山共建山东文创产业基地，引进省内唯一一家省级技术密集型环保科研机构山东生态环境设计院，引入人民网、中科院、澎湃新闻相关产业项目落户媒体港；建成并成功运营全国首个市民文明行为激励回馈平台暨智慧管理总平台。挂牌济南电商直播基地，中国（济南）新媒体产业园作为济南市唯一一家入选2020年省级数字经济园区（示范），立足"新媒体+文化+科技"，助力打造构建链接京津、沪杭互联网版块的新媒体产业高地。

三、创新营销模式，对接市场，拓展营收空间

与海尔产城创合作，推出"泉水盛宴秀美济南"璀璨之夜明湖演出，创单体活动营销收入新高。打造社交电商平台，探索"线上+社群+直播"营销新模式，推动广播私域流量社群发展，两月建立社群60多个，私域流量近2万人。探索音乐LIVESHOW、脱

口秀等“小剧场”商演，发掘地产、旅游、家装等行业创收潜力，为企业量身打造“云直播”“云看房”等活动。试水社交圈层建设运营，垂直深耕生活服务类节目，打造线上线下一体化创收模式。高质量完成中国农民丰收节、“庆丰收迎小康”品牌农产品展销会、抗战历史图片展、泉城交通成就展、山东省德国凯傲智能叉车和中国重汽智能网联重卡二期项目开工、全市重点工作攻坚年观摩评议、山东首届文旅博览会等产业项目，与老龄委等政府部门共建芳华俱乐部，成立老年人大学社区教学点，举办中老年电视梦想秀，不断做强老年产业版块。

烟台广播电视台产业发展情况

烟台广播电视台

一、购买电视局、纪录片情况

2020 年，烟台广播电视台共买进电视剧 37 部，1737 集。纪录片 3 部，共 288 集，购买量较 2019 年有所增加，具体参见表格。

单位名称	购买项目	购买数量	
		2019 年	2020 年
烟台广播电视台	电视剧	37 部 1494 集	37 部 1737 集
烟台广播电视台	纪录片	3 部	288 集

二、2020 年度影视制作基地生产经营情况

2020 年，烟台广播电视台影像制作中心发挥在市场化运作与精品创作中的推动作用，巩固电视媒体在专业影像服务领域的优势地位。面对新冠肺炎疫情全员坚守，创作系列短视频助力抗疫；围绕全市重大项目先后制作《三重起宏图》《裕龙岛开工》《自贸区一周年》等视频；并承担 8K 烟台城市宣传片、8K 烟台开发区宣传片、8K 全市高质量发展形象片精尖视频任务，《复兴路上》《老兵口述历史》优秀纪录片项目。全年共制作视频 122 个，总时长超过 600 分钟，特效占比超过 40%，初步实现“出精品、创名作”的发展目标。烟台广播电视台影像制作中心在做好影视精品的同时，转变服务客户理念，努力做到“服务一次，绑定一家”，已与多家客户签订长期影像服务合作协议，全年实现经营创收超过 300 万元，参与带动全台经营创收超过 400 万元。

三、2020 年度广播电视广告经营创收情况

烟台广播电视台广播电视广告全年经营创收总额为 10165.21 万元。

潍坊电视台新媒体产业经营情况

潍坊电视台

潍坊电视台融媒体中心充分利用新媒体手段，促进产业发展经营，利用重点新闻宣传、大型活动推广、品牌策划营销、新媒体传播加力等，打造城市主流媒体强势品牌宣传推广平台，构建全方位立体化的品牌宣传推广营销体系。

着力打造“潍坊微直播”平台，注重“指尖上的潍坊”“金融潍坊”“健康潍坊”等微信公众号的营销，以及与本台融媒体矩阵平台的互动，为客户创造新的传播渠道，不断刷新收看记录，粉丝不断增加，影响力与日俱增，大小屏互动更具传播价值。

2020 年，潍坊电视台潍坊微直播平台利用原有平台优势，占领疫情防控宣传主阵地，紧抓新闻时效性，还原事件真实性，策划多场重大事件的新闻直播，私域流量粉丝数突破 117 万，全年共直播 107 场次，总播放量达到 3370 万次。同时，利用平台优势满足客户新形势下营销宣传需求，瞄准目标群体，精准营销。为客户量身定制个性化营销宣传方案，取得良好社会影响。

拓宽渠道：电视 + 电商。重点在新媒体和新渠道上下工夫，重点研究电商渠道，充分利用电视台自身平台优势细分市场，致力于打造本台自有产品销售网络，进一步扩大影响力。6 月份举办的妇联公益扶贫直播带货、“我是优品推荐官”网上直播带货、金宝车展等大型活动也为新形势下活动营销做积极的尝试，在媒体经营转型升级上进行积极探索和实践。“我是优品推荐官”山东吃货节带货直播每天直播 12 小时，连续 3 天，创造全台直播时长和直播模式的新纪录。10 月份的金宝车展、11 月份的“祖国颂”诵读大赛、资本论坛等大型活动和城市经济金融论坛扩大了潍坊电视台的影响力，达到了预期的效果，社会反响良好，经济效益得到好的回报。

威海市广播电视产业发展基本情况

威海市文旅局

一、新媒体产业发展情况

2020年全市实现广播电视广告收入10239.40万元，占全市实际创收收入的88%，较2019年减少974.64万元，同比下降8.69%。2020年全市网络媒体广告收入300.37万元，较2019年增加188.72万元，同比增长169.03%。新媒体井喷式发展严重冲击了传统广告营收渠道，广播电视实际创收收入结构发生变化。传统广播电视广告收入下降，新媒体广告收入增长明显。

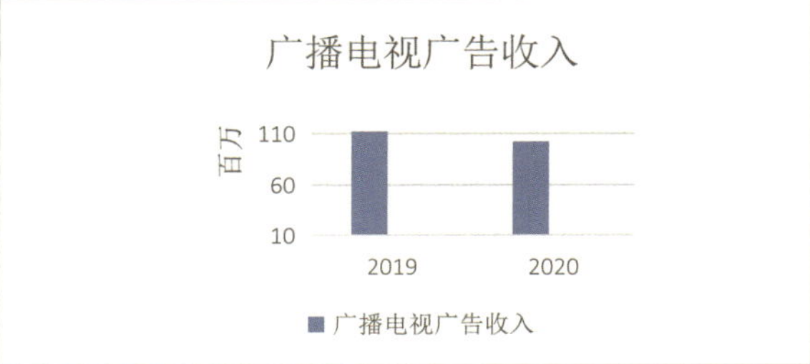

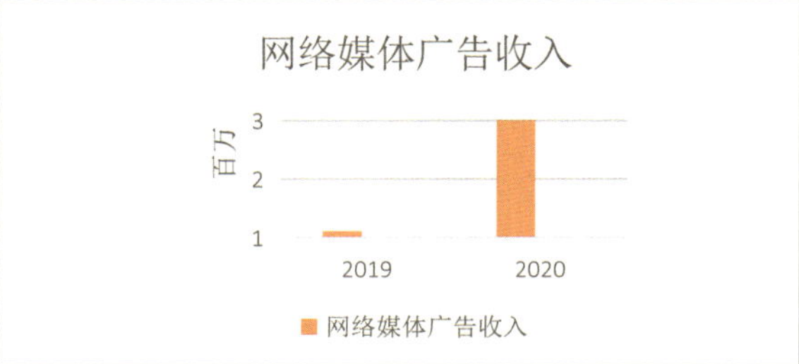

二、广播电视行业发展情况

2020年，全市现有广播电视节目制作经营单位33家，较2019年新增5家。广播电视行业涌现多部精品优品，昆嵛影视摄制的短片《人性的灵光》获山东省抗击疫情主题优秀网络视听作品。火龙影视摄制的纪录片《大洋深处鱿钓人》获金鸡奖最佳纪录/科教片提名，并入选广电总局国产纪录片推荐播映计划和山东省影视精品专项资金项目。青年影视摄制了反映右玉情怀的电影故事片《塞上暖阳》。电影故事片《天鹅湖之恋》《胶东乳娘》均已经杀青，正在进行后期制作。

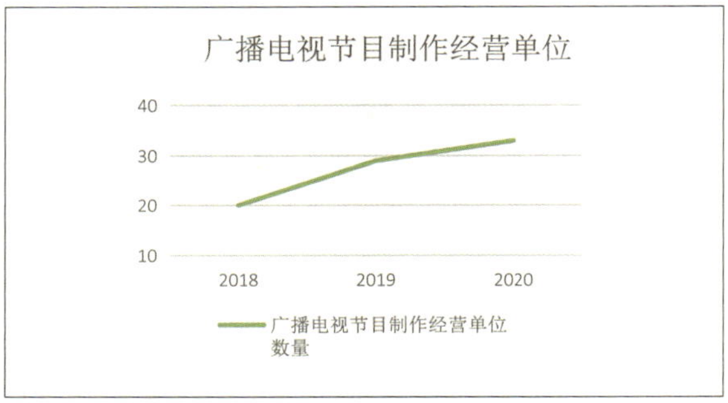

滨州市人民广播电台新媒体和其他产业发展情况

滨州市人民广播电台

一、直播帮扶活动

为助力企业复工复产，2020 年 6 月 11 日，滨州市人民广播电台正式启动主题为“脱贫攻坚奔小康，复工复产一起帮”的“931 公益云展销”活动，在滨州贫困村中选取具有产业发展潜力的、具有特色农产品生产加工的村进行对接帮扶。为商家免费提供直播平台，主持人到帮扶产地或者商家所在地，现场实地直播，通过视频直播的方式让听众看到商品的样子、了解商品的性能，让听众花最少的钱买到品质好的商品。

6 月 11 日活动正式开启以来，通过广播招募到需要帮扶商家 385 家，滨州交通音乐广播成立直播小组，筛选出需要帮扶商家 309 家，每周一至周五上午 10:00—12:00，晚上 19:00—21:00 为视频直播带货时间，直播总次数达 260 次，帮扶商家 309 家，帮扶商家获益 60 万元。

二、滨州大剧院儿童艺术团

2020 年 7 月 12 日上午 9 点，滨州大剧院儿童艺术团 931 戏剧表演班成立仪式在滨州大剧院隆重举行。931 戏剧表演班由滨州保利剧院、滨州交通音乐广播共同发起成立。通过专业表演教师团队的训练，孩子们能在舞台上独立演出儿童剧，并有机会参与保利大剧院的全国巡演。2020 年 7 月 12 日，931 表演班选拔小演员拉开帷幕，经过海选、复赛、决赛的层层严格选拔，从报名的 268 名小演员中选出 80 名，在老师的专业指导下练习声音、表情、动作、台词等基本功，12 月份小演员们成功参演了童话儿童剧《三只小猪》。自 931 戏剧表演班成立以来，共成功演出 8 场次，扩大了电台的影响力，获得了较好的社会反响。

三、“听见广播”

2020年在电台领导的带领下，全体人员创新发展思路，和新媒体平台有效整合，实现电台的创新发展。综合广播、交通音乐广播、文艺广播利用“听见广播”这个平台，实现了节目的可视化直播，打破传统单一的传播形态，在原有听觉的基础上，打造立体传播方式，形成以声音、文字、图片等用视频形式呈现的多元传播形态，更好地展现电台形象、提升电台影响力。

四、“滨州之声·今日头条”

继续打造“滨州之声·今日头条”的品牌影响力。2020年，滨州之声头条号粉丝3万人，较之前增加11000人，发布文章1936篇，其中舆论监督160余篇，滨州市大型活动类130篇左右，全年总推荐量1.1亿，总阅读量1200万人次，粉丝阅读量近68万，评论1.4万条。其中，多篇监督性稿件受到社会各界关注。同时，对于省委、市委最新政策解读、最新活动做到了及时跟进，各县区新闻发稿420篇，做到了兼顾全局。

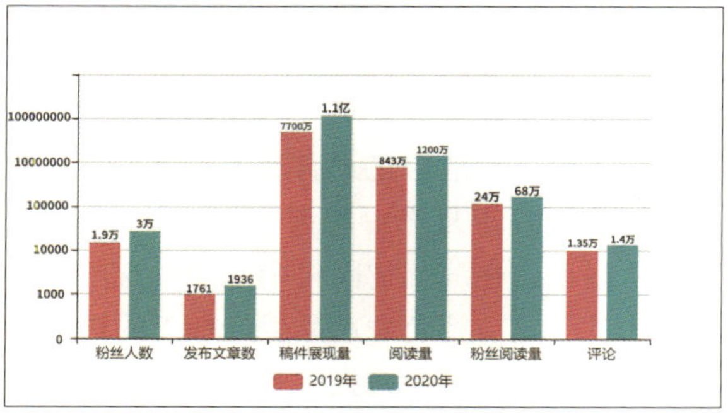

2019年—2020年滨州之声“今日头条”粉丝及稿件情况

编辑：金红

公共服务

全省广播电视公共服务情况

一、播出机构与频率建设等情况

全省有广播电视播出机构 119 家，广播、电视综合人口覆盖率分别达到 99.44% 和 99.54%。一是开展违规用频治理行动。对我省的调频广播频率违规情况进行核查和整顿，开展为期 3 个月的频率收测行动，全面了解、密切追踪我省广电系统内违规用频整改进度，并积极协助广播电视播出机构办理相关用频手续，确保广播电视用频安全。二是加强对频率的统一管理和顶层设计，对长期未进行重新登记和换证的乙类许可频率进行清理，确保无线电传输秩序规范可控。

二、传输覆盖网络等基础设施建设情况

一是实施广播电视无线数字化覆盖补点工程，提升综合覆盖率。顺利完成 16 个台站建设任务，不断扩大广播电视覆盖，全省广播、电视综合人口覆盖率为 99.44% 和 99.54%，比“十二五”末分别增长 0.66% 和 0.99%。二是开展网站漏洞扫描和渗透性测试，提升网络安全防护水平。委托广电总局监管中心对省内持证及备案视听网站进行漏洞扫描，并选取 3 家省内影响较大的广播电视和网络视听行业信息系统进行了渗透性测试，及时发现安全漏洞，为实现行业网络安全监督管理提供抓手，为被测单位及时修复安全漏洞提供技术依据，整体提高被测系统的安全保障能力。

三、广播电视村村通情况

8566 个省定贫困村全部实现有线电视村村通，符合安装条件的贫困户全部接入有线电视信号。

四、国家应急广播体系建设

一是加强顶层设计。联合省委组织部、省委宣传部、省财政厅、省应急管理厅等印发《关于推进山东省应急广播体系建设的实施意见》，为各地开展应急广播建设提供政策支持和机制保障。二是充分发挥应急广播的优势，助力新冠肺炎疫情防控和全省防汛工作。在全省疫情防控和防汛防涝的关键期，及时协调山东交通广播启动应急机制，迅速推出疫情防控宣传特别节目 108 期和防汛减灾宣传特别节目 60 期，推送给各地应急广播平台进行播出，有效保障了疫情防控、防汛指挥等服务需求。三是做好 2020 年深度贫困县应急广播建设工程有关工作。对 2020 年度中央财政给予补助的 8 个深度贫困县应急广播体系建设技术方案进行论证，并及时对工程建设情况进行实地督导，确保年底前完成工程建设。四是开展应急广播传输适配体系建设，全省 54 套传输适配设备已经全部完成安装调试和系统对接，实现了与省应急厅、省广播电视台、省广电网络公司以及全省部分县级应急广播平台的互联互通和数据交换。

五、公共服务体制机制、传播方式与技术创新情况

一是制定《关于切实加强全省广播电视公共服务体系建设的实施意见》，研究提出了未来五年公共服务体系建设目标任务。对深度贫困县应急广播体系建设工程、广播电视无线发射台站基础设施建设工程开展督导检查，工程建设进度和资金执行力度不断提高。二是开展模拟关停和数字化过渡工作。成立了全省地面数字电视700兆赫兹频率迁移工作领导小组，统一部署推动相关工作。指导各地制定工作计划，完成模数过渡期间的信息核查、政策宣传、频率调整等各项准备工作，下发《山东省地面模拟电视节目关停方案》，10月底地面模拟电视节目全部关停，地面电视节目已全部实现了数字化传输。三是开展超高清电视节目无线发射实验。在局属泰山转播台开展CCTV—4K超高清电视节目无线发射试验，也是国内首次在高山骨干台采用大功率传输超高清电视节目，为推动全省乃至全国广播电视传输技术转型升级具有重要意义。

六、政策与法治建设

健全完善行政执法“三项制度”和工作机制。印发《行政执法信息公示制度》《行政执法全过程记录实施细则》《重大行政执法决定法制审核实施细则》，保证执法行为有规可依。制定法治工作要点，确定33项具体任务。将法治学习情况、重大事项依法决策情况等作为年度述职考核的重要内容。严格落实法律顾问制度和规范性合法性审查制度，法律顾问全程参与涉及法律的相关工作，立法、重大执法决定、合同签订及信访处理等均审核把关。建立了以局办公室（政策法规处）人员为主体、律师事务所律师参加的法制审核队伍。认真学习《关于印发〈山东省司法厅关于行政规范性文件认定的指导意见〉等四个文件的通知》，编写规范性文件合法性审核明白纸，按步骤、按程序进行审核并备案，备案规范性文件和行政规范性文件3件。印发《关于实行“谁执法谁普法”普法责任制的实施意见》《普法工作计划》《普法工作清单》，协调各级广电媒体和网络视听节目服务机构，广泛开展法治宣传教育月和宪法宣传周活动，在全社会营造了尊崇法治的浓厚氛围。编制全省广播电视系统证明事项通用目录和实施清单，开展法治宣传教育月和宪法宣传周活动。落实集体学法制度，举办全省电视剧业务培训、网络视听节目精品创作传播等专题培训。

七、广播电视与网络视听治理情况

一是强化网络空间治理。扎实开展“净网2020”专项整治行动，对全省视听网站、移动APP、直播平台、点播平台、互联网电视接收设备、公共视听载体等开展专项治理，坚决打击违法违规传播视听节目行为，并对未持证视听网站开展登记工作。专项整治活动期间共查处违规网站57家，公共视听载体违规播放广播电视节目1起，违规开展互联网电视和视频点播业务2起。全年共查处违规网站109家。开展网络视听网站和IPTV平台的违规广告清理和违规内容清查活动，共清理整治28部违规节目；组织监测中心开展清查假冒我省广播电视机构在“两微一端”设立的账号，共清查出违规账号79个，提交省委网信办处理。二是持续开展打击治理“黑广播”违法犯罪专项行动。试点部署了“黑广播24小时不间断轮巡自动发现”系统，为各地查获的“黑广播”设备提供检测鉴定服务，有效压缩“黑广播”的生存空间。截至目前，我省共收集“黑广播”线索113条，全省各地查处案件71起，缴获非法设备71台（套），抓获犯罪嫌疑人1名。三是开展违规用频治理行动。对我省的调频广

播频率违规情况进行了核查和整顿，开展为期3个月的频率收测行动，全面了解、密切追踪我省广电系统内违规用频整改进度，并积极协助广播电视播出机构办理相关用频手续，确保广播电视用频安全。

（省局办公室提供）

济南市广播电视公共服务情况

一、全面完成电视户户通行业扶贫工作

按照省广电局、省财政厅《关于进一步推进全省电视户户通扶贫工作的意见》（鲁新广发〔2018〕13号）要求，济南市文化广电新闻出版局、济南市财政局印发《关于进一步推进全市电视户户通扶贫工作的意见》（济文广新字〔2018〕52号），济南市文化广电新闻出版局下发《关于进一步推进全市广播电视行业扶贫工作实施方案》（济文广新办字〔2018〕85号），2020年，对全市广电扶贫工作完成情况进行抽查，检查户户通工作完成质量，了解贫困户的满意度。同时，根据抽查的情况，召开全市电视户户通工作会议，对督导检查中出现的问题进行梳理解答，对扶贫收尾工作进行再部署。全市建档立卡享受扶贫政策的51491户，共完成46779户安装任务（安装有线数字电视41024户，安装无线地面数字电视91户，安装直播卫星5664户），因死亡、自主放弃安装、没有电视终端等原因导致的无法安装的共4712户，全面完成户户通扶贫任务。

二、大力推进应急广播体系建设

按照省局统一部署，2020年9月，济南市文旅局联合济南市委组织部、宣传部，市财政局、应急管理局印发《关于推进济南市应急广播体系建设的实施意见》（济文旅发〔2020〕79号），对全市应急广播体系建设作出部署。多次组织专家论证，结合全市实际制定《济南市应急广播体系建设方案》，按照济南市有关规定，济南市文旅局起草《关于推进应急广播体系建设的请示》（济文旅字〔2020〕54号）并呈报济南市政府。

（济南市文旅局）

枣庄市广播电视公共服务情况

一、做好广播电视、网络播出基础工作

组织开展地面数字台站相关信息核查工作，对地面数字电视频道相关的发射信息，包括台站的基础信息、天馈线系统、数字电视发射设备、信号源系统等进行核查；按照总局、省局要求，部署地面模拟电视节目关停工作。

二、省级电视节目数字化覆盖工程和应急广播体系建设有序推进

积极推进广播电视公共服务标准化、均等化，充分发挥中央和省级无线数字电视覆盖工程使用效益，为全市城乡居民免费提供24套无线数字电视节目，较好地保障了人民群众的基本文化权益。联合有关部门转发《关于推进山东省应急广播体系建设的实施意见通知》，明确应急广播体系建设任务；转发《山东省应急广播体系技术系统建设规划》《应急广播平台工程建设技术标准》等通知，规范应急广播平台建设标准；组织报送应急广播体系建设情况，明确下一步应急广播建设工作任务和发展目标；组织播出机构赴南京、苏州、宁波等地考察应急广播建设情况，学习先进经验。

三、全面完成广电扶贫任务

按照《全省广播电视户户通扶贫工作推进方案》工作要求，统筹有线、无线、卫星三种方式，积极开展广电行业扶贫工作。全市共为符合条件的贫困户安装有线电视4.1万户、无线机顶盒4400户、直播卫星358户，全面完成广电扶贫任务。认真落实年度电视扶贫户户通扶贫资金，保证脱贫仍享受政策贫困户收看数字电视。

四、制作播出公益广告

全年共制作各类公益宣传信息数千条，在广播、电视、网站、客户端等旗下传播平台制作播发各类公益广告，收到良好社会效果。枣庄广播电视台广播各频率公益广告播出250多万次，累计6.25万分钟；电视三个频道公益广告一天播出时长约4小时，全年共播出1460小时，因为公益宣传成绩突出，2020年5月枣庄广播电视台被山东省广播电视局评为优秀播出机构。

五、市级台高清化改造及县级融媒体建设

枣庄广播电视台电视新闻频道完成高清化改造任务，实现高清化播出。全市各区（市）融媒体中心相继建设完成并投入使用，其中滕州市融媒体中心以高分顺利通过省委宣传部组织的全省融媒体中心验收，以排名第二的成绩被山东省新闻工作者协会评为“全省融媒体中心先进单位”，通过省文明委验收跻身“省级文明单位”的行列。2020年度荣获全省“电视宣传先进集体一等奖”“广播宣传先进集体一等奖”“融媒体宣传先进集体”“山东省县级融

媒体中心先进单位”“省广电局统一供片先进单位”“枣庄市新闻报道先进集体”“枣庄广播电视台广播新闻宣传集体记者一等奖”。

（枣庄市文旅局）

东营市广播电视公共服务情况

一、提升广播电视传输覆盖能力

一是改善和提升传输保障能力。加强基层无线发射台站基础设施维护，提升基层台站传输保障能力。二是提升农村有线（网络）电视通达率。在山东广电网络东营分公司努力下，市乡镇有线电视联网率、农村有线电视数字化率快速提升。三是开展有线电视网络覆盖、无线补点覆盖和户户通补点安装。结合广播电视基层服务网点建设，进一部畅通农村群众购买直播卫星户户通接收设备渠道。

二、加快应急广播体系建设

一是由东营市文旅局牵头，成立东营市应急广播体系建设工作领导小组。二是与东营市应急管理局对接，与东营市域社会治理平台统筹，共同建设市级应急广播平台。三是起草《东营市应急广播体系技术系统建设规划》（征求意见稿），向各县区文化和旅游局、东营市广播电视台、东营市广电网络公司等相关部门征求意见。四是组织相关人员赴无锡、淮安等应急广播建设的先进地区进行实地考察，并联系专业应急广播建设公司，对应急广播建设进一步进行规划。五是加强县级应急广播平台建设。河口区、广饶县、利津县三个县区分别购买了16万的应急广播传输设备，由中标公司统一进行安装调试。

三、强化优质内容有效供给

引导广播电视制作及播出机构创作更多精品佳作。组织开展2019年度优秀广播电视节目评审会议，共收到来自东营市广播电视台、各县区广播电视台的参评作品297件，创近年来报送作品数量、质量新高。抗击新冠肺炎疫情期间，制作播出大批普及防疫知识、鼓舞斗志的优秀网络视听节目，充分发挥了强信心、暖人心、聚民心的作用，为打赢疫情防控阻击战做出重要贡献。与东营市委宣传部、教育局、团市委联合开展“弘扬社会注意核心价值观共筑中国梦”主题原创网络视听节目征集活动，共收到网络电影、网络纪录片、短视频等原创网络视听节目196件，择优推荐至省局参加网络视听节目大赛。5月份，省广电局公布2019年度广播电视公益广告评审结果。东营市共获得二等奖1个，三等奖5个，利津县广播电视台被表彰为优秀传播机构，东营市文化和旅游局被表彰为优秀组织机构。同时，利津县广播电视台被省广电局推荐为全国优秀传播机构。6月份，在省广电局开展的2017—2019年度优秀广播电视节目（电视文艺类）评选中，《一鸣惊人》被评为优秀戏曲节目、《牛家村换届风云》被评为优秀电视动画节目。

四、加强广播电视行业扶贫

召开全市广播电视行业扶贫工作调度会议，

对全市广播电视行业扶贫任务提出具体的完成时限和要求。对全市所有建档立卡贫困户进行逐户核查，全力以赴做好免费安装、免收视费等广电扶贫政策的落实情况。截至5月31日，全市12413户建档立卡贫困户和即时帮扶户已经进行逐户排查，并全部落实广播电视行业扶贫政策，完成2020年度广播电视行业扶贫任务。

（东营市文旅局）

潍坊市广播电视公共服务情况

潍坊市广播电视坚持内容供给和基础建设并重，补短板、强弱项、提质量，稳步提高广播电视公共服务均等化水平，提高社会满意度。

一、大力推进应急广播“村村响”工程建设

8个县市区、开发区已完成应急广播体系建设。高新区自主创新研发了全国首款应急广播户户通智能客户端。根据《山东省委组织部等部门关于推进山东省应急广播体系建设的实施意见》，联合5部门下发通知，明确了建设单位、用管责任，及早制定规划、申请资金，按照技术标准，科学制订技术方案，确保按时保质完成体系建设，做到建得好、管得住、用得上，能够长期稳定发挥作用。

二、巩固提升广播电视户户通成效

以让所有符合条件的建档立卡贫困户实现户户通为目标，截至2020年底，免费为全市50715户建档立卡贫困户免费安装有线电视，完成率为100%。主动协调财政部门，确保已脱贫仍享受政策贫困户免费收看数字电视。

三、实现电视新闻频道高标清同播

潍坊市广播电视台四个频道的节目实现了高标清同播，在有线电视网络中同频道序号传送，高清信号覆盖中心城区，标志着市级广播电视节目迈入了高清时代。各县级播出机构的采制摄录设备、演播室节目采集设备、非编编辑制作设备、播出设备基本均已全部实现高清化升级，已经实现采集、编辑、播出全部高清化。

四、实施广播电视节目无线数字化覆盖工程

2018年，全市中央、省级广播电视无线数字化覆盖完成，2019年完成昌邑市无线数字化覆盖补点工程，2020年实施诸城市无线数字化覆盖补点工程，加快推进全市广播电视节目无线数字化全覆盖。认真做好中央广播电视节目无线数字化覆盖运营维护工作。

（潍坊市文旅局）

威海市广播电视公共服务情况

一、充分发挥应急广播村村响工程效能

面对新冠疫情，立即启动全市已经建设完成的4100余个应急广播大喇叭，滚动播报权威疫情信息，覆盖范围内有效实现了防控宣传无死角，覆盖人口达68.7万人。应急广播在此次疫情防控中发挥了极其重要的作用，成为各级基层政府及时发布疫情信息、政策宣讲和疫情预警的重要平台。向大数据部门和财政部门提出资金申请，谋划建设市级应急广播平台，实现对上与省级应急广播平台对接，对下与县、镇街、村居应急广播系统对接，形成中央、省、市、县四级应急广播系统的上下联动、统一协调、上下贯通、可控可管、综合覆盖的应急广播体系。

二、继续推进广播电视行业扶贫工作

做好广播电视行业扶贫收尾工作，为充分落实广播电视行业优惠政策，继续通过政府补贴、广电网络公司减免的方式，为全市近1.4万户省定贫困户免费安装有线电视，保障省定贫困户可免费收看70套以上的有线电视节目。

三、运行维护好广播电视节目无线数字化覆盖工程

继续保障广播电视节目无线数字化覆盖工程正常运转，充分利用有线频道资源，发挥无线台站基础设施优势，进一步提升广播电视传播力和公共服务水平，实现覆盖区域内的群众可免费收看20余套中央、省、市县电视节目。

（威海市文旅局）

日照市广播电视公共服务情况

一、推进广电扶贫工作

认真落实广电扶贫政策，积极推进广电扶贫户户通工作，共为符合安装条件的43144户建档立卡贫困户免费安装有线电视。开展中央广播电视节目无线数字化覆盖工程运维工作，确保安全优质高效地把党和国家的声音传入千家万户。

二、推动应急广播体系建设

会同日照市委组织部、市委宣传部、市财政局等部门转发了《关于推进山东省应急广播体系建设的意见》，组织有关人员外出学习考察，应急广播体系建设资金已列入财政预算，确保按要求完成建设任务。

三、开展智慧广电建设

由山东广电网络有限公司日照分公司打造的“灯塔—日照先锋”智慧党建平台入选国家广电总局智慧广电案例生态建设类入围奖。推动市级台高清播出工作，日照广播电视台三个电视频道高标清同播获国家广播电视总局批复，全部实现高清节目制作、高清化播出，进一步满足了群众精神文化需求。

四、抓好安全播出

进一步规范广播电视播出秩序，完善安全播出方案，做好应急预案的演练。围绕春节、两会等安全播出重要保障期，组织开展行业安全大检查，及时排查消除隐患。组织广电行政部门、广播电视播出机构及广电网络公司加强值班备勤工作，完善安全播出应急监听、监视等机制，及时传达各类安全警示，顺利完成了重要保障期的安全播出任务。规范广告播出行为，加强对养生类节目和医疗药品、美容减肥、食品保健品等类别广告的监管力度，严格执行养生类节目报备制度。

（日照市文旅局）

德州市广播电视公共服务情况

一、广播电视机构改革和县级融媒体中心建设情况

全市累计投入财政资金近2亿元，10个县级台全部首批通过省级一级台考核验收，实现了脱胎换骨式的发展提升。机构职能方面，全市10家县级台由原先的半数公益三类事业单位全部调整为公益二类事业单位。财政保障方面，县级台全部实现财政兜底保障，人员工资、设备维护更新、广电惠民服务工程等经费纳入财政预算，多种方式化解历史债务，实现县级台轻装上阵。用人机制方面，实行全员聘用制和绩效工资制，完善激励约束机制，进一步激发职工积极性。传播秩序方面，先后停播自办频道频率30余套，严格广告播出审查管理，进一步净化了荧屏声屏。传播能力方面，强化新闻立台，严格落实转播中央、省新闻联播等重要节目的要求，稳步提升自办新闻节目质量，传播力、引导力、影响力、公信力得到有效提升。德州市县级台标准化建设以满分成绩位居全省考核先进行列，在全省县级台标准化建设现场观摩会上，德州市文化和旅游局作为全省唯一市局代表作典型发言。

二、中央、省级广播电视节目无线数字覆盖情况

按照中央、省级工作部署，德州市共9个台站完成中央广播电视节目无线数字化覆盖任务，省级规划全部4个台站完成省级广播电视节目无线数字化覆盖任务，确保了广大市民能够收看到内容丰富、清晰流畅的高质量的电视节目。

三、广电扶贫有线电视“户户通”安装情况

德州市在全省率先研究确定广电扶贫模式和政策措施，采用补贴接收有线电视服务的方式完成广电扶贫任务。为贫困户提供包括中央、省、市、县主要频道在内、不少于70套有线电视节目。由于行动迅速，措施得力，德州市在全省率先完成广播电视扶贫任务，省新闻出版广电局（省广电局）先后两任主要负责同志给予批示表扬，经验做法在全省予以推广。

四、应急广播体系建设情况

德州市文化和旅游局严格贯彻落实省委、省政府对应急广播体系建设的实施意见，联合德州市委组织部、宣传部，市财政局、市应急管理局等5部门印发《关于推进德州市应急广播体系建设的实施意见》，加强对应急广播体系建设重要性的认识，制定任务目标，加强组织领导，严格落实工作责任，完善运行机制，不断推进工程实施。

（德州市文旅局）

编辑：金红

广电·网络传媒

山东广播电视台

2020年，山东广播电视以习近平新时代中国特色社会主义思想为指导，深入贯彻落实习近平总书记重要指示精神和党中央决策部署，在省委、省政府坚强领导和省委宣传部指导支持下，全力克服疫情影响，攻坚克难，担当作为，统筹做好新闻舆论和改革发展各项工作，取得可喜成绩。

一、不断巩固壮大主流思想舆论，凝聚抗疫情促发展强大正能量

一是持续深入做好习近平新时代中国特色社会主义思想宣传阐释。在习近平总书记参加山东代表团审议两周年、习近平总书记视察山东两周年等重大节点，推出“牢记殷殷嘱托 决胜全面小康”专栏、“面朝大海 春暖花开”大型融媒体报道和“牢记嘱托”系列主题报道，大力展现山东践行总书记思想、推进新时代现代化强省建设的生动实践和显著成效。全媒体、多手段深入宣传党的十九届五中全会精神，让党的创新理论和路线方针政策传遍齐鲁大地。二是奏响战“疫”最强音。先后共派出11名记者随山东省援鄂医疗队奔赴湖北开展报道，第一时间发布疫情权威信息和省委、省政府部署举措，充分报道全省援助湖北、联防联控、复工复市复业复学等方面工作取得的积极成效，生动讲述感人战“疫”故事，加强全媒评论和公益、科普宣传，营造了众志成城、战“疫”必胜的浓厚氛围。三是唱响决胜全面小康、决战脱贫攻坚、改革攻坚主旋律。推出“改革攻坚在行动”“统一思想 狠抓落实 奋力夺取‘双胜利’”“走向我们的小康生活”等专题专栏，高质量完成全国两会、省两会以及我省重大活动宣传报道任务，讲好中国故事山东篇，为“走在前列、全面开创”提供强大舆论支持。四是《问政山东》成为在全国叫得响的品牌节目。精准开展专题问政，完成对16市的专场问政，舆论监督成效不断提升，荣获中国新闻奖一等奖、国家广电总局2019年度“广播电视创新创优节目”等荣誉奖励。五是严格落实意识形态工作责任制。加强新闻值班、节目审看，严格把关，建立并落实24小时宣传指令值班制度，进一步完善节目播出流程管理规定，确保节目播出安全平稳有序，全年未出现任何导向问题。积极构建意识形态和舆论引导网上工作体系，向省委呈报舆情专报10期，建立3500余人的基础网评员队伍，进一步提升网上舆情应对和引导能力。六是对上发稿保持领先。截至11月底，在央视、央广主要新闻栏目发稿继续稳居全国省级台首位，数量、质量均超历年同期。

二、持续提升节目品质，精品创优成绩喜人

2020山东春晚反响强烈，赢得观众和网友广泛好评。创新推出《我的城 我的歌》《家乡好物》《无边界商学院》《田园中国》等优质电视节目。影视剧生产成绩亮眼，《我们的小康时代》《落地生根》样片提交央视审看，多部作品被列入中宣部、广电总局有关重点剧目或选题。优秀作品先后18次受到中宣部、国家广电总局等表扬，其中7件作品获得总局各

项创新创优和推优推荐。获国家级政府奖10件，比去年增加5件。4件作品获中国新闻奖，其中一等奖2件，连续两年位居全国省级台第一。3件作品获2017—2018年度中国广播电视大奖，比上一届增加2件，在全国省级台中名列前茅。山东卫视在16省网全天收视排名中位列第五。电视齐鲁频道全天收视位居全国所有非上星频道第一。

三、“闪电”品牌效应凸显，媒体融合走在前列

“闪电新闻”客户端用户装机量突破3300万，全平台覆盖用户超4.5亿，直播累计超10000场次，传播力显著增强，被国家广电总局评为全国广电媒体融合成长项目。闪电短视频创作基地（一期）落成并投入使用，短视频传播全年流量达50亿+，单条点击量突破2亿人次。新媒体端共93件作品被中央网信办全网推送，推送数量、质量在国家重点新闻网站名列前茅。Lightning TV账号总粉丝量超7300万，在全国MCN机构中居前列。据4月公布的《2019中国媒体融合传播指数报告》，山东广播电视台媒体传播力位居全国第四、省级台第三。县级融媒体中心建设继续推进，12月底前完成全部136家的建设任务，省级技术平台正式通过验收，被国家广电总局评为“全国广播电视媒体融合典型案例”。

四、攻坚克难、改革创新，开创经营发展新局面

一是深入推进台属企业改革。健全“三会一层”，建立内容生产企业导向把关机制；落实“三个创新”要求，深化企业劳动、人事、分配三项制度改革；推进“一企一策”改革，加快6家“僵尸企业”清理划转。二是强化经营创新。对全台电视专题广告和体育节目资源实行统一运营，资源集约效应进一步放大。整合全台新媒体平台个人账号等资源，与快手等互联网商业平台建立合作，加快培育电商、直播营销、数智化商业新增长点。开展快消品跨界经营，试水文化地产开发，进一步丰富投资方式、拓展业态布局。海看上市工作取得重要进展，进入加速攻坚阶段。三是加强技术引进创新。全球领先的26讯道4K超高清IP转播车正式启用，创造了国内多项节目制播技术新记录；调整广播调频发射业务，构建更加科学的全新覆盖格局；电视卫星频道覆盖人口增至12.52亿，保持全国前三。

五、持续推进人事制度改革，激发人才活力

打通“双轨制”用工晋升通道，大力培养年轻干部、专业团队，全台专业水平、专业精神有了较大提升；建立退出机制，对中层干部实行退出管理。完成了1名高层次急需紧缺人才特聘、2名中层管理岗位副职选聘和事业单位中级专业技术人员等招聘工作，召开优秀人才交流座谈会，大力营造“凭本事吃饭、用成绩说话、靠贡献发展”的氛围。在全国广电系统率先整合技术团队、节目创作团队，大大提高了工作效率，降低了运行成本，使山东广电涌现出十几支在全国同行中赫赫有名、“两个效益”俱佳的团队。

六、全面提升党建质量，扎实推进党风廉政建设

严格履行全面从严治党主体责任，深入学习贯彻《党委（党组）落实全面从严治党主体责任规定》，扎实开展主体责任落实情况自查整改。印发《台党委关于加强新时代全台党建工作的意见》，召开党建工作领导小组会议，进一步健全党的建设工作机制。修订《山东广

播电视台基层党组织工作制度》，持续推进标准化支部建设。抓好“不忘初心、牢记使命”主题教育问题整改落实，台账中的 6 个方面 38 条问题已全部进行了整改。严肃执纪正风。深入贯彻落实中央八项规定及其实施细则精神和省委实施办法，深入开展形式主义、官僚主义突出问题专项整治，对全台办公用房、租用车辆等方面情况进行专项检查；落实精文减会要求，截至 11 月底，文件制发同比下降 42.19%，会议数量同比下降 8.29%，风清气正的政治生态持续巩固，党员干部队伍作风不断改进向好。

（程惠琳）

山东广电网络有限公司

2020 年，山东广电网络有限公司深入学习贯彻习近平新时代中国特色社会主义思想，贯彻落实全国有线电视网络整合和广电 5G 建设一体化发展工作要求，大力实施“深化改革、保户增收、智慧广电、服务用户、提质增效、党建和队伍建设”六大提升工程，各项工作取得新的积极进展。

一、抓党建强根基，政治生态更加清朗

一是加强思想政治建设。把学习贯彻习近平新时代中国特色社会主义思想作为首要政治任务，深入学习党的十九届五中全会精神和《习近平谈治国理政》第三卷，进一步增强“四个意识”、坚定“四个自信”、做到“两个维护”。二是巩固“不忘初心、牢记使命”主题教育成果。健全完善学习教育长效机制，组织开展“我来讲党课”活动、庆“七一”系列主题党日活动，加快学习型党组织建设。以省委巡视反馈意见整改、主题教育整改和公司内部巡察整改为契机，开展全面从严治党主体责任落实情况自查工作，取得阶段性成效。三是推进基层党组织标准化建设。优化基层党支部设置，配齐配强党支部班子和党务干部，基层组织功能更加突出。四是强化党员干部队伍建设。积极吸收一线中青年业务骨干入党，对 129 名县级公司党支部书记进行了培训。召开半年党建工作会、党建述职评议会，举办优秀党员先进事迹报告会，树立典型、弘扬先进。五是严格落实意识形态工作责任制。抓实公司网站、内刊、新媒体、OA 系统等建设和管理工作，扎实做好安全播出保障。六是深入推进党风廉政建设和反腐败斗争。切实加强作风建设，班子成员采取“四不两直”方式深入基层调研，帮助解决问题，推动工作开展。启动了公司第三轮巡察，实现市级公司巡察全覆盖。

二、全国有线电视网络整合和广电 5G 建设一体化发展工作取得新进展

一是圆满完成整合工作。按照《山东省落实全国有线电视网络整合发展工作实施方案》要求，完成了发起人确立、持股公司设立、县级股权归集、审计评估备案、出资实缴到位和工商注册变更等工作，圆满完成“全国一网”整合工作。二是积极开展 5G 试验。依托“5G 联合创新应用实验室”，积极推进 5G+ 超高清视频试验，完成了山东省网核心网用户面建设，在广电行业第一个开通 5G 核心网。积极开展

192 号段语音电话和数据传输测试，2020 年 9 月成功打通跨省广电 5G 音视频电话。三是大力推进 5G 试点业务。青岛港前湾集装箱码头 5G 覆盖、东营河口刺槐林场 5G 应用、青岛董家口海事局 5G 近海覆盖等试点项目取得重要突破，在通讯行业第一次实现海上 38 公里超远距离 5G 覆盖。

三、抓改革强队伍，发展活力更加充沛

完成了省、市、县三级公司机构设置、选人用人、绩效考核、薪酬管理等改革任务。完成总部中层干部、市县公司领导班子成员竞聘调整，市公司财务总监实行委派制度，纪委书记等领导干部实行异地交流任职。推进直属子公司市场化改革，实现市场化选聘、契约化管理、自主经营、自负盈亏。建立专业技术序列通道，形成了专业人才培养和发展体系，干部队伍整体趋向年轻化、专业化，干事创业活力得到进一步释放。

四、抓产品强主业，核心竞争力持续提升

顺应智能化、IP 化发展趋势，大力推广享 TV 智能终端。享 TV 综合业务平台可拓展传统广电服务，可承载 4K 超高清和 VR、大数据、物联网、有线无线融合、人工智能等业务的运营发展，实现传统大屏业务和移动小屏业务的融合，在高安全性基础上，实现“多网多屏多业务，可管可控可运营”的建设目标。被国家广电总局评为 2020 年度智能广电示范案例。截止到 2020 年末，智能终端用户总数达到 153 万户。与此同时，大力加强超高清视频建设，4K 超高清节目时长超过 3500 小时，超高清频道数量和节目储备量位居全国同行前列。加快网络改造升级步伐，出台了光纤入户（FTTH）等技术规范和实施方案，积极做好全 IP 平台整合，网络支撑力、业务承载力不断增强。

五、谋转型抓升级，智慧广电建设取得丰硕成果

深入学习贯彻习近平总书记关于“打造智慧广电媒体、发展智慧广电网络”的重要指示精神，大力发展智慧广电集团客户业务。中标省广电局应急广播传输链路租赁服务、省综合视频会议等项目，医养健康服务平台二期正式上线，全省各地专网专线、智慧社区、智慧党建、雪亮工程、应急指挥调度、应急广播体系、齐鲁文化云等项目得到进一步拓展。截止到 2020 年末，集客业务收入同比增长 30%。

六、抓服务提质量，用户满意度明显提升

牢固树立“以用户为中心”的工作导向，完善和细化预约回访、限时办结、投诉受理、营业厅巡检等客服管理制度，实现闭环管理。加强统一支付系统建设，完善微信、支付宝等线上缴费功能，极大提升了用户付费便利性。广泛组织开展“新春用户大拜访”“大竞赛、大比武”、电话营销、高考填报志愿公益讲座、管理人员下基层等营销服务实践活动，开展上门服务及各类地推活动 2 万多场（次）。通过抖音、微视、微信、网站、海报、今日头条号、表情包等媒资媒介扩大品牌推广，提升服务水平服务能力，新形式、新渠道、新内容向社会递出山东有线亮丽名片。

七、抓管理促经营，企业运行质量更优

严格控制成本费用，去库存、盘活存货资产取得明显效果。严格控制工程立项，规

范立项审批流程，加强可行性分析，最大限度发挥资金最优价值。抓好资金管理和现金流管控，加大收支两条线、月度资金流计划和收现收入考核管理力度，有效防范和化解资金风险。

八、履职责担使命，社会影响力公信力更强

认真履行国有文化企业政治责任和社会责任，在电视开机画面发布防疫公益广告，持续利用频道滚动字幕宣传疫情防控知识，启动了覆盖全省 22000 多个村居社区的 2100 套应急广播系统，推出了免费看中央、省、市主要频道等系列免费措施，收视减免额达 3000 余万元。组建山东有线疫情防控志愿服务队，全省开展“社区双报到”和志愿服务活动千余次，组织捐款 146.5 万元。大力开展行业扶贫攻坚行动，投入扶贫资金 2.08 亿元，完成了全省 8364 个重点贫困村有线电视开通，让全省 88 万具备安装条件的建档立卡贫困户免费看上了有线电视。对民政部门认定的五保户、低保户、优抚对象、残疾人及部分地区的 65 岁以上老人等共 52.5 万用户实行减免政策，减免收视费达 5000 万元，取得良好社会效益。

（于超）

山东影视传媒集团

2020 年，山东影视传媒集团党委以习近平新时代中国特色社会主义思想为指引，深入学习领会和贯彻落实党的十九届四中、五中全会精神，把五中全会对未来文化建设的要求和部署贯穿集团的中心工作，团结带领全体干部职工，以全力加强党的建设为引领，以深化“三个创新”为动力，以聚焦主业、打造精品为着眼点，坚持以人民为中心的创作方向，大力弘扬社会主义核心价值观，努力克服新冠疫情影响，攻坚克难，推动集团各项工作不断取得新的进展。

一、全面加强党的建设，充分发挥党委领导核心作用、党支部战斗堡垒作用和党员先锋模范作用

始终把思想政治建设作为首要政治任务和头等大事，深入学习贯彻习近平新时代中国特色社会主义思想和党的十九大精神，增强“四个意识”、坚定“四个自信”、做到“两个维护”。全面落实中央、省委全面加强国有企业党的建设各项决策部署，提升企业党建工作水平，把党的领导融入公司治理，写入公司章程。切实落实集团意识形态责任制，坚持党管宣传、党管意识形态、党管干部要求，贯穿到阵地管理、精品创作、音像出版、文化产业开发、管党治党、队伍建设等各环节，落实到集团改革发展稳定各项工作中。

二、全面深化改革，以“三个创新”为着眼点，增强企业发展活力

按照省委、省政府关于推进“三个创新”工作的统一部署，山影集团积极推进全面深化改革，以推进“三个创新”工作提升市场竞争力。

（一）初步建立现代文化企业制度

改进对子公司的管理，使子公司在市场经济环境中进一步激发活力、自主发展、打造核心竞争力。完善各类管理制度、简化审批流程，全面提升管理质量。改进加强企业内部控制和风险管理制度建设，对“三重一大”、高风险业务等事项，建立专项风险评估制度。

（二）创新用人机制，坚持人才发展与企业发展同步谋划，努力做到人才“市场化、年轻化、专业化”

完善制度机制，改进干部管理。进一步强化市场化选聘、契约化管理、差异化薪酬与市场化退出的闭环管理，激发人员活力。加快加紧专业技术人才队伍的建设，聚焦发展短板、业务创新、核心技术领域，大力引进发行、法务、影视后期、特效等高水平人才。

（三）创新分配制度

深化内部收入分配机制改革，实现全员绩效考核，薪酬向基层一线倾斜。以绩效考核为抓手，实现干部能上能下，薪酬能高能低，人员能进能出。在薪酬激励方面，坚持以市场水平为基础，打破平均主义，向业务部门和关键岗位倾斜。

（四）去过剩产能，对僵尸企业进行治理

按照上级部门清理僵尸企业、缩减亏损面的要求，集团对所有子公司及二级子公司（含控股、参股）现状及经营情况进行了摸排，列出僵尸、亏损企业治理清单和时间表，并已完成部分公司的注销。

三、进一步聚焦主业、打造精品，打响鲁剧品牌，提升核心竞争力。

（一）影视剧制作、播出与发行

电视剧《如果岁月可回头》2020年3月20日在北京卫视、东方卫视黄金档同时播出，爱奇艺、优酷、腾讯、芒果TV同步上线，播出期间，收视屡次夺冠。《人民日报》《中国青年报》《新京报》等多家党媒央媒刊文点赞。网络电影《毛驴上树2倔驴搬家》2020年9月17日在爱奇艺VIP独家上线，作为2020年决战决胜脱贫攻坚、全面建成小康社会献礼的网络电影，获得平台和市场认可。2020年，山东影视制作股份有限公司引进了专业的发行团队，紧跟公司全年战略，与各平台建立了良好的沟通机制，积极推进首轮剧在央视和五大卫视等平台的发行。强化二轮、多轮剧与二、三线卫视及省、市、县级地面频道的销售，签约剧集共计987集。推进公司多轮剧的新媒体销售，完成14部583集新媒体版权销售。

（二）科学规划生产，初步形成了推出一批、储备一批、创作一批、谋划一批的创作生产格局

《温暖的味道》已列入央视2021年播出剧目片单。优酷定制剧《走起！我的天才街坊》已通过平台审核。《大运河》《大英雄》《奋斗吧青春》《我们的秘密》等电视剧已经制作完成，与播出平台积极沟通洽谈播出事宜；《老工人》《老家伙》《势不可挡》《初阳》《如诉如爱》《沂蒙山》等储备项目正在剧本创作或修改过程中。正在拍摄制作《武汉，你好！》等多部网络电影。

（三）制作出版宣传抗疫公益作品，体现国有文化企业社会责任担当

新冠疫情发生以来，山东齐鲁音像出版有限公司认真贯彻落实中央和省委、省政府各项决策部署，坚持正面宣传引导，精心策划出版战疫选题，在助力打赢疫情防控阻击战、宣传抗疫公益作品等方面做了大量工作，两次受到省委宣传部微信助推。2020年共出版选题358种，其中音像制品111种，电子出版物247种。

为山东省政协等单位设计印刷了近 30 种宣传画册。为山东省调水工程运行维护中心等单位拍摄制作了 6 部专题片。为山东省档案馆等拍摄制作了 10 集 400 分钟的视频课程。节目交流方面，按照总局相关要求，引进多部脱贫攻坚和抗战胜利 75 周年片单剧目，确保各台顺利完成重大节点的宣传任务。城市广播电视台全年预计总发行电视剧 1500 集。共向全省县区融媒体中心发行节目 2267 集，同样引进了多部脱贫攻坚和抗战胜利 75 周年片单剧目，得到了各融媒体中心的一致好评。

（四）克服疫情冲击，文化产业项目努力控制亏损、降本增效

青岛影视基地有限公司和山东星工坊影视文化有限公司积极应对疫情防控，确保安全生产，并按照省财政厅减免房租的要求，对园区内租户减免租金，对业绩造成影响。

（五）守正创新、培根铸魂，着力提升“鲁剧”品牌影响力

集团始终坚持正确导向，坚持社会效益优先、两个效益统一的创作方向，努力提升剧目质量，推动影视剧精品创作，多次荣获国家及省级奖项。2020 年，电视剧《如果岁月可回头》荣获第十六届中美电影节中美电视节金天使奖电视剧奖。电视剧《我的亲爹和后爸》荣获第十二届济南市精神文明建设“文艺精品工程”优秀作品奖。《海上嫁女记》《温暖的村庄》《我的亲爹和后爸》《如果岁月可回头》四部作品入围第 13 届中国电视金鹰奖。历史人文纪录片《东方丝路》荣获第十届“光影纪年”——中国纪录片学院奖最佳网络纪录片提名奖。

（刘颖）

山东教育电视台

2020 年，山东教育电视台以习近平新时代中国特色社会主义思想为指导，全面贯彻党的路线方针政策，深入落实党的十九大和十九届二中、三中、四中、五中全会精神，坚持深耕教育，服务社会，融合创新，转型发展，教育电视事业取得高质量发展。

一、认真落实意识形态工作责任制

出台《关于严格落实意识形态责任制 做好 2020 年度宣传工作的指导意见》，严格执行“3+1”节目审查制度，实现节目内容、技术安全优质播出。《教育新闻》《新闻早敲门》将宣传阐释习近平新时代中国特色社会主义思想作为首要政治任务，推出《两会声音》《脱贫攻坚进行时》《村里来了第一书记》等专题报道。积极承担山东教育“十三五”成就宣传任务，设“辉煌十三五”专栏，推出《对话高校》“十三五”高校成就纪实系列发布。聚焦热点、焦点，加强舆论宣传引导，利用舆情监测系统，对山东省教育系统的舆论事件、突发事件、重大事件和重要节点进行监测，为教育舆情管控提供了支持和保障。

二、积极助力新冠肺炎疫情防控宣传教育

利用专业教育媒体优势，整合优质教育

资源，推出《同心战“疫”》《名师开讲》及“名师智慧课堂”“武汉加油，我们在一起”山东省教育系统抗击疫情作品征集等系列电视节目及活动。国家广电总局简报 2020 年第 2 期专题刊发《坚守媒体责任 锤炼“四力”能力——山东教育卫视打造战“疫”系列专题节目》。推出《开学第一课——山东省战“疫”特别节目》，电视端省网最高分钟收视率达到 3.31%，网络及多媒体平台收看人数近 800 万人次。

三、扎实服务教育中心工作

承担制作山东省教育厅“第八届师范类高校从业技能大赛”“幼儿园普及普惠”“全国精神文明单位”等宣传片。打造系列专题节目和主题活动，《高考直通车》系列专题节目全力做好高考综合改革政策宣传和考生服务；《教育筑梦人》深挖教育背后的故事，精心制作“教育局长访谈”系列；《资助在身边》宣传学生资助政策，唱响《因为有你》学生资助之歌；《超级家访》等系列家教栏目，传播科学家教知识，助力家庭学校社会协同育人；《中华姓氏》等节目坚持以文化人，积极弘扬中华优秀传统文化。组织开展“齐鲁最美教师”、山东省教书育人楷模评选和山东省“智慧家长”评选活动，承担“互联网+”大学生创新创业大赛、全国职业院校技能大赛直播任务。“齐鲁最美教师”活动线上展示阶段总浏览量超过 1.68 亿次，总点赞量 2400 万次；“山东省智慧家长”参选家庭 7000 个，展示平台开启当日浏览量达到 560 万人次。积极支持开展线上国际交流活动，圆满完成“山东精准支持留英学子抗疫辅导计划”启动仪式、山东—俄罗斯教育交流合作对话会、中日（山东）教育交流合作对话会和有欧美多个国家参加的青年学者泰山国际论坛等多项外事活动直播任务。

四、积极打造公共服务平台

搭建“养教有方”服务平台，汇聚各类优质养育、教育资源，宣传正确养教理念，提供各个年龄段养教指导服务。推出“悦读·成长”计划，开启原创领读课程新模式，推动中小学生进行线上、线下家长陪伴式阅读，提供“视频课程+直播互动答疑+作业点评+成果展示”的“悦读·成长”新体验。开通山东高考网上公益咨询平台，为考生做好政策解读和咨询服务。

五、家庭教育志愿服务架构形成

构建全省三级家庭教育服务体系，形成省为服务总队、市为服务队，县为服务分队的常态化社会服务组织。山东省家庭教育志愿服务会成立，遴选首批家庭教育专家 409 名，志愿者 1337 名。深入县区陆续举办了多场家庭教育公益大讲堂，“学习强国”山东平台进行了报道。

六、积极推进频道融合创新发展

加强全媒体融合、技术融合，有线网络与 IPTV 信号覆盖达到 7.6 亿人口，电视频道登陆“学习强国”APP 平台。探索“电视+网络直播+全媒体分发”模式，打通大小屏的界限，通过 4G 连线的形式进行云录制，实现多网络平台与观众进行直播连线、实时互动。加大各短视频平台运维力度，实现节目内容多平台推送分发。山东教育电视台微信公众号年内新增粉丝 440 万，排名稳居山东省前三、全国教育榜前十。不断加强内容跨域融合，将优质教育资源融合于各个节目和活动中，与妇幼保健系统、科协系统等加强战略合作，策划制作了一批媒体教育产品，丰富了教育资源，拓展了宣传内容。

（付莹）

编辑：张千　金红

节目设置与播出

频道·频率

济南广播电视台

2019 年 8 月，国家广播电视总局批复，同意撤销济南市人民广播电台、济南市电视台、莱芜市人民广播电台、莱芜市电视台 4 家播出机构，设立济南市广播电视台，开办广播、电视业务。

原莱芜市人民广播电台第一套节目综合广播调整为济南市广播电视台第七套广播节目都市广播。

原莱芜市人民广播电台第二套节目交通音乐广播调整为济南市广播电视台第八套广播节目生活广播。

原莱芜市电视台第一套节目新闻综合频道调整为济南市广播电视台第九套电视节目鲁中频道。

原莱芜市电视台第二套节目科教频道调整为济南市广播电视台第十套电视节目科教频道。

撤销原莱芜市人民广播电台第三套节目生活广播。

新成立的济南市广播电视台统一呼号为“济南广播电视台”，广播节目播出时分别呼“济南广播电视台新闻综合广播”“济南广播电视台经济广播”“济南广播电视台交通广播”“济南广播电视台音乐广播”“济南广播电视台文艺广播”“济南广播电视台故事广播”“济南广播电视台都市广播”“济南广播电视台生活广播”；电视节目播出时分别呼“济南广播电视台新闻综合频道”“济南广播电视台都市频道”“济南广播电视台影视频道”“济南广播电视台娱乐频道”“济南广播电视台生活频道”“济南广播电视台商务频道”“济南广播电视台少儿频道”“济南移动电视”“济南广播电视台鲁中频道”“济南广播电视台科教频道”。

年度优秀节目

《山东新闻》

（新闻资讯类）

山东广播电视台综合广播每天 7:00 播出，时长 60 分钟。节目聚焦山东省委、省政府重大决策、部署，及时报道山东各地发生的大事、要事、新鲜事等重要新闻事件，传递党和政府声音，反映百姓诉求，已经成为省委、省政府与广大群众沟通交流的桥梁，也是广大受众获取新闻资讯的重要窗口。栏目在全省新闻资讯类节目中收听率一直稳居前列，全省十六市、各县（市、区）广播电台每天对节目进行转播。主创人员：逄海峰、杨珂、孙波、郝飞鸿；主播：李琛、赵冬、李鹏（彭博）、薛征。

《新闻嘚啵嘚》

（创新新闻脱口秀节目）

山东广播电视台综合广播每天 17:30 播出，时长 60 分钟，节目内容集新闻资讯、生活服务、脱口秀、音乐于一体，从理念到传播手段进行大胆创新改革，用融媒体思维，在主持人风格、节目内容、听友互动、宣传推广等方面进行全媒体整合，尝试全新运作模式，下班黄金时间收听率同时段排名位居前列。主持人房华、范青在广播端、网络端都拥有较强知名度和粉丝量，节目深受听众、专家和领导好评，成为彰显山东广播电视台综合广播特色的代表性栏目。

《品牌故事》

（财经专题类）

山东广播电视台经济广播周一至周五早上9:00播出，时长30分钟。栏目共采访超过380位，链接超过2000位企业家、经济专家和政府相关部门负责人，播出1700多个知名品牌的创业故事，收获大批忠实受众。2020年新冠肺炎疫情期间，栏目的疫情报道聚焦重点医疗物资生产调度，亮点突出；经济主题策划聚焦全省复工复产、双招双引、知识产权强省等重大选题，重点突出。播出稿件多次获得山东省优秀广播电视节目奖一等奖。同时，栏目发力融媒体宣传，全年分发到齐鲁网、闪电新闻、微博、今日头条等新媒体平台的图文稿件过百件，实现了视频化新闻采编、创意视频故事制作、视频号子栏目等新媒体创新，由广播领域的名牌栏目向着“全方位的传媒品牌”融合发展。主创人员：林楠、李瑶、邵群。

《海仙麻辣烫》

（综艺益智类）

山东广播电视台广播文艺频道每天17:00播出，时长120分钟。交通晚高峰时段的爆笑娱乐脱口秀节目。关注社会热点，既有笑点，又有深思，同时兼具人文关怀。语言麻辣幽默，风格轻松随性。主创人员：海棠、水仙、亚鑫。

《体坛夜话》

（新闻资讯类）

山东广播电视台体育休闲广播每天20:00播出，时长60分钟。报道国内外体育赛事、推广全民健身、促进体育产业，体现山东体育休闲广播体育权威性和专业性的节目。先后采访报道过3届奥运会、3届全运会、2届足球世界杯、2届亚运会等大型体育赛事，每年转播中超、亚冠、CBA等各种体育赛事接近百场，超过200小时，在听众中具有极强的忠实度和美誉度，收听率在频道稳居前列。此外，《体坛夜话》在51听APP、蜻蜓FM、喜马拉雅等新媒体端进行直播和点播。主创人员：庄涛、王铎、赵光旭。

《第一书记朋友圈》

（融媒体公益扶贫类）

山东广播电视台乡村广播每天16:00首播，时长60分钟。广泛动员社会力量，招募社会各界爱心人士成为“扶贫志愿者”，以众筹产业扶贫项目的方式，支援全省各级选派“第一书记”打赢脱贫攻坚战。栏目先后荣获2018中国广播创新融合十佳案例、第三届山东省青年志愿服务项目大赛银奖、2018年度和2019年度山东省优秀广播电视节目十佳栏目奖等。主创人员：青青、大卫、丁元。

《山东新闻联播》

（新闻资讯类）

山东广播电视台新闻综合频道每天18:30首播，时长20分钟。公共频道、国际频道重播，“闪电新闻”客户端、齐鲁网同步直播、点播。传递省委、省政府声音，内容涵盖政治、经济、科技、社会、文化、体育等多方面，是山东收视率最高、影响力最大的电视新闻栏目。开设《今日聚焦》舆论监督专栏，2020年围绕重点工作攻坚年推出的“九大改革攻坚行动”进行舆论监督。全年共播出186

期舆论监督节目，推动山东省重点工作落实和制度创新。主持人：李毅、毛馨、彭文馨、徐单、黄凯、信中豪。

《共产党员》

（新闻资讯类）

山东广播电视台新闻综合频道每周五晚18:10播出，每期15分钟。栏目分《党建周报》《新时代先锋》《微党课》三个版块。《党建周报》宣传中央有关党的建设和组织工作的重大部署、重要活动、重点工作，宣传报道各地党建新举措、新成绩、新经验；《新时代先锋》宣传先进基层党组织和优秀共产党员事迹；《微党课》解读理论政策、宣传党的历史、普及党的知识。2020年，突出加强习近平新时代中国特色社会主义思想和抗击疫情、复工复产、决战脱贫攻坚·决胜全面小康、乡村振兴及党的十九届五中全会等主题主线宣传，认真履行职责使命，推出大量精品节目，各主办单位领导及《监管日报》《监听监看简报》《广电视界》《广电家》等给予点赞好评。《共产党员》栏目全年共制播节目52期（总443期），继续保持安全“零差错”。据中国广视索福瑞调查数据，《共产党员》栏目在全国网收视率较2019年度大幅提升27%，在全国同类党建电视栏目中名列前茅。主创人员：李传涛、庞全、姜文、韩燕燕、张超等；主持人：李毅、彭文馨、黄凯。

《齐鲁先锋》

（新闻资讯类）

山东广播电视台新闻综合频道每天（除周五）18:20左右播出，时长5分钟。栏目以“主持人演播室＋专题片”为基本串联形式，真实记录齐鲁大地各行各业奋斗者改革创新、担当作为、狠抓落实的精神面貌，全面展示广大基层党组织在党建工作中探索的典型经验、先进做法和创新举措。栏目先后获“全国党员教育电视片评比一等奖”“中国电视纪录片好栏目”等荣誉，据中国广视索福瑞调查数据，2020年，《齐鲁先锋》栏目在山东省网收视率较上年上升47%（其中，疫情防控重点宣传期间，栏目收视率位居全省同时段节目前三位）。主创人员：厉彦东、张宁、吴晶晶、王峥、李婧、李艾芸等；主持人：陈伟、彭文馨等。

《调查》

（新闻资讯类）

山东广播电视台综合频道每周三21:20播出，时长16分钟。栏目聚焦群众关心的热点、难点，挖掘事件背后的潜藏因素、分析原因，促进问题解决。其中，《基层减负需落到实处》专题入选国家广电总局2020年第二季度优秀电视新闻。4次荣获“宣传山东好作品”单项作品奖。主创人员：邓波涛、郑立猛、张哲明、程玉涛、曹凯、李烨昶、耿凯华、乔琳。

《此时此刻》

（新闻资讯类）

山东广播电视台综合频道每周一21:20播出，时长30分钟。每期选取一个特定地点连续拍摄72小时，用全新记录形式带观众感受平凡生活里的大态度。呈现新时代、新生活、新作为的奋斗与美好，讲述有思想、有温度、有品质的中国故事。其中，《高原上的天行者》入围第26届全国电视文艺星光奖。主创人员：邓波涛、郑立猛、韩璐、杨成龙、张冰、高彪、万海鹏、陈明泽等。

《田园中国》

（专题服务类）

乡村振兴融媒推介节目。山东广播电视台综合频道 2020 年 9 月 27 日首播，每周日 21:20 播出，时长 50 分钟，共 12 期。节目重点聚焦全国乡村振兴实践中的典型案例，以宣传推广乡村振兴成功模式、展现全面建成小康社会和脱贫攻坚实践成果为诉求，以百姓的幸福故事为切入点，通过探访体验乡村振兴典范地平凡人物的幸福故事，以小见大，用小人物故事展现乡村振兴大主题。节目荣获国家广播电视总局 2020 年第三季度广播电视创新创优节目，中宣部《新闻阅评》第 299 期对《田园中国》提出专题表扬，广电总局《监管日报》第 422 期（总第 5386 期）对《田园中国》提出专题表扬。主创人员：吕昉、房经纬、丁坤年、刘明晓、王纪超、王屹、刘志、宋菲椰等。

《我的城我的歌》

（专题服务类）

融媒城市音乐宣推节目。山东广播电视台综合频道每周日 21:20 播出，时长 50 分钟，共 12 期。每期节目推荐一座山东的城市，一位明星以“城市推荐人”的身份，寻找该城市特色的声音，根据“声音”讲述城市故事，展示城市文旅，最终创作或者改编一首该城市的民谣歌曲，助力城市品牌传播。节目以歌曲为载体，让音乐为城市代言，展示山东城市之美，唱出城市的自信，品出城市的味道，用音乐的方式讲好新时代山东故事。主创人员：吕昉、丁坤年、刘明晓、梁晨、周博、孙艳茹、郝檐、刘志等。

《家乡好物》

（专题服务类）

山东广播电视台综合频道 2020 年 5 月 9 日首播，每周六 21:20 播出，时长 25 分钟。融媒直播带货节目，获得国家广电总局《监管日报》“全媒体助力脱贫攻坚”的表扬。网络总播放量达 3000 万次，主话题阅读量超 3400 万次，店铺累计直播 330 场，累计观看人数 8500 万次，纳入山东省“优质鲁货与电商平台对接工程”第一批主要活动。主创人员：吕昉、杨健、裴晓庆、李杨、路璐、宁尚峰等。

《无边界商学院》

（专题服务类）

2020 年 5 月 12 日在山东广播电视台综合频道首播，每周二 21:20 时段播出，时长 30 分钟。全景商业案例探索节目。节目以“企业家访谈 + 纪实片拍摄”的形式，探索新时代下企业家创新创业的实践。开播以来，节目连接了 100 多家企业一把手资源，在商业财经领域有一定影响力；聚焦了北大、复旦等高校专家资源，打造节目“智库”；积极拓展盈利渠道，打造与政府、企业、组织的线下合作项目。节目在扩大内容影响力的同时，致力于创新一个连接企业、整合资源的服务平台，探索与传统电视广告模式不同的商业模式。主创人员：邓波涛、陈官凯、珠祎荻、薛猛、李秋晨、张筱璐、陈佰一、徐亮等。

《问政山东》

（新闻资讯类）

山东首档省级融媒问政栏目。每周五21:30在山东广播电视台综合频道播出，时长50分钟。栏目紧紧围绕党中央决策部署和省委省政府重点工作、围绕改革发展中的重点热点难点问题、围绕干部作风问题、围绕群众最关心最直接最现实的利益问题开展问政，狠抓落实。2020年，栏目聚焦16市政府工作和九大改革攻坚行动进行问政。截至12月底，共播出81期，推动解决问题910多个，完善政策措施560多份，被誉为舆论监督的“山东现象”。1月，《问政山东》栏目组被山东省委、省政府授予“勇于创新奖”先进集体表彰。7月，栏目被国家广播电视总局评为广播电视创新创优节目。主创人员：刘忠国、原宝国、田进、李莎、朱文超等。

《每日新闻》

（新闻资讯类）

山东广播电视台齐鲁频道每天18:20播出，时长45分钟。齐鲁频道主要新闻栏目。节目坚持做宣传报道中的主流新闻，市场竞争中的头部爆款。在新时代背景下，栏目积极转型升级，不断提高传播力、引导力、影响力和公信力。2020年《每日新闻》山东、济南、济宁三网收视夺冠。山东省网平均市场份额24.02%，是同时段第二名频道的2.78倍。济南市场平均市场份额9.17%，是同时段第二名频道的1.56倍。主创人员：张卫国、黄鑫、杨兴；主播：滕树云、李敬超、杨梓。

《88881234》

（专题服务类）

山东广播电视台齐鲁频道每天17:00播出，时长20分钟。节目采用“电视节目 + 新闻热线 + 短视频 + 手机直播”的全媒体传播方式，针对群众反映的有代表性、有普遍意义的问题，采访政府部门、专业机构和权威专家，为观众答疑解惑、解读政策。节目在全省同时段稳居第一名，单日新闻热线数量较开播前增加一倍，新媒体平台播放量超过2000万次，获“TV地标（2020）省级地面频道年度优秀节目”。主创人员：宋爱学、吉璐璐、张世杰、崔力、赵珊珊；主持人：燕香宇、徐志伟。

《生活帮》

（新闻资讯类）

山东广播电视台生活频道每天17:50播出，时长100分钟。以民生为体，以公益和互动为两翼，以“有事您说话，热心生活帮”为宗旨，凸显“帮”与“办”的特色，直面百姓生活中的盲点、疑点和难点，帮助观众解决问题。栏目在抖音平台的粉丝量突破1000万，2020年在抖音全国媒体号月榜中，《生活帮》夺得最高第6名的名次。在快手平台《生活帮》粉丝量也接近200万，荣获2020快手区域媒体“最具民生服务奖”“最佳直播互动奖”两个奖项。栏目还先后获得“全国青年文明号”“中华新闻界慈善大使”等荣誉称号。主创人员：杨玲涛、牟宗平、吕素鹏（阿速）等31人。

《乡村季风》

（专题服务类）

山东广播电视台农科频道周一至周六12:00播出，时长20分钟。以“心系衣食父母，真诚为农服务”为宗旨，开播24年以来，深度参与乡村振兴、全面小康，逐渐成为山东省多场重大“三农”主题活动的全媒体传播者，每年承接几百场新媒体直播助农活动“直播乡村”。2020年，牵头发起并承办了“抗疫助农 温暖山东——山东省优质农产品2020春季产销公益行活动”，这是山东媒体率先推出的直播+电商+公益的融媒体带货新模式。栏目官方新媒体号“乡村季风农业家”在抖音、快手、今日头条等平台拥有粉丝500多万，并获得快手平台2020年度最具风格奖。主创人员：孙全忠、邓云、王昕萌等。

《山东三农新闻联播》

（新闻资讯类）

山东广播电视台农科频道每天18:50播出，时长15分钟。山东省委省政府三农政策法规的发布平台，农业新技术、农民新风貌、农村新气象的展示平台，突出政治性、权威性、公益性，肩负宣传三农、服务三农的责任。2020年先后策划推出“扎实实施乡村振兴战略”“决战决胜脱贫攻坚”“牢记总书记嘱托”“重点扶贫区县委书记访谈”“走黄河看脱贫”等一系列围绕“决战脱贫攻坚”“决胜全面小康”的重点报道。主创人员：邱扬清、车然、宋红闯等。

《好家长新课堂》

（专题服务类）

山东教育电视台每周六晚8:00播出，时长25分钟。节目面向全省7—18岁年龄段孩子的家长传播正确的教育方法和教育观念，舞美还原课堂感觉，环节设置和嘉宾称谓等都与学校氛围相符，从正面引入话题，深度剖析，引出社会性话题讨论，强调互动性、专业性、通俗性。该节目可在“养教有方”微信小程序进行直播和点播。主创人员：刘晓燕、李静静、丁强、赵传奇、于达、王风昌、王鑫、刘国香；主演：郑毅。

《教育新闻》

（新闻资讯类）

山东教育电视台每天18:50播出，时长10分钟。节目聚焦全省教育重大决策部署和老百姓关心的教育热点，提供专业权威的政策解读和教育动态。以社会的视角看教育，以教育的力量引导和影响社会。新媒体客户端“山东教育新闻”微信公众号、新浪微博、抖音号等突出服务教育特色，“大屏”+“小屏”，为传好教育声音、树好教育形象发挥了积极的作用。主创人员：姜学斌、古绪兰、李明、于晓娟、刘凤；主播：乔兴宁、程盼盼、刘彬。

《孔子大学堂》

（专题服务类）

山东教育电视台每天22:30播出，时长30分钟。节目邀请国学名家，讲解儒学经典，是一档弘扬优秀传统文化的电视讲坛类栏目。节目嘉宾以高深的专业造诣、鲜明的语言风格、权威的精彩讲读，讲先贤、谈经典，在专家学者与社会大众之间架起了一座传播普及中华优秀传统文化的重要桥梁，积极促进传统文化的传承与创新发展。该节目可在“学习强国”平台和山东教育电视台微信公众号等新媒体端点播。主创人员：林宏、刘丽、孔凡梅。

《2020“齐鲁最美教师”颁奖典礼》

（专题服务类）

该活动展现我省教育工作者立德树人、潜心教学的精神风貌，倡导全社会形成尊师重教的良好风尚。节目以“最美的你”为主线，通过人物短片、推介人推荐、现场互动等方式讲述“齐鲁最美教师”感人至深的故事，以舞台剧、音乐、舞蹈等形式烘托齐鲁“最美教师形象”，进一步增强了广大教师教书育人的荣誉感和使命感，在全社会营造了尊师重教的浓厚氛围。主创人员：韩明、范珊珊。

《新闻早敲门》

（新闻资讯类）

山东教育电视台每天 7:01 播出，时长 20 分钟。节目聚焦教育部、省委省政府重大决策部署，做好教育政策解读、信息发布，剖析民生热点，讲好山东教育好故事，成为广大学生及家长了解教育政策信息的重要平台。栏目与各地方台及上百所大中小学联动，在微信、今日头条、央视频、央视新闻移动网、微博、百度等平台实现直播、点播。新媒体平台总粉丝量近百万，连续两年入选头条直播排行榜全国前五。主创人员：任衍国、李玉林、张磊、刘邸子静、任威明、常怀泉、王雨婷、倪珍臻。

《优妈育儿堂》

（专题服务类）

山东教育电视台每周五 20:00 播出，时长 25 分钟。首个关注场景科学育儿的亲子真人秀节目，以轻松、富有童趣的方式向年轻父母传递科学育儿新方法、新理念。通过亲子真人秀的形式，跟踪记录亲子互动中依据孩子和家长的表现，发现家庭教育中的优缺点。该节目可在“养教有方”微信小程序进行直播和点播。主创人员：刘晓燕、李静静、丁强、赵传奇、于达、王风昌、王鑫、刘国香；主演：郑毅。

《对话高校》

（专题服务类）

在山东教育电视台新媒体端（官网、微博、公号）播出，每期节目时长 20 分钟，共 10 期。邀请高校主要负责同志及校方优秀人才代表，回顾“十三五”期间，高校发展历程及发展成果，展望“十四五”规划新征程。片尾通过宣传片展示校园风光及人文风采。省教育厅网站及省招生考试院、省教科院、省教育社网站开设专栏同步直播，节目播出后以推文、微博、短视频碎片化上传各大网络平台网站。主创人员：刘龙、文君、曹飞、周晓倩、李薪、张佳颖、李明株、赵宇阳。

《开学第一课》

（专题服务类）

山东教育电视台 2020 年 4 月 15 日 19:30 播出，时长 50 分钟。节目以战“疫”中涌现出的先进典型为教育资源，以“演播室 + 云连线”方式进行，通过连线我省在疫情防控工作中涌现的先进典型，分享抗疫期间的感人瞬间，展示先进典型的担当精神、奉献精神，对广大师生开展爱国主义教育，加强思想政治引领。同时，节目还加入了疫情防控和公共卫生知识，为广大学生开学期间的健康安全保驾护航。主创人员：李致远、韩明、刘龙。

《“悦读·成长”计划》

（专题服务类）

山东教育电视台微信公众号、阅读 QQ 社区每周五 17:00 推送，时长 20 分钟。积极打造融媒 IP 项目，开启原创领读课程新模式。联合名家名师，推动中小学生进行线上、线下家长陪伴式阅读，提供“视频课程 + 直播互动答疑 + 作业点评 + 成果展示”的“悦读·成长”新体验，推动全省中小学生阅读兴趣和能力的提升。《“悦读·成长”计划》在“学习强国”平台单集点播超 10 万次。主创人员：侯纲、王希、周宁、郭宁、尹珊、徐晓冉、路芬。

《警界之声》

（专题服务类）

济南市公安局、济南广播电视台联合推出，每周一至周三济南新闻综合广播 9:10 播出，时长 30 分钟左右。全媒体警务服务类广播节目。节目在“战疫”中诞生，第一时间、第一视角直播连线济南市公安局各分局、支队、警种、辖区派出所等，权威解读法制政策，宣传法治建设。下沉一线随警采访，用最真实朴素的语言和市民听众分享，演绎经典案例，及时提醒市民做好自我防范。全媒体呈现，搜集节目音频、视频、直播和采访内容，专题链接叮咚 FM，开启广播直播间和警方连线视频直播。主创人员：许娟、马艺、小贝；主持人：小贝、民警秋阳。

《榜样》

（专题服务类）

济南广播电视台电视新闻综合频道每周六 18:20、济南新闻广播每周六 12:45 首播，时长 15 分钟。同时在天下泉城客户端、叮咚 FM、无线济南、济南网等新媒体端直播和点播。栏目围绕新时期作出突出贡献的个人或集体开展专题性、纪实性报道，生动具体、真实感人，既有鲜活的细节呈现，更有主题的概括凝练，成为反映新风新貌新精神的重要阵地和窗口。主创人员：陈建新、贾涛、冀树凯、鞠永青、张晓夏、张玉浩、刘倩、许哲等。

《都市新女报》

（新闻资讯类）

济南广播电视台电视都市频道每天 19:00 播出，时长 90 分钟。全国首档主持人敲鼓说新闻的民生新闻节目——对政府的惠民之举、对市民的正义之举，主持人会击鼓助威；对不平之事，主持人则会为百姓鼓与呼，创意形式深受观众喜爱。2020 年位居同类节目同时间段收视排行前列。曾荣获全国城市台电视栏目年度 20 强、山东省新闻奖“十佳栏目”、2019—2020 年度十大城市台品牌节目，连续两年获得 TV 地标城市台优秀节目，荣登中国电视博雅榜地面频道新闻栏目满意度十强榜。主创人员：乔凌、李从君、冀萍、孙侠；主播：小啰啰、蓉儿、天天、晓婕。

《有一说一》

（专题服务类）

济南广播电视台电视影视频道每晚 21:00 播出，时长 40 分钟。节目聚焦文化传播，及时解读全国文化娱乐现象，传递正能量文化内涵，整体风格轻松幽默。在济南地区同类栏目中，收视率和观众满意度一直位居前列，全国 20 多家市县级电视台同步播出，是济南标杆性的文化娱乐节目。此外，节目在无线济南、天下泉城等新媒体端进行直播和点播。主创人员：王茂俊、关金、田婷婷、牛晓霞、程珂；主持人：王子、启迪。

《不见不散》

（专题服务类）

济南广播电视台电视影视频道每晚 21:40 播出，时长 45 分钟。栏目为电影杂志类节目，立足传媒主流，深入解读全国电影文化，在全国 60 多家市县级电视台同步播出，享有较好的口碑和市场影响力。主创人员：于娜、宫晨、杨志香、刘艳、亓娜；主持人：阳光。

《有话好好说》

（专题服务类）

济南广播电视台生活频道周一至周四 20:50 播出，时长 40 分钟。节目先后为基层群众调解矛盾纠纷 3600 余件，加线下调解，累计为市民调解纠纷一万余件。司法部、中华全国人民调解员协会、国家广电总局在济南召开全国电视调解工作座谈会，推广《有话好好说》电视调解经验，《有话好好说》人民调解委员会荣获司法部颁发“全国模范人民调解委员会”荣誉称号，山东省委常委、济南市委书记孙立成对本栏目在化解矛盾、解决纠纷、促进社会和谐等方面所做的工作给予了充分肯定。主创人员：于宁、姜婷、张桂平、薛希来等；主持人：李博伦、李姝青；制片人：邹晓伟；总监：张广军。

《1377 早新闻》

（新闻资讯类）

青岛市广播电视台新闻综合广播每天 7:00 播出，时长 60 分钟。节目把握时代脉搏，紧跟发展大局，传递党和政府的方针政策；同时为基层百姓构筑通道，将百姓声音下情上达。

节目不断创新传播手段，在新媒体阵地积极作为，已实现网上收听、单条点播收听等多种方式传播，社会反响良好。《1377 早新闻》节目的收听率、市场占有率始终名列青岛地区各类广播新闻节目前列，多次荣获全省、全国大奖。主创人员：纪晓翡、李伟强、赵勇、侯霆、徐军；主播：王奔、崔晓丹、李颖等。

《行风在线》

（专题服务类）

青岛市广播电视台新闻综合广播每周一至周五 8:00 播出。节目通过邀请与群众生活密切相关的政府部门和窗口行业的主要负责人轮流走进直播间，通过热线交流的方式，听取群众意见，接受群众监督，为群众排忧解难。《行风在线》从 2004 年开播到 2020 年底，已直播 3402 期，参与节目的政府及行业负责人达 2754 人（次），受理问题超过 7 万件，群众满意率超过 97%，连续 14 年写入青岛市政府工作报告。主创：徐展力、王真、于杰、吴青阳；主播：周正、纪元、赫然。

《幸福之约》

（专题服务类）

青岛市广播电视台新闻综合广播每天 12:00 播出，时长 60 分钟。节目以打造服务于中老年听众的智慧生活类全媒体直播互动节目，涵盖养老政策、适老科技、健康养生、休闲娱乐、法律服务、情感陪伴、生活服务、优品选购等内容。节目在做好“服务”的同时，尝试强化引领作用，为中老年人打通信息渠道，做好新时代养老功课，倡导老年人乐享有质量的晚年生活。节目开播以后，迅速聚拢人气，受到中老年听众欢迎。主播：邹梦洋、周芯宇。

《915 早安节奏》

（综艺益智类）

青岛广播电视台音体广播每天 7:00 播出，时长 120 分钟。音乐选择以全球大热单曲为基准的世界流行音乐，体现音乐之城，青春之岛的独特魅力。节目主持人声音分辨率高，语言表达独特。分别以早安和活力作为定位，配合默契，充满朝气。节目收听率一直保持岛城音乐类综合节目收听率第一。此外在爱青岛客户端、蜻蜓 FM、喜马拉雅 FM 等新媒体平台进行直播或点播。形成线上线下全媒体互动联通布局。主创人员：姜萌、傅滨、张媛、高华东；主播：Allen（谷克豪）、碧霄。

《问政青岛》

（舆论监督类）

青岛市广播电视台新闻综合频道融媒体直播问政节目。节目 2020 年 7 月 25 日开播，每两周一期，已播出 13 期。节目聚焦城市发展和社会生活中的热点、难点、痛点、堵点，邀请青岛各区市和市直部门主要负责同志走进演播室，直面镜头，直面问题，全程直播，搭建政民直接交流、平等议政的平台。节目播出后在各级各部门、社会各界引起强烈反响和广泛讨论。主创人员：荆红卫、李莎、卢晓春、王栩、余筱、王鑫男；主持人：滕慧子、陈喆。

《今日 +》

（新闻资讯类）

青岛市广播电视台新闻综合频道每天 17:00 播出，时长 90 分钟。融媒体特色民生新闻直播栏目。前身是《今日60分》，节目开播于2003年，2020年4月更名为《今日+》，并在蓝睛、快手平台同步直播。改版后的《今日+》与《今日头条》联合打造十大热议版块，增加互联网气质；通过信息汇聚系统，三次呈现网友最新评论，突出互连、互动的融媒体特色；继续发挥现场报道和卫星连线优势，增强时效性、评论性和现场感；演播室更换曲面屏，三屏互动，让节目包装更时尚、更现代。丰富的民生资讯、接地气的蓝睛热线、虚拟前景呈现等改版后的新元素，满足了时下受众的新需求，社会公信力和美誉度进一步提升。栏目开播十七年来，曾多次获得“全国城市电视台十佳新闻节目”“山东省新闻名专栏”等荣誉。

《天下青岛人》

（访谈类）

青岛电视台影视频道播出的一档立足青岛放眼天下的访谈类季播栏目，每季10期，每期15—22分钟，第一季已于2020年11月8日—2021年1月10日，每周日晚18:10播出。栏目每期都会走访一位或一组在全国各行各业取得显著成绩的青岛人，多维度展现他们的成功轨迹及人格魅力，突出青岛这方水土对其成功的滋养和培育，引发青岛人的情感共鸣，让“天下青岛人，永远爱青岛”的理念逐渐升华为全天下青岛人的一种坚定信念，从而更好地宣传青岛、提升青岛知名度和美誉度。主创人员：李萱、徐昕、杨程、任晖、苏珊、王慧丽、王晨、宋巧芸。

《89早新闻》

（新闻资讯类）

淄博市广播电视台综合广播每天7:00播出，时长60分钟。节目聚焦淄博市委、市政府重大决策、部署，及时报道全市发生的重要新闻事件，传播党和政府声音，反映百姓诉求。栏目多次被评为省十佳新闻栏目，在全市新闻资讯类节目中收听率居前列。此外，还可在“齐点·淄博”APP、蜻蜓FM、喜马拉雅等新媒体端进行直播和点播。主创人员：刘江帆、耿旻斐、毕研楷、宋红梅；主播：陈蓓、鲁峰、梦娇、隆涛。

《小蝶大咖秀》

（新媒体节目）

淄博市广播电视台经济广播制作播出的一档线性节目，每个整点的半点播出，时长5分钟，每天播出15次。它借古述今，利用《射雕英雄传》《新白娘子传奇》《还珠格格》等作品元素，结合时事新闻、网络热点及人们关注的身边事，根据不同特点，用黄蓉、郭靖、小青等深入人心的角色声音来演绎，每一期节目都创意巧妙、剧情搞笑、诙谐幽默。栏目在全国近20家电台同步播出，实现跨地域传播。主创人员：刘英杰（播音名：小蝶）、徐凯（播音名：大凯哥）。

《爱心帮办》

（专题服务类）

淄博市广播电视台交通文艺广播每天18:10首播，每天分8个时段播出。民生新闻服务栏目，栏目立足“帮”与“办”的特色，急百姓之所急、想百姓之所想，直面群众生活中的盲点、疑点和难点，全力为群众解难。栏目在淄博市民生新闻服务类节目中收听率居前列，并在蜻蜓FM、喜马拉雅、“齐点·淄博”APP等新媒体平台播出。主创人员：赵云超、薛守志等。

《耳朵养小娱》

（综艺益智类）

淄博市广播电视台交通文艺广播每天 8:30 首播，时长 90 分钟。节目于 2004 年 6 月 18 日开播，17 年来几经改版。现为男女双搭档主持，脱口秀结合当下最流行的音乐，让听众在轻松快乐的氛围中畅行驾车路上。2011 年获得山东省十佳栏目，是“中国音乐联播榜”“华语音乐新歌榜”的会员和打榜节目。同时是“淄博原创音乐榜”的创始节目，每年都会举办“淄博原创音乐盛典”。主创人员：孙伟、王晓丽。

《淄博新闻》

（新闻资讯类）

淄博市广播电视台新闻频道每天 19:32 首播，时长 16 分钟。淄博市广播电视台新闻频道最重要的综合性日播新闻栏目，内容涵盖淄博社会、政治、经济、生活的各个层面，是淄博市委、市政府最重要的宣传舆论阵地之一。主创人员：马晓飞、李鹏、刘甜、张鹏、王汉洲、杨洁、常帆、沈东妮、柴飞。

《淄博问政》

（专题服务类）

淄博市广播电视台新闻频道每个月的第一、三周周三 20:00 现场直播，淄博手机台、“齐点·淄博”APP 融媒直播。栏目以推进落实为主要着力点，围绕淄博市委、市政府各个时期的中心工作，特别是关系人民群众切身利益难点、热点、焦点、疑点问题，邀请淄博市直部门、各区县主要负责同志走进演播室，直面问题，公开接受公众和社会监督。主创人员：成林、李静、焦亮、徐舒扬、王晓卿、牛熠萱、刘婷婷、王汉州。

《小语访谈》

（专题服务类）

淄博市广播电视台都市频道每周六 20:15 首播，时长 40 分钟。节目聚焦淄博市委、市政府中心工作，关注淄博经济、文化等领域的杰出人物，从人文的角度深度挖掘成功者背后精彩的故事和感悟，在淄博拥有深厚的影响力和公信力。栏目先后八次获得“山东省十佳栏目”及多项国家、省市级荣誉。同时，栏目还策划推出多种大型活动，形成了持续而良好的品牌效应。主创人员：吴海丽、郭晓晴；主持人：霍小语。

《城市会客厅》

（新媒体节目）

淄博市广播电视台新闻频道每周六 21:30 首播，时长 15 分钟。节目围绕淄博市委、市政府重要决策和重点工作部署，将相关部门和单位负责人请进演播室，进行政策的解读、问题的梳理与剖析以及工作成绩的展现。收视率在淄博市广播电视台自办周播栏目中稳居第一。同时，可以通过“齐点·淄博”APP 进行网络直播与收看。主创人员：王喆、吴玉琪、赵文喆、刘媛媛、于婷；主持人：成林。

《淄博这一周》

（新媒体节目）

2020 年 9 月 21 日，“齐点 · 淄博”APP 首页正式推出，每周一下午推送，每期2—3分钟。通过快节奏的剪辑手法，展现和盘点上一周淄博市委、市政府的中心工作及淄博一周发生的大事要闻。在互联网时代，通过两三分钟的时间尽览一周淄博要闻，一经推出就收到了良好的传播效果。主创人员：王璇、王莲莲、董玮、孙晓、赵楠楠、齐文华、郭旺、何俊梅等。

《财经零距离》

（财经类节目）

枣庄经济生活广播每周一至周五 17:00 直播，时长 30 分钟，双休日及节假日重播。广播财经类节目，2020 年 5 月正式开播。节目以聚焦金融热点、防范和化解金融风险为宗旨，分析金融事件、解读金融政策、传播金融知识，旨在打造具有影响力的金融政策、金融业务、金融知识宣传普及平台。节目以全媒体传播的节目样式，在广播直播间、官方网站“鲁南传媒网”、移动客户端“指动枣庄 APP”同时进行音频直播，有效提高了宣传效率，达到了传播效果的最大化。主创人员：刘艳。

《爱旅游》

（专题服务类）

东营市广播电视台综合广播周一至周五 16:00 播出，时长 50 分钟。以传承旅游文化为己任，致力于网罗和挖掘各地独具特色的美食、美景、风土人情。2020 年特别推出了线上服务，开通了蜻蜓 FM、听见广播等新媒体端直播和点播通道，与东营市文化与旅游局、诚信知名旅行社、旅游景区深度合作，推出多条精品旅游路线，提升了节目影响力。全年通过电话、微信平台，累计为近千名听众解答旅游困惑，在东营市广播栏目中位居前列。主创人员：晓涵、曼妮。

《城市恋歌》

（综艺益智类）

东营市广播电视台生活广播每天 20:00 播出，时长 90 分钟。节目新颖独特，以音乐的视角解读生活，以陪伴的方式温暖人心。主持风格清新动人，用旋律叩响心门，让人一听如故，心有独钟，为听众特设的互动版块，共情能力强，氛围感十足，是一档符合大众期待且蕴含惊喜的广播文艺节目。微信公众平台互动量位居频道首位。主创人员：刘保国、赵新生、张杰、周阳（阳朵）、巩植友（阿水）、崔博。

《东营新闻联播》

（新闻资讯类）

东营市广播电视台新闻综合频道每天 19:35 播出，时长 15 分钟。东营市广播电视台最重要的主流新闻节目，内容涵盖东营社会政治经济生活的各个层面，权威性强，影响力大。节目聚集东营市委、市政府重大决策部署，及时报道东营各地发生的重要新闻事件，传播党和政府声音、反映百姓心声，成为东营市委、市政府与群众沟通交流的桥梁，是全市各界掌握方针政策、获取经济信息、关注社会热点、了解社会动态的权威渠道之一。栏目在全市新闻资讯类节目中收视率第一，在“学习强国”平台、“闪电新闻”客户端、“智慧东营”APP等新媒体端进行点播。

《问政东营》

（专题服务类）

东营市广播电视台新闻综合频道、综合广播、黄河口网、“智慧东营”手机客户端等周三20:00同步现场直播，时长60分钟，每两周一期。以聚焦东营市委、市政府中心工作落实为着力点，坚持问题导向，回应社会关切，听民声、察民情、知民意、解民忧。2020年，共计曝光了131大类194个具体的社会民生问题。主创人员：范宝苍、李维、周小辉、王代杰、杨柳、王雪萍、李健、路来平。

《乡村振兴看东营》

（专题服务类）

东营市广播电视台新闻综合频道周六、周日20:00播出，时长20分钟。栏目以“富春山居黄河口，乡村振兴看东营”为主题，积极解读党委政府的决策精神、记录农村的变化历程、聚焦农民的发展之力、探寻农业的振兴之源，以讲故事的形式从乡村小切口折射振兴大战略。栏目在东营市电视栏目中收视率位居前列，此外在腾讯视频、黄河口网、“智慧东营”APP等平台均可点击收看。主创人员：赵伟、刘蕾、刘丹、李凯、郝燕、封敏、李晓辉。

《一路畅通》

（新闻资讯类）

东营市广播电视台交通音乐广播周一至周五7:30、17:00播出，时长90分钟。交通早晚高峰时段的娱乐脱口秀节目，既有交通路况，又有热点新闻。节目定位“大家帮助大家”，每期一个话题,堵车不堵心。以优质的节目内容，创新的节目理念，赢得了广大听众和业内同行的认可，多次获得省、市级奖项，常年稳居东营广播市场收听率首位，微信平台粉丝关注度16万，在APP客户端蜻蜓FM收听排名位列全国交通广播前100。主创人员：朱铭、呦呦、雅文。

《东营爸妈》

（专题服务类）

黄河口网（东营网络电视台）、“智慧东营”手机客户端每周推出一期。邀请东营知名心理咨询师，从心理学、社会学等各学科的不同角度，帮助家长认知、梳理、管理自己的情绪、心理和行为，并给出有大众借鉴意义的建议，以帮助大家提高生活质量，促进家庭和谐。希望通过栏目，愿家长们敞开心扉、打开心结，与孩子一起蜕变成长。主创人员：陈娟、燕强、周磊、马文慧、景晔、王睿。

《好看东营》

（新闻资讯类）

东营市广播电视台打造推出的首档融媒体栏目。黄河口网（东营网络电视台）、“智慧东营”手机客户端每月播出一期，时长15分钟。该栏目立足于东营民生、社会万象，坚持扎根生活、贴近群众，通过智能推荐+编辑精选的模式，集成梳理、视频赋能，力求让内容更多元、更年轻、更有趣，全方位、多角度呈现新时代下属于东营的美好生活。主创人员：牛馨艺、苏春全、李沅鸿、齐鲁；

主播：张胜璐、罗佳慧。

《智慧课堂》

（专题服务类）

黄河口网（东营网络电视台）、“智慧东营”手机客户端日更新栏目。分《陈亮叔叔讲故事》《陈亮叔叔读古诗》《天天晒早餐》《园丁手记》等版块，受众可以在线免费观看来自各界名家的公开课课程，内容涵盖文学、美食、家庭教育等领域。此外，《陈亮叔叔讲故事》《陈亮叔叔读古诗》等版块在“学习强国”平台，闪电新闻等新媒体端进行发布。主创人员：陈娟、刘稳稳、李雨婷、杨扬、杨阳；主播：陈亮、李凝。

《新闻晚高峰》

（新闻资讯类）

烟台广播电视台综合广播每天17:30播出，时长60分钟。围绕烟台市委、市政府中心工作，及时报道全市发生的重要新闻事件、重要的民生新闻和社会新闻及重要的国内国际新闻。在烟台地域落地频率新闻资讯节目中收听率同时段位居第一位。此外，栏目在烟台时刻客户端进行直播和点播。主创人员：徐志增、邱彦涛、王雯、姜燕；主播：周建、徐鑫、车锦、王建妮。

《一路畅通》（早间版）

（新闻资讯类）

烟台广播电视台交通广播每天7:00播出，时长90分钟。是一档集新闻资讯、生活提示、话题交流、路况信息、幽默段子于一体的互动直播节目。节目内容丰富多元、服务性强，主持人大左、小纯组成“大惊小怪”组合，主持人IP定位鲜明，主持风格幽默风趣、轻松接地气，极富感召力和正能量，深受听众喜爱。节目通过多种方式与听众互动，每天仅微信互动量达2000多条，节目收听率在烟台地区名列首位。同时在喜马拉雅、蜻蜓、烟台时刻等新媒体端进行直播和点播。主创人员：冯小纯、杨淞钧（大左）、许柯、张艳；主持人：小纯、大左。

《晨光音乐行》

（综艺益智类）

烟台广播电视台音乐广播每天7:00播出，时长150分钟，收听率稳居台前列。节目的音乐风格多样化，最in新歌、经典老歌以及抒情、摇滚、民谣等多种曲风搭配播出。除了悦耳动听的音乐还有新鲜及时的新闻资讯、路况播报、话题互动等，力求为听众营造轻松、娱乐的收听氛围，陪伴大家开心上班路。此外，节目利用微信公众平台与听众实时互动，并在喜马拉雅、蜻蜓FM、烟台时刻等新媒体端进行直播和点播。主创人员：赵伟翔（方童）、宋彦葶（佳禾）、张瑜静。

《烟台新闻》

（新闻资讯类）

烟台广播电视台新闻综合频道每晚19:32首播，时长18分钟。烟台第一档电视新闻栏目，准确传达和解读烟台市委政府方针政策，及时反映基层群众心声民意，贴近中心工作，突出权威性，服务基层群众，是烟台最权威的信息发布平台。主创人员：严涛、姜于海、史萌、万瑞鹏、刘瑞、刘博达、徐子植、李子金等。

《问政烟台》

（新闻专题类）

烟台广播电视台电视新闻综合频道每月隔周二20:00直播，时长60分钟。烟台市委宣传部、烟台市直机关工委和烟台广播电视台联合承办，是烟台市首档大型电视问政节目，旨在通过电视问政的形式促进作风大改进、推动工作落实、搭建公众参与政务监督的互动平台，助力烟台高质量发展。截至2020年12月底，共播出36期节目，近6000万人次通过不同渠道收看了节目，节目现场播出和后续移交烟台市委的问题达1500多个，其中95%以上问题已得到解决，其余问题正在积极推进解决中。主创人员：王海东、王冰、门曰航、栾诺诺、于学冉、刘博达；主持人：吕天琪、史萌。

《社会广角》

（民生新闻类）

烟台广播电视台电视公共频道每天18:50播出，时长27分钟。节目关注社会百态，记录市井民生。开设《广角帮办》《广角现场》《找寻老味道》等版块，及时报道烟台各地发生的重要民生新闻事件，反映百姓诉求，是广大观众获取民生新闻的重要平台。栏目收视率居烟台民生电视新闻类节目首位。主创人员：王海东、隋少平、张庆敏、王一维；主播：林方、王术、车锦。

《绿色田园》

（科教专题类）

烟台广播电视台新闻综合频道每天18:05、烟台公共频道20:08首播，片长23分钟。栏目创办于2011年5月，是集指导性和服务性于一体的对农电视科教节目。多年来，聚焦苹果、樱桃、草莓等作物全产业链，内容涵盖全年种植技术、产业趋势、流通行情。通过对宣传内容形式的创新，将枯燥的管理技术以农民喜欢的形式展现，形成雅俗共赏、城乡皆宜的节目风格，成为胶东果农家喻户晓的品牌节目。栏目不断开发品牌效能，辐射带动产业发展，并积极搭建果业融媒体平台，得到广大果农认可和关注。主创人员：赵琪、柳朝霞、李新、马文光、刘连欢、窦照、张晓东；主持人：张慧。

《听·见“光新闻”》

（新闻资讯类）

潍坊人民广播电台新闻广播周一至周六17:30播出，时长60分钟。节目与潍坊电台融媒体品牌“光新闻”下的各新媒体平台互通互动，稿件互用，着重于当天新闻事件及民生资讯，设置“今日关注”“‘光新闻’热榜”“身边那些事”“新闻有态度”“快听今天”5个版块，收听率居全台前列，在蜻蜓FM、喜马拉雅等媒体端进行直播。主创人员：李莉、蔡洪利、冯传春、杨晓通、杨佳琦、李腾；主播：李嵩、田珊珊。

《下班万岁》

（综艺益智类）

潍坊人民广播电台经济广播周一至周六16:30播出，时长90分钟。节目风格以轻松活泼脱口秀为主，以听众下班路上关注的热点事件，营造轻松活跃的车厢氛围，聚焦时事热点，关注百姓时事，在娱乐的同时节目中传递百姓心声，处理民生实事。节目风格活跃，问题处理恰当，在光新闻客户端、喜马拉雅、蜻蜓FM、等新媒体端进行直播和点播。主创人员：张爱莲；主播：肖鹏飞、栾硕。

《107 在路上》

（新闻资讯类）

潍坊人民广播电台交通广播周一至周六7:30播出，时长90分钟。节目内容涵盖时事新闻、热点资讯，关注本市民生信息、交通出行，是广大听众获取新闻资讯、了解出行信息的重要窗口。收听率在潍坊广播节目中排名首位，受到广大听友，尤其是有车一族的青睐，在光新闻客户端、蜻蜓FM、公众号“潍坊107”等新媒体端进行直播和点播。主创人员：刘彬、徐志宏、徐欣欣、牟洪园；主播：王晓蕾、孙兵。

《潍坊新闻》

（新闻资讯类）

潍坊电视台新闻综合频道每天19:35首播，时长20分钟。栏目创办于1984年，是潍坊电视台保留时间最长的栏目。坚持正确导向，高扬主旋律，传递权威信息，实施舆论监督，宣传文明建设，配合潍坊市委、市政府的中心工作，传播党和政府的声音，记录潍坊发展进程，回应人们群众期待。收视率在潍坊地区电视媒体同类节目中名列前茅。主创人员：姚伟峰、袁桂彬、潘旗锦、路军。

《直播潍坊》

（新闻资讯类）

潍坊电视台新闻综合频道每天17:45首播，时长40分钟。日播类民生新闻栏目。2005年开播。栏目把镜头对准普通老百姓，反映普通大众的喜怒哀乐，解读政策、舆论监督、化解矛盾、促进工作，先后获得过山东省新闻名专栏、山东省广播电视十佳栏目、全国工人先锋号、山东省青年文明号等荣誉称号。主创人员：姚伟峰、袁桂彬、潘旗锦、路军。

《青春榜样》

（专题服务类）

潍坊电视台都市频道周六21:10播出，时长30分钟，2015年12月5日开播。潍坊电视台与共青团潍坊市委、潍坊市教育局、潍坊市总工会等部门联合打造的潍坊首档青春励志人物访谈节目。栏目定位“潍坊好青年、中国好榜样”，以潍坊市各行各业优秀青年才俊为关注点，传达青年人积极向上、勇于追梦的进步声音，弘扬主旋律、传播正能量。主创人员：孟力、秦晓圆、李娜。

《爱心微力量》

（专题服务类）

泰安市广播电视台交通广播每周三8:00播出，时长60分钟。节目聚焦社会关注弱势群体的救助、帮扶，吸引爱心人士、爱心企业参与，济危解困。2020年度共计帮助失独、因病致贫、心理疏导200余人次，募集发放善款30余万元，架起党委政府、爱心人士、爱心企业跟广大听众的爱心桥，受到社会各界的广泛好评，在市级广播媒体专题服务类栏目中的收听率稳居前列。在泰山网直播、听见广播APP直播及点播。主创人员：慈晓青、王金玲、赵广军、朱林、左腾飞；主播：杨娜。

《乐在途中》

（综艺益智类）

泰安市广播电视台旅游广播，周一至周五19:00播出，时长120分钟。节目涉及全国各地旅游攻略、介绍不同地方的风土人情、地方美食，主持人和节目试吃团一起品尝推荐泰安各种特色美食，主持人采用幽默风趣的脱口秀表达方式。栏目同步在听见广播、喜马拉雅、微信公众平台直播和点播，在本地获得了良好的社会反映。主创人员：马艺军、刘晓辉、岳玲、董莉；主播：冉大维、李文婷。

《泰安新财经》

（新闻资讯类）

泰安市广播电视台综合频道每天20:00播出，时长15分钟。电视新闻财经栏目。以经济的视角看泰安，解读经济政策，透析财经热点，传递投资理念；立足泰安，开拓财经新视野，打造集权威性、时效性、服务性于一体，搭建企业与政府的沟通桥梁。栏目在泰山网、泰安之声等新媒体端进行点播。主创人员：牛昌庆、周宁宁、李雯雯、李筱悦、刘敏；主播：卢超、刘玉琪、孙鸣璐。

《直通12345》

（专题服务类）

泰安市广播电视台公共频道每天18:45播出，时长10分钟。节目依托12345便民服务热线，关注市民反映热点，跟踪各类问题直办、转办、督办全过程，始终遵循“新闻性＋服务性＋时效性”，推动部门尽职尽责，推动行政效能提升。节目曾荣获山东省新闻十佳栏目终身成就奖，是泰安观众喜爱的民生服务类节目。主创人员：王晓、杨东伟、古明、万金圣、于寒、张恬、邴锦、师静雯。

《法治泰安》

（专题服务类）

泰安市广播电视台公共频道每天19:45播出，时长15分钟。节目紧扣泰安法治进程脉搏，关注法治领域热点，揭示人与法的复杂关系，体现人文关怀和法治精神，设置《法治前沿》《法治观察》《法治人物》等版块。栏目在泰安市法制节目中收视率居前列，以深度的法治思想性和法律服务性，获得了观众的认同和赞赏。主创人员：牛静、秦柳、苑蕾、刘静、杨昊憬、赵庆旭。

《天天早晚高峰》

（新闻资讯类）

泰安市广播电视台公共频道每天7:35、17:10播出，时长共50分钟。栏目以最快捷、最直观的方式实景展现早高峰和晚高峰时段的道路交通状况，并配套天气预报、出行资讯、交警连线、为您支招等子栏目，具有真实性、权威性、新闻性、警示性、监督性、服务性、趣味性、可看性等特点，让广大电视观众足不出户即可掌握全市道路通行状况，为出行提供更多选择。同时实现与泰安综合广播新闻、泰安手机台、泰山网并机播出，适时登陆泰安交警电子大屏、微信平台等。主创人员：白云丽、冯芮、夏庆军、伊超、傅嘉蓬、李晓悦；主播：李慧、常魁星。

《安居威海》

（专题服务类）

威海市广播电视台新闻综合广播每周一至周五 17:30 播出，时长 60 分钟。每期节目邀请威海市住房保障公共服务中心、威海市物业管理协会嘉宾走进直播室，在线受理市民对物业管理、住房保障、住宅专项维修资金使用等工作的意见和建议。开播至今共受理市民热线电话近 300 个，网上问题 600 多个，回访率 100%，业主满意度 90%。节目已成为群众解决物业服务问题的沟通平台，有效化解了住建领域的矛盾和风险，有力推动了城市建设和管理领域“精致城市　幸福威海”的建设。主创人员：黄雅洁、刘佳琦。

《欢乐晚高峰》

（综艺益智类）

威海市广播电视台音乐广播每天 17:30 播出，时长 60 分钟。话题式男女对播脱口秀节目。每天一个话题，选取值得大家关注、有关怀度的点切入，与听友展开互动交流。节目立足本土，体现文学文化，力求主持风格接地气又有书卷气，大气自然有温度。开播运行 6 年来，拥有广泛的听众人群，是威海下班晚高峰时段都市中青年人的忠实陪伴。主创人员：高洪波、宋亚菲、高霞、王小龙。

《六点轰趴馆》

（综艺益智类）

威海市广播电视台交通广播每天 18:00 播出，时长 60 分钟，直播脱口秀节目，以下班路上的车载人群为主收听群，内容选取听友感兴趣的段子，热点，音乐，影视，新闻等，由两位 95 后主播担纲主持，以年轻人充满青春与活力的视角带领听友轻松看世界，每天设置话题带动听友互动，每日留言在 100 条以上。节目同步视频直播，可视广播进一步拉近了听友的距离。主创人员：王书超、董宏、权憬怡、田佳鑫。

《全媒体搜索》

（新闻资讯类）

威海市广播电视台电视新闻综合频道周一至周五晚 18:00 播出，时长 20 分钟。内容涵盖时效资讯、新闻故事、网络热点、话题评论等，是一档彰显媒体观点的全媒体电视新闻荟萃节目。节目为主持人负责制，主持人独立完成每期节目的串联、点评和制作，按照自己的语言习惯，写出自己的真情实感，轻松幽默里透着深刻，诙谐风趣中蕴含哲理，真正做到主持人的一专多能、高效运转。同时节目注重服务本地，及时传达百姓急需的生活信息。主创人员：高磊、由华伟、杨砚波、周长亮、冯兵、张帆、张妮等。

《直通 12345》

（专题服务类）

威海市广播电视台公共频道每周三 18:30 播出，时长 25 分钟。自 2020 年 1 月起，12345 政务服务热线建立各区市、开发区和市直部门、单位负责人上线接听制度。《直通 12345》依托 12345 政府服务热线的热线资源，做成区市、部门负责人上线接听专题节目，每期节目 25 分钟，根据本地群众关注的热点、难点问题自定主题，每期节目设定 2—3 条新闻调查片，问题10—15个，由上线相关部门负责人现场回答解决相关问题。通过记录一把手接听12345热线现场回答记者提问、暗访、追踪报道等报道方式聚焦市民诉求，全程记录解决热点问题的整个过程，用舆论监督推动问题的解决。《直通12345》正在成为威海电视节目新的收视热点。专栏自开播以来，影响力逐渐扩大，受到了市民和职能部门的关注，搭建了政府和市民沟通的桥梁，推动了政务热线的工作，也提高了电视节目影响力，取得了良好的社会效果。主创人员：高磊、由华伟、陶春、韩光、唐政、张玉、曲小晴、高楠等。

《海这边　海那边》

（专题服务类）

威海市广播电视台海洋频道每周五播出，时长20分钟。以“吹动海生活时尚风”为理念，对话世界特色海滨城市，对外展示威海的城市形象和文化，推动海洋经济、文化交流以及文旅项目等的深度合作。常规周播对外宣传栏目。播出后社会反响良好，节目收视率和市场份额稳步上升。同时在韩国、法国等友好城市引起反响，并且和韩国FTV建立合作关系，实现了落地播出。与韩国仁川市政府、富川市政府、韩国旅游局、法国蔚蓝海岸大区旅游局等旅游部门及当地电视台、网站等都建立了良好合作关系。主创人员：宫照军、王巍、任博、王云。

《行风在线》

（专题服务类）

日照广播电视台综合广播周一至周四7:30播出，时长45分钟。日照市人民政府主办，日照市作风建设办公室督办，日照广播电视台承办。节目以“倾听市民呼声，改进行业作风，加强舆论监督，优化发展环境”为宗旨，以“音视频同步直播，行风热线和12345政务服务热线双线融合、联督联办”形式呈现，为听众解决实际困难。主创人员：厉建芳、丁薇、王新伟、朱超、高培培。

《元气满满早高峰》

（新闻资讯类）

日照广播电视台交通生活广播每天7:00播出，时长120分钟。节目主要以市区、各区县、高速等最新路况播报为主，特设交警直播间，综观400多个路口时时监控数据，路况信息快速传递，并与交警、交通等13家相关部门形成交通联动平台。听众黏性较强，每天互动信息量达2000条以上。栏目在同时段节目中收听率排在第一位，同步在“直播日照”“日照网”“开吧”等新媒体端进行直播和点播。主创人员：帅国华、黄晓燕、邱晴、王鹏、滕欣。

《草木村大剧场》

（综艺益智类）

日照广播电视台音乐广播周一至周五14:00播出，时长40分钟。节目以即兴脱口秀喜剧形式呈现，主持人用诙谐幽默的语言，将实时发生的热点新闻或者娱乐新闻，改编成剧情丰富的故事，搞笑娱乐的同时，带给听友不一样的新闻体验，形成独树一帜的节目品牌，打造独具魅力的主持人形象。节目社会认可度高，粉丝公众号7万人。主创人员：祝冰清、冯占山。

《问政日照》

（专题服务类）

日照广播电视台新闻频道、科教频道、综合广播、交通生活广播每周不定期播出现场直播，时长 120 分钟，直播日照、日照清风、日照关注微信公众号同步在线直播。由中共日照市委、日照市人民政府主办，日照市作风建设办公室、日照广播电视台承办。2017 年 6 月开播，已成功举办 21 期节目，共有 100 多个区县和市直部门单位主要负责人现场接受问政，承诺整改问题 300 多项。数千名市民群众通过热线电话、网络平台反映问题。主创人员：裴冰、宋艳、庄秋元、徐茂坤、赵国栋、陈占军、董岱。

《城市会客厅》

（专题服务类）

日照广播电视台公共频道每天 19:30 播出，时长 15 分钟。节目充分利用全媒体传播优势，创新形式、做深内容，以社科专家、驻村第一书记、战疫先锋、企业领袖、创业精英、匠心人才等为访谈对象，挖掘他们拼搏、励志、奉献、敬业的感人故事，弘扬社会主旋律，树立城市榜样力量，达到崇德向善、见贤思齐、争做新时代出彩日照人的社会效果。在日照电视台公共频道微信公众号、直播日照同步播出，深受观众好评。主创人员：刘帆、司云虹、刘磊、梁文生、山秀艳、梁传国。

《日照 · 暖心闻》

（新闻资讯类）

直播日照微信公众号策划推出的新闻栏目，以弘扬社会正能量，彰显城市温度和温情为目标，从“暖”字上下功夫，通过网络、热线征集相关线索，报道发生在市民身边的暖心小事、感人故事、凡人善举，点赞日照人的真善美。稿件阅读量高，转发量大，具有很好的传播效果。《日照“最帅弯腰男孩”》等稿件还被《人民日报》、新华社、央视等中央媒体转载，引发社会广泛点赞。主创人员：于坤帅、于丽丽、杨洋、秦美蓉、牟慧君。

《小城大爱》

（专题服务类）

直播日照微信公众号策划推出的公益救助栏目，旨在动员全社会的力量，为日照贫困病残患者尤其是儿童患者募集手术费用。经过一年多的打造，《小城大爱》已成为直播日照的品牌栏目。栏目累计发稿 30 多篇，总阅读量 150 多万次，救助贫困病患群众 30 余人，筹款额超过 100 万元。主创人员：于坤帅、于丽丽、杨洋、陈洁、苏雪。

《这里是日照》

（专题服务类）

直播日照抖音号开通的一档直播栏目，主要以日照优美的自然风光为依托，通过 24 小不间断直播的形式，面向抖音直播日照、宣传日照，日均观看人次超过 30 万，进一步提升了日照的知名度和美誉度。主创人员：张勇、厉晓晨、田文鹤、于安泓、刘妍蕾。

《蒙山夜话》

（专题服务类）

临沂市广播电视台新闻综合广播每天21:00播出，时长120分钟。热线谈心节目。节目以热线为依托，注重解决听众的家庭情感困惑，梳理听众生活中的疑难问题，缓和群众中的矛盾，以维系和谐社会和谐家庭为目的，鞭挞人性的自私，宣扬人性的善良，主张用真诚、宽容、礼让来面对、解决家庭情感中的问题，为促进和谐社会的和谐发展出力。栏目在蜻蜓FM的全省所有广播频率中收听排名17位，全国排名50位，位居前列。听众以中老年为主要收听群体，同时也吸引了大量的中青年及在校学生。听众自发组建了人数众多的QQ、微信、快手等粉丝群体。主创人员：梁超、吴强。

《夜空不寂寞》

（专题服务类）

临沂市广播电视台经济广播每天21:00播出，时长120分钟。情感谈话节目，内容涉及经济与社会、道德与法制、情感与生活，通过主持人的理性分析，使听众聆听别人故事的同时解开思想疙瘩，舒缓郁闷之情。节目内容贴近实际、贴近生活、贴近群众，以人文关怀为内核，关注着人们内心生活的进程。栏目在全市广播节目中收听率居前列，多次获得临沂市广播电视台十佳节目。在蜻蜓FM新媒体端进行直播和点播，收听数110万。主创人员：张泽鹏。

《临沂新闻》

（新闻资讯类）

临沂新闻综合频道每天19:35播出，时长20分钟。栏目的核心就是聚焦临沂市委、市政府中心工作和全市经济社会发展情况。安全播出35年以来，经过不断改版，采制出大量有思想、有温度、有品质的作品，连续多年荣获“省十佳栏目”“名专栏”等称号。临沂市委、市政府权威信息发布的重要渠道，广大受众了解临沂大事、权威信息、重大舆情的窗口和平台。栏目在“学习强国”平台、爱临沂客户端、爱临沂网、临沂新闻微信公众号等新媒体端进行直播和点播。主创人员：周均实、王兆军、上官一涛、胡兆辉、王斌、李士银、许娜。

《问政临沂》

（专题服务类）

临沂市广播电视台各电视频道、“爱临沂”APP、临沂广电旗下所有微信公众号，央视新闻+、央视移动网、新华社现场云、网易新闻、网易新闻客户端、新浪新闻、新浪微博等新媒体平台同步直播。每月两期，时长80分钟。节目聚焦临沂市委、市政府中心工作，通过问政监督，着力解决全市党员干部队伍中“慵、懒、散、拖”等不担当、不作为的形式主义、官僚主义突出问题。栏目组第一时间将整改承诺和最新整改结果在《临沂新闻》栏目发布，并报送市纪委党风政风监督室。栏目是反映社情民意，推动政府工作落实的重要窗口之一。主创人员：马强、王忠伟、韩庆、李政、曲昊、刘明哲、刘晓晨、厉彦辰。

《琅琊风云榜》

（专题服务类）

临沂市广播电视台电视综合频道（周四）21:30、财经频道（周五）21:30、公共频道（周六）21: 45 播出，时长 25 分钟。用多彩的镜头记录沂蒙，用发现的眼光解读琅琊。既有一定的文化思想意蕴，又有较强的艺术感染力。以挖掘沂蒙文化底蕴、传承沂蒙精神为己任，采访了一大批活跃在临沂各界的知名人士，在社会上产生了广泛而深刻的影响。主创人员：制片人：石书新；编导：米永忠、王瑞星、张晓菲、董安侠；摄像：朱桂文、季荣跃；后期：胡晓炜。

《行风热线》

（专题服务类）

临沂市广播电视台电视公共频道、新闻综合广播、经济广播、爱临沂网每天 7:30 同步播出，时长 25 分钟。节目播出 22 年来，始终坚持将服务群众与舆论监督紧密结合，畅通群众诉求，解答群众疑难，深受全市人民的喜爱与信任。截至目前共播出 6856 期，接听热线电话 55090 个，反映投诉类电话 37891 个，所接听电话，基本做到件件有回音，事事有落实。主创人员：朱晓东、李惠、孙佳凝、李海霞、丁莉、朱莹雪；主播：朱晓东、孙佳凝。

《临沂金融》

（专题服务类）

临沂市广播电视台农科频道每周一、三、五 20:00 播出，时长 30 分钟。栏目由临沂市地方金融监督管理局、人民银行临沂市中心支行、临沂银保监分局共同主办，是全国地市级开播最早的金融类栏目，以展示全市金融行业发展，聚焦金融工作重点部署，深入宣传金融工作成效，广泛普及金融知识为核心，营造绿色金融生态环境。积极向《齐鲁金融》发稿，是全省金融类专题栏目发稿第一名。从 2019 年 8 月至今，累计向“学习强国”供稿 33 条。主创人员：王雁、刘璐、侯路明、秦晓、刘宝锋、李长进、李解；主持人：郭杨。

《聚力改革攻坚　人大代表在行动》

（新闻资讯类）

德州市广播电视台综合广播每周一 11:30 播出，时长 60 分钟。节目围绕全力推进改革攻坚目标任务，充分展现了全市各级人大代表，依法高质量履职、密切联系人民群众、参与改革攻坚的经验做法，讲述人大代表汇聚民声民意、增进民生福祉的先进事迹。节目以广播 + 视频直播为亮点，15 期节目在线观看人数次次刷新纪录，在线观看人数累计超过 100 万余人次，成为德州市广播电视台融媒传播栏目中单次点击量最高、受众关注度最高的栏目。主创人员：王秀艳、邢燕、王新、孟伟杰、詹云鸽、王景巨；主播：张锦、闫斐。

《加油早高峰》

（新闻资讯类）

德州市广播电视台文艺广播每天 8:00 播出，时长 60 分钟。以“新闻正在发生，我们就在路上”为节目宗旨，强调快速反应与深度报道，注重新闻评论与观察思考，通过即时、深度报道 + 新闻观点、评论 + 特色资讯服务 + 个性新闻主播的节目样态，传播有价值的新闻、有分量的观点、有意思的资讯。栏目在全市区新闻资讯类节目中收听率居前列，奏嘛新闻客户端以及喜马拉雅每天对节目进行直播点播。主创人员：吕栋、郝逢良、王秀艳、王磊。

《德州新闻联播》

（新闻资讯类）

德州市广播电视台电视新闻频道每天19:36首播，时长20分钟。以报道时政新闻、全市重大新闻事件和民生栏目为主，是德州知名度最高、最具权威性的新闻栏目之一。现有主持人9人，记者、编辑40人。作为德州的权威资讯平台，承担着政务信息发布；经济动态分析；社会热点追踪的重要责任。基本定位：要闻总汇、资讯平台；内容定位：强时效推出时事报道，大纵深洞悉经济波澜，多角度展现百姓生活，全方位引领新闻视线。以全新的视角报新闻，以全新的理念做新闻。栏目陆续推出《改革攻坚在行动》《决战决胜脱贫攻坚》《优化营商环境　德州在行动》等有影响的新闻专栏。通过一系列新闻策划，进一步提升了品牌影响力和栏目公信力。

《新闻观察》

（新闻资讯类）

德州市广播电视台新闻综合频道每周二、周四、周六晚8:00播出，时长10分钟。2014年5月29日开播，节目定位为“追踪社会热点，评述大众话题”。紧紧围绕德州市委、市政府的中心工作，做好重大主题、重点工作、重要活动的宣传报道，同时重点报道我市的工作亮点和重大典型，解读重大政策。关注民生热点，评述百姓话题。对社会关注的焦点话题，及时跟进。在客观清楚阐述事实的基础上，评说观点正确，传递正能量，引导正确的舆论导向。节目在微信公众平台推送，单期节目最大点击量突破1万次，2018年被评为山东广播电视十佳栏目。主创人员：王其强、王玉珏、王新晶、王海风、韩伟（主持人）、辛友晓、李璇、岳众等。

《直播德州》

（新闻资讯类）

德州市广播电视台电视公共频道每天18:30首播直播，时长30分钟。大型民生新闻栏目。现有主持人2人，记者、编辑28人，以“关民生知冷暖，立足公众利益，体现社会关怀”宗旨，栏目上联政府决策，下接百姓呼声，讲好德州故事，力求新闻有温度，观点有深度，打造大众参与平台，倡导社会和谐向上的良好风气。通过加强新闻策划力度，再创栏目品牌收视高峰。该栏目开通有抖音（目前粉丝量60万）、快手（目前粉丝量8万）、微信、微博和热线平台，栏目为市民解难题、办实事，推出了一大批有影响的新闻报道。

《问政德州》

（专题服务类）

德州市广播电视台电视公共频道、文艺广播每月隔周三晚上19:30并机直播，时长60分钟。2020年4月15日开播，节目以聚焦德州市委、市政府中心工作推进落实为着力点，以推进中心工作落实，促进干部作风转变为着力点展开问政访谈，积极回应社会与民生关切，聚焦群众关心的热点、难点、堵点问题，通过公开问政督促职能部门解放思想、转变作风；担当作为、攻坚克难，督导督促职能部门践行承诺、狠抓落实，督促部门担当作为、狠抓落实。开播一年来，直播22期，问政30多个单位和部门，曝光问题近百个，在全市上下引起强烈反响，节目受到各界普遍好评和关注。

《奏嘛新闻早餐》

（新闻资讯类）

德州市广播电视台首档网络早新闻栏目，每天 6 点发布推送，集音视频、图文于一体，涵盖时政经济、社会民生、娱乐养生、网友互动等内容，信息量大、短小精悍；版面设计简洁、清新、活力，使用户能在早间紧张之余迅速了解德州乃至国内外大事小情。新闻早餐每天点击量平均 6000 余次，最高达 3 万余次。目前，“奏嘛新闻早餐”已经成为德州当地传播范围最广、影响力最大的一档网络早新闻栏目。主创人员：王晨力、田靓。

《主播夜读》

（专题服务类）

德州市广播电视台晚间品牌栏目，每天晚上 9 点准时在奏嘛新闻客户端上播出，由全台选出的优秀主播轮流为大家带来温情诗意的有声作品，讲述人生感悟和读书心得。主播夜读每天点击量平均 5000 余次，最高访问量 2.8 万人次，并且会定期举行线下粉丝见面会，每期设置不同的主题，让主播和粉丝面对面交流，线上栏目 + 线下活动的运作方式，让主播夜读迅速成为德州人气最高的文化网络专题服务栏目。主创人员：赵莹、潘颖。

《奏嘛直播》

（新闻资讯类）

德州市广播电视台新闻资讯类网络直播栏目，充分发挥手机媒体传播快、覆盖面广、互动性强的优势，2020 年多次直播报道战疫一线的最新情况，如“连线隔离病房”、“对话援鄂医疗队员”、直播“德州新冠肺炎患者出院”等；为助力全市复工复产，奏嘛借助省市县三级媒体联动平台进行多场联动直播，实现跨层级资源共享和立体化传播；为全方位宣传德州改革攻坚的先进经验做法，奏嘛对全市重点工作系列新闻发布会进行全程直播；奏嘛还关注社会热点，积极回应社会关切，先后直播了“‘云’逛首届中国国际文旅会德州会场”“第五届‘智汇德州’人才创新创业周”“临邑理合务镇搭起‘直播间’乡村经济活起来”等活动，全年总计直播近 400 场，平均每场点击量 1 万余次。直播过程中，观众积极留言评论互动，取得良好宣传效果。主创人员：王晨力、田靓。

《12345 市民热线 · 政风行风》

（新闻资讯类）

聊城市广播电视台综合广播每天 8:30 播出，时长 45 分钟。节目 2007 年 6 月 12 日开播，始终以“引领社会舆论，疏导公众情绪，搞好舆论监督，促进作风转变”的节目定位，邀请各县（市、区）人民政府、政府职能部门、窗口服务行业和单位的主要负责人做客直播间，现场受理群众政策咨询及投诉建议，并及时直播反馈问题办结情况。在山东省广播电视节目奖评选中连续 3 年被评为“山东广播新闻十佳栏目”；并荣获“山东新闻优秀栏目奖”。在蜻蜓 FM、聊如指掌等新媒体端进行直播和点播。主创人员：何敬贤、王芳、邓红林、程绪冉、王晓霞、张博；主播：肖彬、燕紫（黑丽燕）。

《hello 早高峰》

（新闻资讯类）

聊城广播电视台交通广播周一至周六7:00播出，时长120分钟。集伴随性、服务性和娱乐性于一体的新闻脱口秀节目。栏目关注时下热点，运用受众喜闻乐见的吐槽、反问、搞笑等手法对事件或互动消息进行麻辣点评，与节目受众产生了深刻共鸣，并且在竞争激烈、同质化严重的早高峰节目中形成独特优势。节目在线上与听众保持黏度的同时，在线下也时刻活跃在听众眼前，根据时令节气等节点，联合新媒体相继推出线下线上联动的外场活动，深受大家好评。节目在同时段的收听率和市场占有率名列前茅。主播：于晶、王龙、李萌。

《一问到底》

（专题服务类）

聊城广播电视台公共频道每月最后一个周五20:00直播，时长100分钟。节目以聊城市委、市政府中心工作推进落实为着力点，坚持问题导向，紧盯形式主义、官僚主义，问出真问题、找到真办法、推动真解决，切实提高政府效能，增强群众获得感和幸福感。栏目在聊城广电两个频道、一个频率和三个融媒平台同步直播，随着栏目影响力的不断扩大，锐度、深度的不断增强，成为了引人注目的政务现象、舆论现象和电视现象。主创人员：张树森、张腾、丁好、杨振、金玉成、杜文奇；主持人：孙一、屈玉伟。

《新闻嘀嘀嗒》

（新闻资讯类）

滨州市人民广播电台综合广播周一至周五7:30播出，时长90分钟。节目以“关注政经发展，聚焦民生热点”为宗旨，根据滨州市委、市政府重大决策、部署，及时报道滨州发生的重要新闻事件，传播党和政府的声音，发布权威政策信息，服务全市发展大局，反映百姓生活，弘扬社会正能量。在滨州新闻资讯类节目中，《新闻嘀嘀嗒》收听率稳居第一。此外，节目通过在滨州APP、听见广播APP、蜻蜓FM等新媒体端进行直播和点播。主创人员：孙旭东、康乐、李瑞；主播：康乐、李瑞。

（滨州市人民广播电台供稿）

《音乐朋友圈》

（专题服务类）

滨州市人民广播电台文艺广播周一至周五11:30播出，时长30分钟。节目以“关注民生、服务大众”为宗旨，邀请滨州当地各行各业的一线工作者和相关部门的负责人走进直播间，通过热线电话听取群众的意见建议，现场解答市民关心的民政、教育、医疗等热点民生问题。节目开播以来，共播出1500余期，接听听众电话 500 余个，回复率达 100%，听众满意度达 98% 以上。此外，节目通过蜻蜓 FM 、听见广播等新媒体端进行直播和点播。主创人员：监制：李洁；主持：李菲；编辑：张曼迪、李肖。

邀请滨州医学院附属医院第三批援鄂医疗队 5 名队员做客直播间（滨州市人民广播电台供稿）

《一路畅通》

（新闻资讯类）

滨州市人民广播电台交通音乐广播周一至周五 7:30 播出，时长 90 分钟。节目立足交通，关注社会热点、新闻资讯，随时插播最新路况、天气预报及听众互动等信息，打造“适度娱乐，轻松陪伴”的新闻资讯类节目，成为听众“上班路上的快乐陪驾”。在全市新闻资讯类节目中收听率居前列。通过在滨州 APP、蜻蜓 FM、喜马拉雅、听见广播 APP 等新媒体端进行直播和点播，主创人员：黄宝春、吴珊、大鹏；主播：吴珊、大鹏。

（滨州市人民广播电台供稿）

《滨州新闻》

（新闻资讯类）

滨州电视台新闻综合频道每天 19:35 首播，时长 18 分钟。可在滨州传媒网、消息牛滨州手机台等平台进行点播，收视一直居前列。节目聚焦滨州市委、市政府中心工作、重点工作，及时报道全市各地发生的重要新闻事件，传播党和政府声音，反映群众心声，着力打造“观看《滨州新闻》，掌握滨州大事”的栏目品牌。主创人员：张志勇、王爱民、刘观军、李文兴等；主播：崔艳贞、齐婷婷、李文然、吴晓琳等。

《情暖滨州》

（专题服务类）

滨州电视台综合频道每周六 9:00 播出，次日重播，时长 50 分钟。公益救助栏目。以人文关怀为导向、记录困境中的坚强、传递社会正能量。迄今募得救助资金 532.7713 万元、物资价值 130.70 万元，救助困难群众 10017 人。2020 年 8 月 25—26 日，全省红十字系统到节目现场观摩并召开全省“人道救助”经验交流会。2020 年荣获滨州慈善奖、“感动滨州·2020 年度人物”（团体）。主创人员：米玉红、王卫东、王虎、李明元、刘国庆、胡媛媛、仪淑英、卢津。

《问政滨州》

（新闻资讯类）

滨州电视台公共频道、消息牛手机客户端、新华社现场云、滨州传媒网等新媒体端逢周三晚 17:30 同步直播，每两周一期，时长 60 分钟。

融媒直播问政栏目。栏目以聚焦滨州市委、市政府中心工作推进落实为主要着力点，每期邀请一个部门单位主要负责同志到现场，接受问政访谈。主创人员：王卫东、祁艳明、薛少敏、曹宁、彭加周、李文然。

《行风热线》

（新闻资讯类）

菏泽广播电视台综合频道与新闻广播周一至周五 7:30 并机播出，时长 40 分钟。创办于 2000 年 4 月，是一档舆论监督类民生热线直播节目。每天早晨市直有关职能部门、单位负责人轮流走进直播间，通过热线电话、短信、微信等方式与群众交流，倾听民声，了解民意，为群众解决实际困难和问题。行风热线栏目始终以“关注民生，倾听民意，解决民难”为宗旨，在服务全市经济发展、社会稳定、民生改善等方面发挥了重要作用。主创人员：翟海珍、王源、梁雅等。

（《行风热线》直播间现场）

《交警服务热线》

（专题服务类）

菏泽广播电视台交通广播周一至周四 11:00 播出，时长 60 分钟。栏目以关注民生、服务百姓出行为宗旨，凭借广播速度快捷的优势，发布全市交管动态信息和路况信息。共为群众及时解答和办理了 3 万余件交通出行难题，成为听众了解政策，建言献策的重要窗口和平台，深受百姓喜爱和关注。主创人员：郭晓红、王路燕、殷丛丛等。

（《交警服务热线》直播间现场）

《菏泽新闻联播》

（新闻资讯类）

菏泽广播电视台综合频道每天 19:32 播出，时长 18 分钟。坚持围绕中心、服务大局，贯彻落实菏泽市委、市政府工作部署，宣传菏泽各级各部门工作成就。第一时间、第一现场权威报道菏泽重大事件，发布最新政策信息。全面服务于菏泽科学赶超、后来居上的伟大实践，营造团结奋进的主流舆论氛围。主创人员：朱华德、韩冰、邱冰、王子夏、刘永、武峰、杨洁等。

（《菏泽新闻联播》栏目主持人）

《我来讲党课》

（专题服务类）

菏泽广播电视台综合频道周日 20:00 首播，时长 30 分钟。为迎接中国共产党成立 100 周年推出的党建特别节目，节目立足菏泽党性教育和典型教育资源优势，邀请全市先模人物、优秀基层党组织书记和共产党员走进演播厅讲述精彩党课。节目围绕统筹疫情防控与经济社会发展、构建 231 产业体系、乡村振兴、创建文明城市、人才建设等各方面讲述在党的领导下菏泽发展的故事。主创人员：尚雅、赵海琳、张希、吴亚妹、王萌、祝志青等。

（《我来讲党课》节目录制现场）

《百姓天天看》

（新闻资讯类）

菏泽广播电视台科教频道每天 18:30 播出，时长 25 分钟。是一档民生电视新闻栏目，以“关注民生　服务百姓”为宗旨，坚持“平民视角、民生内容、民本取向”的理念。设置“百姓头条”“百姓故事”“百姓有话说”“百姓观点”等版块，具有较强社会影响力和公信力。栏目风格贴近百姓、鲜活明快，曾荣获山东省十佳电视新闻栏目。主创人员：房俊涛、王贺、杨志强、杜军、刘昕、苑蕾等。

（《百姓天天看》栏目主持人）

《乡村振兴大视界》

（新闻资讯类）

菏泽广播电视台科教频道每天 19:00 播出，时长 20 分钟。栏目以十九大提出的“乡村振兴战略”为指导，围绕“产业、人才、文化、生态”等层面，关注“三农”热点话题。重点针对现代农业产业园、科技创新、基层党建、一镇一业、一村一品、生态宜居美丽乡村建设进行专题报道，服务全市打造乡村振兴齐鲁样板“菏泽路径”，全面展现菏泽乡村振兴工作成就和先进典型。主创人员：张华云、袁绍普、程相升、黄绍红、王洁等。

（《乡村振兴大视界》栏目记者采访现场）

编辑：金红

广播剧·电视剧
纪录片·动画片

广播剧

《亲爱的陌生人》

内容简介：本剧以“大舜号”事件为蓝本创作。1999 年 11 月 24 号，“大舜”号客货滚装船从烟台开往大连，失恋的冰冰在好友小芳的陪同下去大连游玩，甲板上遇到了同乡小朱和他的父亲朱老伯，以及临沂跑运输的王老大等人，当夜突变的恶劣天气和逐渐倾斜的船体把他们的命运紧紧地联结在一起。由于船长决策和指挥失误、船舶操作不当，最终起火导致船体倾覆。危急时刻，船舱内的朱老伯父子和王老大等人用拳头砸开玻璃，先把同舱的冰冰和小芳推了出去……在社会各界全力救援下，共有 22 人死里逃生，其中只有一位女性，她就是不会游泳的冰冰。经历了生死，冰冰开始重新信任别人，那些闪光的人性和温暖的瞬间永记她的心间，她有理由更加热爱生活，为了那些她亲爱的陌生人！该剧获得 2020 中国广播剧研究会专家评析一等节目。

制作单位：烟台广播电视台

播出时间：2020 年 7 月 30 日

集数：单本剧

时长：59 分 40 秒

播出平台：烟台广播电视台交通广播

编剧：忆庄

导演：焦国瑞

制作人：路新玲

演播：齐齐　季颖　陈阿南　武刚　王宇　梁东等

《等你回家》

内容简介：2020 年的春节，一场突如其来的疫情改变了一切。当疫情来袭，一批批医护人员响应党的号召，挺身而出，用生命和职责守护人民的平安。这是一个普通医护家庭的故事，也是无数个援鄂医疗队家庭的缩影。相聚即离别，他们舍小家顾大家、舍小爱成大爱，不顾个人安危，越是艰险越向前！节目一经播出就得到广大听众的认可，很多人从剧中找到了自己和亲人的影子。有听众反映，剧里的事情和自己家一样，仿佛在听自己的故事。

录制单位：临沂市广播电视台财富广播

播出时间：2020 年 5 月 13 日

剧目类别：广播剧

集数：1 集

播出媒体：临沂市广播电视台财富广播

时 长：19 分 45 秒

主创人员：杨森　刘文文　刘萍　刘兴兴

电视剧

《奋勇向前》

内容简介：本剧根据真实历史事件“徂徕山抗日武装起义”改编，1937 年全面抗战爆发，12 月 27 日，中共山东省委在篦子店召开紧急会议，会议根据急剧变化的形势，决定在泰城被日寇攻占前正式举行起义！日军中佐滨野高广带领一个中队，作为日军先头部队进入泰城境内，为日军大部队进驻泰城扫平道路。徂徕山脚下崖头庄的杨东良在迎娶新娘的山路上，却误打误撞杀死了两个日本侦察兵，导致崖头庄被日军血洗！1938 年 1 月 1 日，在山东省委领导下，冯超、杨东善等人在徂徕山大寺发动了徂徕山抗日武装起义，成立了“八路军鲁中抗日游击队第四支队”，在各界抗日同盟的多次协助下，破坏了日军一系列战略计划，一举歼灭了滨野高广带领的日军部队。

摄制单位：山东最幕文化传媒有限公司

播出时间：2020 年 2 月 26 日

剧目类别：电视剧

集数：40

播出平台：山东电视台齐鲁频道
南京电视台
四川电视台

编剧：魏兰沣

导演：武洪武　李相国

制片：徐献锋

主演：叶静　缪婷茹　任东霖　黄俊鹏
杜源　王姬

《如果岁月可回头》

内容简介：该剧讲述了白志勇、蓝天愚、黄九恒三个在婚姻生活当中遭受挫败的中年男性的故事，尽管他们各自的家庭都已迈入中产阶级的大门，可富足的生活却并没有使他们的婚姻同样顺遂。生活的失意让他们相识，也让三个男人之间建立起深厚的“革命友谊”。江小美是一个有着风雨过去的导游兼酒吧老板，当她走入这三个男人的旅程之时，也悄悄改变了三个人的生活轨迹。江小美身上爱憎分明、独立自信的品质让三个男人重新审视他们对待婚姻的态度，也渐渐看清了自己在婚姻生活中的过失，用各自的方式领悟了婚姻与生活的真谛。浮世中难得的一抹真情让他们彼此取暖，最终与生活和解。

摄制单位：强视传媒有限公司
山东影视制作股份有限公司
北京爱奇艺科技有限公司
浙江贤君影视文化有限公司
北京华文行者文化传媒有限公司
广东强视影业传媒有限公司
上海海纳影业有限公司

播出时间：2020 年 3 月 20 日

剧目类别：电视剧

集数：44

播出平台：东方卫视
北京卫视

编剧：张建栋

导演：张建栋

制片人：韩非

主要演员：靳东　蒋欣　李宗翰　李乃文
左小青　赵子琪　傅晶　陈冰

《遍地书香》

内容简介：该剧讲述了市文化馆第一书记刘世成到椿树沟村用文化扶贫、扶志、扶智，在村里建立读书会，号召广大村民读书，并通过自己的努力，让村民们由被动读书变为主动读书、喜欢读书，并走向脱贫致富道路的故事。该剧采用轻喜剧的形式，用细腻而又朴实的镜头，讴歌了沂蒙精神辉映下的齐鲁大地打造乡村振兴齐鲁样板、创造农村美丽家园的新时代新风貌，形象生动地展现了当代农业是有奔头的产业，农民是有吸引力的职业，农村是广大农民的美丽家园。

摄制单位：山东泰昊传媒有限公司

播出时间：2020 年 5 月 8 日

剧目类别：电视剧

集数：38

播出平台：北京卫视

编剧：张继

导演：杨真

制片：王贵宾

主演：来喜　王雅捷　范雷　牛犇

廖京生　艾莉　李玉梅　盛石头等

《燃烧》

内容简介：电视剧《燃烧》是一部贴近国情民生的现实主义题材剧，讲述了出身警察世家的民警高风，通过处理一场抛尸案，发现了一桩多年前与爷爷和父亲都有关联的悬疑大案。为了查清事实的真相，高风放弃一切，和警方一起克服重重困难，顶住重重压力终于将一件已经盖棺认定的陈年积案翻案，维护了法律的公平正义，还原了事实的真像，并将外逃三十年的罪犯缉拿归案，告慰祖父和父亲的在天之灵。《燃烧》塑造了中国警察忠诚履职、大智大勇的人民英雄形象，充分彰显了公安队伍忠于党、忠于祖国、忠于人民、忠于法律的政治本色，对于凝聚警心、激励士气和振奋民心、弘扬正气具有重要意义。

摄制单位：腾讯影业
北京春秋风云影视
北京完美影视
青岛市广播电视台（集团）出品
公安部新闻宣传局
山东省公安厅

播出时间：2020 年 5 月 28 日

剧目类别：电视剧

集数：51

播出平台：东方卫视

编剧：陈育新

导演：陈育新

制片：张乔

主演：经超　张佳宁　林籽　张俊鸣
奚美娟　邬君梅　谭凯　惠园
张志坚

《巡回检察组》

内容简介：电视剧《巡回检察组》主要讲述“身经百战”经验老到的巡回检察组组长冯森（于和伟饰），在省政法委书记张友成（韩童生饰）的指挥下前往橙州重启调查“930 杀人案”，联手驻监检察室主任罗欣然（韩雪饰）抽丝剥茧剖析案情证据，明察暗访揭开层层迷雾，多方合力最终挖出幕后潜藏势力，成功维护法律的神圣和威严的故事。通过展示公检法人忠诚履职、匡扶正义的斗争过程，向社会公众呈现善与恶、是与非、法与情之间的冲突，力求在荧屏上真实还原新时代检察官的鲜活形象，诠释人民检察官在中国共产党的带领下不畏艰难勇敢担当，坚持“以事实为依据，以法律为准绳”，维护司法权威、捍卫公平正义的初心与决心。

摄制单位：最高人民检察院影视中心
中共山东省委宣传部
金盾影视中心
湖南广播电视台

播出时间：2020 年 12 月 13 日

剧目类别：电视剧

集数：43

播出平台：湖南卫视

编剧：于飞

导演：李路　郑晓龙

制片：李学政

主演：于和伟　韩雪　马元　冯雷
韩童生　宋春丽　成泰燊　王海燕

纪录片

《大迁建》

内容介绍：纪录片《大迁建》站在新时代的高度，以宏大视野和历史眼光，通过大量生动鲜活的典型人物和真切感人、曲折震撼的故事，真实记录在省委、省政府坚强领导下，滩区干部群众勠力同心、攻坚克难，向世代为害的“黄患”发起挑战，通过村居迁建、防洪安居以及产业扶贫等一系列治本举措，彻底改变60万滩区百姓苦难命运，谱就新时代滩区群众脱贫奔小康的恢弘史诗。

摄制单位：山东广播电视台融媒体资讯中心

播出时间：2020年12月30日

集数：5集

播出媒体：山东广播电视台卫星频道

主创人员：陈琛　刘皓天　李龙　袁敬宇　李宁　朱伟伟　乔明辉　王霖

《齐心鲁力》

内容介绍：纪录片《齐心鲁力》在疫情严重的2020年2月期间开始拍摄制作，3月初推出。节目第一时间记录下了山东人上前线、守后方，众志成城抗击疫情的感人故事，反映了山东省委、省政府带领全省人民坚决贯彻习近平总书记重要讲话精神和党中央战略部署，齐心“鲁”力为取得抗击疫情胜利贡献智慧力量的决心、勇气和担当。该片播出后反响强烈，在“学习强国”、央视频、《人民日报》等互联网碎片化稿件及短视频总推荐量5000万+，获得2020年度山东省影视精品专项资金扶持，并于2020年6月，在德国tv.berlin（柏林电视台）和CityVision—TV（城市视角电视台）以及德语视频网站www.laikanba.de播出，向全国乃至世界人民讲述了山东人、中国人的战“疫”故事。

摄制单位：山东广播电视台纪录片中心

播出时间：2020年3月13日

集数：1集

播出媒体：山东广播电视台卫星频道

主创人员：刘卫斌　曲展　董雅丽　李蕴琦　蒋超　王媛　贾海宁　王德全　王海丽　冯希亮　孙玉宝　张华宁　岳帅　胡小帆　阎恒　孙鹏　徐鹏　李东　邓杰　王政平

《向春而行》

内容简介：纪录片《向春而行》秉承小切口、大情怀、正能量的主旋律导向，围绕战“疫”中复工复产的典型事例，用影像的方式生动记录复工复产的“山东速度”，用细节展示齐鲁儿女追赶春天的脚步，用一个个鲜活的故事呈现出山东全面复工复产的生动交响，让观众感受到疫情之下齐鲁大地的勃勃生机。

摄制单位：山东广播电视台纪录片中心

播出时间：2020年3月31日

集数：1集

播出媒体：山东广播电视台卫星频道

主创人员：刘卫斌　曲展　贾海宁　张琳　李蕴琦　王媛　刘畅　蒋超　陈萌　冯希亮　李东　徐鹏　岳帅　阎恒　徐华鋆

《我的战“疫”》
——山东援助湖北医疗队队员口述实录

内容简介：纪录片《我的战“疫”》基于“关注生命、彰显人性”的创作主旨，历时两个月拍摄，采访了近百位山东援助湖北医疗队队员，积累了200多个小时的珍贵口述资料。从医者的角度还原当时守望相助、共克时艰的场景。整部纪录片没有一句解说词，完全通过医疗队员的口述串联。通过个性化的表达及来自抗疫一线的生动影像，将山东援助湖北医疗队所经历的惊心动魄、内心焦灼以及生命至上的医者仁心一一展现。节目通过一段段有血有肉有真情的生动故事，进而展现出疫情之下，全国上下万众一心、众志成城，汇聚起全民战“疫”的磅礴伟力。

摄制单位：山东广播电视台纪录片中心

播出时间：2020年8月21日

集数：2集

播出媒体：山东广播电视台卫星频道

主创人员：刘卫斌　曲展　王媛　张琳　綦瑛　贾海宁　蒋超　刘畅　周栋　李东　孙玉宝　周晓亮　胡小帆　邓杰　岳帅

《全家福》

内容简介：纪录片《全家福》以叙事的手法，通过摄影师赵明的经历，展现出四川大凉山的变迁。1992年出生的赵明，山东聊城人。2013年，作为摄影专业的大一学生，他背着相机，跟着支教老师第一次走进了四川大凉山彝族自治州。解放前，这里还是奴隶制社会，经济、文化发展长期处于落后状态，许多老人直到去世，都没有一张照片。赵明决定为当地人拍摄并免费冲洗全家福。为此，他经常走几十里山路，来到一个又一个村庄。七年过去了，赵明从一个学生到娶妻生子，他换了不同的工作，但每年都坚持在春节前来到大凉山，去给老乡们拍摄全家福。从拍照片到拍视频，赵明的镜头，呈现了在党中央“全面建成小康社会，一个民族也不能少”的脱贫攻坚战略部署下，长期处于深度贫困的人们正在发生着的各种变化。

摄制单位：山东广播电视台纪录片中心

播出时间：2020年12月25日

集数：1集

播出媒体：山东广播电视台卫星频道

主创人员：王海丽　岳帅　赵明　朱思环　霍路加

《报之以歌》

内容简介：纪录片《报之以歌》通过由罕见病人和残疾人组成的8772乐队的故事，诠释出他们对印度大文豪泰戈尔“世界以痛吻我，我要报之以歌”著名诗句的深切感受。8772乐队成员中，有的自出生以来经历了次数多到数不清的骨折；有的主动脉血管濒临撕裂，多次直面生死关头；有的疾病导致残疾，只能在红白喜事乐队吹奏唢呐。2015年他们组成了8772乐队，2019年发行原创专辑《从不罕见》，收录10首原创歌曲。他们的曲风轻快、激昂，表演充满欢乐、激情，歌唱罕见病人的小梦想。乐队中的多数人还是公益组织病痛挑战基金会的工作人员。他们奔走全国，救助、服务覆盖2800多个类别的罕见病。助力罕见病患者实现上学、创业、个人能力培养等梦想，直接捐助善款超过800万元。

摄制单位：山东广播电视台纪录片中心

播出时间：2020年6月30日

集数：1集

播出媒体：山东广播电视台卫星频道

主创人员：王德全　周晓亮　邓杰
王政平

《大河之畔》

内容简介：该片由中华文明的源承、汇融和枢轴三个章节组成，围绕政治、经济、文化、生态等方面，找准黄河文化历史与现实现代的结合点，探寻黄河文化与济水文化的发展脉络，理清黄河文化、齐鲁文化、儒家文化之间的内在逻辑关系，生动展现济南“黄河风采、齐鲁风范、泉城风韵”。以翔实的史实资料阐释济南在黄河流域生态保护和高质量发展中发挥“中心城市”的龙头作用与时代使命，展现主动融入、服从服务黄河重大国家战略，加快建设“五个济南”，打造“大强美富通”现代化国际大都市的宏伟事业。《大河之畔》从国内外搜集了一大批有关史料，走访了众多历史、经济、文化专家学者，很多珍贵史料、观点均为首次披露。该片溯源历史、品读当下、展望未来，对济南坚定自信、凝聚共识、外树形象，提升影响力和美誉度具有重要意义。

摄制单位：济南广播电视台
播出时间：2020 年 9 月 15 日
集数：1 集
播出平台：济南电视台各频道及各大网站客户端
总导演：曹钧
总制片人：张东寅
总摄像：魏鲁南
撰稿：尹燕玲
导演：魏鲁南　王静　李鹏罡　王倩
郭敏
解说：郭幼鹏
摄影：李鹏罡　王常胜　郭修明

《先锋》

内容简介：百年中国，沧桑巨变；百年胶东，勇立潮头。回望胶东百年，有一种势不可挡的力量带领人民奋勇向前。本片以郭寿生、李之龙等党员人物的事迹为主线，介绍了中国共产党中的烟台先锋力量，展示了共产党人为了民族前仆后继，为了国家挺身而出，为了复兴筚路蓝缕的精气神。先锋是楷模，更是榜样，新中国的成立和建设，离不开带领人民向前的先锋力量。该片以“先锋”为题，环环相扣、层层设问，用极具说服力的纪实画面，展示了共产党员在各个时期带领人民的先锋作用。该片将史料和实拍相结合，辅以震撼的配乐和动画特效，视听效果极佳。

摄制单位：烟台广播电视台
播出时间：2020 年 3 月 25 日
集数：1
播出平台：烟台广播电视台
总策划：张璇　严涛
总导演：李永林　张修奇　孙长虹
编导：蔡元磊　张庆全
策划：孙迎春　赵洋
摄像、编辑：刁铖钰　孙琳
剪辑：梅荣

网络视听

山东省网络视听发展情况

一、舆论引导能力进一步提升

以学习宣传习近平新时代中国特色社会主义思想和党的十九大、十九届二中全会、三中全会、四中全会、五中全会精神为指引，积极开展“首页首屏首条”建设；完成广电总局抗击新冠肺炎哀悼日活动、中国人民抗日战争暨世界反法西斯战争胜利75周年纪念日活动转播；指导IPTV平台开展疫情防控内容建设，山东IPTV限时免费约3万小时内容，开设“众志成城　抗击疫情”专区，共计上线960条防疫相关内容，实现访问1679.7万次；协调教育厅等部门，指导IPTV上线“海看教育云课堂”专区，疫情期间访问次数4000多万次，共收录全省各地同步课程2.5万节，为全省疫情防控期间网络教育提供了有力保障。组织开展“抗击疫情　我们在行动”——山东省抗击疫情主题优秀网络视听作品评选展播活动，征集作品380余部，优秀作品分批在大众网、齐鲁网和海报新闻、“闪电新闻”客户端及山东IPTV等重点视听节目平台进行展播，为疫情防控和经济社会发展营造良好舆论氛围；指导省内持证网站、IPTV平台开设“我们的小康2020”专区，共征集展播“小康幸福年”“脱贫攻坚”等主题作品185部；举办2020年“中国梦”暨山东省第七届原创网络视听节目征集活动，共征集到195家单位报送的1283部作品，作品数量是去年的2.5倍。

二、网络影视剧数量和质量稳步攀升

截至12月9日，共组织重点影视剧规划备案审核1035部次、上线备案审核72部次；发放规划备案号214部，发放上线备案号16部；办理境外演员参演重点网络影视剧申请10次；协调重大特殊题材作品审核16部。上线的网络电影中，平台分账过千万的1部，过500万的2部，整体质量相较往年有极大提升。入选总局各类奖项和活动作品数量比去年大幅增加。积极参选总局重大题材网络影视剧项目征集报送、“网络视听节目精品创作传播工程”征集报送、网络视听节目推优等，其中，网络电影《飞夺泸定桥》入选总局精品工程，给予80万元资金扶持，《山东“战”疫　原创沙画　不平凡的平凡》入选总局一季度优秀视听节目；《老疙瘩脱贫记》入选年度优秀网络视听节目。《山里来了个女书记》《妈妈的大学通知书》《老靳来了》等11部作品入选广电总局专设的主题宣传账号并在抖音、快手、爱奇艺等16家全国头部平台进行展播。播出上映的网络电影《春来怒江》被写入中宣部工作要点、列入中国共产党成立100周年精品网络视听节目片单。建立山东省重点网络影视剧“种子库”“项目库”与“片单库”，研究制定入库标准和范围，全年共入库公示“种子库”“项目库”“片单库”作品共计18部。举办全省网络视听精品内容创作培训班。

三、建设与管理进一步加强

山东IPTV通过总局IPTV省级分平台验收工作并取得牌照。针对疫情带来的线上业务发展需求，为促进网络影视剧的创作生产，山东省广播电视局出台相关政策，采取在总局规定的原审核周期内加审一次的办法支持网络视听制作机构复工复产、稳定发展。政策推出的次月开始，规划备案审核量由原来的每月四五十部，增长为每月百部左右。出台网络视听（短视频）基地建设实施方案，确定网络视听（短视频）基地10个。通过基地、联盟的组建，与协会、监管中心共同搭建我省网络视听节目管理的框架支撑，在全国首创建立了网络视听节目创意、生产、推广、监管全流程、闭环管理机制，推动网络视听工作的管网、用网、治网能力提升。与总局广播影视发展研究中心顺利完成合作课题。形成《山东省网络视听发展情况调研报告》（征求意见稿）。深入开展“净网”专项整治行动，查处违规网站109家、公共视听载体违规播放广播电视节目1起、违规开展互联网电视和视频点播业务2起。

年度视听节目优秀案例

《春来怒江》

内容简介：独龙族是我国 28 个人口较少民族之一，是新中国成立初期一个从原始社会末期直接过渡到社会主义社会的少数民族，祖祖辈辈居住在云南省怒江州偏远闭塞的独龙江峡谷。在党和政府一系列重大扶贫举措帮扶下，2018 年，独龙族实现整族脱贫。习近平总书记曾两次给独龙族干部群众回信，鼓励他们建设好家乡，守护好边疆，脱贫只是第一步，更好的日子在后头。作为一部聚焦当下乡村振兴重大主题，反映云南独龙族脱贫攻坚奔小康的影片，《春来怒江》以习近平总书记关于独龙族实现整族脱贫的祝贺回信为出发点，有着强烈的时代感和现实意义。该片采用诙谐幽默的手法，讲述了第一书记宋春来在马坡村，帮助性格泼辣的返贫户龙雪莲重新脱贫的故事。影片中展现的独龙秘境、纹面文化、国家公园、世界第二的生物多样性等，为观众带来不一样的观影体验。《春来怒江》被中宣部列为 2020 工作要点项目，国家广电总局 2019 年网络视听节目精品创作传播工程重点扶持作品、重大题材网络视听项目库首批入库作品。

出品单位：山东卫视传媒有限公司
云南金彩视界影业有限公司
北京淘梦网络科技有限公司
北京晓晓未来文化传媒有限公司

播出时间：2020 年 11 月 22 日

播出媒体：爱奇艺

导演：姚庆涛

编剧：昃文江

主演：来喜　李勤勤　范明等

《不平凡的平凡》

内容简介：用压岁钱购买医护用品送给武汉医务人员的青岛小学生们、到派出所放下500只口罩便匆匆离去的临沂小伙、自费给同行车辆消毒防疫的青岛的哥、留到派出所一万二转身就走的日照环卫大爷……在新冠疫情阻击战中，医护人员争分夺秒营救的同时，一群不平凡的平凡人也在用自己的力量与行动谱写着一曲曲爱的赞歌。《不平凡的平凡》作品聚焦抗疫中各行各业平凡人的不平凡事迹，采用沙画的体现形式，精良的剪辑与制作，动人的音乐与画面，凝聚力量，鼓舞士气，传递真情，看后引起人们强烈的共鸣与感动。

制作单位：山东广播电视台

播出时间：2020年2月22日

播出平台：51听APP

主创人员：孙锡刚　解冰心　刁雪
孔令文　李琳　孙霖

编辑：金红

广电技术

山东省推动广播电视新技术创新应用情况

省广电局科技处

山东省广播电视局高度重视新技术创新应用，积极推动人工智能、大数据、云计算以及5G、4K/8K等在广电领域落地，助推广播电视高质量发展。

一、新技术应用情况

依托人工智能、大数据、语音识别、人脸识别、智能算法、云计算、超高清等技术，山东广播电视台建成了山东省县级融媒体中心省级技术平台——闪电云平台、“章鱼智慧运维系统”、海看私有云平台，山东广电网络有限公司自主研发了享TV综合业务IP化平台，济南市广播电视台打造了济南智慧全媒体中心（鹊华云），初步形成4K超高清电视频道技术框架，青岛市广播电视台完成开播4K频道的绩效分析报告编制工作。形成了在内容制作、分发传输、用户服务、技术支撑、生态建设及运行管理等方面协同推进的局面。

二、5G建设情况

山东广播电视台“5G+VR”联合实验室积极开展5G赋能超高清视频、5G赋能VR+AR、5G赋能AI、5G赋能深度融合等方面研究，并在“5G在县级融媒体中心建设中的应用”中取得一定突破，形成相关报告、原型系统、论文、软著。“用户端流媒体5G多屏分现系统”被评为山东省5G试点示范项目。完成了全台主要制作中心移动5G布网工作，在主要业务及演播室等区域安装了能够传输4K视频的5G设备，为发展5G+4K业务打好基础。

山东广电网络有限公司积极拓展5G ToB政用商用业务，实施“大海洋、大交通、大化工”的发展战略，开展5G+工业物联网、工业互联网等技术创新与实践。在全球通讯行业第一个实现了海上超远距离52公里5G信号覆盖。积极开发5G+人工智能的工业物联网应用。在山东华盛轮胎开展5G+机器视觉进行轮胎质量检测的开发实验，打造5G智慧工厂。在潍坊烟草物流中心，开展5G智能理货、AGV车辆无人运送等应用，打造5G智慧物流，大力拓展海洋5G应用。已在青岛港、威海港、东营港完成基站建设和业务承载试运行，实现港口的龙门吊、轮胎吊、门机的5G远程控制、调度业务承载。

三、高新视频内容供给

有线网络4K臻享馆、IPTV 4K分别存有6100小时、2000小时的优质内容。央视4K超高清频道、欢笑剧场4K超高清频道已在有线网络落地。山东广播电视台联手华为、联通，以VR+5G的创新形式报道两会。

（省广电局科技处）

2020 年全省无线数字化及广播电视传输覆盖情况

省广电局科技处　山东广电网络有限公司

一、推进无线模拟电视数字化过渡

一是指导各地开展模拟关停和数字化过渡准备工作。成立了全省地面数字电视 700 兆赫兹频率迁移工作领导小组，统一部署推动相关工作。先后下发《关于开展地面数字电视台站相关信息核查工作的通知》和《关于做好关停模拟电视和频率迁移调整等工作的通知》，指导各地制定工作计划，完成地面模拟电视向数字化过渡期间的信息核查、政策宣传、频率调整等各项准备工作，为模拟关停和数字化过渡打下良好基础。二是研究制定我省《地面模拟电视信号停播方案》。为确保关停工作顺利开展，在全面摸清底数、吃透总局要求的基础上，制定了《山东省地面模拟电视节目关停方案》，明确了我省关停地面模拟电视的时间表和路线图，并提出了相关工作要求和保障措施。三是参加总局 700 兆赫频率迁移实施工作座谈会，对接广电总局和国网公司，商讨实施方案，明确任务分工，落实资金保障，确保按时完成频率迁移任务。

二、积极推进沂山转播台迁建工作

一是拟定技术方案。委托国家广电总局设计院、广科院对临朐县提供的三个备选台址进行了实地考查，开展了沂山转播台迁建升级相关事宜可行性分析，多次对迁建前后的覆盖效果进行预测和比对，先后拟定《沂山转播台新址建设方案》《沂山转播台选址覆盖评估报告》《项目投资估算表》等相关方案，并将初步工作情况向局领导进行了汇报。二是会议研究部署。在相关技术方案制定完成后，召集有关人员一起，传达局党组对沂山台迁建工作的指示和要求，对沂山台搬迁工作进行研究和部署，并成立了由省局相关处室、微波总站、沂山台等有关人员参加的工作专班。三是多方协商推进。11 月 27 日，省局工作专班在临朐县召开了由总局设计院、微波总站及潍坊市、临朐县党委政府领导和相关部门负责同志参加的沂山转播台迁建工作座谈会，就迁建工作相关问题达成初步共识。

三、我省广播电视传输覆盖情况

截至 2020 年底，我省广播电视传输覆盖情况如下：有线广播电视传输干线长度（皮长）：432003.89 公里。有线电视覆盖用户数：33609335 户。其中，有线数字电视覆盖用户 33104277 户，有线双向电视覆盖用户 21115665 户。有线数字电视覆盖用户数：15439665 户。其中，有线数字电视实际用户 14246771 户，有线双向数字电视实际用户 4871845 户，高清实际用户 6298201 户，超高清（4K）实际用户 974243 户。有线电视缴费用户数：9495209 户。其中，有线数字电视缴费用户 9062254 户，有线双向数字电视缴费用户 3602529 户，高清缴费用户 4023353 户，超高清（4K）缴费用户 908842 户。

乡村有线电视实际用户数：7552249 户。其中，乡村有线数字电视实际用户 7283017 户，有线双向数字电视缴费用户 2382326 户，高清缴费用户 2191232 户，超高清（4K）缴费用户 493814 户。乡村有线电视缴费用户数：4992248 户。其中，乡村有线数字电视实际用户数 4826255 户，有线双向数字电视缴费用户 1921210 户，高清缴费用户 1719379 户，超高清（4K）缴费用户 436383 户。增值业务用户数：4214412 户。其中，视频点播用户 2546040 户，高清点播用户 1660746 户，超高清（4K）点播用户 670358 户。互联网宽带业务用户数：3123260 户。智能终端用户数：1270415 户。光纤到户（FTTH）用户数：4081785 户。

（省广电局科技处　山东广电网络有限公司）

2020 年全省安全播出情况

省广电局科技处

一、不断提升全省安全传输保障能力

一是加强组织领导，确保安全播出。按照总局有关文件要求，及时下发通知，并通过全省安全播出预警平台发布安全播出和网络安全预警信息，组织全省各级广电行政管理部门和安全播出责任单位做好“清明”“两会”“国庆”等重要保障期的安全播出保障工作。二是落实网络安全管理责任，开展重要网络安全检查。联系总局监管中心对 86 个县级播出单位的 170 个广播电视播出系统进行网络安全管理和技术情况专项检查。通过检查和评估，发现各单位存在的网络安全问题，及时下发整改通知，督促各单位对发现的网络安全漏洞隐患、风险及突出问题进行整改，坚持“以检查促整改”“以整改促提高”，把网络安全管理责任落到实处。三是开展网站漏洞扫描和渗透性测试，提升网络安全防护水平。委托广电总局监管中心对省内 22 家持证及备案视听网站进行网站漏洞扫描，并选取山东省融媒体平台、济南融媒体平台、大众网三家省内影响较大的广播电视和网络视听行业信息系统进行了渗透性测试，及时发现系统安全漏洞，为实现行业网络安全监督管理提供抓手，为被测单位及时修复安全漏洞提供技术依据，整体提高被测系统的安全保障能力。

二、持续提升传输覆盖网管理能力

一是持续开展打击治理“黑广播”违法犯罪专项行动，推广“黑广播”查处系统。积极联系总局 292 台、省工信、省公安等部门，建立“黑广播”查处联动机制。针对目前“黑广播”违法犯罪活动的特点，指导省局监测中心在各地试点了“黑广播 24 小时不间断轮巡自动发现”系统，并协调省局微波总站，为各地查获的“黑广播”设备提供检测鉴定服务，有效降低了“黑广播”违法犯罪在我省的发生率。截至目前，我省共收集“黑广播”线索 113 条，全省各地查处案件 71 起，缴获非法设备 71 台（套），抓获犯罪嫌疑人 1 名。二是继续开展违规用频治理活动。对我省的调频广播频率违规情况进行了核查和整顿，开展了为期 3 个月的频率收测行动，全面了解、密切追踪我省广电系统内违规用频整改进度，并积极协助广播电视播出机构办理相关用频手续，确保广播电视用频安全。三是积极向局党组汇报，开展区级台频率规范化治理，委托专业机构开展测算并报总局备案，加强对频率的统一管理和顶层设计。四是对长期未进行重新登记和换证的乙类许可频率进行清理，确保无线电传输秩序规范可控。

三、着力提升技术队伍保障能力

一是开展安全播出和网络安全专题培训。9 月份，在济南举办全省广播电视网络安全培训班，邀请总局广科院、规划院的 3 名专家教授围绕国家政策法规、行业网络安全管理办法、应急预案、安全防护建设等相关内容进行了详细讲解，全省各市广播电视行政管理部门、市县广播电视台共计 165 人参加培训，进一步提升了全省广播电视网络安全技术保障能力。二是组织开展网络安全竞赛。2020 年国家网络安全宣传周期间，组织山东广播电视台、山东广电网络有限公司、省局监测中心派队参加 2020“云天·泰山杯”山东省网络安全大赛，并获得“优秀组织奖”。三是开展技术能手竞赛。按照总局有关要求，组织开站全省广播电视技术能手竞赛活动，竞赛选拔出的 4 位选手在总局组织的全国竞赛中全部获奖，其中 1 人获全国一等奖。通过以赛代练、以赛促学，极大地激发了广电从业人员学习网络安全知识的热情，为广播电视行业网络安全队伍建设提供人才保障。

（省广电局科技处）

2020 年全省应急广播体系建设情况

省广电局科技处

一是加强顶层设计。联合省委组织部、省委宣传部、省财政厅、省应急管理厅等 4 部门联合印发了《关于推进山东省应急广播体系建设的实施意见》，并出台了《山东省应急广播体系技术系统建设规划》，为各地开展应急广播建设提供政策支持和机制保障。

二是充分发挥应急广播的优势，助力新冠肺炎疫情防控和全省防汛工作。在全省疫情防控和防汛防涝的关键期，及时协调山东交通广播启动应急机制，迅速推出疫情防控宣传特别节目 108 期和防汛减灾宣传特别节目 60 期，推送给各地应急广播平台进行播出，有效保障了疫情防控、防汛指挥等服务需求。

三是做好2020年深度贫困县应急广播建设工程有关工作。5月29日在济南召开了应急广播体系建设方案论证会，邀请国家广播电视总局广播电视科学研究院、江苏省广播电视局等单位专家，对2020年度中央财政给予补助的8个深度贫困县应急广播体系建设技术方案进行论证，确保技术方案更具科学性、合理性，目前各地均按照专家意见对技术方案进行了修改完善，并完成了项目招标程序，预计年底前完成工程建设。

四是开展应急广播传输适配体系建设，全省54套传输适配设备已经全部完成安装调试和系统对接，实现了与省应急厅、省广播电视台、省广电网络公司以及全省部分县级应急广播平台的互联互通和数据交换。

（省广电局科技处）

济南广播电视台 5G+超高清媒体应用协同创新试验平台

济南广播电视台

济南广播电视台联合广电行业知名公司，依托本地网络运营公司，共同搭建了济南市超高清媒体应用协同创新试验平台。平台依托四大网络运营商的5G网络资源，按照“4K先行、兼顾8K”的总体技术路线，加快推进超高清“制造、内容、网络、应用”产业链联动协调发展，促进超高清视频内容建设和行业融合应用发展，构建5G+超高清视频融合创新发展生态体系，为全市加快推动新旧动能转换、建设经济文化强市提供有力支撑。

一、主要功能

1. 集采集、编辑制作、编码传输和终端呈现于一体，全方位进行5G+4K制播的全流程测试，为打造正式4K频道做准备。

2. 超高清云端发布测试。尝试5G流媒体素材在云端实现现场导播制作，在电视与新媒体多平台发布，并测试单收单发、单收多发、多收多发等能力。

3. 4K移动端系统。试验4K移动终端应用系统可行性，测试用户数据的双向传输；测试4K、HD、低码流等多种流媒体格式在5G网络发布。

4. 积极开展历史素材的4K AI上变换测试，多渠道进行超高清内容储备。

5. 搭建全媒体信号调度测试平台，通过直播流多格式分发调度，实现传统媒体与新媒体的深度融合和无缝衔接。

6. 平台按开放模式设计，可为各品牌广电设备进行系统异构集成测试，从而推进广电核心设备国产化进程，已有10余个国产品牌设备参与了测试。

7. 与网络运营商合作，开展大小屏互动、

多视角、自由视角等高新视频应用的测试验证工作，通过大屏高画质呈现和手机端互动体验等，为泉城济南打造更多的旅游网红打卡地。

二、技术特点

试验平台是由济南广播电视台主导设计，北京格非科技股份有限公司、成都索贝数码科技股份有限公司等共同参与开发建设的新型技术平台，是一个集超高清播出测试、超高清创新应用测试和国产广电产品异构集成测试的全国产、全IP的测试平台。

试验平台采用IP化作为核心技术架构，以纯国产化异构硬件平台作为技术支撑，统一使用基于SMPTE 2110的无压缩IP信号格式，采用了IP播出的软件流量整形，冗余链路无缝切换，设备统一注册识别控制协议等先进的关键技术，并对多种格式外来信号源的协议转化输出等方面进行了技术探索和应用。

（济南广播电视台）

青岛市广播电视台“5G+AR全景演播室系统”项目

青岛市广播电视台

一、项目概述

“5G+AR全景演播室系统”，于2019年10月开始建设，项目利用基于真实环境叠加虚拟空间环境技术，建设可以从多块不同角度拼接的屏幕环境拍摄到的立体虚拟空间环境，通过5G传输链路构建全景录制系统，可实现实时的现场外景直播和演播室录播。项目于2020年1月份投入使用，8月份通过专家验收。

二、项目的关键功能

演播室全景直播利用基于真实环境叠加虚拟空间环境技术，建设可以从多块不同角度拼接的屏幕环境拍摄到立体虚拟空间画面；基于光纤或5G传输技术的全景录制系统，将现场摄像机采集的赛事、活动、人物视频，实时展现到演播室屏幕，并且与演播室的主持人合成为一个画面，从而实现虚拟拍摄。

演播室介绍图

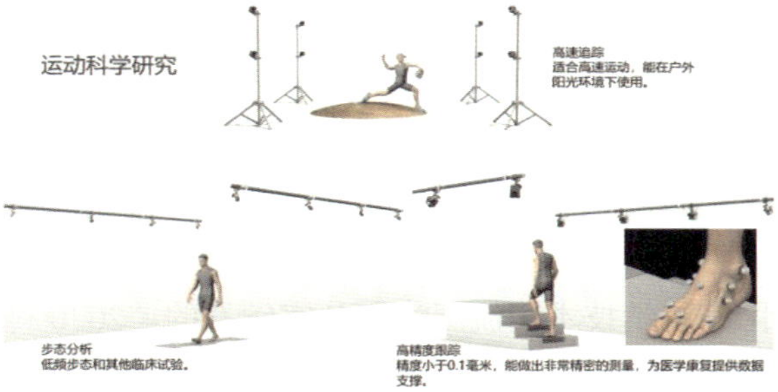

演播室动作捕捉系统

三、项目特点

项目打造了一个高效灵活、直观可见的虚拟拍摄环境，建设了新一代AR沉浸式虚拟拍摄系统解决方案。项目系统地对电视节目和影视作品都提供了全新的虚拟拍摄方式，系统地把以前电影预览拍摄的模式升级为实拍模式，在电视节目制作过程中把摄像机信号需要后期抠像处理方式转变为摄像机实时预成像方式，把在虚拟演播室的盲演转变为即见即所得的表演方式。在这个全新的“拍摄空间”中将会给影视制作带来独有的高新技术支持和更多的视觉效果展现，满足不同种类节目拍摄要求。

四、实际应用效果

演播室呈现效果图

演播室直播效果图

虚拟拍摄是全球广电和影视制作行业的重要发展方向，本项目建设的AR全景演播室系统可以让影视拍摄的工作效果和许多创意表达得以高效实现。

项目先后获评山东省5G试点示范项目（鲁工信工联〔2021〕24号），和青岛市5G“十佳场景示范”项目（青工信字〔2020〕73号），成为5G技术在高新视频行业应用的示范项目。

本项目立足于中国广电·青岛5G高新视频实验园区，整合优化了沉浸式设备、内容资源，可打通沉浸式产业链上下游，推进沉浸式产业的发展，并可有效地推动5G高新视频相关产业的聚集。

（青岛市广播电视台）

淄博市广播电视台融媒体平台项目

淄博市广播电视台

项目概述：2020 年 1 月 13 日，淄博市广播电视台融媒体平台项目完成招投标工作。3 月份开工建设，5 月份上线测试，9 月底正式启用。全台各频道频率和栏目已经全部切换到融媒体平台上来。

系统架构：淄博融媒体中心平台采用三级架构，IAAS 层为整个平台的运行提供基础的计算资源、存储资源、网络资源。项目通过打造基础资源云服务平台、全市融媒体聚合平台、融媒体指挥调度平台、融媒体内容库、融媒体汇聚平台、融媒体生产平台、融媒体发布平台、新闻演播室播出系统、监管运维系统，实现新闻采编流程的重构再造，推进传统媒体和新媒体的深度融合，真正实现信息的“一次采集、多种生成、多端发布、全媒体传播”，形成广播电视全覆盖、全天候、全媒体传播的全新格局，全面提高广电媒体的生产能力和传播能力，提升淄博广电的影响力、竞争力、吸引力和公信力。

项目特点：淄博市广播电视台融媒体平台项目采用私有云 + 专属云 + 公有云的混合云架构搭建云平台，将广播、电视、报业、互联网、移动端等内容生产纳入统一体系之下，实现新媒体和传统媒体生产和发布的深度融合。平台最鲜明的技术特点是新媒体内容和传统广播电视节目内容共平台生产，特别强调资源共享、采编协同、内容审核、人工智能等方面的快速高效。互联网生产内容与传统广播电视节目在虚拟化的云平台上得到有机统一。

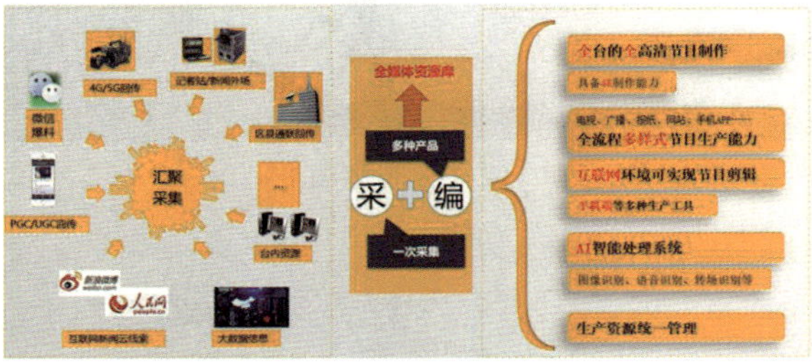

实际应用效果：淄博市广播电视台融媒体平台项目获得了中国广播电视设备工业协会和国家科学技术交流工作办公室颁发的“2020 科技创新奖”。

淄博市广播电视台融媒体平台的“策、采、编、发、播、存、管、用”的全过程、全流程已逐步实现了数字化、网络化、全媒化、云化、智能化功能。电视、广播、新媒体、报纸等不同部门，通过融合媒体云平台能够完成选题策划、采访部署、资源调度、素材采集、编辑制作、传输发布、信息监测、信息追踪、综合评价等业务，实现了真正共享新闻资源，实现异地、远程、多平台同步融合协作，以及快速发布。通过大数据分析技术的引入，使得平台功能进一步完善，能为淄博市委市政府的宣传提供更强大的支持和保障，也能提供更好的信息服务。

"齐点·淄博"APP项目

概述：2020年1月13日，"齐点·淄博"APP项目完成招投标工作，并于3月份开工建设。7月17日，"齐点·淄博"APP完成在"华为应用市场""苹果APP store"和"应用宝应用市场"的上架工作。截至2020年底，"齐点·淄博"APP下载量已有15万人次，发布内容14000余条。

系统架构：项目平台采用基于H3C超融合管理平台的全媒体运营平台搭建，采用高稳定性立体运维体系，从业务角度出发进行了多层业务架构分层。平台架构主要包括一个总平台（含APP客户端、PC网站、手机网站等建设），在实现原网站平滑迁移的同时，支持6套电视频道、3套广播频率的直播，保留各1套频道的扩展能力，支持7天时移和回看。

项目特点：淄博市广播电视台"齐点·淄博"APP项目遵循集约化与开放性设计原则，在充分运用云计算技术降低运维难度的同时，也支持功能软件云服务模式。项目中的"问卷调查""投票""互动直播""商城"等功能，均采用了目前互联网上的成熟产品进行组合，各个模块均能独立进行功能升级，从而使得"齐点·淄博"APP项目成为一个功能丰富的新媒体产品。

"齐点·淄博"APP项目平台系统与淄博市广播电视台的融媒体平台之间进行了全面、紧密的对接，"齐点·淄博"APP作为融媒的互联网发布平台，实现了两个系统间的双向沟通和快速发布。

实际应用效果："齐点·淄博"APP是聚集淄博市广播电视台全台资源、集合全台之力打造的主流舆论宣传阵地，承担着"新闻＋政务＋社会服务＋文明实践＋商务"的重要职能。集中呈现自采新闻，同时涵盖中央、省市、各区县等媒体重要新闻。其提供的多租户模式，支持区县融媒体、企事业单位以"齐点号"形式入驻，入驻企事业单位近40家。

"齐点·淄博"APP还设有与淄博市精神文明建设委员会办公室合办的新时代文明实践中心。已有近百个志愿者组织、近2000名志愿者登记入驻该平台。在2020年举办的第三届"1024融媒盛典"活动中，"齐点·淄博"APP荣获"最具地方商业价值奖"。

（淄博市广播电视台）

烟台广播电视台融媒体平台建设

烟台广播电视台　张坤

一、概述

烟台广播电视融媒体综合业务平台项目由烟台广播电视台承建，已完成二期建设并投入使用。平台结合烟台广播电视台自建爆料平台、自主研发的内容管理系统等资源，建设基于多节点存储的私有云 + 公有云的综合业务服务平台，实现台内、外融合媒体资源汇聚、采集、生产、发布等全流程操作，并能与烟台广播电视台已有的制作网、微信、网台、移动端 APP 实现数据交互，从而实现“内容采集多样化”“发布渠道多元化”“新闻生产外延化、生产工具移动化”的业务需求。

二、总体架构设计以及主要功能

融合媒体系统总体架构设计

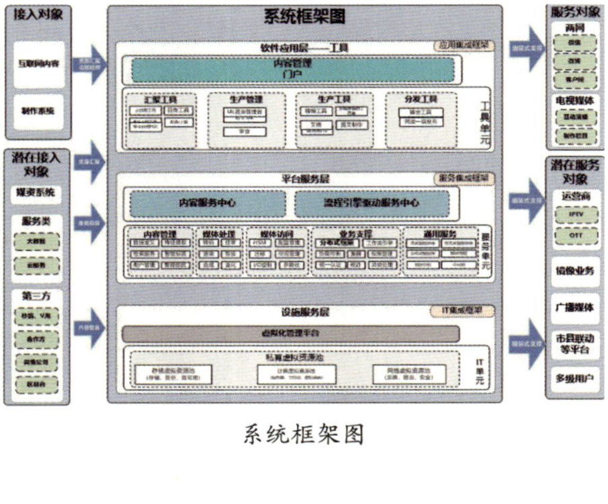

系统框架图

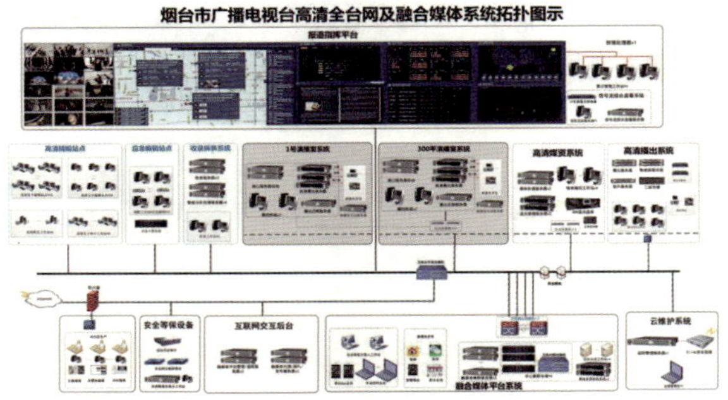

烟台广播电视台全媒体业务平台系统拓扑图

融媒体业务系统构建在融合媒体私有云平台上，该平台是基于云计算技术建设的，具备云架构的基本属性和特征，分布式和微服务架构，在私有云平台上部署新闻制作业务及中央厨房系统，敏捷响应业务扩展需求，实现成本和效率之间的平衡。

融媒体系统功能模块设计特点：

1. 全媒体门户

烟台广播电视台利用全媒体门户完成台内的日常媒体业务，增加了移动端生产 APP，内容制作部门利用全媒体门户完成日常工作。用户登录全媒体门户或 APP 后可以使用多种应用系统、数据资源、互联网信息。

2. 多渠道内容汇聚

内容汇聚模块包括云线索服务、专业回传工具 PGC、文件快传服务、收录、新闻通联等部分组成。通过这些模块充分的将汇聚来的视频、音频、图片等多格式文件进行转码以及分类整理，真正实现了全媒体信息源的融合汇聚。

3. 融合媒体报道指挥调度

烟台市广播电视台建设的融合媒体报道指挥系统具备将全台记者地理位置、融合新闻生产流程、节目选题总览、生产力统计数据在融合媒体中心大屏上进行展示的能力。

4. 互联网融合生产

通过定制+自主研发开发的内容管理系统，能够很好的解决外延生产的问题，实现随时随地新闻生产，编辑完成后，可实现新媒体的快速发布，也可直接将节目文件及本地素材通过互联网传输回台里，生产网非线性编辑系统可对回传的节目文件进行继续编辑用于广播电视的播出。

5. 融媒体多渠道发布

“多种生成”和“多渠道发布”（各渠道稿件编辑和内容制作），通过多媒体稿工具可以实现对微信公众号、新浪微博、APP、网站等主流的发布渠道的矩阵式内容分发功能。

三、总结

在融媒体平台后续的建设过程中，通过对全台网设计思路的探讨，立足于当前发展现状，充分利用新技术结合符合自身情况的定制开发，建成一个适合烟台市广播台业务需求的融合媒体系统，必将大大提升全台融合媒体生产能力和生产效率，并促进广播电视事业的健康可持续发展。

（烟台广播电视台）

潍坊传媒网超融合系统应用简述

潍坊传媒网　王桂林　王岩

随着潍坊传媒网业务的不断发展，各业务在保证“稳定”的前提下，提出了越来越多的特色化需求，机房作为提供运维技术支撑的保障部门，在考虑如何保障业务稳定运行的同时，还要满足日益增长的业务类型对系统提出的全新需求。2020 年，潍坊传媒网在万兆平台上建成了超融合计算架构，并成功用于生产环境，为“天泽云”构建起技术骨架，在“天泽云”基础上，机房为传媒网提供了更加正常、安全、高效、经济的服务保障。

一、“天泽云”的灵活

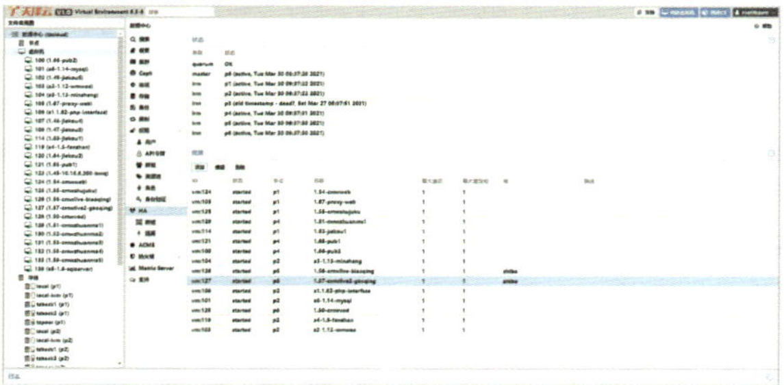

转换思维，将原先的“响应式服务”转变为了“主动服务”，主动了解业务部门的需求，

通过灵活调整业务容器的 CPU、内存、硬盘等指标做好对业务部门的发展支撑，同时提出业务优化运行意见。

二、“天泽云”的效率

使用“天泽云”可以优化工作流程，接到运维需求时，以往需要在大量的单应用物理机之间进行操作，且易对现有业务造成影响，上云之后可以在控制管理界面对需求进行相应操作，及时响应的同时，因为数据共享，可向需求部门，实时反馈工作进度，以实现双方的最佳工作安排。

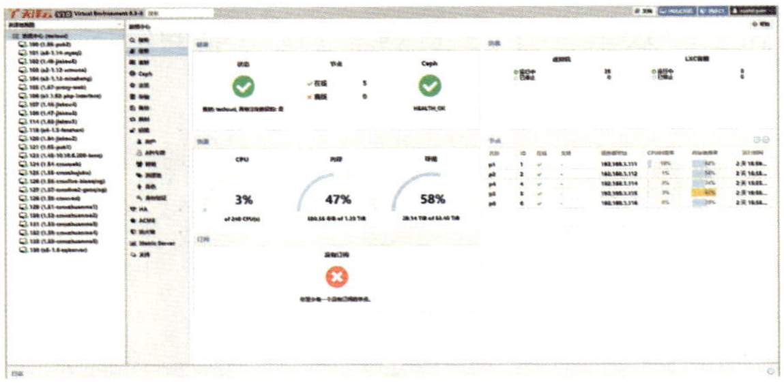

三、“天泽云”的核心

1. 等保测评

“天泽云”可以提升机房日常运行监测精度及密度，密化手机报警频次，实现运行状态预估预判，力争将故障消除在萌芽之中；在云中可以布置防火墙，创造内部逻辑隔离机制，强化设备及容器间的安全隔离与访问管控，将所有的技术指标向等保 2.0 所要求的三级等保靠拢，确保机房顺利完成等保三级测评。

2. 超融合基础系统的稳定安全

“天泽云”超融合架构可以提供灵活的系统架构、强大的算力及多种业务保障，从而保障超融合集群的物理稳定，在确保基础系统稳定安全的前提下，还可以实现各业务容器的高可用、热迁移、状态复制、负载均衡等高阶“云”功能，充分发挥万兆网络优势，能够持续、稳定、高效的为潍坊传媒网业务和客户提供服务。

3. 智能化的“云”

“天泽云”可以为数据在系统内规划流动路径、划定流动范围、规定流动形式、提高流动效率，将高可用、热迁移、负载均衡等基础系统技术扩展拓展功能全部自动化，制定阈值与程序，全面引入脚本运维，实现无人干预，自动故障修复、恢复业务，提供数据备份与保护，重塑数据生产力。

（潍坊广播电视台）

日照广播电视台融媒体中心项目

日照广播电视台

一、项目概述

日照广播电视台按照“移动优先、一体化发展”的融媒体发展思路，重构生产体系，组建融媒体平台，再造生产流程。

二、系统架构及功能

建设三大功能中心：指挥调度中心，采编生产中心，多元传播中心，具体为融媒体中心、全媒体演播室、高清播出系统。

（一）融媒体中心

融媒体中心包括融媒体指挥调度系统和媒体采编系统，可以实现实现内容素材共享、节目生产统一指挥、内容发布统一调度，全面系统地控制生产流程的各重要环节。重构“策、采、编、发、追、评”智能一体化全媒体业务流程，形成“一次采集、多元生成，全媒体覆盖”工作格局，促进各种新闻要素深度融合、各种报道资源充分共享、各种媒介互联互通，构建出符合现代传播需求的业务体系，推动媒体深度融合，实现全台的电视、广播、新媒体及纸媒之间的互联互通。

（二）全媒体演播室

全媒体演播室是利用原负一层两个150平方米的演播室为基础，改造为两个全媒体演播室，两个演播室尺寸完全相同，按照演播室集群的概念进行考虑，可以分别独立使用，也可以共同使用。两个演播室共用一个导播室，由一组导播人员来完成节目制作，这样更加科学合理。该演播室视频部分全部采用4K设备，属于全省第一个4K演播室，在全国也是领先水平。改造后的两个演播室录制系统也全面更换为超高清设备，满足直播需求，并配置了机器人摇臂，能够替代摄像师，根据节目提前预设自动调整录制机位，配合虚拟跟踪系统可以实时合成虚拟前景。两个演播室互为备份。

（三）高清播出系统

日照广播电视台全力推进数字化、高清化发展，继续加大投入，建设了4频道高清播出系统。高清播出系统采用最先进的视频服务器，图像稳定清晰锐利；采用了完全的备份手段，故障处置更加快速及时，整体安全性高；高标清同播，可以满足标清机顶盒收视需要；采用了高效的全台备播手段，实现与全台业务网互联互通；MD5、自动技审、人工复检、头尾审、响度控制等节目质量保障方法，质量保证安全可靠。

三、应用效果

日照广播电视台融媒体平台的三大功能于2020年7月份建成启用，初步实现了台内台外媒体融合，提高了工作效率，推动了新媒体业务开展，极大增强了节目制播能力。

（日照广播电视台）

技术平台齐推进　创新融合促发展

枣庄广播电视台　魏伟

面对新时期对主流媒体的新要求，近年来，枣庄广播电视台积极探索，加快平台建设，再造采编流程，创新体制机制和内容形式，做足线上文章，在不断推进媒体融合发展的道路上奋力前进，为市级媒体发展做出了有益的探索。

一、应势而动　力推融媒新发展

（一）构建新一代融媒体生产平台

为加快传统媒体和新媒体的融合，枣庄广播电视台借助办公大楼搬迁时机，构建起集广播、电视、微信、微博、网站、手机客户端等媒体为一体的新一代融媒体生产平台，实现传统广播电视与新媒体在技术层面的相融。其中，融媒体指挥调度平台，作为媒体融合的大脑和中枢神经，具备汇聚、策划、调度、分发、研判、分析功能，能够完成新闻生产的全流程管理。同步建设了400平方米全媒体演播室，与融媒体中心互通互联，多景区、多机位，可进行新闻类、点评类、广播直播类、访谈类等节目的直播与录播。建成后的融媒体中心全媒体演播室实现了多讯道导播，多景区、全媒体接入，多电视栏目景区。其中的广播节目直播景区，使广播节目也可以实时接入现场画面，完成路演直播。随时在线的大屏包装系统，虚拟前景、背景系统，极大地丰富了直播画面的内容。随时共享的素材库和编辑系统将极大地提高生产效率，为媒体融合发展提供技术支撑。

（二）形成一体化制播流程

融媒体平台不是单纯的技术系统，它具有集中指挥、采编调度、高效协调、信息沟通等多项功能，把传统媒体与新媒体的优势进行有效融合，实现资源共享、传播共融。

依托现有设备和技术条件，对现场新闻生产和发布进行调整，实现一次采集、精准导流、多元分发的一体化制播流程，有效扩充了媒体影响力。

1. 构建直接高效的新闻一体化流程。枣庄广电融媒体业务流程由策、采、编、发、评组成，按照“采编共享、全媒发布”的融媒理念，例行编前会对全台新闻采编统一指挥调度，实行全台新闻资源共享，根据媒体属性梯次播发，确保传播效果最佳。对重大主题报道，借助全平台、全流程、全路径的立体传播矩阵，全面提升内容信息量。

2. 构建并规范内部信息交流渠道。根据业务相近、集散有度、有利管理原则，对业务分支进行有效整合。同时制定相应的制度来保证信息网络的畅通，做到信息、资源、平台共享，形成新闻宣传的合力。缩短信息传递流程，根据部室业务职能划分统筹安排，变零散分头采访为协同作战、多形式外宣，形成一条新闻线索“遍地开花”的宣传格局。

（三）完善绩效考核奖励机制

打出组合拳，革新奖励机制，完善体制格局，释放内部发展潜力，用绩效考核撬动协同作战硬实力。台内出台《融媒体工作绩效考核方案》，坚持线上线下“一个标准、一把尺子”，严控内容导向关、质量关。建立激励约束机制、考核评价体系等，完善用人体制、优化人才环境，提高干部职工的事业心、归属感，初步打造了一个业务娴熟、素质过硬的年轻化新闻采编队伍。

（四）以实践促发展

1. 助力企业复工复产。2020 年上半年，先后进行数十场媒体融合实践，以“媒体 + 服务”有效链接融合各种资源，助力商企复工复产，为疫情防控常态化条件下加快推进生产、生活秩序的全面恢复贡献广电力量。

2. 助力脱贫攻坚。利用“学习强国”、“指动枣庄”客户端、抖音、快手等网络平台，开展“新闻主播助力乡村振兴直播带货”系列活动，为当地农民在网上销售各种等农产品，仅 5 月 18 日上午的一场直播，就为电商、果农推销火樱桃和外贸食品累计收到订单万余单，销售额达到 230 余万元。

二、融媒挖潜　打造主流媒体新形象

强化互联网思维，针对枣庄地区特点，走差异化的发展道路，强化用户需求意识和用户服务导向，以小、快、灵的活动形式和轻装备的技术特点挺进新媒体战场。

（一）坚持移动优先战略

截至目前，枣庄广播电视台各频道共建立客户端、抖音、快手等融媒平台和新媒体账号 13 个。指动枣庄客户端作为枣庄广电媒体融合发展的试验田，现注册用户近 15 万人，40 余个应用模块上线，资讯发布累计七万余条，视频六万余条，页面访问量超过 3000 万人次、完成网络直播 500 余场次；“枣庄融媒”仅 2020 下半年以来，用户增长就超过 3 万。此外，还与头条号、大鱼号等新媒体平台合作，并加入山东省城市广播电视台新媒体联盟等组织，有效扩充了媒体影响力。

（二）创新推出融媒产品

2020 年，指动枣庄客户端着力打造以短视频 + 直播融媒为主的新闻传播形式，在抗击新冠疫情宣传、两会宣传、新旧动能转换等专题报道中，借助“短视频 + 直播”的多元形式持续推送一大批短视频，大力拓展新的领域传播。

（三）加快新技术应用

枣庄广电在 2019 年起即开启 5G、VR 等新技术应用探索，不断丰富融媒体产品内容和样式，2020年枣庄春晚进行了VR直播。指动枣庄客户端开辟区市资讯发布专区，将区市供稿纳入全台通联考核范围，真正把互联网的触角延伸到基层，将鲜活的新闻及时传递。

编辑：张干　金红

调研报告

2020 年度山东广播收听概述

山东广播电视台总编室　高峰

一、山东全省 2020 年广播市场竞争情况

2020 年山东电台在山东地区的广播市场份额为 37.8%，较 2019 年下滑 0.3%。其他主要电台中，济南电台的市场份额为 5.8%，较 2019 年上升 0.5%；青岛电台的市场份额为 5.2%，较 2019 年上升 0.1%；潍坊电台的市场份额为 1.9%，较 2019 年下滑 0.7%；聊城电台的市场份额为 2.6%，较 2019 年下滑 0.1%；烟台电台的市场份额为 3.2%，较 2019 年上升 0.3%；淄博电台的市场份额为 2.9%，较 2019 年上升 0.3%；中央电台的市场份额为 2.6%，较 2019 年上升 0.1%；其他电台的市场份额为 38.0%，较 2019 年下滑 0.2%。

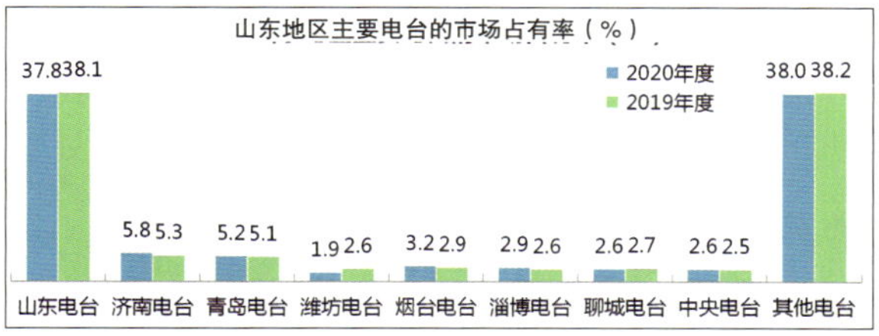

纵观 2010 年至 2020 年的数据，山东电台在山东地区的市场占有率走势在 2010—2017 年波动相对较小，在 2018—2020 年大幅上升，最高值在 2018 年，最低值在 2012 年。值得注意的是，山东电台近三年的市场份额逐年下滑。中央电台和其他市级电台近三年的市场份额都逐年上涨。

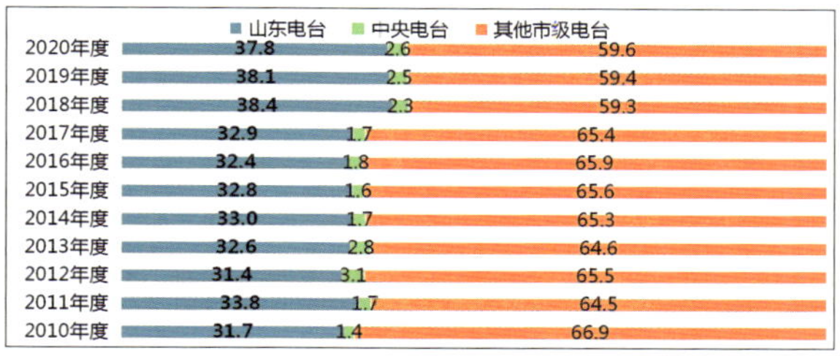

山东电台 2020 年全年平均收听率呈现先升后降走势，5—8 月的的平均收听率相对较高，在 2 月略低。市场占有率全年走势呈现先升后降走势，5—7 月的市场占有率较高，都在 38% 及以上，在 8 月略低。

从时段收听率历史走势来看，2020 年山东电台全年收听早晚高峰分别出现在 7:15—9:59 和 16:00—19:29，时段收听率基本都在 2.5% 以上。相比 2019 年，山东电台全年收听率在 8:15—10:45、15:00—19:45 等时段上升较多，而在 6:30—7:45 和 20:30 后等时段下滑略多。

从时段占有率的历史走势来看，2020 年山东电台全年竞争力高峰在 8:00—8:45 和 17:45—18:45，市场占有率基本都在 50% 以上。相比 2019 年，山东电台市场占有率在 8:15—9:15、12:15—13:00 和 15:30—19:45 等时段上升略多，其余时段大都出现下滑。

二、山东全省城市与农村 2020 年广播市场竞争情况

从 2020 年数据来看，济南电台、烟台电台、

聊城电台、淄博电台等电台在城市的市场份额都高于农村。山东电台、潍坊电台、中央电台、其他电台在农村的市场份额均高于城市。

主要电台在城市及农村的市场占有率（%）

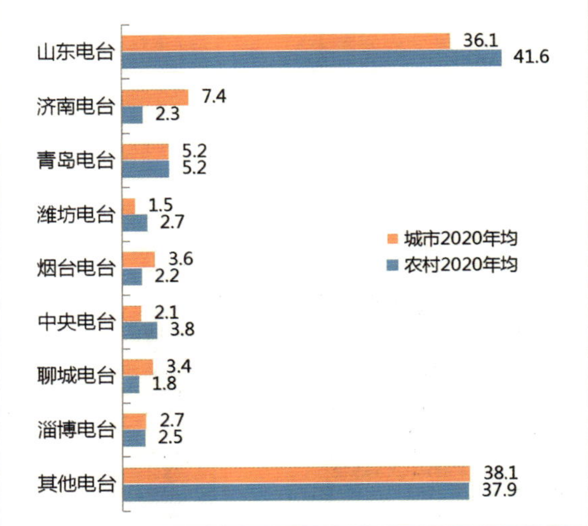

2020 年，山东电台在城市的市场份额是 36.1%，较 2019 年上升 0.2%。在农村的市场份额是 41.6%，较 2019 年下滑 0.8%。从其他各主要电台的表现来看，济南电台、青岛电台、烟台电台在城市和农村的市场份额较 2019 年都上升；潍坊电台在城市和农村的市场份额较 2019 年都下滑；聊城电台在城市的市场份额较 2019 年上升，在农村较 2019 年下滑；中央电台、淄博电台、其他电台在城市的市场份额较 2019 年下滑，在农村较 2019 年上升。

2010—2020 年山东电台在城市的市场占有率呈现波动上升走势，在 2020 年度最高，中央电台大体上呈现先降后升走势，近三年保持稳定。而在农村地区，2010—2020 年山东电台的市场表现大体上呈现先降后升走势，2018—2020 年明显提升，不过，这三年的市场份额逐年下滑，近三年中央电台在农村的市场份额逐年上升。

山东电台 2020 年全年在城市的市场占有率大体上呈现波动上升走势，在 7 月最高，在 2 月略低。2020 年的市场份额教 2019 年略有上升。

山东电台 2020 年在全省城市市场占有率历史走势（%）

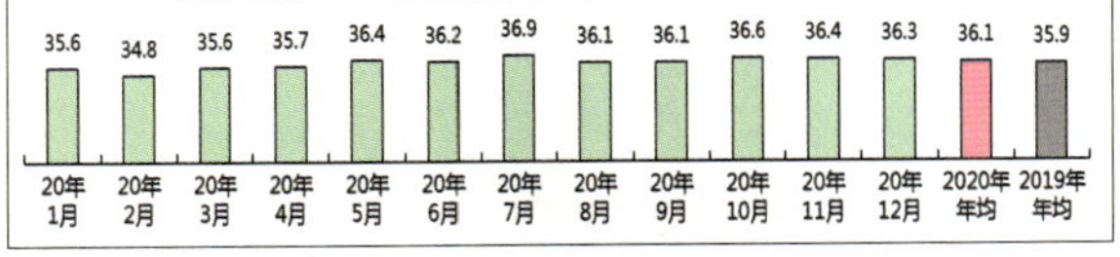

在农村地区的市场占有率全年大体上呈现先降后升走势，在 2 月最高，在 8 月略低。2020 年的市场份额较 2019 年出现下滑。

山东电台 2020 年在全省农村市场占有率历史走势（%）

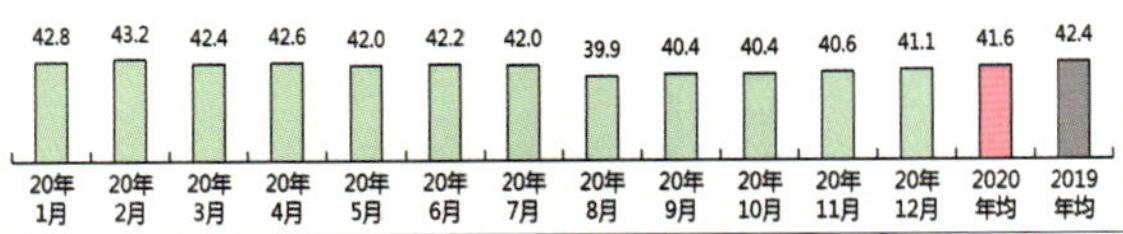

从城市地区全年收听率与市场占有率时段走势来看，2020 年山东电台在城市全年收听早晚高峰分别出现在 7:30—9:29 和 16:45—19:15，竞争力高峰分布在 8:00—8:59、16:30—16:59 和 17:45—18:59，占有率基本都在 45% 以上。相比 2019 年，山东电台全年收听率在 8:00—10:59、11:45—13:59 和 14:30—20:29 有所上升，其余时段大都出现下滑。

从农村地区全年收听率与市场占有率时段走势来看，2020 年山东电台在农村全年收听高峰出现在 7:00—8:29，次高峰在 18:00—18:45，竞争力高峰在 7:00 前、14:00—14:59 和 16:00—16:59，占有率都在 50% 以上。相比 2019 年，山东电台收听率在 8:45—10:59、11:45—12:45 和 16:00—16:59 等时段上升略多，其余时段大都出现下滑。

三、济南地区 2020 年广播市场竞争情况

2020 年，济南地区广播收听率全年高峰分别出现在 7:15—9:45 和 16:25—19:15，收听率基本都在 8.0% 以上。相比 2019 年，济南地区广播收听率在 6:45—7:29、13:05—13:59、15:15—17:29 等时段上升略多，而在其余时段大都出现下滑。

山东电台 2020 年在济南地区的市场占有

率为49.0%，较2019年上升0.6%；平均收听率为3.26%，较2019年下滑0.09%。济南电台的市场占有率为46.5%，较2019年下滑0.9%；平均收听率为3.10%，较2019年下滑0.18%。中央电台的市场占有率为4.5%，较2019年上升0.3%；平均收听率为0.30%，较2019年上升0.01%。

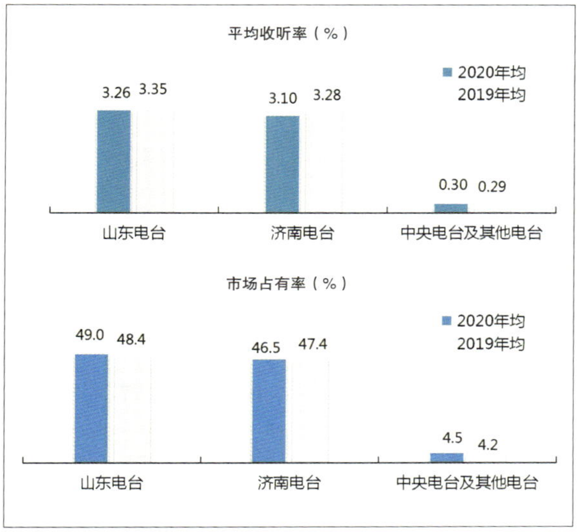

2010—2020年，山东电台在济南地区的市场份额呈现先升后降再升走势，在2014年最高，2020年同比上升。济南电台的市场份额呈现波浪下滑走势，2020年的市场份额同比持续下滑。中央电台的市场份额大体上呈现波浪上升走势，2020年的市场份额同比继续上升。

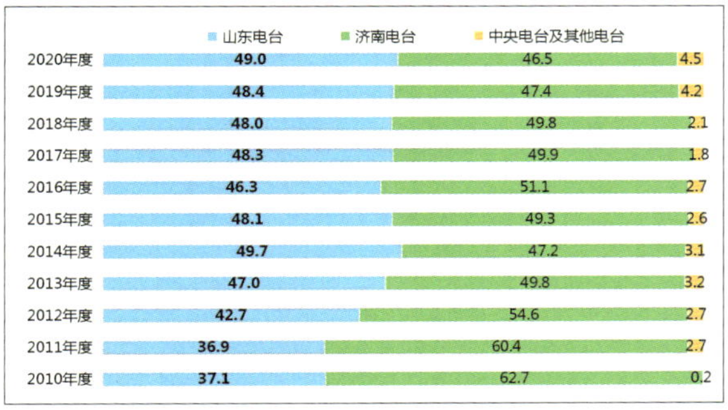

从2020年时段收听率数据来看，山东电台全年早晚收听高峰分别出现在7:15—9:29和16:15—19:15，在8:00—10:10、15:20—19:25等时段领先济南电台；济南电台全年早晚收听高峰分别出现在7:15—9:25和17:00—18:59；中央电台全年早晚收听高峰分别出现在7:45—8:59和17:00—18:29。

山东电台2020年在济南地区全年平均收听率呈现先升后降再升走势，在11月最高，在2月略低。全年市场占有率在波动中略有下滑，在2月最高，在8月略低。

下图列出济南地区2020年度主要广播频率的平均收听率情况：

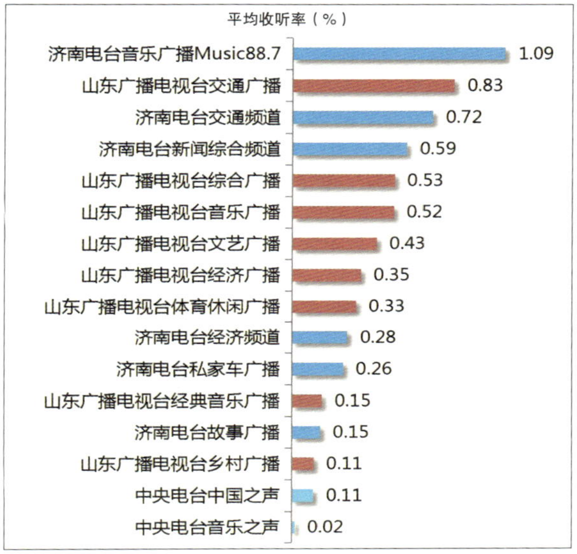

另外，从济南地区移动收听市场的竞争情况来看：2020年，山东电台在济南地区移动听众广播市场中的市场份额为48.8%，较2019年下滑0.2%；济南电台的市场份额为49.0%，较2019年上升1.2%；中央电台及其他电台的的市场份额为2.2%，较2019年下滑1.0%。

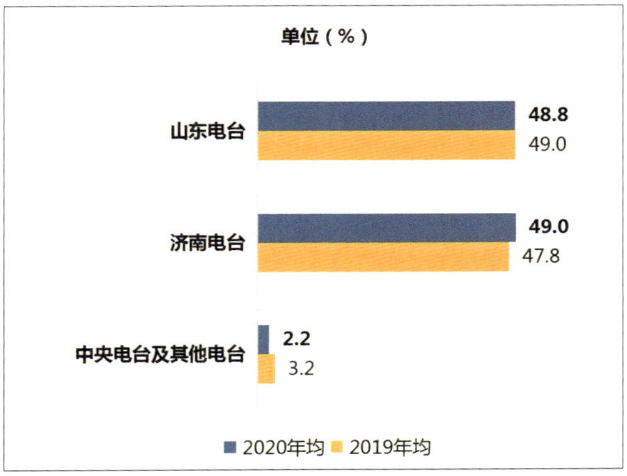

分频率来看，在济南地区移动听众广播市场中，竞争力最强的频率依次是济南电台音乐广播 Music88.7、山东广播电视台交通广播和济南电台交通频道。对比 2019 年，济南电台新闻综合频道、山东广播电视台综合广播、山东广播电视台文艺广播、山东广播电视台经济广播、济南电台经济频道、山东广播电视台乡村广播、中央电台中国之声和中央电台音乐之声的市场占有率同比都上升。济南电台音乐广播 Music88.7 的市场占有率同比基本持平。山东广播电视台交通广播、济南电台交通频道、山东广播电视台音乐广播、山东广播电视台体育休闲广播、济南电台私家车广播、济南电台故事广播、山东广播电视台经典音乐广播的市场占有率同比都下滑。

频率名称	济南地区移动广播市场占有率（%）		
	2020 年均	2019 年均	差值
济南电台音乐广播 Music88.7	16.6	16.6	--
山东广播电视台交通广播	11.7	14.1	–2.4
济南电台交通频道	10.7	11.8	–1.1
济南电台新闻综合频道	8.9	6.9	2.0
山东广播电视台综合广播	8.4	6.2	2.2
山东广播电视台音乐广播	7.7	8.9	–1.2
山东广播电视台文艺广播	6.4	5.9	0.5
山东广播电视台经济广播	5.5	4.2	1.3
济南电台经济频道	5.1	4.1	1.0
山东广播电视台体育休闲广播	5.1	5.4	–0.3
济南电台私家车广播	3.9	4.8	–0.9
济南电台故事广播	2.2	3.5	–1.3
山东广播电视台经典音乐广播	2.0	2.7	–0.7
山东广播电视台乡村广播	2.0	1.6	0.4
中央电台中国之声	1.6	0.9	0.7
中央电台音乐之声	0.1	0.03	0.07

（依据赛立信媒介研究数据资料整理）

2020 年山东广播电视台电视频道收视概况

山东广播电视台总编室　史军

依据索福瑞收视数据，2020 年，山东台各电视频道在索福瑞山东省网的总体市场份额为 34.08%，超过中央台各频道、其他省级台上星频道在山东省网的市场份额，与 2019 年相比市场份额增幅超过 5%。电视齐鲁频道连续第 15 年在索福瑞山东省网收视排名第 1 位，收视居全国所有非上星频道第 1 位。

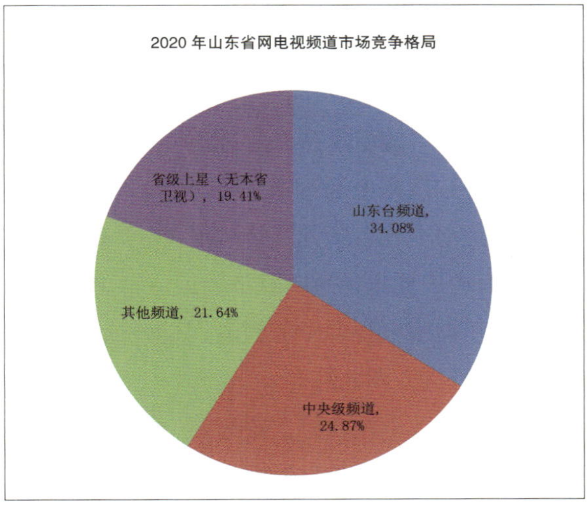

2020 年，山东广播电视台加快推进媒体深度融合，实现由融媒体向“智媒体”转型。融媒体资讯中心围绕传播的全链条，探索出智云、智品、智传、智网、智库的“五智模式”，分别从内容生产、内容创意、内容传播、内容聚合和政务服务等方面出发，全面提升舆论引导能力。2020 年 12 月 24 日，在由《人民日报》主办的 2020 智慧媒体高峰论坛上，山东广播电视台荣获“人民号 2020 年度优秀媒体机构合作伙伴”。作为首批入驻人民号的机构，山东广播电视台在《人民日报》客户端拥有山东广播电视台、齐鲁网及齐鲁网泰安频道三个人民号。2020 年发稿量达 3.6 万篇，总阅读量突破 1 亿，其中《95 后临沂小伙毕业返乡当“绣郎”　请 85 岁姥姥当嫁衣模特》等具有山东地域特色的内容，被推荐至《人民日报》客户端首屏，在中央媒体平台得到“霸屏”传播。

一、山东卫视

根据美兰德咨询提供的数据显示，2020 年山东卫视覆盖人口增至 12.5 亿人，全国月到达人数超过 4 亿人。2020 年，疫情面前，在全民居家、举国封闭的紧要关头，山东卫视在索福瑞全国网、16 省网高居省级卫视收视排行榜榜首长达数天。

在推及人口 8 亿人、覆盖主要经济发达地区的索福瑞 16 省网收视数据中，山东卫视全天收视稳居省级卫视第 5 位，四大剧场收视均位列省级卫视第一梯队。

排名	频道	收视率 %	市场份额 %
1	湖南卫视	0.21	2.56
2	江苏卫视	0.17	2
3	浙江卫视	0.15	1.76
4	上海东方卫视	0.12	1.49

排名	频道	收视率 %	市场份额 %
5	山东卫视	0.12	1.43
6	北京卫视	0.1	1.14
7	广东卫视	0.07	0.83
8	湖北卫视	0.07	0.78
9	江西卫视	0.06	0.74
10	东南卫视	0.06	0.72
索福瑞 16 省网　2020 年			

在第三十届中国新闻奖评选中，山东广播电视台四件作品获奖，山东广电的节目持续创新创优能力跃居全国省级台前沿。山东卫视推出的中国首档乡村振兴融媒推介节目《田园中国》，入选国家广电总局 2020 年第三季度广播电视创新创优节目。节目微博主话题阅读量超过 2.5 亿，节目讨论次数达 1.4 万，同时段同类节目收视排名前三甲，短视频播放量总计超过 3645 万次。据美兰德蓝鹰指数显示，节目多次位列晚间黄金档电视节目融合传播指数榜前十位。

融媒电商直播节目《家乡好物》是全国首档由省级卫视打造的融媒电商直播节目，节目以“大屏与小屏互动、大小屏相互引流”的创意呈现形式，推动“直播带货”模式的转型升级，积极探索地方农特产品线上销售的新思路、新路径。2020 年 5 月 9 日晚在山东卫视开播，节目收视形成较高观众黏性，平均忠实度达到 58.749%（中国视听大数据），带动了地方特产的高交易量。

2020 年 12 月 21 日，大型直播问政节目《问政山东》荣获 2020 第十届中国视频节目掌声节目。据不完全统计，节目推出以来，已经对全省 34 个省直部门、5 个中央驻鲁单位、15 个市进行了电视问政，解决各个方面的具体问题共 840 多个，推动制定完善了 500 多项政策。2020 年 6 月开始，对全省 16 市市长进行直播问政，在全国尚属首创。

二、地面频道

排名	频道	收视率 %	市场份额 %
1	山东电视齐鲁频道	1.5	15.24
2	山东卫视	0.73	7.43
4	山东电视综艺频道	0.43	4.32
6	山东电视少儿频道	0.33	3.34
12	山东电视生活频道	0.18	1.8
20	山东电视体育频道	0.08	0.77
25	山东电视影视频道	0.06	0.58
41	山东电视农科频道	0.03	0.33
48	山东电视公共频道	0.03	0.26
索福瑞山东省网　2020 年			

2020 年，电视齐鲁频道连续第 15 年在索福瑞山东省网收视排名第 1 位，同时，收视居全国所有非上星频道第 1 位。

排名	频道	市场份额 %
1	山东广播电视台齐鲁频道	15.24
2	广东广播电视台珠江频道	11.43
3	上海电视台新闻综合频道	10.87
4	海南广播电视总台经济频道	10.31
5	湖南电视台经济频道	9.74
6	湖北综合	8.65
7	江苏电视台综艺频道	8.32
8	浙江电视台教科影视频道	8.09
9	四川电视台影视文艺频道	8.08
10	广西广播电视台综艺旅游频道	7.63

2020 年 12 月 15 日，在由国家广电总局《中国广播影视》杂志社主办的“TV 地标（2020）”中国电视媒体综合实力大型调研成果发布会上，山东广播电视台齐鲁频道荣膺“年度综合实力省级地面频道”，这是齐鲁频道连续第 9 年获此殊荣，齐鲁频道的咨询服务节目《88881234》

荣获“省级地面频道年度优秀节目”。12月31日，在由传媒内参主办“2020第五届指尖传播影响力高峰论坛暨指尖榜调研成果发布会”上，齐鲁频道荣膺“2020年度最具影响力省级地面频道”榜首。

2020年，齐鲁频道品牌节目多屏共进，导向引领与内容价值彰显主流媒体影响力。《每日新闻》《拉呱》《小溪办事》收视多网领跑，“综N季”爆款《爱的旅途》《嘻哈俱乐部》升级迭代，IP效应加持品牌营销价值。

2020年7月1日，咨询服务节目《88881234》全新上线，秉持“问需于民　服务百姓”宗旨，选取观众关切的典型问题，联动政府部门和专业人士提供政策咨询、知识问答。节目深受观众好评，被称为“电视版知乎”，收视领跑山东省网，引发热线咨询量翻番。

齐鲁频道布局新媒体建设，加速构建全域传播格局，发力原创资讯短视频，账号矩阵实现国内一线视频新媒体平台全覆盖，截至2020年底全网播放量破116亿，亿级爆款短视频19条。齐鲁频道快手号荣登CTR—快手全国媒体号第三季度榜单综合榜、直播榜TOP20，广电媒体综合榜第8。

齐鲁频道连续三年打造音乐节IP项目，打造品牌年轻化。2020年9—10月举行了两场“天空音乐节”，线下人数接近2万人，开票后仅2天即登上大麦网全国必看榜第三位，3天后成为全国人气演唱会榜第一位。微博话题“天空音乐节”热度覆盖近1.1亿，抖音话题“不噪不山东”话题阅读量超过8000万，成为频道创新商务营销路径的成功案例。

电视综艺频道2020年在山东省网市场份额4.32%，山东省网排名第4位，在同类型省级地面频道中本地市场份额排名第5位。

排名	频道	市场份额%
1	江苏电视台综艺频道	8.32
2	四川电视台影视文艺频道	8.08
3	广西广播电视台综艺旅游频道	7.63
4	湖南电视台娱乐频道	5.42
5	山东广播电视台综艺频道	4.32
6	新疆电视台五套（维语综艺频道）	3.84
7	重庆电视台文体娱乐频道（五套）	3.46
8	天津电视台二套（文艺频道）	2.46
9	安徽综艺·体育	2.2
10	北京电视台文艺频道	2.01

电视少儿频道2020年在山东省网市场份额3.34%，山东省网排名第6位，在同类型省级地面频道中本地市场份额排名第2位。

排名	频道	市场份额%
1	湖南电视台金鹰卡通频道	4.64
2	山东广播电视台少儿频道	3.34
3	广东广播电视台少儿频道	3.01
4	广东广播电视台嘉佳卡通频道	2.77
5	优漫卡通卫视	2.1
6	福建省广播影视集团少儿频道	1.49
7	宁夏少儿频道	1.34
8	江西电视台少儿频道（六套）	1.28
9	北京卡酷少儿频道	1.26
10	天津电视台少儿频道（多派）	1.23

电视生活频道2020年在山东省网市场份额1.8%，山东省网排名第12位，在同类型省级地面频道中本地市场份额排名第6位。

排名	频道	市场份额%
1	吉林电视台生活频道（三套）	5.15
2	河北广播电视台经济生活频道	3.97
3	新疆电视台九套（维语经济生活频道）	3.76

排名	频道	市场份额 %
4	浙江电视台经济生活频道	3.16
5	北京电视台生活频道	2.62
6	山东广播电视台生活频道	1.8
7	江西电视台经济生活频道（三套）	1.63
8	辽宁广播电视台生活频道	1.44
9	内蒙古电视台经济生活频道	1.18
10	贵州广播电视台大众生活频道	0.96

电视体育频道2020年在山东省网市场份额0.77%，山东省网排名第20位，在同类型省级地面频道中本地市场份额排名第6位。

排名	频道	市场份额 %
1	天津电视台五套（体育频道）	3.24
2	辽宁广播电视台体育频道	2.8
3	上海电视台五星体育频道	2.43
4	安徽综艺·体育	2.2
5	广东广播电视台体育频道	0.92
6	山东广播电视台体育频道	0.77
7	新疆电视台十套（体育健康频道）	0.44
8	江苏电视台体育休闲频道	0.4
9	陕西广播电视台体育休闲频道（七套）	0.29
10	福建省广播影视集团体育频道	0.25

编辑：张千　金红

典型经验

山东卫视《田园中国》以多媒体浸入式反映乡村振兴

山东卫视　吕昉　曹蕾

9 月 27 日起每周日 21:20，山东卫视推出首档乡村振兴融媒推介节目《田园中国》。节目将乡村振兴带来的人民幸福感作为表达的重心，以“田园中国，幸福生活”为口号,聚焦全国十个乡村振兴典型优秀案例，邀请农业农村领域专家与新时代正能量新青年组成“田园推荐团”，寻访田园综合体，近距离体验乡村生活，用短视频“微记录”的方式呈现田园“幸福时刻”，展示拍摄对象在乡村振兴中取得的成就和经验，为乡村（田园综合体）提供理论的总结和提升。

一、立足山东辐射全国，近距离触摸乡村生活

本着立足山东、辐射全国的目的，在选题设置上，《田园中国》既涵盖了山东省内的国家级田园综合体革命老区沂南朱家林、藏粮于技藏粮于地的全国重点镇昌邑柳疃、中国蔬菜之乡寿光、以文化振兴带动全面发展的东方圣城济宁曲阜、省级乡村振兴示范片区青岛即墨龙泉街道等；同时囊括了开创国家级农业高新开发区的江苏洋河，“两山”理论诞生实践地、全国乡村振兴的样板浙江安吉鲁家村，全国乡村振兴基层治理、组织振兴典范金华武义，长三角一体化乡村振兴代表苏州黎里，文旅带动发展模式的闽南文化代表福建厦门马洋溪等全国地区。全国视野的打造多元化展现了中国乡村振兴的丰硕成果，使得节目在乡村振兴议题的解读和研究上有了多重表达，更为乡村振兴发展提供了多维思考路径。

节目创新模式与表达，采用沉浸式体验的创作方法，邀请新时代正能量新青年组成“田园推荐团”，和农业农村领域的专家一起走进“田园综合体”，通过两天一夜的田园采风，浸入田园生活，体验乡村振兴成果，感受乡村巨变。

在山东曲阜，当地以优秀传统文化推动乡村振兴的实践成果，成为观察主要对象。在临近尼山圣境的鲁源新村，极具儒家文化气息的现代化农村居住社区内有 80 多家民宿。依托景区和尼山世界文明论坛配套工程建设带来的旅游资源，这里旺季时能接待超 8 万名游客，不仅让村民的钱袋子鼓起来，幸福指数也是一路飙升。在江苏苏州黎里古镇，“田园推荐官”穿行水乡，在弄堂口品味特色小吃，在锡器博物馆鉴赏传统手工艺，在柳亚子故居寻找“南社”历史，在杆秤作坊体验“非遗”手作……黎里古镇的生态文化旅游画卷，一一展现在受众面前。

二、短视频讲述田园故事，动情绘就乡村幸福画卷

“田园推荐官”以找寻“幸福时刻”作为主线，以短视频为表现手段，深入当地生活，将他们的观察与发现，以及田园致富故事，以短视频的方式予以呈现。用综艺化的手法激活当地的田园故事，讲述乡村百姓的幸福故事，展示和记录田园变化。拍摄过程，就是寻找“幸福”、发现“幸福”、记录“幸福”、传递“幸福”的过程。

在江苏洋河，洋河新区的万亩苹果园均实现了半自动化管理，园区负责人告诉调研专家，地上根本看不到管子，种植苹果只需要一部手机就可以操作。科学技术带动了当地产业增长的同时，也让洋河老百姓幸福地享受现代农业科技所带来的便利。在山东寿光，嘉宾用镜头记录下寿光的“一分钟”：1 分钟能卖出 8256 公斤蔬菜、培育 3.234 万株种苗供应各地、创造蔬菜产值 2.0928 万元……节目带受众见证“寿光速度”，了解寿光蔬菜种植科学化、标准化、产业化故事，立体感受当今农民现代化的生产生活。

三、社交化助力立体传播，强化受众解读

节目充分利用“报、网、端、微、屏”各种传播渠道，大小屏结合助力全媒体传播、全方位覆盖。除在山东卫视排播外，节目还在爱奇艺、腾讯、搜狐等视频网站播出。节目精选视频片段进行碎片化推广，借助网民转发的力量实现全媒体传播，在两微一端及短视频平台进行预热宣传、实时互动、二次传播等。

《田园中国》社交化的呈现方式，为节目传播提供了丰富物料，满足了大屏与小屏双端受众需求。首期山东省沂南县朱家林田园综合体节目中，年轻人学做煎饼时，虽然把一张饼烙成了一张“面膜”，但对田园生活的那份向往让人感同身受。这个幽默风趣的话题制作上网，阅读量达 923.7 万。以这段经历为内容创作的短视频，在社交平台播放量超过 558 万次。此外，“柳疃盐碱地改造成良田”“马什么梅？什么光梅？马光什么？”“古代就有灭蚊灯和熨斗”等多条短视频单条播放量均超 500 万次，在社交平台引发热议。节目以青年视角看乡村、走田园，与当地村民、网上受众密切互动，共同感受、感悟、感动。

实施乡村振兴战略，是党的十九大作出的重大决策部署，是做好“三农”工作的总抓手。山东卫视践行“四力”，深入中国田园，通过“真实记录 + 短视频”形式，把乡村振兴的生动实践推向公众视野，引发对田园生活的向往。这是新时代讲好乡村故事的有益探索。

《田园中国》获得 2020 年第三季度总局创新创优节目表彰。2020 年 11 月 20 日，中宣部《新闻阅评》第 299 期对节目提出了表扬，认为节目对乡村近距离体验式观察，以多媒体浸入式反映乡村振兴，展示全面建成小康社会大背景下乡村振兴的成果，传递人民群众的获得感、幸福感，谱写新时代田园牧歌。

致敬“最美逆行者” 山东广播电视台纪录片《我的战“疫”》引发强烈反响

山东广播电视台　程惠琳

新冠肺炎疫情发生以来，广大医务工作者牢记党和人民重托，义无反顾冲上疫情防控第一线，同时间赛跑，与病魔较量，顽强拼搏、日夜奋战，为抗击疫情付出了艰苦努力、作出了重大贡献。新冠肺炎疫情发生后，根据中央统一部署，山东省先后派出 12 批共 1700 多名医务人员千里驰援湖北。为了展现山东省援助湖北医疗队在此次抗击新冠肺炎疫情战役中救死扶伤、大爱无疆的医者仁心和山东的大省担当，在第三个中国医师节之际，山东广播电视台制作推出纪录片《我的战“疫”——山东援助湖北医疗队队员口述实录》，从医者的角度还原当时守望相助、共克时艰的场景，以此向抗击新冠疫情的所有医务工作者致敬。

一、实地采访，积累大量珍贵素材

秉承着“思想精深、艺术精湛、制作精良”的原则，山东台纪录片中心成立精干创作团队，历时两个月拍摄，赴济南、青岛、潍坊、淄博、临沂、日照等多地，采访了近百位山东援助湖北医疗队队员，收集到珍贵的口述资料。队员们还主动提供了用手机记录的在一线的珍贵视频，200 多个小时的海量素材，全景反映了山东省援助湖北医疗队事迹及那些震撼心灵的日日夜夜。整部纪录片没有一句解说词，完全通过医疗队队员的口述串联，通过个性化的表达以及来自抗击疫情一线的生动影像，生动讲述了医疗队员勇敢逆行、救死扶伤的感人故事，展现了他们坚持人民至上、生命至上的医者仁心。

二、与英雄同行，还原有血有肉的战“疫”故事

与英雄同行，何其有幸。山东台纪录片中心的创作人员们通过面对面采访，听医护人员讲述着那一场场没有硝烟，却惊心动魄的战争。作为局外人，任何人都无法真正对他们所经历的生死考验感同身受，而他们所能做的就是尽量真实地还原这段历史，记录他们在 2020 年春天这两个多月来的所见所闻、所思所想，还原他们作为英雄、普通人和医务工作者的内心世界。随着采访的深入，山东援助湖北医疗队所经历的惊心动魄、内心焦灼以及生命至上的医者仁心被一一展现，而他们与湖北当地患者之间的感人瞬间也被一点点汇聚起来：自尊心超强且执拗的 37 床患者重获新生、平时沉默

寡言的“话疗”医生纪洪生、痛失老伴的刘爷爷在医疗队悉心照顾下开心出院、独自在方舱面对生死的9岁女孩小雯雯那句发自肺腑的“我替武汉谢谢你”……有些故事的很多细节，因为篇幅有限，并未出现在这部纪录片中，但是值得欣慰的是我们的创作人员能真正走进他们的内心，在他们的感染下，用初心和使命努力讲好这一段段有血有肉有真情和大爱的英雄故事。

三、多频道首播，引发观众强烈反响

纪录片《我的战“疫”》于8月21日晚22:30在山东卫视及多个地面频道播出的同时，在抖音等新媒体客户端首次实现同步直播，超过10万人次在线观看，同时在线人数最多时超过5000人，互动的观看方式也引发网友集体点赞和热评。《我的战“疫”》短视频在抖音“吾纪录”上线仅两天，播放量就突破1000万！网友点评：“节目制作精良，一级棒！”“感人之深，令人泪奔！”“这样的纪录片，建议山东卫视要放在黄金时段重播，让更多的山东人民看到这些出自家乡、自己身边的白衣天使们的可歌可泣事迹。”纪录片中采访到的山东省援助湖北医疗队队员，看完整部片子，也纷纷给节目组发来消息，他们表示“一直是流着眼泪看完的”“谢谢你们的团队，能真实地记录我们！”同时，纪录片《我的战“疫”》在《人民日报》、头条、新浪、一点、百度、腾讯、搜狐、凤凰、闪电新闻抖音及双微推广稿件130余篇，总阅读量2000万+。其中，头条push推荐《我的战“疫”丨山东援助湖北医疗队队员口述实录：沉默寡言的医生缘何变“话唠”》《我的战“疫”丨35天竭尽全力挽救，最牵挂的老徐还是去世……山东医疗队队员倍感无力》今日头条全国推荐页卡重点推荐。

《问政青岛》搭建官民沟通桥梁助力工作大局

青岛市广播电视台

《问政青岛》是青岛市广播电视台“QTV-1”频道和“蓝睛”客户端同步直播的融媒体直播问政节目。节目通过开辟网上专区征集线索，记者暗访等方式集纳问政内容，聚焦城市发展和社会生活中的热点、难点、痛点、堵点，邀请青岛各区市和市直部门主要负责同志走进演播室，直面镜头，直面问题，并给出整改意见，推动经济社会发展和民生改善工作大局。总体看，节目主要有以下特点。

一、坚持“问字当先”理念，聚焦城市发展堵点、百姓生活痛点，问责任问职能问效率

自2020年7月份开播，共有12个青岛市直部门和市、区参与《问政青岛》。节目曝光

的问题超过100多个，设计土地闲置、降电费政策落地难等发展堵点，以及外卖后厨脏乱差、地铁公交接驳不畅等民生痛点。例如，12月2日的节目中，青岛市市北区接受问政。在讨论“老城区旧楼拆迁改造推进难”环节，“问政员”问“旧楼改造最大的问题在哪”“纸上的规划何时落地”“是否有信心改变这种现状”等，连续的追问，将政府责任、部门职能和解决问题的效率涵盖其中，既让政府官员对群众的痛点感同身受，也让发展的堵点得到全面剖析。随着问政的层层深入，新闻舆论工作的职责得以有效发挥。

二、确保“沟通为要”落地，为政府和群众搭建直接交流平台，融入地方中心工作

《问政青岛》设有一个重点环节，即在相关提问得到回复后，通过市民问政团代表现场打分、特约评论员逐题点评、涉事群众直接对话等方式，将百姓对问政答复的评价和意见反馈现场官员，在沟通、碰撞中形成更好解决问题的思路和办法。比如，胶州市接受问政时，现场问政团满意率普遍偏低，甚至出现11位代表中只有1人投满意票的情况。节目就此配发述评《胶州这一期为何问政团满意率低？“套路”式回复惹的祸》，指出问政不是“揭短”，面对问题时不能玩“套路”，解决问题才是关键，促进当地抓落实。《问政青岛》节目现场经常是观点激烈交锋，连环追问现身说法、即时点评，只讲问题、不留情面，既关注解题，又注重答题，以凝聚“推动问题解决，让城市更美好”的社会共识。

三、挖掘融合报道潜力，“事前—事中—事后”全流程跟踪，给群众一个明白答案

借力媒体融合发展新渠道，节目通过客户端、微信公众号等新媒体渠道征集线索并开设网上“云问政”专区。后续跟踪反馈也通过《问政青岛》栏目多媒体矩阵综合展示。青岛市广播电视台“蓝睛”客户端数据显示，节目累计播放量超过600万。目前，全市各市直部门及区市均已入驻，并在线回答网民提问。通过事前征集线索、事中问政解答、事后及时反馈的全流程监督，提出的问题相继解决，相关制度建设也得到推进。节目踏石留印，抓铁有痕，给人民群众一个明明白白的答案，有效提升政府的公信力。

以《问政青岛》为代表的问政类节目，围绕地方中心工作大局，对建设性意见及时反映，对不了解的情况及时宣介、对一些模糊认识及时引导、对怨气怨言及时化解，对错误看法及时纠正，搭建起增信释疑、凝聚力量的桥梁纽带。主流媒体在这一过程中积极作为，正成为各地全面深化改革、城市治理体系和治理能力现代化的润滑剂和助推剂。

构建新媒体矩阵平台　助力城市广电突围

威海市广播电视台　刘波　张璇　顾金波　李娜

为破解传统媒体发展困局，国家要求加快推进媒体深度融合发展，探索“新闻＋政务服务商务”的运营模式。威海市广播电视台根据自身发展需求和实际情况，在筑牢自有舆论宣传阵地的同时，坚持“多屏呈现、多元相融”的原则，积极与移动互联网平台合作，有效扩展新媒体传播渠道，着力创新传播方式，在媒体融合上取得了新的成效。

一、打造多平台、多账号融媒体矩阵，增强传播实力

将广电 IP 与网络平台嫁接，依托传统媒体公信力与移动互联网传播力，全面扩大影响力，尽快形成战斗力。鼓励各媒体、频道、经营部门积极发展新媒体，形成百舸争流的态势。整合广播、电视、报纸、抖音、快手、今日头条、微信等平台，打造“观威海”“听见威海”“威海头条”“直播威海”等资讯类账号，粉丝总量突破 1500 万。内容生产坚持立足挖掘本地新闻，反映时代特征，传播正能量，多平台多账号分发，形成强大的新闻传播矩阵，提升了时效性，扩大了覆盖面。图文、视频、直播多维呈现，推荐算法的精准推送，满足了不同用户对内容的个性化需求。2020 年，仅“观威海”一个账号的短视频和图文稿点击量就超过 110 亿，播放量过亿的短视频有 12 条，网络直播累计观看人数突破 8000 万，发挥了网络宣传主力军作用。与此同时，一批垂类短视频账号也异军突起，房产号“楼市看潮”220 万粉丝，汽车号“汽车小记”120 万粉丝，美食号“食尚真探”31 万粉丝，文旅号“威海跟我玩”27 万粉丝，均成为各垂直领域优质内容生产者，具备了较好的商业变现能力。此外，为威海市政府新闻办公室代运营“威海发布”抖音、快手号，粉丝总量达到 115 万。多平台与多账号矩阵全面推进，发挥出多元效应、放大效应、协同效应，大大提高了传统媒体与新媒体的融合速度，提升了媒体的品牌价值。

2020 年 10 月，快手山东媒体号榜单，“观威海”“听见威海”“汽车小记”三个快手号综合指数跻身全省十佳。2020 年度快手区域媒体号年度奖项，“观威海”快手号获得短视频“最具本地特色奖”和直播“最佳直播互动奖”，“威海跟我玩”快手号获得短视频“最具风格奖”。山东省新媒体协会联合清博大数据发布的 2021 年 1 月山东省新媒体影响力排行榜，“观威海”抖音号排名媒体类第二位。

二、依托广电 MCN 和广电新媒体联盟，做大流量平台

为全面打造新媒体矩阵，威海广电成立了省内继山东台、济南台、青岛台之后的第四家媒体 MCN 机构——威海电广传媒 MCN，专业从事短视频和直播的运营管理，为媒体和达人

提供从官方认证、培训指导、内容生产、流量扶持到商业变现的全链条服务，培育账号的自我造血功能，推动全台新媒体共同发展。2020年11月快手媒体MCN综合榜，威海电广传媒位列全国十佳。抖音2020年度广电MCN机构榜，威海电广传媒排名全国二十强。

为进一步扩大区域广电新媒体的传播力，威海广电联合全省15地市台共同发起成立山东城市广电新媒体联盟。各成员台旗下的新媒体强强联合、资源共享，通过4000多万粉丝的新媒体矩阵发布各地市政务、文旅、三农等方面的重要新闻，放大主流媒体传播声量，满足各个城市的对外宣传需求，为推动山东经济发展发挥积极作用。

三、利用新媒体服务经济社会发展，实现收入增长

用新媒体宣传精致城市幸福威海，着重展现城市的生机与活力，短视频《海边人这样抓螃蟹》播放量6263万，《100元在威海能买多少海鲜》播放量4567万，《打卡威海海洋牧场》播放量3137万，《来威海，赴一场天鹅之约》播放量1167万……通过生活化、趣味化的表达，威海的知名度一次又一次在网上打响，成为外地人向往的网红打卡地。

2020年初，受新冠肺炎疫情影响，企业一度停产停业，传统媒体也陷入广告停播、活动停办的窘境，但新媒体的伴随性、即时性、交互性及电商功能等优势愈发彰显。威海广电迅速抓住这一契机，一方面在各大新媒体平台及时推送疫情防控稿件和短视频5200多篇（条），总点击量21.5亿，“观威海”快手号连续40天每天开通3小时疫情防控特别直播，累计观看人数2327万；另一方面抓住用户的难点和企业的痛点，推出威海广电线上消费节系列活动，包括线上购物节、线上美食节、线上购房节、线上购车节、线上家居节、线上文旅节六大项目。通过新媒体矩阵的推广和直播带货优势，全方位多角度推介各类消费资源和优惠促销政策，刺激本地线下消费和外地电商消费。

2020年，是全面建成小康社会和脱贫攻坚收官之年，为进一步加大乡镇基层典型的宣传，推广特色产业，促进全域旅游和特产销售，威海广电推出“攻坚突破看基层”融媒体宣传活动，通过网络直播+短视频+图文+电视新闻，聚焦精准脱贫和乡村振兴，展现乡村振兴丰硕成果，网络点击量过百万。积极开拓直播电商渠道，举办“威海好物dou来抢”“2020威海知名农产品直播带货节”“首届威海电商主播大赛”等线上活动，通过直播电商向全国推介威海制造，销售地方特产。联合全市医疗机构创办“威海名医云问诊”健康咨询服务平台，邀请名医专家轮流上线坐诊，为1000多名患者免费答疑解惑，受到网民赞誉。

依托新媒体矩阵平台，威海广电全年举办各类线上活动近百场，在促进消费拉动内需的同时壮大了媒体的影响力，在服务政府、企业和用户的同时拓展了经营创收的新渠道。

为百姓答疑解惑　促政府担当有为

——齐鲁频道《88881234》

宋爱学

2020 年 7 月 1 日，山东广播电视台齐鲁频道全新打造的观众热线咨询服务节目《88881234》正式开播。针对群众反映的有代表性、有普遍意义的问题，节目采访政府部门、专业机构和权威专家，提供政策咨询和知识服务，为观众答疑解惑、解读政策，体现了主流媒体“问需于民　服务百姓”的作用，解决了群众最关心、最实际的问题，打通了政策落实的“最后一公里”。

一、传递权威信息　提供专业解答

党的十八大以来，与人民群众美好生活息息相关的民生政策频频出台，但仍然存在理解不准确、执行不到位的现象。

《88881234》在节目策划之初，就立志将主流媒体的服务功能和舆论监督有机结合，解答群众最急需的知识，解决群众最急迫的难题，督促好政策真正落到实处。

《88881234》由齐鲁频道新闻热线“88881234”延伸而来，15 年来新闻热线 88881234 一直是齐鲁频道与观众最直接、最紧密的沟通桥梁，更是齐鲁频道最具有 IP 深耕价值的品牌。2017 年，88881234 从单纯的新闻热线，全新升级为观众热线服务平台，增加了互动咨询功能，并组织政府部门工作人员、专业律师和行业专家等做客热线平台，一对一接听观众来电，为观众提供政策咨询、法律援助等服务，深受广大观众欢迎。《88881234》的开播，更是将观众热线服务平台再度升级重塑，打造成为“电视播出 + 电话平台 + 融媒传播”的咨询服务节目，既体现了主流媒体的使命担当，更发挥了舆论监督的职能，进一步增强观众热线服务平台的功能性和影响力，提高了齐鲁频道的媒体公信力。

二、整合融媒渠道　自我颠覆创新

《88881234》坚守“匠心”，坚持“问需于民 服务百姓”的节目宗旨，利用融媒体技术大胆突破与创新。原有时段为一档资讯汇编节目，已经无法适应新媒体时代的传播要求，节目收视和影响力大打折扣。在《88881234》策划阶段，制作团队几易其稿、自我颠覆，跳出原有时段节目的惯性思维，团队人员重新架构、集体转型。节目团队先后推演方案超过 10 次，节目样片修改 8 次，大到选题方向、节目架构和主持风格，小到包装细节、字幕位置和大屏背景，全部逐一完善。为了保证内容的针对性和实用性，制作团队每天通过实时大数据分析观众服务平台的关键词，从而选出观众最关心、反映最强烈的问题类型，有针对性地进行解答。开播以来，节目形式逐步升级完善，先后增加了原创新闻插画、视频采访等可视化表现方式，并从最初简单的“你问我答”，升级为“记者核实＋部门求证＋专家解答”，力求权威性和服务性的真正统一。自开播以来，《88881234》的收视指标和平台数据成绩显著。收视率和市场份额稳居同时段山东省网第一名，并呈现逐月提高的态势。单期节目最高收视份额为26.8%，成为下午五点档的一匹“黑马”，为齐鲁频道晚间大新闻时段实现了“开门红”。

《88881234》的热播，也让观众热线服务平台实现了历史性突破。节目热线量平均每天近三千线，单日来电数量屡创新高，实现了节目公信力和平台服务性的双赢。

《88881234》还邀请律师、民警、司法等部门和专家，共同打造“齐鲁专家服务团”，在重大宣传节点推出中高考志愿填报、健康知识问诊、民法典新规等不同主题的互动咨询活动，线上线下同步打通，为观众提供更专业、更个性、更实用的咨询服务。在新媒体端，《88881234》在抖音、快手、西瓜视频等视频直播平台同步发力，不定期提供手机直播互动咨询服务，粉丝可以实时在线提问；每天定期更新节目短视频，粉丝可以通过关键词搜索政策解读和专业知识，并通过留言互动问答。

三、让节目真正“为民服务”

与以往新闻节目将当事人的遭遇简单当作“新闻线索”的做法不同，《88881234》秉承“群众无小事”的原则，始终将为民服务放在第一位，努力做到“有问必答”。节目通过“真实案例＋故事化讲述＋专业解读”的形式，既解答了当事人的疑问，又为电视观众提供了实用、全面的法律知识和政策解读，从而达到“以案说法、以案明理”的效果。

为了保证政策解读和问题解答的准确性和专业性，节目背后有着强大的专家阵容，除基本的律师团队，还包括消协、公安、反诈骗中心等各方面的力量。每天9:00—11:00和17:00—19:00，6名专家实时在线接听来电，一对一为观众答疑解惑、解决难题。随着疑问的解答和难题的化解，《88881234》架起了一道群众和政府沟通的桥梁，打通了好政策和老百姓之间的“最后一公里”，让好政策真正落到实处，让老百姓真正了解政策，同时引导群众通过正规、正确、合理的方式反映问题、表达诉求。

“最爱中国年”2020 山东春晚 聚焦家国情怀　传递温暖正能量

山东广播电视台　杨健　曹蕾

“最爱中国年”2020 山东春节联欢晚会围绕“爱国家　爱家乡　想回家”的主题，播出后业内口碑好、网络流量高、收视效果佳，得到社会各界广泛好评。

一、聚焦家国情怀，传递浓浓年味

预热阶段，晚会就在线上发起了“山东春晚召集人喊话”活动，让周涛和黄晓明以春晚召集人的形式出现，通过接力喊话的形式呼吁山东籍的演艺人员回山东过年，让回家过年回归团圆本质。

家的呼唤贯穿全场。歌里有“家”，蔡国庆和儿子蔡轩正用歌声诉说着温馨中带着小纠结的父子之情；郭晓东一家倾吐人到中年家庭生活的磕磕碰碰与欢欢乐乐……笑里有“家”。冯巩接媳妇接得是一波三折；王小利中年遭遇“家庭危机”；宋小宝的一封“情书”扯出来一对热热闹闹的家长里短……人也回家了。黄渤、黄晓明、黄子韬、吕思清、杜江、马天宇、于毅、周九良……众多山东籍演艺人员在春晚舞台上实现了回家团圆。

这些“回家”的人和故事唤醒了国人对“小家”的情结或者说信仰，更共同指向“大家”——国家。《高铁来了》跃出了革命老区的中国速度；山东舰官兵、中国女排姑娘展现出中国精神……从家庭到家族、到国家、到家国天下。

二、语言节目创意出新，歌舞节目匠心编排

晚会邀请冯巩、宋小宝、王小利等众多老百姓熟悉的喜剧演员加盟，以小故事讴歌大时代，用小人物书写大情怀，笑点与泪点齐飞。

孙涛、来喜等人以泰山挑山工为主题，创作了《扁担长板凳宽》。大碗娱乐五人的反诈骗作品《确认过眼神》，以及“德云四子”孟鹤堂、周九良、张鹤伦、郎鹤炎说的群口相声《济南　我来了》，叶逢春、张霜剑等人的古装默剧《逢春斗年兽》等，既有有趣好玩的梗，也有感人的故事，令人在开怀大笑的同时，多了一份思考。

歌舞类节目则通过全新编排、力求突破，结合舞美灯光等视效创造出多个的“潮味”十足的“新玩法”。

腾格尔和龚琳娜合唱了改编歌曲《爱在那遥远的地方》；著名京剧老生王珮瑜和演员于毅，创新合唱了改编版的古风电音歌曲《少年行》，融合了山东柳子戏。

歌手李宇春的《一而再再而三地喜欢你》，带着人间烟火气，道出家长里短里的温馨，充

满了平凡浪漫；曾因“首次同框”登上热搜的“青岛三黄组合”黄渤、黄晓明、黄子韬，分别表演了气势豪迈的《正义之道》、治愈系的《最好的我们》、“蛤蜊”味的 RAP《家乡话》，也引发了网友热议。

三、山东元素精彩纷呈，唱响中国故事山东篇

2020 山东春晚融入了精彩纷呈的山东元素和中华优秀传统文化元素。舞美空间的灯笼造型，风筝、剪纸、花饽饽、皮影、虎头鞋等充满山东特色的物品都出现在了舞台上。

在展现新时代山东新形象，讲好中国故事山东篇、展示中国精神方面，2020 山东春晚也是做足了文章。舞台上请来了一群特殊的人：来自各行各业的英雄模范人物以及为祖国建设作出突出贡献的山东籍知名人士。如第一艘国产航空母舰——山东舰的官兵代表张浩、梁华栋，大兴机场的建设者熊计富，“最美奋斗者”、全国公安系统一级英模、拆弹专家张保国等。港珠澳大桥总设计师孟凡超、著名作家莫言、“蛟龙号”海试现场总指挥刘峰等都通过外景短片送来了新春祝福。

四、融媒推广引发热议，多屏联动爆点频出

2020 山东春晚通过全媒体资源、多平台协作、大小屏联动，实现了多样态、多终端、立体式传播。

晚会首次全面整合网络、电视、广播、户外、有线等省内及国内的重点宣传渠道，对春晚内容进行集中宣发。山东广电旗下新闻节目《山东新闻联播》等及时播发电视新闻，全面报道春晚筹备、录制、播出情况及播后反响，并连续九天播放春晚宣传预告片；各地市广播电视台高频次跟进报道，省内《大众日报》等主流媒体联动，推送山东春晚重点宣推内容；北京、上海、辽宁等全国 18 个省级有线电视网络及 6 个重点城市的有线电视网络大力度宣传；全国各大主流媒体网站、客户端等多轮覆盖，上百个重点位置推荐。

晚会注重多屏联动融媒传播。除在电视端播出外，晚会还在《人民日报》官方微博、“闪电新闻”客户端和各大网络平台融合播出。播出期间，节目短视频同步上传优酷、爱奇艺、腾讯视频等视频网站和今日头条、抖音、快手等多个短视频平台，进行全网碎片化传播。晚会在各主要视频网站的点击量超过一亿次，在各主要短视频平台的点击量超过两亿次。

网络平台的立体式传播也引起了全民共情、全网热议。播出当天，“山东春晚”“山东春晚节目单”“黄渤黄晓明黄子韬同框”等话题，登陆微博、抖音、今日头条、快手、百度、网易新闻等平台热搜共 16 次，热搜数量为当晚所有春晚第一。据统计，2020 山东春晚共有 115 个相关话题在微博引起热议，总阅读量达到 29.8 亿次，晚会网络美誉度高达 96.2%。

针对新型冠状病毒引起的肺炎疫情，晚会及时调整，在全国卫视春晚中首个对疫情做出反应。晚会播出中，通过流码字幕等形式向全国观众送出温馨提示，呼吁大家在新春佳节之际“及时关注疫情、不吃生食少聚餐、注意消毒勤洗手、少去人流密集处、外出一定戴口罩”，并祝福观众过一个健康祥和的春节，受到观众好评。

疫情背景下　广电融媒发展初探

枣庄广播电视台　魏伟

2020年上半年，因新冠肺炎疫情防控形势需要，我们立足广电优势，先后进行了数十场媒体融合实践，以“媒体+服务”有效链接融合各种资源，助力商企复工复产，为疫情防控常态化条件下加快推进生产、生活秩序的全面恢复贡献广电力量。

一、发挥融合优势，助力脱贫攻坚多元销售模式

网络时代，直播带货已成为一种新的销售模式，新冠疫情的突然出现推波助澜。在严格遵守疫情防控要求的形势下，枣庄广播电视台不等不靠，发展线上助农活动，利用“学习强国”平台直播枣庄山亭区水泉火樱桃销售。

2020年4月12日，枣庄广播电视台指动枣庄手机客户端、官方微信公众号及枣庄广播电视台广播《金色乡村》栏目同步直播，水泉镇镇长和新闻主播共同为火樱桃直播“带货”，帮助果农进行网上推广销售。据统计，当日一个小时的直播时间，总观看量达到20余万人次，销售优质火樱桃1.4万斤，销售额达70余万元。直播以后，平台专门把购买指南链接放到“推荐”页，火樱桃借势又“火”了一把，本地电商每天都能接到大量的订购洽谈电话和预付金。截至4月12日，已收到火樱桃订单2200余单，销售额约150余万元，当地大棚樱桃滞销局面全面打开。

之后，我们继续推广“新闻主播　直播带货”活动，利用“学习强国”、“指动枣庄”客户端、抖音、快手等平台先后在山亭区水泉镇、市中区齐村镇、山亭区冯卯镇、西集镇、台儿庄区邳庄镇举行新闻主播直播带货活动，为当地农民在网上销售樱桃、春雪桃、猕猴桃、无公害大米等农产品，仅5月18日上午的一场直播，就为电商、果农推销火樱桃和外贸食品累计收到订单万余单，销售额达到230余万元。以实战促发展，丰富传播手段，拓展营商平台，既锻炼了队伍，又取得了改革创新的宝贵经验，成果颇丰。

五一期间，枣庄台又推出了线上购车节活动，采用线上展厅、电台直播加网络直播和线下活动推广的形式，为4S店打造营销展示的线上新平台。仅黄金周期间就推出15场“云车展”融媒购车活动，累计观看近120万人次，销售车辆200余台。

相比传统传播方式，多平台开办网络视听业务和新媒体业务较好地弥补了固定节目播出的时效性和外延性，为广电产业提供新的生命力。用户可以在各种移动智能终端、各种交通工具上获得“如影随形”的信息，满足了用户对文字、音频、视频等的不同需要，受众群体得以进一步细分，进一步提高了节目的有效到达率。

二、融媒挖潜，打造枣庄广电主流媒体新形象

中共中央办公厅、国务院办公厅印发的《关于加快推进媒体深度融合发展的意见》对媒体深度融合发展提出了更高的要求。

为适应新要求，枣庄广播电视台加快新技术应用，积极拓宽宣传渠道，开启5G、VR等新技术应用探索，不断丰富融媒体产品内容和样式，2020年枣庄春晚进行了VR直播和观众互动，收到了良好的效果。

在多次的技术练兵中，我们也发现了不少问题，找到了诸多短板，我们还需要进一步强化互联网思维，“开门办媒体”，严控内容导向关、质量关，利用云平台来实现融媒体内容的共享应用。针对枣庄地区特点，走差异化的发展道路，高度关注媒体融合的有效性和精准性，时刻强化用户需求意识和用户服务导向，以小、快、灵的活动形式和轻装备的技术特点挺进新媒体战场。我们计划以“融”求进，全面拓展“新闻+政务、服务、商务”模式，不断完善融媒发展利益导向机制，增强内容交互性建设，为全社会多元、精准、有效的“媒体+”服务。

在融媒高度发展的今天，传统媒体主流信息生产者和信息传播主出口的作用无法替代，优质内容依然是传播的核心竞争力。我们将推进内容生产方式结构性改革，增强原创生产能力扩大优质内容产能，创新内容表现形式，保持核心竞争能力，提升内容传播效果。习近平总书记指出，“媒体竞争关键是人才竞争，媒体优势核心是人才优势”，我们将继续深化人事制度改革，全方位优化融媒体绩效考核，激发优秀人才创新创造积极性，提高人才吸引力和竞争力，为优秀人才提供展示能力的舞台，进而打造出一批业务娴熟、素质过硬的新闻采编队伍，为事业发展增加新动能。

“未来已来，唯变不变。媒体融合永远在路上。”媒体融合既是挑战，更是一场机遇。作为地市台，我们要积极回应时代挑战，全方位推动内部体制机制的深度融合，不断推动地市级广电媒体转型发展，进而提升自身的创造力和竞争力。

以体制机制创新倒逼深度融合

邹城市融媒体中心

邹城市融媒体中心不断深化内部机制改革，完善绩效考核体系，强化全媒体人才培养，最大限度激发内生动力，以体制机制创新倒逼媒体深度融合、整体转型，有关工作经验分别被“学习强国”、人民网、《大众日报》、山东电视台、齐鲁网、闪电新闻和省委宣传部简报《山东宣传工作》刊发报道。

一、“两个打破”释放人才活力，为事业发展充分赋能

一是打破身份限制。实施同工同酬、能上能下的用人管理机制，打破职务、职称、身份界限，在职务晋升、绩效考核、收入分配等方面，对所有人员一视同仁、统筹考虑。为编制外人员打通上升通道，释放人才潜能，目前有8名编制外人员担任中层职务。科学灵活的用人机制充分调动和激发了干部职工干事创业的积极性。2020年开展200多场直播活动，与省台节目现场连线27次。在《山东新闻联播》的发稿数量实现翻番，位次由全省第18位提升至第1位。经营创收签订合同金额同比增加6%，实现逆势增长。

二是打破固有层级结构。探索实行团队制、项目制、工作室制，所有人员均可担任项目负责人，自由组建团队，相对独立运作。成立短视频项目组，精心推出《邹鲁主播说》系列短视频，2020年通过各大平台发布短视频2000余条，播放量突破3亿。其中，《谢谢您！最美逆行者》抖音点击量过亿，点赞750万，吸粉45.7万，一度登上热搜榜第4位。成立“两会”报道团队，人员来自不同部室、不同岗位，“两会”召开期间，聚焦发力新媒体，采用VLOG、短视频、图文直播、微信图解、海报等多种形式，从各个角度、不同侧面集中报道“两会”，受到市委市政府及社会各界的充分肯定和广泛赞誉。

二、“三项措施”强化队伍建设，为人才成长搭建平台

实施“天降大任”融媒英才学习提升行动，通过加大学习力度、开展交流活动、组织竞技比赛三大举措，全面提升人才队伍素质，打造全媒体新闻队伍。在学习中丰富知识。强化“学习强国”和“灯塔—党建在线”学习，将在线学习情况纳入考核，并与个人评先评优挂钩。每周三开展“邹鲁融媒”大讲堂，围绕媒体融合、新闻宣传、节目创新、产业发展等内容，组织集中学习，打造特色学习平台。在交流中拓宽视野。邀请省台、索贝公司等专家团队前来开展教学，组织人员到长兴、浏阳等先进地区媒体单位参观考察，选择业务骨干到上级主流媒体挂职交流。通过走出去、请进来、挂职锻炼等方式，突

破思维局限，开拓视野和思路。在竞技中磨砺本领。举办短视频制作、技术维护等技能大赛，以比赛的形式检验学习成果。开展“三人行SHOW”全媒主持业务提升计划，推动播音主持人向记者型、复合型主持人转变。举办“我融我精彩”原创融媒产品大赛，打造融媒产品集群，《铭记历史　致敬英雄》《梦想小镇有了生态名片》等多部优秀作品荣获省级奖项。

三、“四个结合”构建考评体系，为精准考核提供依据

按照“多劳多得、优绩优酬”的原则，建立全方位的考核评价体系，充分发挥绩效分配的价值导向作用。一是分级考核和分类考核相结合。单位考核部室，部室考核职工，给部室留出足够的分配自主权；同时以岗位和业绩定薪酬，实行采编、经营一线人员与行政后勤人员分别考核的方式，绩效分配向一线倾斜。二是月度考核和年度考核相结合。制定《工作目标考核办法》，明确月度和年度任务目标，月度考核关注日常管理和工作过程，年度考核关注整体任务目标完成情况。三是定量考核和定性考核相结合。对记者、编辑、主持人等岗位指标能够量化的，根据个人工作量进行赋分，实行定量考核；对后勤保障等岗位指标不易量化的，实行定性考核。四是业务考核和党建考核相结合。优化业务考核指标，突出移动优先，鼓励首发新媒体；将基层党建、队伍建设和意识形态等纳入考核管理体系，做到党建工作与业务工作同部署、同检查、同考核。

体制机制的优化创新，激发了干部职工担当作为的内生动力，提振了干事创业的精气神。2020年，邹城市融媒体中心以“邹鲁融媒”为统一品牌，以广播、电视、报纸、网站4个传统传播渠道为基础，以手机客户端、微信、微博、抖音号、头条号、快手号等N个新媒体平台为重点发展方向，做强传统媒体、做优新媒体，构建了“1+4+N”全媒体传播矩阵。在央视频、央视新闻+、新华社现场云、闪电新闻、齐鲁壹点等中央、省市级平台以及抖音、快手、B站等主流商业平台上集中开设27个“邹鲁融媒”媒体号，着力打造直播矩阵和短视频矩阵，逐步打响“邹鲁直播”和“邹视频”品牌，加快构建县级融媒体中心的全媒体生态系统。

编辑：张干　汪昕

媒体融合与智慧广电

山东广播电视台 “五智融合”推动媒体融合迈向纵深

山东广播电视台　董光强

山东广播电视台融媒体资讯中心以建设发展闪电新闻为契机，实现由融媒体向“智媒体”转型，围绕传播的全链条，探索出了智云、智品、智传、智网、智库的“五智模式”，分别从内容生产、内容创意、内容传播、内容聚合和政务服务等方面出发，全面提升舆论引导能力。2020 年 12 月，被国家广电总局评为 2020 年全国广播电视媒体融合典型案例。

一、发挥内容优势，探索具有山东广电特色的融合之路

2017 年 1 月 11 日，山东广播电视台“闪电新闻”客户端正式上线。闪电新闻以直播和视频为特色，开设头条、时政、评论等 30 多个特色栏目，是山东广电面向新媒体平台的旗舰产品。“闪电新闻”客户端重点打造的“闪电号”内容创作平台，已有 800 余个政务、媒体、机构、个人创作者入驻。上线以来，“闪电新闻”客户端用户装机量稳步上升，用户累计下载量已突破 3400 万，在 40 余家聚合平台、短视频平台开通近百个账号，平台覆盖用户超 4.5 亿，影响力稳居山东媒体榜首。2020 年 3 月，被国家广电总局评为全国广电媒体融合成长项目。

“闪电新闻”客户端坚持原创为王、渠道为先，注重技术引领和驱动，围绕“直播”“短视频”，强化内容核心竞争力，提升渠道分发能力、用户到达率，以内容优势赢得发展优势。“闪电新闻”客户端已发布直播超 11100 场次，年均编发稿件 30 万条，优质原创短视频 10 万余条，位居省级广电前列。在机构设置和组织架构上不断优化，通过探索加快“主力军”进军“主阵地”，一次采集、分类制作、定向推送、多屏分发，再造采编发流程。

二、增强创新创优活力，持续打造精品，构建主流媒体新生态

闪电新闻充分重视 H5、图解、动漫、访谈、评论等产品形态运用，通过整合多种融媒报道手段和方式，生产了一批“现象级”融合传播精品。

2019 年 3 月，山东广播电视台推出大型融媒体问政产品《问政山东》，闪电新闻开辟专区，打造“网络问政”平台，并通过 18 家网络平台同步播出，成为推动山东工作落实的重要抓手和助推群众问题解决的重要渠道，生产了“李莎八问”等爆款短视频上百条，形成了舆论监督“山东现象”，获中国新闻奖一等奖。

“闪电新闻”客户端重点打造的闪电视频品牌创新生产制作模式，拥有“闪电视频”工作室、短视频 MCN 孵化机构“Lightning TV”

等先进生产方式和完整高效的传播链条，正朝着短视频产业化方向发展。闪电新闻抖音号粉丝突破1200万，点赞5.7亿；孵化的全媒体产品专栏“拾城记”团队出品的微纪录片《南阳岛上的放鹰人》入选国家广电总局2019年度第二季度优秀国产纪录片。闪电MCN Lightning TV旗下汇集省台、区县及个人账号122个，涵盖热点资讯、民生事件、新闻热评等近十个垂直领域。截至12月31日，旗下账号短视频内容累计总播放量破1415亿，点赞33.7亿，粉丝破6813万，成为网上舆论引导的有力武器。

三、加速向智媒转型，全面提升舆论引导能力

（一）智云：人机协同重构内容生产机制

2019年国庆节期间，齐鲁网、闪电新闻上线闪电新闻智能剪辑机器人、闪电指数数据新闻机器人、闪电新闻AI智能主播等基于人工智能的新功能，并应用于日常内容生产中。在新中国成立70周年、全国两会、抗击疫情等重大报道等赋能短视频生产，取得了良好的传播效果。齐鲁网、闪电新闻开设了AI闪电专栏，专栏粉丝数量突破6万，生产了500余个短视频，全网阅读突破2000万。2020年4月，闪电新闻“AI+广电”融媒体资讯平台作为全国七大优秀案例之一，入选《中国智能媒体发展报告》；案例同年还入选国家广电总局视听新媒体蓝皮书《中国视听新媒体发展报告2020》。

在2020年全国两会报道中，山东广播电视台通过5G、AI、VR、H5等前沿新技术的应用，打造720度沉浸式“云会场”、推出北京济南同屏共振的“云访谈”、策划24小时不间断的“闪电大直播”、创新AI解读两会关键词……其中，北京演播室与济南演播室“同屏共振”、推出15期“云对话·两会大家谈”融媒体节目，邀请代表委员、专家与主持人隔空互动，就脱贫攻坚、全面小康、疫情防控常态化、“六稳”“六保”等热点话题与网友交流。

2020年9月份，大型交响音乐会《黄河入海》在山东济南上演，“闪电新闻”客户端在进行高清、4K直播的同时，当晚快速推出中视频近20条，宣传交响乐的文化内涵。首次使用5G+4K全IP超高清转播车，并在近20个讯道中使用轨道机器人、顶置伸缩天眼等特种转播设备，使广大网友足不出户观看视听盛宴。

（二）智品：“秀”出主流媒体“年轻态”

10月22日，2020年山东省网络视听（短视频）基地评审结果揭晓，山东广播电视台成功入围短视频内容生产传播类基地。经过几年的融合探索，由山东广播电视台“闪电新闻”客户端打造的“闪电视频”已在行业内树立品牌，内部成立闪电视频工作室，视频内容IP化垂直化打造了多个视频专栏，包括主账号“闪电视频”，垂直类账号“午FUN时间”“房探来了”“闪电触角”“闪电地评线”等十余个账号，实现跨“介”跨“界”融合。产生多款超亿次点击量产品，推出系列年轻态的优质纪录片，《南阳岛上的放鹰人》《雨林深处的青春》入选国家广电总局2019年第二季度优秀国产纪录片；大型融媒体故事秀《传家宝里的新中国》获评总局2019年度广播电视创新创优节目、入围第26届电视文艺“星光奖”。

此外，闪电新闻依托山东广播电视台县级融媒体中心省级技术平台优势，盘活视频资源，不断提升视频内容的生产与分发能力，形成了层次丰富、生动活泼、多元一体的全媒体传播新格局。10月23日，2020年度“我们的小康”优秀短视频评选结果出炉。“我们的小康”山东省区县融媒联动实训报道行动是由融媒体资讯中心发起，山东省新媒体工作委员会支持，山东融媒培训具体承办的一次专题性培训活动，旨在通过以干代训的方式，提高区县融媒专业

技能水平。活动自 9 月初启动以来，吸引了 80 多家县级融媒体参与，报送 150 多件参赛视频作品。

在交互产品供给方面，闪电新闻更是脑洞大开。2020 年以来，先后推出“改革攻坚看山东”“山东六保在行动”“双招双引看实效”“山东与世界 500 强连线”“高端智库调研山东行”“中国梦·黄河情——黄河流域生态保护和高质量发展”“保护母亲河打造幸福河”“莱西会议三十年”“齐鲁大工匠”“山东优秀兵支书”“纪念中国志愿军抗美援朝出国作战 70 周年——致敬最可爱的人”“第二届儒商大会暨青企峰会”等系列融媒体专题专栏，制作 H5、“一图读懂”“闪电头评”等新媒体产品 500 余条。《庚子群英战疫记》更是成为现象级爆款产品。截至目前，共有 93 件作品被中央网信办全网推送，占全省被推荐网评作品的 60% 左右，推送数量、质量在国家重点新闻网站名列前茅。

（三）智传：做最懂山东人的“闪电算法”

从 2018 年开始，闪电新闻技术逻辑由“订阅式”的用户搜索模式升级为“账号式”的内容流算法推荐模式。既坚守了主流价值观导向，又坚固了用户个性诉求，既避免“信息茧房”将用户知识体系捆缚，又能通过推荐来优化用户阅读结构。同时，通过个性化推送以及矩阵协同、智能分发等的传播探索，通过区县融媒、商业平台的联动，实现了网上网下、线上线下的多层次人群覆盖。

2020 年新增小黄车、海报分享、智能搜索、主题 UI、弹幕互动、闪电热榜等 30 多项主功能，新开推荐频道、战“疫”频道、党建频道、智库频道、24 小时轮播台、16 市领导活动报道集等。还与百度签署战略合作协议，揭牌成立“山东广播电视台 & 百度智慧媒体实验室”。可以说，最懂山东人的算法“闪电算法”已经深入人心。

（四）智网：跨屏传播，矩阵联动“奥利给”

坚持全国一盘棋、全省“一朵云”，闪电新闻致力于打造全国领先的平台型新媒体。以构建开放平台为载体，聚合专业领域优质内容创作者力量，面向面向全台记者、编辑开放生产；面向全省各级媒体机构、媒体人开放；面向省内机构的各级党政机关、企事业单位开放服务。目前，正在探索联合今日头条、百度等，将来还会对更多的全国垂类达人开放、对全国各类机构进行开放，通过这些，闪电新闻将构建一个超越省界的全新内容生态体系，对时政、财经、体育、房产、教育、健康、文娱等各个垂直领域集纳推荐展示，通过聚合社会力量，吸引用户参与新闻信息生产传播，不断增强创新创优活力，做大做强主流舆论宣传。

疫情期间，与长江云等 12 家主流新媒体共同创建了区块链新闻编辑部，联动策划已成为日常生产常态。在辐射网上，区县融媒力量不可或缺更不可估量。2020 年已完成所有区县融媒体平台建设、与闪电新闻打通新闻、用户、数据，通过高效的互通协作，探索形成了“一云多厨房”的全网内容传播生态，高标准建设促实战、联动机制求实用、互动评优机制更科学、多渠道分发重实效。

（五）智库：政务商务服务“最强大脑”

山东广播电视台创新推出闪电智库，在政务智库、城市智库、品牌智库和行业智库等方面积极突围，搭建智库服务中台，提供丰富多样的智库服务。

2020 年重磅推出的“高端智库看山东”十四五规划调研行，邀请近 80 位高端智库专家，走进济南、菏泽、德州、烟台四个城市进行实地调研，为山东高质量发展把脉问诊。活动呈现出立意高、规格高、水平高、影响力大等“三高一大”的特点，得到了省委主要领导同志的批示肯定。

“鹊华 MCN”城市广电布局短视频和直播赛道发展模式探索

济南广播电视台

为加快推进媒体深度融合，济南广电率先与头部短视频机构共建短视频孵化品牌“鹊华MCN”，推动主力军全面挺进主战场，占领新兴传播阵地。目前，“鹊华 MCN”已签约账号200余个，全网粉丝量超2000万，带货直播数百场，拉动消费逾亿元，是全国唯一登上抖音、快手两大平台全国媒体头部 MCN 榜单的城市广电 MCN 机构。“济南广播电视台新媒体中心疫情防控显担当”案例获评中央网信办“2020年网络公益助力疫情防控优秀案例”，是全省两大入选项目之一。

一、构建优质内容 IP 矩阵

媒体资讯类账号：主流媒体挺进主战场。济南广电将栏目节目碎片化重新编辑，制作适合移动端收看的内容，向抖音、快手等头部主流平台输出，先后推出了“济南广播电视台”“济南电视台生活频道”“济南都市频道”等媒体号，传递正能量，讲好济南故事。鹊华MCN 联合“抖音”“快手”“微视”三大平台，发起《“我的战‘疫’生活”》短视频全网征集展播，共收到6万多件作品，累计播放量超4.5亿次，传递战“疫”正能量。

主持人账号：知名主播变身网红。主持人是广电优势资源。鹊华 MCN 为主持人量身定制特色专属账号，新闻主播劲彬粉丝量已经突破 300 万；主持人 YOYO 全网粉丝量突破 200万；娘家记者团出镜记者晓宁通过快手账号挽救了一位服毒自杀的年轻小伙的生命，全网关注量超过 1200 万。海沫、小紫妹、王子等一大批主持人都拥有了大批粉丝，大大增强了主流媒体的影响力。抗击新冠肺炎疫情期间，鹊华 MCN 组织旗下 30 多位主持人录制疫情防控、防护科普等系列短视频，先后发布 1300 余条；主持人王子公益歌曲《防疫 Disco》MV 一经推出，播放量超过2200万，被学习强国全国平台、腾讯新闻首页推荐。

专家学者账号：助力康养名城建设。鹊华MCN 响应济南市委市政府提出的建设“康养济南”的号召，邀约知名社会人士，打造专家学者账号矩阵。海外特聘专家马欣教授，主任医师高芹医生等账号深受用户喜爱，并登上抖音平台新锐榜。

二、发力短视频电商新业态

鹊华 MCN 发力短视频电商，推出“银座带您云扫货”直播活动，网红主播现场带货直播；助力乡村振兴——建立齐鲁样板“三涧溪”品牌电商直播间；为促进疫情后复工复产，鹊华 MCN 发起“微爱助农”“百名县长的山东

味”等助农、助企、助商系列直播带货活动。与市文化和旅游局合作，推出“二安”带您游泉城——济南文旅“云端好物节”系列直播活动。6大专场12位主播24小时直播，吸引了500万+网友云端参与活动，掀起济南文旅资源推广热潮；与市商务局合作，推出“济南制造 天下共享”云展览展示会，吸引了九阳小家电、华熙生物、福牌阿胶等济南本地企业近百家，活动持续20天，直接带动销售近亿元。

三、树品牌，打造高质量专业化服务平台

鹊华MCN通过内容电商、直播带货、短视频广告等经营模式，品牌影响力不断提升。推出商河网红副县长王小帅带货商河扒鸡的短视频，掀起了全国县长带货的风潮；平阴副县长游伟民推广平阴“玫瑰之都”直播，单场实现80余万人观看。针对济南市对口支援的湖南省湘西州策划重点扶贫项目，开展“茶旅古丈 情动泉城”系列专场直播、“我在古丈有亩茶”茶园认领计划等活动，巩固脱贫攻坚成果。

举办系列大型新媒体城市品牌宣传和电商服务类活动。比如，打造“网红济南”城市IP，邀请各路网红大咖齐聚济南，直播演绎“明湖之夜”红人节。300余家媒体综合报道，话题阅读量超1.4亿，获评全国“新文娱·新消费”年度创新案例，并入选年度腾讯十大网红城市榜单。

四、建基地，推进MCN运营产业化进程

推动国内超一线MCN机构——蜂群文化北方分公司落户济南，开展整合营销、内容共创、KOL发掘孵化合作，推进促进省会经济圈短视频和直播行业高质量发展。

潍坊电视台智慧广电融媒项目案例介绍

潍坊电视台

一、案例简介

潍坊电视台智慧广电融媒项目打造了自己的移动新闻客户端“快上云”APP，将传统的电视节目搬到手机客户端，并采取视频、文字、图片相结合的多种方式呈现，转变了传统广电媒体的内容生产模式、生产方式，在内容选题方面，更加贴近生活、贴近群众，观众可以及时反馈，在内容生产的多样性、新闻传播的互动性、传播效果的广泛性方面有了显著提高。

潍坊电视台智慧广电系统拥有全媒体新闻采编团队，做到新闻的选题、采编、后期分发有机结合。目前，我们拥有 5 个电视频道 15 档自办栏目，每日自采新闻上百条，移动新闻客户端“快上云”APP 每日发稿量不低于 300 条，在央视新闻 +、《人民日报》、新华社现场云、抖音、快手等新媒体平台粉丝总数超 800 万，已初步形成以自身新媒体平台和传统广电为依托，以各大新媒体矩阵为为借力的，具有一定影响力的融媒体矩阵，在内容制作、传输、播出方面更加智能化、智慧化；将广电内容更加深入地融入政治、经济和社会生活当中。

二、需求分析

“快上云”APP 是由中共潍坊市委宣传部、潍坊市广播电视台（潍坊广播影视集团）主办、由潍坊电视台承办的新媒体平台。“快上云”APP 是一个“客户端 + 新闻（资讯）+ 政务 + 服务 + 商务 + 自媒体……”的聚合层云平台，是潍坊电视台作为党媒在媒体融合、媒体转型、移动优先，围绕潍坊市委、市政府中心工作大局开展宣传的重要新媒体。

2019 年 12 月，潍坊电视台 12 讯道高清转播车项目启用，良好的技术装备为潍坊电视台智慧广电的发展提供了基础和保障，标志着潍坊电视台现场直播、转播能力有了新的飞跃。

三、创新点

1. 创新新闻制播方式：潍坊电视台智慧广电融媒项目自开展以来，注重研究新媒体传播规律，准确把握其“精、准、快、早、细”的特点，发展壮大小视频制作团队，提出了小视频、H5、动漫、动态直播、专题、矩阵微直播、MV 等多种报道方式，使众多音视频的生产、制播实现智能化，将传统广电和新媒体紧密结合，让新闻“第一时间”触达现场。

2. 创新用户服务理念：加强“快上云”APP 的服务功能和创新性。如疫情期间，“快上云”APP 先后建立了“直播 7*24 肺炎疫情实时动态”“密切接触者查询”“14 天足迹查询”“预约口罩”“包车定制服务”等众多对大众有用、有益的服务项目，并且将这些服务项目以置顶的方式在主要频道呈现，方便了受众使用和查询。

3.“造船出海”和“借船出海”紧密结合。潍坊电视台采用造船出海和借船出海相结合的方法，在传统广电转型中做了有益尝试，加强自身传统媒体阵地和新媒体阵地“快上云”APP的建设，同时借助央视新闻+、《人民日报》、新华社现场云、抖音、快手等行业巨头新媒体平台快速吸粉，辅以充分的技术保障，实现传播途径广泛性，影响力扩大。

四、应用部署情况

潍坊电视台智慧广电融媒项目包含LED智慧大屏、12讯道高清转播车项目、自主研发的“快上云”APP和30多个平台的融媒体矩阵号，已构建起了网、端、微、博、视“五位一体”的融媒体新格局。

2020年底，“快上云”APP 40多个频道及融媒体矩阵近30个平台，每天发布自采新闻60多条，制作短视频20多条，平均每天转载发布量1000多条，2020年已有47亿人次通过潍坊电视台融媒体矩阵观看本台制作的节目，除了自身的“快上云”APP，潍坊电视台在央视新闻+、《人民日报》、新华社现场云、抖音、快手等新媒体平台累计积累粉丝800多万，极大的扩大了社会影响。

五、效益分析

1. 社会效益

潍坊电视台利用融媒体矩阵，运用多种手段宣传潍坊，彰显传播“新”速度。将本台自办节目播出的潍坊市重点工作、重要会议、重要举措如：企业复工复产、学生开学返校、夜经济等内容做了重点推送；集中报道了各地打好重点工作攻坚年、推进现代化高品质城市建设等市委市政府的中心工作。同时加大了重点新闻版块宣传力度，宣传潍坊、树立潍坊品牌，起到了良好的舆论引导作用。

2. 经济效益

2020年，潍坊电视台加大了直播、微直播、直播带货等活动的力度，发布现场直播60余场，在本市的重大活动、重大消息的发布上，潍坊电视台的直播、微直播走在了前列。

在直播带货方面，深挖“粉丝经济”，直接面向市场。策划直播《潍坊电视台＆抖音“品牌山东吃货节，我为潍坊带货”大型直播活动》《她力量——妇联精准扶贫携手带货直播活动》，并与各部门通力合作圆满完成直播、宣传报道等任务。两场活动参与人次近百万，显示了潍坊电视台融媒体在“云”端宣传潍坊的能力和水平，运用多种新媒体平台和手段，实现社会效益和经济效益的统一。

六、可持续性分析

潍坊电视台智慧广电融媒项目是在媒体融合深度发展的大环境下做的积极探索——通过借船出海，进驻多家新媒体平台扩大自己的粉丝影响；通过造船出海，开发自己的移动新闻客户端掌握舆论宣传的主动性和话语权。同时，加强技术保障，重视视频采制队伍建设，在改革的浪潮中争做排头兵。

在媒体融合中不断提高舆论引导能力和水平

临沂市广播电视台

一、媒体融合发展现状

临沂市广播电视台现有综合广播、经济广播、交通旅游广播3套广播频率，电视综合频道、公共频道、农科频道3套电视频道，《临沂广播电视报》1份拥有国家统一刊号的报纸，爱临沂网1个网站，爱临沂APP、开吧APP共2个移动客户端，另有各宣传部室打造的新媒体公共账号55个。

依托以上各类媒体，临沂市广播电视台深入推进媒体融合建设，成立了新媒体中心，整合全台新闻资源，建立广播、电视、报纸、网站、微信、微博、手机客户端为一体的全媒体平台，目前新媒体公共账号中粉丝量过10万的有16个。在全省广电系统微信公众号综合影响力排名前20中，临沂台“临沂新闻”等5个公众号位居其中。在临沂市委宣传部、临沂市网信办组织的临沂市十佳微信公众号评选中，临沂市广播电视台获奖微信公众号就占了半数。临沂公共频道抖音号拥有粉丝611万，在近期长江传媒联合抖音发布的全国抖音账号传播力排行榜中，跻身全国地市级媒体前三强，成为山东省唯一上榜的抖音号。

爱临沂移动客户端是汇聚临沂市广播电视台多媒体新闻资源而打造，是临沂市广播电视台新媒体集群的核心官方产品之一，也是临沂广电移动端旗舰平台。2020年，客户端依托临沂广电无可替代的核心竞争力，以新闻为核心，视频为特色，直播为手段，开设了头条、视听、短视频、民生、爆料等多个优质频道，设置县区及广电旗下各媒体平台共26个门户，适应大家对于资讯的海量需求。爱临沂移动客户端从2019年8月初正式上线以来，整体发展平稳，满足了大部分受众的需求。

二、媒体融合投入及新媒体收入情况

在新媒体技术平台和移动端建设方面，临沂市广播电视台爱临沂网于2014年开始运行，至今共计投入385万，进行网站软硬件更新、客户端打造、服务器升级、技术开发等。

在广播频率，全力打造新媒体直播间，投资200多万元，完成了4个全新的广播直播间改造，充分体现了广播“轻、便、快”的媒体属性，实现了技术融合、人员融合、节目形式融合、多种传输平台融合，使传统广播节目制播模式向互联网、移动端发展，全面提升了广播的社会影响力。

在电视频道，投资800万元建设的电视全媒体演播室，可以实现传统电视节目与新媒体的同步直播推送，更好地与受众进行互动交流，极大地提高了电视媒体的传播力和影响力。投资 150 余万元新建了全台网络安全三级等保系统，可以进一步防止宣传平台遭到网络非法攻击，更好地保护全台的宣传阵地。

在收入上，2020 年临沂市广播电视台新媒体实现创收总额 445 万元。

三、不断探索融合发展新路径，传播力、影响力不断增强

2020 年是临沂市广播电视台加快推进媒体融合并不断走向深度融合的一年。临沂市广播电视台立足实际，积极探索媒体融合的途径和措施，媒体融合水平逐渐提升，舆论引导能力和水平不断提升，推动了主流舆论和正面声音的传播，让正能量更强劲、主旋律更高昂。

一是不断生产传播正能量、专业化的作品，提高新媒体传播力和影响力。2020 年，"临沂新闻"微信公众号全年共发布文章 2092 篇，累计阅读数达 4514 万次。其中，全年共发布 10 万+稿件 28 篇，单月最高阅读量突破 800 万，成为临沂市唯一一个单月阅读量突破 800 万的公众号，跻身全国 500 强。"公共频道"抖音号粉丝增长 400 多万，突破 610 万，居全国地级市第三。同时，加强与头部平台合作力度。《临沂新闻》在"学习强国"开通专区，每天上传《临沂新闻》视频。农科频道《临沂金融》栏目上线"学习强国"30 条。爱临沂客户端今日头条展现量达到 2 亿，阅读量 1500 余万，位居全市媒体号第一，有力提升了临沂广播电视新闻舆论传播力、引导力、影响力和公信力。

二是加大短视频创作力度，积极探索新媒体直播手段。新媒体中心推出《疫情防控系列 VLOG》10 部以及其他新媒体产品。强化了视频直播。推出《问政临沂》《新冠肺炎疫情防控新闻发布会》《援鄂返临医务人员欢迎仪式》《直击小埠东橡胶坝泄洪》等直播 122 场次，累计观看人次 960 万人次。农科频道"临沂直播"年直播场次达到 200 场，粉丝突破 100 万。公共频道实现微信直播 89 场，网上桃花节获得全省十大文旅创新品牌。

三是完成全台微信矩阵搭建，助力全台新媒体发展。完成临沂市广播电视台微信矩阵搭建，为广播频率搭建的具有自主权的互动小程序已经建设完成，正在试运行阶段。

昌乐县融媒体中心概况

昌乐县融媒体中心

昌乐是中宣部确定的县级融媒体中心建设全国试点县，从 2018 年开始通过机构融合、人员融合、平台融合等进行大力度改革创新，较好地完成试点任务。为推进媒体融合向纵深发展，在前期试点基础上，围绕深化体制机制改革、持续抓好内容创新、做强新兴媒体建设、增强服务群众能力等方面再发力、再突破，取得了较好成效。

一、围绕体制机制创新抓纵深，激发融媒队伍创先争优活力

一是从“固定岗”到“流动哨”。优化选人用人机制，组织开展中层管理人员竞争上岗和工作人员双向选择，把“想干事、能干事、干成事”的干部选任到重要岗位。有5名普通职工走上中层岗位，3名原中层干部落选转为普通岗位。二是从“死工资”到“活薪酬”。深化完善企业化奖惩机制，“一把尺子量到底”，实行全员聘任、全员全程绩效考核，以考核确定工资待遇，一线人员收入水平拉开了档次，绩效最高的达到8000多元，最低的不足2000元。三是从“身份化”到“无差别”。打破身份限制，选人用人和职称评聘中聘用制人员与在编人员享受同样待遇，有10名聘用制人员走上中层管理岗位或享受相应待遇，3名聘用制人员聘任中级职称，11名聘用制人员聘任初级职称。

二、围绕做大做强主流媒体抓纵深，让党的声音飞入寻常百姓家

一是做全主流媒体。中心构建起了“一报（《昌乐日报》），两台（昌乐电视台、昌乐人民广播电台），两网（昌乐传媒网、昌乐民声网），三微（‘今日昌乐’‘昌乐之声’官方微信、‘昌乐发布’微博），一端（‘爱昌乐’APP），七号（昌乐融媒闪电号、抖音号、快手号、头条号、强国号、视频号、新华号），村村响，阅报栏及户外大屏”的全媒体传播矩阵。二是做大自主媒体。在“爱昌乐”移动客户端开设新闻资讯、政务服务、网络问政等七大功能模块，着力打造多元化生活信息服务平台。下载注册用户突破10万户，累计发布新闻资讯1.3万余条。三是做优融媒产品。积极探索短视频、微直播、H5等新型融媒体产品。已发布短视频作品200余部，其中，官方抖音号有27条短视频获点赞达到10万+，单条点击量最高达470万人次。“今日昌乐”官微总用户数突破7万，获评“潍坊（县市区）十佳政务微信”称号。

三、围绕网上网下一体抓纵深，持续提升传播力、引导力

一是网下内容全上网。“爱昌乐”移动客户端将报纸、电视、广播等媒体平台统一集中到移动端上来，新闻资讯第一时间在移动端进行发布，把传统媒体在优质内容生产方面的优势，延伸拓展到新媒体中。二是网上传播全方位。发挥短视频、移动端等新型媒体传播广泛的优势，新冠疫情期间，在“爱昌乐”移动客户端、抖音平台上第一时间发布县委、县政府的决策部署和疫情信息，累计发布各类信息3000余条次，及时消除群众疑虑，引导群众科学应对。三是上下联动加速度。依托“闪电云”平台与山东广播电视台进行联动，实现了“订单式”约稿，按需采写编发外宣稿件。利用“闪电云”平台现场连线20次，位居全省县级台前列。

四、围绕服务群众抓纵深，搭建社会治理新平台

一是全面拓展为群众服务功能。“爱昌乐”移动客户端开设“政务号”，将30多个部门的政务服务事项搬到“云”端，打造指尖上的政务。开通“信息百事通”版块，将电话黄页、房屋租赁、电暖充值等民生服务信息纳入平台，真正实现“一机在手、昌乐全有”。二是勇于扛起媒体社会责任。为助力企业复工复产，承办了两场“战疫情　稳就业”2020年大型电视网络招聘会，18家重点企业参加，提供了1700多个工作岗位。抗疫关键期，开通了“网上购物”平台，16家商家入驻，实现一键购物，无接触送货到家。三是扎实履行社会治理职能。在“爱昌乐”移动客户端、昌乐民声网开设问政版块，接受群众投诉和建议。100余家党政

机关和企事业单位线上限时答复，线下限期办结，回复率和满意度均达到95%以上。开设《抓落实　面对面》电视栏目，对一段时期群众关注的重点问题和一些热点问题，采访县直有关部门负责同志，及时发出党委政府声音，将矛盾和问题化解在萌芽之中。建立舆情信息收集反馈机制。通过客户端、民声网等渠道，将各类舆情进行收集，每月汇总一次，报送给县委、县政府有关部门及时研判、转办、引导处置，为党委政府科学决策提供了有力支撑。

福山区融媒体中心概况

福山区融媒体中心

福山区融媒体中心于2019年12月正式挂牌成立，为公益一类事业单位，归口区委宣传部管理。在区内没有独立媒体单位的情况下，福山区结合实际，协调福山广播电视中心、烟台日报传媒集团、水母网等单位，打破机制体制壁垒，探索出一条独具福山特色的媒体融合之路。福山区已形成报、网、端、微、视等9大媒体平台“一体相融”的运作发展模式，实行统一调度、集中管理，同时积极在体制创新、内容策划、服务百姓等方面下功夫，打造接地气、惠民生、优服务的融媒体传播平台。

一、选题内容精准策划，主题报道全媒体化呈现、立体化展示

1. 成立融媒体策划中心，每月主题精准策划。成立由9大平台主要负责人组成的融媒体策划中心，每月月初召开融媒体中心策划会，对区委区政府中心工作和基层通讯员提供的优秀新闻线索进行把脉问诊，确定宣传重点、宣传角度和宣传形式，并形成当月工作计划，各媒体平台根据工作计划自主安排宣传进度。自福山区融媒体中心成立以来，先后策划新闻专题50余个。其中，《7名退役军人主动请缨战“一线”》在央视报道，《“果树为媒，跨越山海！8万株烟台大樱桃扎根巫山”》被《人民日报》客户端转发。

2. 打造融媒体传播矩阵，融媒体产品多元传播。为提升平台影响力、吸引力，福山区融媒体中心按照“每周一主题、每月一亮点”的思路，每月至少开展2次集中采访或直播宣传推介活动。每次均由视频、摄影、文字骨干记者组成融媒体报道小组，深入村居、企业等基层一线，录视频、搜素材、挖故事。各媒体平台结合自身特色制作并推出形式多样的音视频作品，营造主题报道的浓厚氛围。今年以来，已围绕复工复产、重点项目集中开工、援鄂英雄归来等累计策划开展融媒体主题报道130余次、直播推介18次，出品融媒体中心图文作品、音视频作品2000余篇，其中抖音平台单条阅读量最高达到600万人次，微信单条阅读量最高达到7万人次。

3. 制定考核激励机制，提升员工创新能力和外宣水平。为激励工作人员创新积极性和对

上宣传力度，融媒体中心重新制定考核细则，着重提高融媒体中心工作人员在栏目创新和对上推介等方面的绩效比重。今年，融媒体中心创新开设“实地问政”“彬彬有礼福山人”等新栏目8个。在外宣方面，以“宜居宜业，魅力福山”为主题，制作微信原创作品、短视频展示。今年上半年，在《人民日报》《中国青年报》等中央媒体刊发稿件和图文作品40多篇、省级媒体300余篇，树立了一见倾心的城市形象。

二、贴近百姓需求，聚焦舆论热点，打造“接地气、受欢迎”的民生服务平台

1.搭平台、融服务，“线上”活动精彩纷呈。疫情防控期间，为满足民众多样化需求，依托融媒体中心新媒体平台，福山区先后开设了线上口罩申领、线上果蔬配送等4大类20多项服务功能，搭建起了便民、惠民的民生服务平台。为丰富市民文化生活，福山区融媒体中心开展了“宅家学文化”系列活动，先后开设了书法、拉丁舞、快板、茶艺等20多个类别的文化培训活动，累计参与人数6万人次，深受群众好评。疫情期间融媒体中心各类新媒体平台新增粉丝3万余人。

2.“听”民意，构建舆情引导平台。为充分发挥融媒体中心“引导群众、服务群众”功能，福山区充分整合区内各大社情民意平台，整合打造“民生回音壁”服务平台。其中，在电视媒体开设“我为群众多跑腿”专栏，根据百姓反映的民生热点话题开展实地问政，发挥融媒体中心舆论引导优势，并对问题解决情况及时进行公开公示，赢得市民高度信任，实现负面信息扩散减少、舆情发酵风险降低、舆论引导坚强有力效果，进一步提高融媒体中心引导力、公信力。

编辑：张千　金红

人　物

2020 年任职的市文旅局、市广播电视台主要领导介绍

程春常（1965 年 10 月—）男，汉族，山东滕州人。1988 年 7 月参加工作，1992 年 2 月加入中国共产党。大学学历，农学学士。现任枣庄市文化和旅游局党组书记、局长。

1990 年 6 月至 1993 年 4 月，任滕州市农委干部。1993 年 4 月至 1995 年 4 月，任滕州市农委调研科副科长。1995 年 4 月至 1996 年 2 月，任滕州市委办公室干部。1996 年 2 月至 2000 年 6 月，任滕州市委秘书。2000 年 6 月至 2001 年 6 月，任滕州市龙山街道党委副书记。2001 年 6 月至 2003 年 4 月，任滕州市龙泉街道党委副书记。2003 年 4 月至 2008 年 1 月，历任滕州市鲍沟镇党委副书记、镇长、党委书记。2008 年 1 月至 2011 年 2 月，任滕州市级索镇党委书记、人大主席。2011 年 2 月至 2013 年 7 月，历任滕州市政府副市长、党组成员、滕州市委常委、市委办公室主任。2013 年 7 月至 2014 年 2 月，任滕州市委常委、市委办公室主任、市政府党组副书记。2014 年 2 月至 2015 年 11 月，任滕州市委常委、市委办公室主任，滕州市人民政府副市长、党组副书记。2015 年 11 月至 2019 年 8 月，任枣庄市薛城区委副书记。2019 年 8 月至 2019 年 11 月，任枣庄市自然资源和规划局党组书记、副局长。2019 年 11 月至 2020 年 10 月，任枣庄市自然资源和规划局党组书记、副局长，市城乡规划事业发展中心党组书记。2020 年 10 月任现职。

肖梅（1970 年 11 月—）女，汉族，山东临沂人。1991 年 8 月参加工作。中央党校研究生院经济管理硕士。现任日照市文化和旅游局（市新闻出版广电局、市文物局）党组书记、局长。

1989 年 9 月至 1991 年 7 月，在临沂师范专科学校汉语言文学专业学习。1991 年 8 月至 1993 年 10 月，历任日照人民广播电台编辑、记者、主持人。1993 年 10 月至 1997 年 2 月，历任日照市东港区委宣传部新闻科干事、外宣办主任、副科级干事。1997 年 2 月至 1997 年 12 月，任共青团日照市东港区委副书记。1997 年 12 月至 2002 年 4 月，历任共青团日照市委学少权益部副部长、部长。2002 年 4 月至 2004 年 5 月，任共青团日照市委副书记、党组成员，兼办公室主任。2004 年 5 月至 2010 年 6 月，任共青团山东省日照市委副书记、党组成员。2010 年 6 月至 2016 年 2 月，任日照市党史研究室主任。2016 年 2 月至 2017 年 2 月，任日照市档案局局长。2017 年 2 月至 2020 年 7 月，任日照市委副秘书长（正处级）。2020 年 7 月任现职。

路灿新（1971年1月—）男，汉族，山东惠民人。1988年7月参加工作，1990年11月加入中国共产党。研究生学历。现任滨州市文化和旅游局党组书记。

1985年10月至1988年7月，在惠民地区惠民师范学校普通班学习。1988年7月至1992年2月，历任惠民县李庄镇教委会计、团委书记。1992年2月至1993年4月，历任惠民团县委副书记、副局级干事。1993年4月至1995年8月，任惠民县桑落墅镇计生办主任（1992年8月至1995年6月在中央党校函授学院大专班经济管理专业学习）。1995年8月至2000年1月，任惠民县姜楼镇副镇长（1993年9月至1996年7月在山东省政法管理干部学院本科班法学专业学习）。2000年1月至2010年11月，历任惠民县麻店镇党委委员、副镇长，淄角镇党委副书记，胡集镇党委副书记、镇长，胡集镇党委书记、人大主席（期间：2008年12获山东农业大学农业推广硕士学位）。2010年11月至2012年1月，历任惠民经济开发区管委会副主任，胡集镇党委书记、人大主席，惠民县政府党组成员。2012年1月至2013年7月，任惠民县人民政府副县长、党组成员。2013年7月至2013年8月，任惠民县常委、政法委书记，县政府党组成员。2013年8月至2016年8月，任惠民县委常委、政法委书记（期间：2016年3月至2016年5在第三十三期县市区委领导干部进修班学习）。2016年8月至2018年2月，任惠民县委常委。2018年2月至2020年4月。任滨州市政府副秘书长（正县级）、办公室党组成员（2016年7月至2019年7挂职任青海省祁连县委副书记）。2020年4月任现职。

李波（1970年2月—）男，汉族，山东海阳人。1992年8月参加工作，中共党员。北京大学哲学系毕业。现任烟台市委宣传部副部长、烟台广播电视台党组书记、台长。

1988年9月至1992年7月，在北京大学哲学专业学习。1992年8月至1999年8月，在烟台日报社任记者。1999年8月至2002年3月，任烟台日报社政教新闻部副主任。

2002年3月至2011年11月，历任烟台市委宣传部副主任科员、新闻科副科长、科长。2011年11月至2016年12月，历任招远市委常委、宣传部长。2016年12月至2019年3月，任烟台市牟平区委常委、宣传部长。2019年3月至2020年1月，任烟台市委宣传部副部长。2020年1月任现职。

李景中（1973年7月—）男，汉族，山东金乡人。中共党员。工商管理硕士，高级编辑。现任济宁广播电视台党组书记、台长。济宁广电传媒集团党委书记、董事长。

1993年7月至1995年7月，任济宁日报社时事部编辑。1995年7月至2001年6月，任济宁日报社政文部记者（其间：1994年9月至1997年7月，在曲阜师范大学函授本科班汉语言文学专业学习。1998年4月至1999年4月，在金乡县胡集沙沃村包村）。2001年6月至2003年12月，任济宁日报社政文采访部副主任（其间：1999年1月至2002年3

月，在曲阜师范大学研究生课程进修班学习）。2003 年 12 月至 2006 年 1 月，任济宁日报社总编办公室主任（其间：2005 年 3 月至 2005 年 7 月，在济宁市委党校中青班学习）。2006 年 1 月至 2008 年 10 月，任济宁日报社总编助理、总编办主任。2008 年 10 月至 2016 年 4 月，任济宁日报社副总编、党委委员（其间：2006 年 4 月至 2008 年 12 月，在山东大学工商管理专业学习，获工商管理硕士学位）。2016 年 4 月至 2018 年 12 月，任济宁广播电视台总编辑（副县级）、党委委员。2018 年 12 月至 2019 年 5 月，任济宁广播电视台总编辑（副县级）、党组成员。2019 年 5 月任济宁广播电视台党组副书记、总编辑（正县级）。济宁广电传媒集团党委副书记、董事、总经理。2020 年 5 月任现职。

徐锋（1967 年 5 月—）男，汉族，山东汶上人。中共党员，大学学士。现任济宁广播电视台党组副书记、总编辑。济宁广电传媒集团党委副书记、董事、总经理。

1990 年 7 月至 1995 年 8 月，任济宁师专教师。1995 年 8 月至 1998 年 12 月，任济宁市政府办公室科员。1998 年 12 月至 2002 年 9 月，任济宁市政府办公室副主任科员（其间：1997 年 1 月至 1997 年 12 月，在济宁市汶上县白石乡后郑村包村）。2002 年 9 月至 2006 年 12 月，任济宁市政府办公室文秘科主任科员。2006 年 12 月至 2010 年 10 月，任济宁市人民政府办公室副调研员、文秘科科长。2010 年 10 月至 2016 年 5 月，任济宁市政府办公室副主任、党组成员。2016 年 5 月至 2020 年 5 月，任济宁市政府副秘书长，市政府办公室党组成员。2020 年 5 月任现职。

苌晶（1969 年 3 月—）女，汉族，山东济南历城人。1990 年 7 月参加工作，1993 年 6 月加入中国共产党。山东省委党校研究生。现任泰安市广播电视台党委副书记、总编辑。

1986 年 9 月至 1990 年 7 月，在山东省委党校理论部政治经济学专业学习。1990 年 7 至 1995 年 9 月，任中共新泰团市委干事、学校部副部长、团务部副部长。1995 年 9 月至 1997 年 6 月，在山东省委党校研究生部政治经济学专业学习。1997 年 6 月至 2000 年 2 月，任新泰团市委团务部副部长、经济部部长、团务部部长。2000 年 2 月至 2001 年 12 月，任新泰市财委纪委书记。2001 年 12 月年 2004 年 3 月，任新泰市翟镇党委副书记、纪委书记。2004 年 3 月至 2006 年 10 月，任新泰市西张庄镇党委副书记、人大主席。2006 年 10 月至 2008 年 4 月，任新泰市龙廷镇党委副书记、镇长。2008 年 4 月至 2010 年 1 月，任新泰市放城镇党委书记。2010 年 1 月至 2010 年 5 月，任新泰市委常委、宣传部长，放城镇党委书记。2010 年 5 月至 2013 年 10 月任新泰市委常委、宣传部长。2013 年 10 月至 2019 年 5 月任泰安市委宣传部副部长。2019 年 5 月至 2020 年 1 月泰安市委宣传部（市新闻办、市文明办）副部长（副主任）。2020 年 1 月任现职。

刘电辉（1970年7月—）男，汉族，山东沾化人。1993年7月参加工作，中共党员。现任滨州传媒集团党委委员、副总经理，融媒体中心主任，滨州电视台台长。

1991年9月至1993年7月，在滨州师范专科学校数学系数学专业学习。1993年7月至2003年3月，历任沾化县流钟中学教师、教导主任，沾化县流钟乡党委秘书、大高镇政府经委主任、大高镇事业办主任。2003年3月至2004年12月，任滨州市委宣传部科员。（其间：2002年8月至2004年12月，在中央党校函授学院本科班法律专业学习。）2004年12月至2008年8月，任滨州市委宣传部办公室副主任。

2008年8月至2014年9月，任滨州市委宣传部机关党支部专职副书记、办公室副主任。2007年3月至2010年1月，在山东经济学院工商管理专业学习。2014年9月至2016年8月，任滨州市委宣传部办公室主任、机关党支部专职副书记。2016年8月至2020年6月，任滨州市委宣传部新闻科科长。2020年6月任现职。

获奖模范人物

孔冠军（1985 年 2 月—）男，汉族，山东肥城人，中共党员。山东广播电视台融媒体资讯中心记者。2020 年 9 月被中共中央、国务院、中央军委授予“全国抗击新冠肺炎疫情先进个人”称号。

2009 年，进入山东广播电视台工作。曾担任山东广播电视台公共频道、新媒体中心、融媒体资讯中心记者、采访部副主任。《问政山东》节目副制片，深度新闻部主任。曾参与众多重大报道任务，进入四川雅安地震灾区震中采访。作为山东第一批援助湖北医疗队随队记者深入抗疫前线，参与创办山东首档省级大型融媒问政栏目《问政山东》，开创舆论监督“山东现象”。2013 年，获得中国新闻奖一等奖。2020 年 4 月被中共山东省委宣传部、山东省新闻工作者协会评为“山东战‘疫’最美新闻工作者”。2020 年 12 月被聘为“2021 年度网络诚信宣传大使”。

编辑：汪昕

机构与团体

山东省广播电视局

山东省广播电视局机关行政编制53人（含专职党务工作人员）。内设：办公室（挂政策法规处牌子）、规划财务处（挂公共服务处牌子）、宣传管理处、电视剧处、传媒机构管理处（挂媒体融合发展处牌子）、网络视听节目管理处、科技处（挂安全传输保障处牌子）、人事处、机关党委、离退休干部处。

直属单位有：山东传媒职业学院、局微波总站（局高山转播台管理中心）、山东省中波转播台管理中心、局新闻研究所（山东省广播电视产业中心）、山东省广播电视监测中心（山东省广播电视安全播出调度中心）、局机关服务中心、局泰山转播台、局蒙山转播台、局沂山转播台、局大泽山转播台、局莱阳转播台、局昆嵛山转播台、山东电影制片厂、山东电影洗印厂、山东广播电视物资供应站（山东省有线电视技术工程中心）。

省委宣传部副部长，党组书记、局长：李昌文

党组副书记、副局长：孙杏林

党组成员、副局长：谢宁

党组成员、副局长：彭子良

党组成员、副局长：刘国华

二级巡视员：关卫华

地址：济南市经十路18567号

电话：（0531）81306212

邮政编码：250062

山东广播电视台

山东广播电视台组建于2011年，是在山东人民广播电台和山东电视台的基础上组建而成的。近年来，深入贯彻落实习近平新时代中国特色社会主义思想和党的十九大精神，按照习近平总书记关于意识形态、宣传思想、新闻舆论、媒体融合等方面的重要讲话精神，牢牢把握正确政治方向、舆论导向、价值取向，加速推进管理体制改革和“青春化”转型，加快推进媒体融合，努力做弘扬中华优秀文化最具代表性的新型主流媒体，努力成为人民美好生活的一部分。

全台现有员工4900余人。内设：综合、经济、文艺、经典音乐、交通、乡村、音乐、体育休闲8个广播频道，10个电视频道（新闻综合、齐鲁、农科、青少、生活、综艺、影视、公共、体育、国际）。新媒体端拥有齐鲁网、山东网络广播电视台、闪电新闻APP、轻快APP和山东手机台。

2016年8月18日，成立山东广电传媒集团有限公司，属省管国有大型文化企业，是山东广播电视台按照“体制集团化、管理企业化、技术融合化”总体要求进行的改革探索，作为全台文化创意和产业发展的市场经营主体和运营管理平台。公司注册资金6亿元，拥有全资、控股、参股企业40余家，形成了节目生产、影视剧制作、新媒体开发、商贸经营、技术服务、新业态培育、资本管理、园区开发等“八大版块、多元发展”格局，努力打造成为舆论引导力强、综合实力雄厚、国内国际领先的新型主流媒体集团。

党委书记、台长：吕芃

党委副书记、总编辑：周盛阔

党委副书记：张卫华

党委委员、副台长兼电视综合频道总监：徐龙河

党委委员、副台长：林修功

党委委员、副台长：于晓东

党委委员、《共产党员》编辑部主任：陈承聚

地址：济南市经十路18567号

电话：（0531）85851311

邮政编码：250062

山东广电网络有限公司

山东广电网络有限公司成立于2001年1月12日，2010年12月18日进行整合增资扩股，是按照现代企业制度建立的省属国有重要骨干文化企业。2013年8月20日，以山东广电网络有限公司为母公司，组建山东广电网络集团。公司曾被评为“全国文化体制改革先进单位”、山东省“省级文明单位”，2016年、2017年连续两年入选全国“文化企业30强”，获评AAA最高信用等级。现有干部职工13000余人。公司下辖15家市级公司（不含枣庄，原莱芜分公司并入济南分公司），128家县（市、区）公司和22家控股子公司。公司总资产近180亿元，拥有32万公里传输干线和近千万户有线电视用户，用户总量和经营总量位居全国前列。

党委书记、董事长：李建华

党委副书记、董事、总经理：刘继永

党委副书记、董事：纪涛

党委委员、董事、副总经理：孙柏、黄平、王忠

党委委员、董事、纪委书记：曲忠强

地址：济南市经十路11616号奥体金融中心C座

电话：（0531）89938336

邮政编码：250014

山东影视传媒集团有限公司

山东影视传媒集团有限公司现有在职人员197人。内设：办公室、人力资源部（党群工作）、计划财务部、事业发展部4个部门。直属单位有：山东影视制作股份有限公司、山东齐鲁音像出版有限公司、青岛影视基地有限公司、山东星工坊影视文化有限公司、山东影视传媒集团投资管理公司、山东影视传媒集团资产管理公司。

党委书记、董事长：晋亮

党委副书记、总经理、副董事长：林国刚

党委副书记、董事：王中华

党委委员、副总经理、董事：李九红

党委委员、纪委书记：乔咏梅

地址：济南市经十路18567号

电话：（0531）81306671

邮政编码：250062

山东教育电视台

山东教育电视台现有职工274人。内设：办公室、总编室、学校教育部、社会教育部、新闻部、技术部、广告部、电教部、财务部等部室。

党委书记、台长：祝令华

党委副书记：张崇广

党委委员、总编审：李雪湘

党委委员、总工程师：刘中枢

党委委员、副台长：王夫海、林青家

地址：济南市千佛山西路38号

电话：（0531）85591006

邮政编码：250014

济南市文化和旅游局

济南市文化和旅游局（济南市新闻出版广电局）行政编制139人。内设：办公室、组织人事处、政策法规处（挂执法监督处牌子）、财务审计处、艺术处、公共服务处、非物质文化遗产处、产业发展处、市场推广处、资源开发处、市场管理处、广电管理处、电影处、新

闻出版处、版权处、文物保护与考古处、博物馆与社会文物处、革命文物处、科技信息化处、对外交流与合作处、机关党委、离退休干部处。

直属单位有：济南市文化市场综合行政执法支队、济南市图书馆（济南市少年儿童图书馆、济南市古籍保护中心）、济南市文化馆（济南市非物质文化遗产保护中心、济南市艺术创作研究院）、济南市美术馆（济南画院）、济南市考古研究院、济南市文物保护利用中心、济南市旅游宣传推广中心、济南市京剧院、济南市吕剧院、济南市歌舞剧院、济南市杂技团、济南市儿童艺术剧院、济南市曲艺团、济南市莱芜梆子艺术传承保护中心（莱芜梆子剧团）、济南市文化局房产管理修建公司、济南市影剧公司。

党组书记、局长、市新闻出版广电局局长、市文物局局长：郅良

副局长、市政协副主席：崔大庸

党组副书记、副局长：苏文

党组成员、副局长、市新闻出版广电局副局长：孙亮

党组成员、副局长：郭象峥、孙静、魏晓林

党组成员、副局长、市文物局副局长：于茸

党组成员、副局长：闫险峰、任骁瑞

党组成员、副局级领导干部：王刚

党组成员、正处级领导干部：张正民、李昭、张明战、张义祥

二级巡视员：刘作宗

副局级领导干部：靳磊、庄岩、亓祥云

一级调研员、市管干部：张军、黄福为

地址：济南市龙鼎大道1号龙奥大厦15楼

电话：（0531）66608713

邮政编码：250099

济南广播电视台

济南广播电视台为市政府直属正局级事业单位，现有干部职工2071人。内设：办公室、总编室、人力资源部、技术管理部等37个部门和机关党委。拥有新闻、经济、交通、文艺、音乐、故事、都市、生活8个广播频率，9个电视频道（新闻、都市、影视、娱乐、生活、商务、少儿、鲁中、科教）。随着媒体融合力度的加大，济南广播电视台已构建起以所属8个广播频率、9个电视频道为龙头，以“济南网”和“天下泉城、无线济南、叮咚FM、1031车主服务”及广电微博微信等新媒体为中枢，以遍布城市的5000多辆公交移动电视、20多个大屏、1000台楼宇电视、8500辆出租车广告屏及首批1885块地铁电视为补充的全媒体生态系统。拥有20余家产业经营企业，业务范围涵盖广告、影视内容、新媒体、婚庆、青少年教育培训、政务服务等多个领域。

党委书记、台长：孙世会

党委副书记、总编辑：许莉

党委委员、副台长：温健、迟蕾、许伟、隗铜

党委委员、正处级领导干部：刘光远

党委委员、副处级领导干部：李官珊、谭春雷、于运永、魏传杰、杨新征、吴志亮

地址：济南市经十一路32号

电话：（0531）85652476

邮政编码：250014

青岛市广播电视台

青岛市广播电视台为市政府直属正局级事业单位，现有干部职工1300余人。内设：综合服务中心、新闻中心、舆论监督部、电视节目中心、广播中心、文创中心、爱青岛新媒体部、技术中心、高新产业中心等46个部门。拥有新闻、经济、文艺、交通、音体、故事6个广播频率，新闻、生活、影视、休闲资讯、都市、青少6个电视频道；开办“中华美食”电视付费频道、电视新闻高清频道和青岛广播电视报、青岛网络广播电视台、“爱青岛”手机客户端和“蓝睛”融媒体平台等。投资组建国有全资公司青岛广电影视传媒集团有限公司，运营广电无线传媒、小白帆影视文化传播、广电中视文化、广电博融、广电影视等30余家全资或控股企业。

党委书记、台长、总编辑：刘吉

党委委员、副台长、总会计师：刘佳庆

党委委员、总工程师：王建路

党委委员、副总编辑：颜涛

党委委员、副台长：毛元辉、王文科、张超

地址：青岛市宁夏路200号

电话：（0532）85701831

邮邮政编：266071

淄博市文化和旅游局

淄博市文化和旅游局现有在职员工58人。内设：办公室、政策法规科、组织人事科、财务审计科、艺术科、公共服务科、非物质文化遗产科、科技教育科、产业发展科、市场推广科、资源开发科、市场管理科、执法督查科、新闻出版管理科、广播影视管理科、博物馆与社会文物科、文物保护与考古科、机关党委18个科室。直属事业单位有：淄博市展览馆、淄博市图书馆、淄博市文化馆、淄博市博物馆、蒲松龄纪念馆、淄博市文化市场综合执法支队、淄博市歌剧舞剧院、淄博市京剧院、淄博市五音戏艺术传承保护中心、淄博市旅游公共服务中心、淄博书画院、淄博市艺术创作研究所、淄博市考古研究所、淄博剧院、淄博市文化局幼儿园、淄博市书刊批发管理办公室。

党组书记、局长：周茂松

党组副书记（正县级）：张振香

党组成员、副局长（正县级）：曹丕祯

党组成员、副局长：吴晓晖、严旭

党组成员：翟慎波

党组成员、办公室主任（副县级）：丁德翠

地址：淄博市人民西路5号

电话：（0533）2287009

邮政编码：255000

淄博市广播电视台

淄博市广播电视台（淄博市广播影视传媒集团）现有在职人员864人。内设：办公室、人力资源处、财务中心、总编室、社会事业管理稽查处、保卫处、广告管理办公室、战略发展研究室8个部门。直属单位：市融媒体中心。

党委书记、董事长：巩绪民

党委委员、工会主席：徐之征

党委委员、电视中心副主任：郑文

党委委员、广播中心副主任：国磊

党委委员、电视中心副主任：邢军

党委委员、技术中心主任：刘晓亮

党委委员、办公室主任：王健

地址：淄博市华光路52号

电话：（0533）6212011

邮编邮政：255047

枣庄市文化和旅游局

枣庄市文化和旅游局（枣庄市新闻出版广电局）现有在职人员 68 人。内设：办公室、科技和政策法规科（挂执法督察科牌子）、人事科、艺术和非物质文化遗产科、产业发展科、资源开发科、公共服务科、市场管理和新闻出版科（挂版权科牌子）、市场推广科、文物管理科、广播电影电视管理科、离退休干部科、机关党委等 13 个科室。

党组书记、局长：程春常

党组成员、市文化市场综合执法支队支队长：庞厚珍

党组成员、副局长：李从望、朱颖先、李志宏

副局长：吕东来、胡丽萍

地址：枣庄市武夷山路 1379 号

电话：（0632）3224760

邮政编码：277100

枣庄广播电视台

枣庄广播电视台成立于 2010 年 3 月，由枣庄人民广播电台和枣庄电视台两台合并组建成立。现有从业人员 425 人。其中在编人员 195 人，聘用人员 230 人，从事采编工作的人员总数为 386 人，编辑、记者、主持人等专业技术人员 326 人，拥有新闻综合、经济生活、交通文艺 3 个广播频率，新闻综合、生活教育、公共 3 个电视频道。旗下“鲁南传媒网”、微信直播账号“枣庄直播”、手机客户端“指动枣庄”等一批具有区域影响力的新媒体平台发展迅猛。设五个分支机构：广播电视传输中心、广播电视监测台、电视转播台，枣庄市枣庄转播台、微波站等单位。

党委书记、台长：张永伟

党委副书记、总编辑：王忆青

党委委员、副台长：尤毅

党委委员、副台长：张义

党委委员、副总编辑：孟蕾

党委委员：王传金、刘志凯

地址：枣庄市薛城区永兴路传媒大厦

电话：（0632）3314628

邮政编码：277100

东营市文化和旅游局

东营市文化和旅游局于 2018 年 12 月 28 日正式挂牌成立，同时加挂东营市新闻出版广电局、东营市文物管理局牌子。现有在编人员 110 人。内设：办公室、公共服务科（挂艺术与资源开发科牌子）、产业发展科（挂市场管理科牌子）、新闻出版和版权科、广播电视管理科（挂政策法规科牌子）、文物管理科（挂非物质文化遗产科牌子）。

党组书记、局长：陈桂林

党组成员、副局长：盖云飞、李民、常光兴

副局长：王玉文

党组成员、副局长：宋士栋

地址：东营市府前大街 90 号

电话：（0546）8336023

邮政编码：257000

东营市广播电视台

东营市广播电视台现有在职人员 432 人。内设：办公室、人力资源部、计划财务部、总编室（节目中心）、总工办、舆情监督管理办公室、广告经营管理办公室、产业经营管理办公室、融媒体报道部、融媒体经营部、广播新

闻频道、广播综合频道、广播交通频道、广播旅游频道、电视新闻综合频道、电视公共频道、电视图文频道、科教频道、网络广播电视台（新媒体中心）、电视新闻部、电视专题部、《行风热线》节目部、广告中心、艺术指导办公室、大活动中心、品牌创意中心、青少年艺术传播中心、影视制作中心、广播播出技术部、电视技术部、电视播出部、电视节目包装部、广播电视发射台、融媒体信息资料中心 34 个部室。直属单位有：东营微波站、东营广播电视报社、东营广播电视信息网络传输中心、市广播电视台中波发射台。

党组书记、台长：徐教连

党组副书记、总编辑：崔建国

党组成员、副台长：赵国防、范宝苍、郑秀亭、刘亮田

地址：东营市南一路 260 号

电话：（0546）8331364

邮政编码：257000

烟台市文化和旅游局

烟台市文化和旅游局（烟台市新闻出版广电局、烟台市文物局）于 2018 年 12 月挂牌成立。在职在编工作人员 68 人。内设：办公室、政策法规科、人事科、财务科、宣传科、艺术科、公共服务科、科技教育科、产业发展科、市场推广科、资源开发科、节庆会展科、市场管理科（挂行政许可科牌子）、文物科、出版版权管理科、印刷发行管理科（挂市“扫黄打非”工作办公室牌子）、广播影视管理科、传媒机构管理科、安全监管科（挂应急管理办公室牌子）等职能科室和机关党委（党建办公室）。

党组书记、局长：张祖玲

党组成员、副局长：严涛

副局长：李玲

党组成员、副局长：咸国涛、张博

党组成员、副局长：于仁山

党组成员、副局长：翟明江

地址：烟台市府后路 10 号

电话：（0535）6226152

邮政编码：264003

烟台广播电视台

烟台广播电视台为市政府直属自收自支事业单位，归市委宣传部领导。在职员工 513 人。其中管理人员 30 人，各类专业技术人员 459 人，其他人员 24 人。内设科室 41 个。直属事业单位 3 个、企业 4 个。拥有 4 个电视频道，3 个广播频率和胶东在线网站，广播电视报，移动电视，网络广播电视台及“烟台时刻”“智慧烟台”“胶东头条”客户端等新媒体。

党组书记、台长：李波

党组副书记、副台长：包任远

副台长：蔡先、林劲松、张旋

地址：烟台市观海路 333 号

电话：（0535）6785333

邮政编码：264003

潍坊市文化和旅游局

潍坊市文化和旅游局（加挂潍坊市新闻出版广电局、潍坊市文物局牌子），行政编制 46 人。内设：办公室、政策法规科、人事科、艺术科、公共服务科、非物质文化遗产科、产业发展科、市场推广科、资源开发科、市场管理科（挂执法监督科牌子）、新闻出版管理科（挂版权科牌子）、广播影视管理科、文物科、革命文物科、机关党委。

党组书记、局长：田素英

党组成员、副局长：高增光、高东洋、孙建洪、李相群、

苗庆安

党组成员：宿立军

地址：潍坊市东风东街 6396 号

电话：（0536）8090252

邮政编码：261061

潍坊市广播电视台

潍坊市广播电视台与潍坊广播影视集团是一个机构，为市政府直属正县级事业单位，省级文明单位，实行企业化管理。现有工作人员 1132 人。内设：党政办公室、总编室、人力资源部、技术事业部。辖潍坊人民广播电台、潍坊电视台、潍坊广播电视报社、潍坊转播台、潍坊广播电视台财务管理中心、潍坊广播电视台信息中心、潍坊市广播电视浮烟山发射台、潍坊市电影发行放映公司、潍坊中影电影城、山东天泽网络科技有限公司、潍坊星光艺术文化传播有限公司、潍坊艺术剧院有限公司。

党委副书记、总经理、电视台台长：范勋成

党委委员、副台长、董事、副总经理：扈本军

党委委员、副台长、董事、副总经理、广播电台台长：孟庆文

党委副书记：刘继升

党委委员、副台长、副总经理：谭晓涛

党委委员、董事：刘梅

党委委员、副台长、副总经理：邓世武

地址：潍坊市胜利东街 85 号

电话：（0536）8781248

邮政编码：261061

潍坊人民广播电台

潍坊人民广播电台始建于 1985 年 5 月，隶属潍坊市广播电视台（潍坊广播影视集团），为正县级公益二类事业单位，省级文明单位。现有干部职工 210 人。内设：办公室、总编室、监管部、市场营销部、技术部等部门。拥有新闻、经济、交通频率，开办《潍坊新闻》《党风政风热线》《法治时空》《成功起跑线》《车友俱乐部》等 20 多个自办栏目。

党总支委员、台长：孟庆文

党总支书记：刘德民

党总支委员、副台长：孙成奎、管延会、刘银忠、张新春

地址：潍坊市东风东街 248 号

电话：（0536）8236672　2996309

邮政编码：261041

潍坊电视台

潍坊电视台始建于 1984 年 3 月，隶属潍坊市广播电视台（潍坊广播影视集团），为正县级公益二类事业单位，省级文明单位。现有干部职工 523 人。5 个电视频道：WFTV—1（新闻、综合）、WFTV—2（都市、民生、生活）、WFTV—3（影视、综艺、娱乐）、WFTV—4（科技、教育、文化）、图文频道。开设了《潍坊新闻》《直播潍坊》《聚焦》《潍坊电视议事厅》《新闻晚高峰》《都市新干线》《口述档案》《看法》等十几个自办栏目，自办栏目日播出 800 余分钟。

党总支书记、台长：范勋成

党总支副书记：宋守志

党总支委员、副台长：张广忠、耿录祥、郝汴军、刘敬尧、

马术刚

地址：潍坊市胜利东街 85 号

电话：（0536）8781208

邮政编码：261061

济宁市文化和旅游局

济宁市文化和旅游局行政编制 60 人。现有在职行政人员 57 人。内设：办公室、政策法规科、人事教育科、财务科、文化艺术科、公共服务科、非物质文化遗产科、科技信息科、产业发展科、市场推广科、资源开发科、市场管理科、执法督察科、新闻出版科、广播电影电视科、博物馆与社会文物科、文物保护与考古科、对外交流和合作科、机关党委。

党组书记、局长：张弢

党组成员、副局长：李楠、徐伟、郑庆军、申华荣、陈鹏

地址：济宁市许庄街道省运会指挥中心 A 区 6 楼

电话：（0537）2312260

邮政编码：272037

济宁广播电视台

济宁广播电视台（济宁广电传媒集团）现有在职人员 680 人。其中在编人员 329 人，聘用人员 351 人。根据《济宁广电传媒集团组建方案》贯彻“一体管理”“融合发展”原则和“双向进入，交叉任职”等有关精神，济宁广播电视台（济宁广电传媒集团）于 2019 年 6 月启动集团化改革。改革后，台班子成员与集团班子成员双向进入、交叉任职；台与集团下设部门划分为内容生产部门、经营部门和服务保障部门三大类，归属台和集团共同管理。

内容生产部门：新闻融媒体中心、民生融媒体中心、广播融媒体中心、党建融媒体中心、新媒体平台部。

经营部门：政务融媒服务中心、健康教育融媒服务中心、房车家居融媒服务中心、商业旅游融媒服务中心、金融通信与公共企业融媒服务中心、广播电视报社、济宁网络科技公司、融媒内容服务中心、经营策划部、经营运行部。

服务保障部门：编排中心、技术中心、大数据中心、录制中心、办公室、人力资源部、财务中心、机关党建部、监管部、后勤服务中心。

党组书记、台长、集团党委书记、董事长：李景中

党组副书记、总编辑、集团党委副书记、董事、总经理：徐锋

党组成员、总工程师、集团党委委员：杨波

党组成员、副台长、集团党委委员、董事：周波

党组成员、副台长：李刚

副总编辑：张建生

集团党委委员、副总经理、董事、工会主：边德峰

集团党委委员、董事、副总经理：尚朋

集团党委委员、董事、副总经理、财务总监：师恩东

集团党委委员、董事、副总经理：李保军

地址：济宁市常青路 9 号

电话：（0537）2271166

邮政编码：272037

泰安市文化和旅游局

泰安市文化和旅游局（泰安市新闻出版广电局、泰安市文物局）成立于 2018 年 12 月，贯彻党中央关于文化和旅游工作的方针政策和决策部署，落实省委、市委工作要求，在履职

尽责过程中坚持党对文化和旅游工作的统一领导。机关核准编制：50 人，实有 49 人。内设：办公室、人事科（离退休干部科）、财务科、政策法规科、公共服务科、非物质文化遗产科、艺术科、产业发展科、市场推广科（活动协调科）、资源开发科、监督管理科、新闻出版科（版权科）、广播影视科、科教宣传科、文物科 15 个科室和机关党委。直属事业单位有：市文化艺术中心，市文化市场综合执法支队，市旅游发展服务中心，市文物保护中心，市美术馆，市图书馆，市文化馆，市文化艺术创作研究室，市山东梆子艺术研究院，登山办服务中心。

党组书记：侯卫国

局长：苏雪峰

党组副书记：张朝晖

党组成员：刘水

党组成员、副局长：宋韶峰、张安军、陈士强

地址：泰安市市政大楼 7 楼 A 区

电话：（0538）6991336

邮政编码：271000

泰安市广播电视台

泰安市广播电视台现有在编职工 254 人。内设：办公室、总编室、人力资源部、计划财务部、科技科 5 个职能科室。辖广播中心、电视新闻中心、电视社教中心、电视文体中心、广电技术中心、电视党建中心、产业运营中心、后勤服务中心。

党委书记、台长：胡开剑

党委副书记、总编辑：苌晶

党委副书记：付强

党委委员、副台长：吴涛

党委委员、副总编辑：亓修举、亓雪峰

党委委员、副台长：周健

党委委员、机关党委书记、电视社教中心主任：许文卿

地址：泰安市东岳大街 66 号

电话：（0538）6119936

邮政编码：271000

威海市文化和旅游局

威海市文化和旅游局（威海市新闻出版广电局、威海市文物局）为威海市人民政府工作部门，行政编制 33 人。内设：办公室、人事教育科、财务科、艺术科（挂非物质文化遗产科牌子）、公共服务科、产业发展科（挂资源开发科牌子）、市场推广科、市场管理科、新闻出版科（挂版权科牌子）广播影视科、文物管理科 11 个科室，另设机关党委。辖威海市文化市场综合执法支队、威海群众艺术馆（威海市非物质文化遗产保护中心）、威海市图书馆、威海市博物馆、威海美术馆、威海画院、威海市旅游公共服务中心（挂威海市旅游数据中心牌子）等单位。

党组书记、局长：隋建波

党组成员、副局长，市文化市场综合执法支队支队长：徐元政

党组成员、副局长：董礼松、张美丽

党组成员：蔡新杰

地址：威海市光明路 95 号

电话：（0631）5866801

邮政编码：264200

威海市广播电视台

威海市广播电视台现有人员 560 多人。内设：办公室、党务工作部、督查考核部、财务部、总编室、经营管理部、物业管理部、广播广告中心、广播新闻综合频道、广播交通频道、广播音乐频道、广播技术部、广播发射部、电视

新闻综合频道、电视公共频道、电视综艺频道、电视专题制作中心、电视广告中心、电视技术部、电视制作部、电视播出部、电视发射部等部室。

党委书记、台长、总编辑：毕晟磊

党委副书记：陈鲁兴

党委委员、副台长：孙宗勇

党委委员、副台长：刘宪文

地址：威海市文化中路 66 号

电话：（0631）5191044

邮政编码：264200

日照市文化和旅游局

日照市文化和旅游局（市新闻出版广电局、市文物局），行政编制 31 人。内设：秘书科、办公室、机关党委、政策法规科、财务科、艺术科、公共服务科（挂文物和非物质文化遗产科牌子）、新闻出版广电科（挂版权科牌子）、产业发展科、市场推广科、资源开发科、执法监管科等科室。辖日照市文旅产业服务中心（市文物保护中心）、日照市文化馆、日照市艺术剧院、日照市图书馆、日照市美术馆、日照市博物馆、日照石臼影剧院等事业单位。

党组书记、局长：肖梅

党组成员、文旅产业服务中心（文物保护中心）主任：赵志超

党组成员、副局长：赵庆江

党组成员、副局长：禚磊

党组成员、副局长：李杨

地址：日照市泰安路 33 号

电话：（0633）8781193

邮政编码：276826

日照广播影视集团（台）

日照广播影视集团（台）是集广播、电视、报纸、网络、新媒体多种传播平台于一体的综合性传媒机构。现有干部职工 600 余人。拥有综合广播、交通生活广播、音乐广播 3 个广播频率和新闻综合、科教、公共 3 个电视频道。开设日照广播电视报，日照网、手机日照网以及“直播日照”移动客户端、微信公众号和抖音号等新媒体平台。辖山东广视国际会展有限公司、日照广电文化传媒有限公司、日照东方影视发展有限公司、日照会展中心会议展览服务有限公司 4 个子公司，控股日照广电同方数字电视有限公司，参股日照海洋文化发展有限公司、日照东方太阳城影视中心有限公司。

党委书记、台长、董事长：郭晓民

党委副书记、总经理：孙蕾春

党委委员、总编辑：丁永昌

党委委员、纪委书记：徐廷晓

党委委员、副总编辑：张永合、费永军、肖光娟

党委委员、副总经理：卞文君

党委委员、副总编辑：韩华立

地址：日照市烟台路 179 号

电话：（0633）8802109

邮政编码：276826

临沂市文化和旅游局

临沂市文化和旅游局机关行政编制 64 人，内设：办公室、人事科、财务科、政策法规科（挂执法督查科、科技教育科牌子）、艺术科、公共服务科、非物质文化遗产科、产业发展科、市场推广科（挂对外交流与合作科牌子）、资源开发科、红色文化旅游发展科、市场管理科、新闻出版科、广播影视科、博物馆与社会文物科、文物保护与考古科、党建工作科等科室。辖临沂市文化旅游发展促进中心、临沂市文化市场综合执法支队、临沂市博物馆、临沂市图书馆、王羲之故居、临沂市柳琴戏传承保护中心、临

沂市文化馆（临沂市艺术创作研究室）、临沂画院（临沂羲之书画院）、临沂市美术馆（王羲之书法文化馆）。

党组书记、局长：曹首娟

党组成员、副局长：郑斌、薛尚功、张广田

党组成员：岳伟

党组成员：刘世宝、魏强

地址：临沂市北京路 33 号

电话：（0539）8726736

邮政编码：276000

临沂市广播电视台

临沂市广播电视台为市政府直属正县级事业单位。现有在职人员 905 人。内设：新闻中心、综合广播、经济广播、交通旅游广播、综合频道、公共频道、农科频道、新媒体中心等 33 个部门。直属单位：临沂广播电视报业有限公司（临沂广播电视报社）、临沂华美视听技术有限公司、临沂广电文化旅游有限公司、临沂市广播电视服务部。广播电视信号覆盖半径达 70 公里，覆盖区域人口超过 1000 万人。

党组书记、台长：孙涛

党组副书记、总编辑：孙建国

党组成员、副台长：朱奇文

党组成员、副总编辑：王言启

党组成员、工会主任：孙文生

党组成员、副总编辑：赵学芝

党组成员、副台长：孟东

地址：临沂市金雀山路 21 号

电话：（0539）2952222

邮政编码：276002

德州市文化和旅游局

德州市文化和旅游局于 2019 年 3 月 22 日组建。现有在编人员 35 人。内设：办公室、人事和政策法规科（加挂党建工作办公室牌子）、财务科、艺术科、公共服务和非物质文化遗产科、产业发展和资源开发科、市场推广科（加挂科技教育科牌子）、市场管理和执法督查科、文物科、广电科（加挂新闻出版电影科牌子）、机关党委、离退休干部科等科室。

党组书记、局长：杨杰

党组副书记：高建

党组成员、市文化市场综合执法支队支队长：辛利

党组成员、副局长：陈吉敏、俞鲁海、李宝国、姜迎春、张传杰

地址：德州市东风东路 1566 号新城综合楼

电话：（0534）2231876

邮政编码：253076

德州市广播电视台

德州广播电视台成立于 2011 年 5 月，由原德州人民广播电台和原德州电视台合并组建。2019 年 3 月，经德州市编办批复，德州广播电视台更名为德州市广播电视台。德州市广播电视台核定事业编制 195 人，现有在岗人员 496 人。其中正高级职称 14 人，副高级职称 71 人，中级职称 238 人，初级职称 93 人。内设：办公室、人力资源部、研究室、财务资产部、广告经营监管部、总编室、物业管理办公室、融媒体中心、广播中心、广告经营中心、大活动中心、技术保障中心等部室。广播拥有综合广播、文艺广播、

交通音乐广播3个频率。电视设有新闻综合频道、公共频道2个频道。

党委书记、台长：邱红玲

党委副书记、总编辑：王建华（2020年5月任现职）

党委委员、副台长：孙伟、马清水、郭延东（2020年6月退休）

党委委员、副总编辑：左靖

地址：德州市东方红西路1266号

电话：（0534）2687960

邮政编码：253012

聊城市文化和旅游局

聊城市文化和旅游局现有在职干部职工51人。公务员41人，工勤人员10人。内设：办公室、政策法规科、人事科、财务科、艺术科、公共服务科（挂非物质文化遗产科牌子）产业发展科、市场推广科、资源开发科、市场管理科（挂“扫黄打非”办公室牌子）、文物管理科、广播影视管理科、新闻出版管理科（挂版权科牌子）、机关党委、离退休干部科15个职能科室。

党组书记、局长：刘光辉

党组成员：王维峰

党组成员：张戈

党组成员、副局长：任家帝、翟健、程会增、刘庆涛、张镜寰

党组成员：曲保东、刘艾新

地址：聊城市东昌西路188号

电话：（0635）6066152

邮政编码：252000

聊城市广播电视台

聊城市广播电视台为正县级事业单位。现有干部职工527人。其中高级职称54人，中级职称154人。内设：综合部、人力资源部、财务部、总编室、监管中心、纪检监察审计室、电视技术中心、广播技术中心、无线发射中心、综合频道、公共频道、新媒体部、综合频率、交通频率、经济频率、影视剧部、山东省聊城转播台、山东省莘县转播台。辖聊城广播电视传输中心、聊城广播电视报社、聊城市广播电视台机关服务中心等部门。

党组书记、台长：郑娟

党组副书记、总编辑：朱国方

党组成员、副台长：万维兴、玄志刚

地址：聊城市柳园北路8号

电话：（0635）8371090

邮政编码：252000

滨州市文化和旅游局

滨州市文化和旅游局为滨州市人民政府工作部门，归市委宣传部领导。机关现有在职干部职工31人。公务员28人、工勤人员3人。辖市文化馆、图书馆、博物馆、文物保护中心、艺术创作研究所、滨州画院、市文化市场综合执法大队等单位。

党组书记：路灿新（任职期限：2020年4月2日—）

局长：刘庆敖

党组成员、二级调研员：苏成玉

党组成员、副局长：赵立平（女）、史建伦、李春青

党组成员、四级调研员：王木亮、石长城

地址：滨州市黄河十一路825号

电话：（0543）3369038
政编码编：256600

滨州市人民广播电台

滨州市人民广播电台现有在职职工89人。内设：总编室、青少部、中波台、播出部及调频发射台5个部门。拥有综合广播、交通音乐广播、文艺广播3个广播频率。分别为：综合广播（中波864千赫、调频88.9兆赫）、交通音乐广播（调频93.1兆赫）、文艺广播（调频105.7兆赫）。开办《新闻嘀嘀嗒》《爱吃才会赢》《一路畅通》《交警直播室》《音乐朋友圈》《下班嗨皮》等自办栏目。《爱吃才会赢》荣获中国广播电影电视社会组织联合会颁发的“旅游美食文化传播力十强品牌栏目”奖。交通音乐广播组织志愿者成立“931雷锋车队”，曾获省最佳志愿服务组织。

电台党总支书记、台长、总编辑：董全良
副台长：陈东、孙旭东、王向军（女）、袁官峰、李洁（女）
地址：滨州市黄河五路358号
电话：（0543）8171210
邮政编码：256603

滨州电视台

滨州电视台于1988年5月成立，现有职工279人。内设：综合协调部、综合保障部、综合新闻部、政务服务部、县区服务部、社会民生部、事业发展部、文化产业部8大版块。2020年，立足主责主业，新闻宣传再上新台阶，经营创收挖潜增效，经济社会效益双丰收。“战疫”宣传有声有色，主题宣传亮点频出，“问政滨州”问出实效，直播团队屡创佳绩，安全播出圆满完成，《情暖滨州》成全国品牌，《民生关注》聚焦百姓生活，自办栏目精彩纷呈。

滨州传媒集团党委委员、副总经理，台长：刘电辉
总编辑：王兴林
副台长：傅弘蔚、赵雪松、刘超、王卫东、张波
地址：滨州市黄河五路358号
电话：（0543）8171967
邮政编码：256603

菏泽市文化和旅游局

菏泽市文化和旅游局为市政府工作部门，主要负责统筹规划文化、旅游、广播电视电影、新闻出版和文物保护事业发展，推进文化、旅游产业与相关产业融合发展，维护各类文化和旅游市场秩序等。加挂市新闻出版广电局、市文物局牌子，归市委宣传部领导。行政编制为42人。内设：办公室、政策法规科、人事科、计划财务科、公共服务科、艺术科、非物质文化遗产科、科技教育科（挂市场推广科牌子）、产业发展科、资源开发科、新闻出版管理科（挂版权科牌子）、广播影视管理科、文物科、市场管理和执法督察科（挂安全生产监管科牌子）14个科室，另设机关党委。

局长、党组副书记：尹慧萍
党组书记、副局长：李贵福
党组成员、副局长、市文化市场综合执法支队支队长：李松
党组成员、市图书馆馆长：张朝永
党组成员、副局长：朱政、白凤兰、刘和平、冉凡文、张梅
党组成员、市地方戏曲传承研究院院长：徐向东
党组成员、副局长：张梅
党组成员：张静
地址：菏泽市中华路2599号

电话：（0530）3610060
邮政编码：274000

菏泽市广播电视台

菏泽市广播电视台为市政府直属正县级公益二类事业单位。负责管理菏泽中波转播台。编制总数301人。开设广播电视综合、公共、科教3个电视频道，新闻广播（FM87.5MHz）、交通广播（FM94.8MHz）、音乐广播（FM91.8MHz）3个广播节目。自办《菏泽新闻联播》《关注》《百姓天天看》《阳光政务》《乡村振兴大视界》《媒体大搜索》《锦绣梨园》等电视栏目，制作《行风热线》《交警服务热线》等广播节目。

菏泽广电传媒集团有限公司目前注册资本1亿元，为市属国有大型骨干文化企业。集团注册设立了菏泽广电传媒有限公司、菏泽公务云融媒体有限公司、菏泽广电演艺发展有限公司、菏泽演武楼管理有限公司、菏泽广电酒业有限公司、菏泽市电影公司等6个二级子公司。菏泽广播电视报有限公司、菏泽广电网有限公司、菏泽手机台有限公司、菏泽广电专题制作有限公司、菏泽广电教育咨询有限公司、菏泽广电中原戏曲艺术传媒有限公司、菏泽广电少儿文化艺术传媒有限公司、菏泽广电银龄文化传媒有限公司等12个三级子公司。经营范围涵盖文化传播、演艺、旅游、影视制作、教育咨询、物联网等20项业务。

党委书记、台长、董事长：尘峰
党委委员、总编辑：徐明军
党委委员、副台长、总经理：朱全新
党委副书记、副台长：蒋建华
副台长、监事长：谢殊
副总编辑：蔡高选、刘文
地址：菏泽市中华路1428号
电话：（0530）5332993
邮政编码：274000

山东省广播电视协会

山东省广播电视协会成立于1987年，与新闻研究所合署办公。业务主管单位为山东省广播电视局。协会是由全省从事广播电视事业的企事业单位、社会组织和在本领域有一定影响的专家学者自愿结成的全省性、专业性、非营利性的社会团体，是在党和政府领导下团结和联系广播电视工作者的桥梁和纽带。主要的业务范围有组织开展调查研究、信息与学术交流、对外交流与合作、业务培训、咨询服务，协助开展行业管理等。

2019年11月7日，山东省广播电视协会第四届会员代表大会在济南召开，依规选举产生了第四届理事会成员、监事会成员。

会长：李德泉
副会长：谢学、许莉、刘吉、唐锡光、
郭成良
秘书长：许翠兰
监事长：张新刚
专家顾问：吉保邦、祝丽华、潘士强
地址：济南市青年东路3号
电话：（0531）81306772
邮政编码：250011

济南市广播电视协会

济南市广播电视协会由济南广播电视台、济南广播电视传媒有限公司、天下泉城有限公司发起于2019年10月12日成立。是全市与广播电视宣传相关的各界人士广泛参与的非营利性社会团体组织，会员254人。除有一定业务水平的从业人员外，还吸收了相关单位的宣传负责人、大专院校专业人员以及热心广播电视的各界人士等。协会于2020年又先后成立了新媒体专业委员会、播音主持专业委员会、县级媒体专业委员会、社会推广工作委员会。

理事长：曹进

副理事长：王希顺、崔芳芳、俞淑文、张晓勇、卫志忠

秘书长：宫照光

地址：济南市经十一路32号

电话：（0531）85652476

邮政编码：250014

烟台市广播电视协会

烟台市广播电视协会是烟台市广播电视机构和从业人员组成的专业性、非营利性的社会团体。是广播电视行业协会。协会的前身是“烟台市广播电视学会”，于1996年11月11日注册登记，2013年4月23日，更名为“烟台市广播电视协会”。现有团体会员13个，个人会员19人。协会以近平新时代中国特色社会主义思想为指导，全面贯彻执行党的基本路线和各项方针政策，团结全市广播电视工作者，开展广播电视政策理论研究，加强行业自律，协助由政府进行行业管理，维护广播电视行业和广播电视工作者的合法权益，为发展中国特色社会主义广播电视事业服务。

会长：李波

监事长：许加奎

秘书长：韩梅

地址：烟台市观海路333号（烟台广播电视台908室）

电话：（0535）6785339

邮政编码：264003

潍坊市广播电视学会

潍坊市广播电视学会成立于1990年9月。学会会员由全市广播电视机构和从业人员自愿组成，现有单位会员19个，个人会员300余人。选举产生第六届理事会理事49人。主要职能为开展广播电视理论研究、学术研讨和交流活动，组织全市性广播电视学术研究成果的评选活动，承办年度全市广播电视节目评选等，与广播电视各项工作紧密相连。多年来，学会把节目评选作为实施品牌战略、促进广电节目创新、提高队伍素质的重要抓手，把评选与研讨交流相结合，改进宣传、促进提高，带动节目质量不断优化提升。

会长：赵鹏

副会长：王守德、梁军民

秘书长：陈安明

副秘书长：周围、闫润

地址：潍坊市胜利东街85号

电话：（0536）2998612

邮政编码：261061

日照市广播电视学会

日照市广播电视学会成立于1998年3月，主管部门为日照广播电视台。学会以组织会员、团体会员开展广播电视学术研究，提高广播电视宣传质量为宗旨，致力于开展广播电视学术研讨活动，组织日照市广播电视节目奖评选，开展人才培训，监听监看广播电视节目。现有日照广播电视台、莒县广播电视台、五莲县广播电视台3个会员单位，个人会员900余人。

学会长：丁永昌

副会长：张永合、卞文君、韩华立

秘书长：卞文君（兼）
地址：日照市烟台路179号
电话：（0633）8802109
邮政编码：276826

临沂市广播电视协会

临沂市广播电视协会注册成立于1992年6月，其前身为“临沂市广播电视学会”。2004年1月，根据相关文件要求更名为“临沂市广播电视协会”。临沂市广播电视协会是全市性广播电视学术团体，由临沂市广播电视工作者和广播电视单位自愿组成的学术性、地方性、非营利性社会组织，是团结联系广播电视工作者的桥梁和纽带。协会以习近平新时代中国特色社会主义思想为指导，认真学习贯彻党的十九大及历届全会精神，坚持党媒姓党，牢牢把握正确舆论导向，严格落实意识形态工作责任制，在市委、市政府的领导下，紧紧围绕全市中心工作，守正创新，融合发展，坚持新闻为人民服务、为社会主义服务、为全党全国工作大局服务的方向，弘扬主旋律，传播正能量，团结全市广播电视工作者开展广播电视学术研究，促进广播电视工作者素质的提高，为发展临沂的广播电视事业服务。

会长：空缺
副会长：朱景涛
副会长兼秘书长：王言启
副秘书长兼法人代表：张洪军
地址：临沂市金雀山路21号
电话：（0539）2952507
邮政编码：276000

编辑：汪昕

评　奖

2020 年度山东省优秀广播电视节目评选获奖作品名单

优秀广播新闻作品

短消息

一等奖 4 件

1. 冲破检疫壁垒“山东种子”首次出口新西兰
山东广播电视台
作者：崔立霞　曹进　李兴苗　庄好亮
2. 全球首套矿用 5G 专网投用 400 米深矿井实现“无人开采”
济宁广播电视台
作者：付强　付媛媛　闫世宇　王岩
3. 山东农业大学孔令让团队攻克小麦赤霉病世界性难题
泰安市广播电视台
作者：刘智　刘心曲　王国强　吴琼
4. “世界船王”青岛逆势起航
青岛市广播电视台
作者：宋利军　张国明　江瑾　王俊

二等奖 6 件

1. 中国第一架高速互联网飞机在青岛首航
青岛市广播电视台
作者：闫莉华　高鹏飞　孙玉璇　林才仟
2. 17 秒的匿名捐款
日照广播电视台
作者：庄凤全　黄晓燕　杨艺　李秀霞
3. 全国首创“一物一码”！济南“链上自贸”服务“双循环”
济南广播电视台
作者：马艺　贺洪梅　郑兆富　齐方
4. 烟台力量助力嫦娥五号月球“挖土”
烟台广播电视台
作者：张斐斐　姜燕
5. 威高研发全国首款可吸收支架攻克卡脖子技术难题
威海市广播电视台
作者：冯超　黄雅洁　姜旭莲　闫明
6. 小企业挂上大牌子
济南广播电视台
作者：王永军　马艺　郑兆富　齐方

三等奖 8 件

1. 山东首批 350 吨新鲜蔬菜驰援武汉
潍坊人民广播电台
作者：孙斌斌　李莉　李霞　岳祺
2. 清零！——山东援助黄冈医疗队完成阶段性使命
济南广播电视台
作者：王永军　许娟　胡志远　原瑞雪
3. 为黄河生态保护让路，胜利油田主动关停

154 口油井
东营市广播电视台
作者：张新强　许鸿飞　赵新生　盖林卿
4. 产科病房里的军礼
东营利津县融媒体中心
作者：吴锋锋　崔丹丹
5. 互联网 + 慢病服务　聚焦“民生大健康”
泰安市广播电视台
作者：刘鲁宁　吕博涵　孟茜　张晨
6. 国内首款新冠核酸检测专用“P2+ 移动方舱”实验室在日照建成
日照广播电视台
作者：帅国华　李晶　王鹏　邱晴
7. 临沂高新区：全市首创“云上”园区　91 家企业搬进“虚拟办公楼”
临沂市高新区融媒体中心
作者：张婷婷　王晴　王启亮　崔素娟
8. 枣庄：打造“黑灯工厂”突围智能制造
枣庄广播电视台
作者：李冬雷　黄彬

长消息

一等奖 11 件

1. 跨越 83 载的会师
山东广播电视台
作者：李伟　翁平亚　胡蒙
2. 济钢“无钢”
济南广播电视台
作者：陈振国　刘伟杰　宋佳
3. 范登铅捐船
山东广播电视台
作者：李伟　赵婧　彭寿熙　曹进
4. 全球首款突破 50% 热效率商业化柴油机发布
山东广播电视台
作者：党培哲　胡蒙　逄海峰
5. 我国科学家找到攻克小麦赤霉病这一世界性难题的金钥匙
山东广播电视台
作者：田园　姜文超　刘款款　仝大鹏
6. 20 年磨一剑，只为一个贴有中国标签的近红外智能检测产品
济南广播电视台
作者：鲍彩慧　皇甫亚男　周硕　孔哲如
7. “合伙人”赋能乡村振兴
济宁广播电视台
作者：刘冰冰　王红艳　刘长雨　王琪琳
8. 为了总理的承诺！
青岛市广播电视台
作者：李铁　赵娜　宋利军　纪元
9. 农民外出打工　我给农民打工
滨州市人民广播电台
作者：纪向东　刘鲁彬　裴成龙　周海燕
10. 从“修理工”到“智造商”铁路大厂演绎百年传奇
济南广播电视台
作者：宋佳　陈振国　王静宇　郑兆富
11. 一次跨越 4000 公里的爱心救助
山东广播电视台
作者：李静　孙启伟　姜沅沅

二等奖 18 件

1. 岱岳区一纸不起诉文书保护十家民企复产
泰安岱岳区融媒体中心
作者：倪青华　秦琦　曹明娟　王廉洁
2. 临沂“环保方案”解决中东治污难题
临沂市广播电视台
作者：惠名志　徐奇　张磊　范敏
3. 云送行！十万网友线上泪别英雄
泰安市广播电视台
作者：张剑　张晨
4. 首次突破 50%，潍柴柴油机热效率全球第一
潍坊人民广播电台

作者：崔玉霞　冯传春　郭童　李嵩

5. 同权同价　全省首宗农村集体经营性建设用地入市交易
东营广饶县融媒体中心
作者：刘海涛　赵新生　王谦　于文静

6. 基层治理的“和为贵”实践
济宁广播电视台
作者：刘长雨　毕永涛　马文洋　陈琛

7. 清华博士成了“新村民”
威海市广播电视台
作者：杨美娟　于宁　于淼　赵楠

8. 临沂：网红主播带火直播经济
临沂市广播电视台
作者：郭鹏飞　郭铁映　徐卉　宋海青

9. 山东：聚全省之力做白衣战袍
枣庄广播电视台
作者：侯晓文　秦冬梅　魏伟　郑艳秋

10.“葫芦爷爷”的“致富经”
德州市禹城市广播电视台
作者：司晓娟　王强　张峰　王彬

11. 黄河口的“四笔账”
东营市广播电视台
作者：赵新生　赵国伟　王笑菲　于慧施

12. 小区保安的 8 年“天鹅日记”
日照市广播电视台
作者：邰乃军　刘益伟　杨艺　丁玉敏

13. 24 岁研究生不幸离世　善良父母捐 5 器官传递人间大爱
聊城市莘县融媒体中心
作者：岳彩尧　孙超　孙文

14.“吃螃蟹”的“耕海 1 号”投入运营
烟台广播电视台
作者：张斐斐　姜燕

15. 一场逆行千里的驰援
临沂市广播电视台
作者：李士银　徐彦　朱剑剑　张婷婷

16. 菏泽：黄河滩区群众圆了“安居梦”念起“致富经”
菏泽市广播电视台
作者：杜攀　张丹丹　田宽　刘洪娥

17. 一场战“疫”　两封家书：韩国驻青岛总领事亲自到烟台开发区碧海绿洲送上感谢信
烟台广播电视台
作者：丁艳燕　王海超

18. 总理帮我解决融资难题
烟台广播电视台
作者：王海超　丁艳燕

三等奖 20 件

1. 五十孩子一个“妈”
栖霞市融媒体中心
作者：栾建成　于国军　柳思雨　朱程媛

2. 9 年引得奎科归，威海打印机产业链加速扩容
威海市广播电视台
作者：冯超　姜丹　杨美娟　宋亚菲

3. 东营：特殊的 42 号外卖订单
东营区融媒体中心
作者：魏军侠　孙斌　李若冰　武欣欣

4.【走进基层　黄河滩区脱贫迁建】盘活土地建厂房　就业挣钱不出村
泰安市广播电视台
作者：刘鲁宁　刘心曲　孟茜　慈晓青

5. 最高礼遇，迎接援鄂医疗队英雄回家！
淄博市广播电视台
作者：赵云超　张滋怡　王鹏

6. 世界选择了威海——国际乒坛赛事在威海重启
威海市广播电视台
作者：姜丹　车田民　张杨　于淼

7.“小巷管家”里的大学问
日照市广播电视台
作者：孙蕾春　帅国华　黄晓燕　初群

8.“筑巢引凤”变“让巢引凤”——政府让楼记

滨州市人民广播电台
作者：纪向东　刘鲁彬　周海燕　裴成龙

9．援鄂医生归来摆摊记
滨坊人民广播电台
作者：崔玉霞　刘彬　田珊珊　李嵩

10. 精准扶贫结硕果“棉花玫瑰”别样开
聊城市临清市融媒体中心
作者：张倩

11. 济宁市任城区：“政策找人”为创业梦想注入“金融活水”
济宁市任城区融媒体中心
作者：张方蕾　刘玉竹　陆士国　赵怡

12. 菏泽：一次创新审批赢来企业再投资
菏泽市广播电视台
作者：杜攀　张丹丹　田宽　刘洪娥

13. 定陶区一农民自行采购两万斤蔬菜支援武汉
菏泽市定陶区广播电视台
作者：李彦申

14. 无棣：全国首创“草棉轮作”　收成“一茬变两茬”
滨州市无棣县融媒体中心
作者：郭璐　从然然　杨景成

15. 为了 30 副“救命刀片”
德州市广播电视台
作者：乔兴华　卢伟　杨文文　杜娟

16. 临沂：向南！乡村振兴走上长三角大舞台
临沂市广播电视台
作者：刘萍　郭江亮　于子君　宋可全

17. 济宁市打通“数据孤岛”，区块链助力智慧政府建设
济宁广播电视台
作者：骆琳　王琪琳　尚焕霖　贺魁

18. 单县：党支部引领　小村庄蝶变展新姿
菏泽市单县广播电视台
作者：张玉亭　杨阳

19. “创业合伙人”破解科技成果转化“堵点”
济宁广播电视台
作者：王红艳　闫世宇　赵甜　刘迎君

20. 东营：创新基层治理体系金水大妈“显神通”
东营市广播电视台
作者：赵新生　张聪　高海宁　周玉红

系列报道

一等奖 3 件

1．写在黄河两岸的脱贫答卷
山东广播电视台
作者：李伟　胡蒙　李静　吕博涵　赵婧

2．鹊华秋色展新图
济南广播电视台
作者：贺洪梅　吴志宽　刘伟杰　杨波

3．未来港口“推门人”
青岛市广播电视台
作者：闫莉华　赵娜　宋利军　王奔
崔小丹　赵勇

二等奖 5 件

1．战“疫”家书
山东广播电视台
作者：李伟　吕博涵　崔立霞

2．“一碟小菜”的危机与新机
山东广播电视台
作者：刘晓琳　武莉　王上　许洋

3．守住青山打造金山——乡村振兴的“中郝峪模式”叫响全国
淄博市广播电视台
作者：耿旻斐　陈蓓　张明　石蕾

4．乘风破浪威海港
威海市广播电视台
作者：冯超　车田民　赵楠　王绍康
李敏　周赞文

5．双城记
枣庄广播电视台
作者：童文霞　满晴　潘寻炜　杜艳莉

三等奖 6 件

1. 战疫连续报道：特殊的生日、送别、回家
山东广播电视台
作者：张燕妮　朱媛媛　陈阵
2. 战“疫”中的最美身影——孟凡涛
东营市广播电视台
作者：赵新生　侯泮泽　李吉孟　宋信宁
盖林卿　王笑菲
3. 乡村振兴看泰安　聚人才之力　创广阔天地
泰安市广播电视台
作者：刘鲁宁　孟茜　慈晓青　王国强
杨冉　李营营
4. 复工复产攻坚战
济宁广播电视台
作者：相旺　蔡珂珂　王超　王娜
张英娜　霍学全
5. 脱贫路上一个都不能少
菏泽市广播电视台
作者：田宽　杜攀　张丹丹　程敏　陈中
梁雅
6. 耿店村：打造乡村振兴的齐鲁样板
聊城市广播电视台
作者：邵尚文　刘翠　布秋艳　李学志

评论

一等奖 2 件

1. 领导接访日上演“空城计”为哪般?
济南广播电视台
作者：吴志宽　玄晴月　陈岭
2. 如此“甩锅”何时休
山东广播电视台
作者：张聪　辛倩　蒲莹　张惠林

二等奖 3 件

1. 探寻“孔雀北飞”背后的北方发展密码
青岛市广播电视台
作者：集体
2. 农村电商热中的“冷观察”
济宁广播电视台
作者：谢新超　尚焕霖　卢德斌　陈红磊
3. 不惜代价守护抗疫成果：青岛力度，中国力量!
青岛市广播电视台
作者：李涛　赵娜　宋利军　王靖翔

三等奖 4 件

1. “转型”先“转心”
潍坊人民广播电台
作者：王新波　王峰　姜健　姜晓平
2. “菜煎饼”标准化，到底要哪样?
枣庄广播电视台
作者：李琳娜　杜艳莉
3. 房租减免政策何时能落地?
青岛市广播电视台
作者：张洪明　李莎　吴海龙　卢晓春
4. 既要“红”经济　更要“火”文化——网红经济须肩负相应的社会职责
肥城市广播电视台
作者：张梅英　刘燕伟　耿海燕　刘英

专题

一等奖 3 件

1. “黄河”归来——中国第一辆重型卡车“黄河”诞生 60 年后强势回归
济南广播电视台
作者：李亚男　陈振国　许娟　李冬艳
2. “钢”，是怎样炼成的

山东广播电视台
作者：贾晓菲　高荇　曹进　高杰

3. 卡奥斯：在工业互联网上与疫情“赛跑”
青岛市广播电视台
作者：李岳锋　闫莉华　赵娜　邓哲

二等奖 6 件

1. 大别山见证！
山东广播电视台
作者：贾晓菲　翁平亚　高荇　李献刚
2. 黄冈，57 个日夜
枣庄广播电视台
作者：李琳娜　陈中　邢军
3. “阿甘妈妈”的爱心餐厅
济南广播电视台
作者：狄燕　李秀芹　王琨　郑应哥
4. “闺女书记”解锁互助养老模式“第二代”
日照广播电视台
作者：张田　帅国华　黄晓燕　李晶
5. 张东祥：奋斗圆梦的庄稼汉
山东广播电视台
作者：张悦强　武莉　董建华　蒋伟
6. 劳模夫妻和他们的“中国莫沙夫”
潍坊人民广播电台
作者：简烛　李霞　夏明　王鹏飞

三等奖 7 件

1. 赵孝国：凯瑞的后疫情时代
济南广播电视台
作者：郭慧　张广漠
2. 与病毒赛跑的“216 小时”
济宁广播电视台
作者：刘长雨　王春雷　秦璞　李炎
3. 危中抓机　迪尚再次逆境突围
威海市广播电视台
作者：姜旭莲　黄雅洁　王绍康　姜涛
4. 歌尔声音　唱响中国制造
潍坊人民广播电台
作者：梁臻　董雅静　孙斌斌　李松
5. 乡村治理体系的“平原实践”
德州市广播电视台
作者：王秀艳　李萍　张锦　邢燕
6. 泰安：为泰山立法　守住绿水青山
泰安市广播电视台
作者：张剑　栾颖杰
7. 致敬抗疫英雄
烟台广播电视台
作者：刘茗蔚　栾堃　丁晓静　姜磊

现场直播

一等奖 1 件

1. “幸福河”畔新家园
山东广播电视台
作者：集体

二等奖 1 件

1. 高铁新时代　半岛新未来——潍莱高铁开通融媒体直播
青岛市广播电视台
作者：李岳锋　赵娜　宋利军　崔小丹
徐建　王晗霓　李涛

三等奖 2 件

1. “青州市第二批援鄂医疗队队员平安归来”融媒体直播节目《凯旋》
潍坊青州市融媒体中心
作者：胡德亮　沙金　王琦　许惠菊
岳丽丽　于宁　曹瑞芳　王吉祥
2. 聚焦东西部扶贫协作直播　枣庄丰都一家亲　打赢脱贫收官战

枣庄广播电视台
作者：张亚伟　陈哲　刘文静　白晓冰

潍坊人民广播电台
作者：李莉　李嵩　田珊珊　杨佳琦　李腾　孙兵

6. 新闻十八点
淄博市广播电视台
作者：于梦娇　温俊杰　陈蓓

7. 济宁新闻
济宁广播电视台
作者：王琪琳　付媛媛　刘霞　付强　付正宇

8. 99 新闻聚焦
枣庄广播电视台
作者：宋珩　陈中　李琳娜　杜艳莉

9. 95 大白话
日照广播电视台
作者：高培培　王妍　朱超　厉建芳

10. 直播 12345
泰安市广播电视台
作者：崔琰　付文娟　高倩倩

十佳栏目

1. 第一书记朋友圈
山东广播电视台
作者：俞青青　权珍琦　高炜　司卫刚　姜文超

2. 全媒体扫描
山东广播电视台
作者：逄海峰　孙波　杨珂　郝飞鸿

3. 作风监督热线
济南广播电视台
作者：集体

4. 1377 清晨新闻
青岛市广播电视台
作者：赵勇　鞠在秋　丁艳　赵娜　侯霆　徐军

5. 听·见“光新闻”

优秀广播社教作品

公众性

一等奖 12 件

1. “张三”的一生——与《民法典》的不解之缘
济南广播电视台
作者：周硕　郝丽娟　刘成

2. 小雪
山东广播电视台
作者：崔立霞　翁平亚　于雯雯

3. 走向我们的小康生活——老农张庆富的“土地经”
济南广播电视台
作者：张晓欢　吴志宽　徐宁　郑兆富

4. 120 小时加速跑——青岛全员核酸检测纪实
青岛市广播电视台
作者：张晓琳　赵娜　丁艳　邹梦洋

5. 晓东县长扶贫记
枣庄广播电视台
作者：童文霞　满晴　殷欣

6. 深山有网红

潍坊人民广播电台
作者：简烛　杨越涵　夏明　王向阳

7. 一场持续进行的爱心接力
山东广播电视台
作者：张敏　张辉　王萍

8. 照片背后的故事：李健生专访
滨州市人民广播电台
作者：李洁　李菲　商文静　李肖

9. 为了心中的“陶渊明”
威海市广播电视台
作者：杨美娟　于宁　车田民　王凯波

10. 跨越 5000 里的牵挂
烟台广播电视台
作者：张艳　袁萍萍　吴迪　崔铁鹰

11. 走近网格员
东营市广播电视台
作者：孙晓菡　徐胜德　王婷　霍春晓

12. 老冯吃鸡
泰安市广播电视台
作者：刘智　王国强　刘心曲　左腾飞

二等奖 19 件

1. 秦文：“独行女侠”守护光明
青岛市广播电视台
作者：崔小丹　袁丹　丁艳　赵娜

2. 一个村支书的无悔初心
日照广播电视台
作者：庄凤全　黄晓燕　唐雪梅　杨艺

3. 七枚奖章的公证故事
山东广播电视台
作者：董建华　武莉　蒋伟　张悦强

4. 陪方舱哥读读福山：论中国文明
山东广播电视台
作者：金小凤

5. 勇攀科技巅峰，潍柴何以能
潍坊人民广播电台
作者：简烛　杨越涵　夏明　杜雅娴

6. 望穿秋水盼“冬水”，奈何管道细三分
济南广播电视台
作者：陈岭　吴志宽　玄晴月　杨波

7. 沂水兄弟二人驰援武汉
临沂市广播电视台
作者：傅琰　王东蒙　姜函君　沈晓阳

8. 和平之路——纪念潍县乐道院集中营解放 75 周年
潍坊人民广播电台
作者：梁臻　董雅静　张传林　孙斌斌

9. 车神故里的前世今生
枣庄广播电视台
作者：李琳娜　邢军　陈中

10. 救助领航　送爱到家
德州市广播电视台
作者：徐晓燕　范峰　高洋

11. 小鹿热线——明明存单里有钱，可 83 岁的王大爷多次去银行却无法提取，你说蹊跷不蹊跷
滨州邹平市融媒体中心
作者：张立波　李凤丹　孙莛　鹿晓娟

12. 特殊的逆行者
山东广播电视台
作者：郑晋　赵曲谱　李松

13. 跨越 5000 公里的团聚
山东广播电视台
作者：胡蒙　翟涌钧

14. 政企携手成功化解百亿债务危——民企巨头丛林“重生记”
烟台广播电视台
作者：栾堃　刘茗蔚　段瑜　丁晓静

15. 让“来自星星的孩子”不再孤独
东营市广播电视台
作者：李凝　刘玮

16. 12345 市民热线 · 政风行风——官僚主义惹人厌　市民热线提意见
聊城市广播电视台
作者：集体

17. 提灯者
德州市广播电视台
作者：周蕾　卞杨　赵娜　张文文
18. 九点热线·1039 帮帮团
东营市广饶县融媒体中心
作者：刘海涛　穆春波　端琳芝　隋卉芳
19. “蚂蚱博士”张大鹏的 253 个扶贫大棚
泰安市泰山区融媒体中心
作者：刘建峰　巩凯　孙庆贤　于金成

三等奖 23 件

1. 一个孩子三个帮
德州市广播电视台
作者：赵凤洁　王秀艳　时钰睿　吕栋
2. 钟安桥的黄冈战“疫”
潍坊市青州市融媒体中心
作者：于宁　郄传威　杨洪伟　曹瑞芳
3. 致我江城前线的爱人
滨州市人民广播电台
作者：李洁　刘娟娟　胡馨仪　张羚
4. 大河之畔的生态蝶变
济南广播电视台
作者：王冠敏　郝丽娟　李奕萱　孔哲如
5. 天使日记——“疫”份特殊的生日礼物
济南广播电视台
作者：郑晓娜　赵洋　彭晓洋
6. 荒诞的喜剧情节，真实的经济理论——电影《西虹市首富》中暗藏的经济学
枣庄广播电视台
作者：殷宪微　黄杰
7. 藏地心香育桃李——吴强和他的援藏支教团队
枣庄广播电视台
作者：魏永普　甘露　王宁　班昌林
8. 万水千山寄深情　鲁疆连心助脱贫
德州市齐河县融媒体中心
作者：张晓文　司伟　樊春玲　张宪忠
9. 拒绝校园霸凌，如何保护少年的你
济宁广播电视台
作者：箫扬　张刚舜　王惠　曾繁静
10. 慈心善语——爱心妈妈
滨州市人民广播电台
作者：魏雪龙　张蕾　杨文学
11. 疫情之下　高三复学
聊城市广播电视台
作者：集体
12. 村官直播做花糕　引领村民来致富
济宁市汶上县广播电视台
作者：王艳荣　姜莉莉
13. 愿天下无孤
临沂市广播电视台
作者：吴涛　马林超　王煜煜　王连君
14. 幸福在哪里——杨老头的美好生活
德州市融媒体中心庆云县
作者：曹龙龙　邢蓉蓉　刘淑琴　张润泽
15. 直播刷单坑你没商量
烟台广播电视台
作者：姜燕　张斐斐　王海超
16. 934 微访谈——援疆工作者
日照广播电视台
作者：李彦　张迪　鞠锐洋　陈常青
17. 行风热线
菏泽市广播电视台
作者：梁雅
18. 一段过往·一种精神·一份传承
泰安市肥城市广播电视台
作者：纪宗玉　冉咏梅　李中华
19. 东营今天以最高礼遇迎接英雄回家
东营市广播电视台
作者：朱玉铭　韩明洋　吴晓凌　刘希兰
20. 老兵风采
东营市河口区融媒体中心
作者：马学军　党万军　王昳　李占颖
21. 保持热爱，一路阳光——2020 日照马拉松女子组冠军焦安静独家专访

日照广播电视台
作者：肖光娟　帅国华　邱晴　王鹏
22. 敬佑生命，大爱无疆——“中国医师节”特别节目
聊城市广播电视台
作者：谭海静　张鹏　李辉　杨志
23. 沂蒙精神　传唱荆楚
临沂市广播电视台
作者：刘夏林　李群敏　杨洁　宋佳忆

对象性

一等奖 5 件

1. 姚家村出了个王建胜
威海市广播电视台
作者：刘帅　肖琳琅　崔嘉慧　周立新
2. 致敬战“疫”中的她
济南广播电视台
作者：陈晓莉　马艺　王静宇　王永军
3. 如何让数字鸿沟变数字通途
青岛市广播电视台
作者：邹梦洋　王真　吴青阳　丁艳
4. 战“疫”巾帼魏春华
潍坊人民广播电台
作者：刘彬　王宪龙　刘玉婷　徐欣欣
5. 小问号的故事——豆荚里的五粒豆
滨州市人民广播电台
作者：付树珍　魏雪龙　肖媛媛

二等奖 9 件

1. 蓝天下的守护
枣庄广播电视台
作者：韩业梅　刘慧芳　刘艳
2. 峻熙——请继续你的舞步
泰安市广播电视台
作者：刘大勇　左腾飞　赵广军
3. 预防新冠，这样做
淄博市广播电视台
作者：杨倩倩　丁可
4. 面对孩子的讨价还价，你怎么做?
威海市荣成市广播电视台
作者：王绍楠　荣亚男　毕艳春
5. 左手战疫，右手牵你
德州市广播电视台
作者：董文娟　王秀艳　赵丽媛　洪雪
6. 视障少年和他的创客梦
潍坊人民广播电台
作者：简烛　杨越涵　肖鹏飞　张宸玺
7. 太空种子大揭秘
烟台广播电视台
作者：栾堃　刘茗蔚　段瑜　丁晓静
8. 全面建成小康社会，残疾人一个也不能少
济南广播电视台
作者：李燕　伦佳乐　李冬艳　吕晓燕
9. 最早的中国——对话网红考古人许宏
山东广播电视台
作者：郑晋　赵曲谱　薛冰之

三等奖 10 件

1. 同风雨，共彩虹
青岛市广播电视台
作者：贾晓茹　李雪蓉　张静　李雅楠
2. 居民们叫她小芳——社区民警初芳芳
威海市广播电视台
作者：王凯波　刘艳平　王明伟　王一茜
3. 难忘的年夜饭
聊城市广播电视台
作者：黑丽燕　邓红林　秦东博　赵赫
4. 励志少年韩锦程——壮志在我胸
泰安市广播电视台
作者：杨娜　慈晓青
5. 安全常记心间　寒假欢乐无限
无棣县融媒体中心

作者：汤婷　郭璐　张相安

6. 最美夕阳红
日照广播电视台
作者：黄奇　丁伟　辛星

7. 十万个为什么小课堂——动物也会做梦吗
烟台广播电视台
作者：万小静

8. 致敬退伍军人
临沂市广播电视台
作者：吴强　丰雪　王磊　苏瑞雪

9. 抗美援朝共赴前线　保家卫国伉俪情深——寻访老战士赵依志、曲秀芝
枣庄广播电视台
作者：殷欣　陈哲　满意　吴戈

10. 遇见・十年
东营市广播电视台
作者：吴聪聪　皮明湘

知识性

一等奖 3 件

1. 让鱼睡一觉　无水行千里
济南广播电视台
作者：韩忠池　闵卿　吕晓燕　李宝祥

2. 问道工业互联网
青岛市广播电视台
作者：纪晓翡　赵娜　丁艳　孙召娜

3. 废物变宝库——漫谈垃圾分类
枣庄广播电视台
作者：殷宪微　李璐　陈哲

二等奖 4 件

1. 神奇的量子精灵
山东广播电视台
作者：陆楠　明如月　李泊　王上

2. 应用只受想象力限制　“北斗”这样改变我们的生活
烟台广播电视台
作者：张斐斐　姜燕

3. 动物们的神秘面纱
淄博市广播电视台
作者：曲巧丽

4. 锻造未来，永不止步
山东广播电视台
作者：张敏　张辉　王萍　陈冰

三等奖 5 件

1. 新冠肺炎疫苗知多少
潍坊人民广播电台
作者：孙兵　李莉　李嵩　侯芳

2. 新冠病毒可“由物到人”，冷链食品还能吃吗？
青岛市广播电视台
作者：杨金　孙晓雷　史鑫　高仕英

3. 身边的宝藏——非物质文化遗产
威海市广播电视台
作者：李抒毅　赵鑫

4. 《健康日照》科学防疫・健康生活
日照广播电视台
作者：杨艳楠　厉建芳　宋文文

5. 生活小百科——消毒液
泰安市广播电视台
作者：岳玲　赵宁　王文娜

特别节目

一等奖 2 件

1. 党旗火红，乡村振兴——三位村支书的三十年
山东广播电视台
作者：胡蒙　陈曦　李伟森

2. 5・12 国际护士节——致敬最美逆行者特别

节目
泰安市广播电视台
作者：李赞　张剑　慈晓青　张晨

二等奖 3 件

1. 春风作伴英雄归——青岛迎接援鄂白衣战士回家
青岛市广播电视台
作者：丁艳　李颖　吕芙蓉　王靖翔
2. 小小圆葱，牵动百万人心
山东广播电视台
作者：俞青青　王佳音　刘婷　权珍琦　姜文超　王功卿
3. 众志成城　打赢疫情防控阻击战
济宁广播电视台
作者：陈娅　陈红磊　李凯　苗群　马璐瑶　李乾

三等奖 4 件

1. “守望相助，春天已来”——沿黄九省区“战疫”诗歌全媒体咏诵会
济南广播电视台
作者：张振英（张帆）　汪鑫　卢宗阳　李晓彤
2. 1057 疫情特别节目《音乐有力量》
滨州市人民广播电台
作者：李洁　刘娟娟　胡馨仪　张羚
3. “中国医生”——聆听真实的英雄
淄博市广播电视台
作者：李爱华　商明亮　孙伟军
4. 《一路有你》——“5·20 公交司机关爱日”特别节目
淄博市广播电视台
作者：司志楠　常诚

对港澳台

一等奖 1 件

1. 跨越海峡的姻缘——山东女婿游智斌
山东广播电视台
作者：陆楠　修脩　李泊　明如月

二等奖 1 件

1. 是谁榨干了汇源果汁
淄博市广播电视台
作者：孙长杰　宋涛

三等奖 1 件

1. “泉”面看香港
济南广播电视台
作者：卢宗阳　王丹阳　刘敏

十佳栏目

1. 宣讲时间
山东广播电视台
作者：孙晓兰　李献刚　张文
2. 品牌故事
山东广播电视台
作者：林楠　邵群　李瑶
3. 以案说法
济南广播电视台
作者：郝丽娟　周硕　郭京
4. 讲述
枣庄广播电视台
作者：满晴　童文霞　殷欣　苗雨晴
5. 璀璨非遗
潍坊人民广播电台
作者：梁臻　董雅静　张传林　王昆　李松　孙斌斌

6. 音乐朋友圈
滨州市人民广播电台
作者：李洁 李菲 商文静 李肖 王玥
7. 法治烟台
烟台广播电视台
作者：栾堃 段瑜 刘茗蔚
8. 林华时间
济宁广播电视台
作者：邓寅嫡 王妍 范真真 葛鲁生
张淑芳
9. 爱上回家路
东营市广播电视台
作者：陈亮 周阳 邢桂兰 刘保国
赵新生 张杰
10. 这里是日照
日照广播电视台
作者：孙蕾春 王庆 尹晓艳 冯占山
牟建州 张迪

优秀电视新闻作品

短消息

一等奖 6 件

1. 全球首款突破 50% 热效率商业化柴油机发布
山东广播电视台
作者：高杰 高昌洁 侯洪强 徐奇
2. 总理承诺 我们兑现 青岛驰援 2 万套护目镜运抵武汉
青岛市广播电视台
作者：集体
3. 临沂发出山东首张跨省通办营业执照
临沂市广播电视台
作者：郭铁映 徐奇 郭鹏飞 张树慧
4. 从开工到投用仅用 281 天 刷新了工业强市的“济南速度”
济南广播电视台
作者：张磊 孙明利 任翔
5. 寿光首批 350 吨新鲜蔬菜驰援武汉
潍坊电视台
作者：张美涛 史超 郭建昌 张善仁
6. 【众志成城 抗击疫情】山东首批捐赠 350 吨蔬菜今天运往武汉
山东广播电视台
作者：王文龙 赵锋 刘蓓 李杨

二等奖 7 件

1. 烟台隧道内“45 度让路”让出生命通道
烟台广播电视台
作者：张庆敏 高路 张晨 王岱
2. 新闻特写：碾压谣言的“重生”
滨州电视台
作者：张志勇 武学聪
3. 环卫老人匿名捐款“急转武汉”！
日照广播电视台
作者：葛芳彤 韩邦民
4. 【改革攻坚 狠抓落实】中国重汽集团今天剥离房地产业务 心无旁骛攻主业
山东广播电视台
作者：陈银 宋儒雅 公静 曲磊
5. 潍柴攻克世界级技术难题 商业化柴油机热效率突破 50%
潍坊电视台

作者：姚伟峰　王宗法　潘春　王晓凌

6. 全球首套矿用高可靠5G专网系统在鲍店煤矿投用
济宁广播电视台
作者：付强　刘静静　王玉鸿　张炀

7. 全球最大智能化养殖工船完工命名
烟台广播电视台
作者：万瑞鹏　徐子植　战晓燕　孙晓妍

三等奖9件

1. 山东科研团队攻克小麦一项世界性难题
山东广播电视台
作者：王静　苗旺　李京选　谭洪杰

2. 8英寸半导体级单晶硅片通线量产硅片生产迎来“山东造”
德州市广播电视台
作者：乔兴华　李晓阳　封吉生　杜娟

3. 我市发出采茶专列　帮助务工人员复工
菏泽市广播电视台
作者：张灿　邱冰　王慧

4. 抗疫“出力哥”李保民
临沂市广播电视台
作者：李士银　王永燕　赵天琦　徐卉

5. 两次跨越万里的特殊“旅行”
泰安市广播电视台
作者：朱超　宗子文　王子翔　李晓

6. 鲁南经济圈四市四区实现商事登记审批服务事项“跨市通办”
枣庄广播电视台
作者：侯晓文　姜超　白晓冰　李宝宝

7. “济南农商行损失30亿”网络造谣案终审宣判
济南广播电视台
作者：刘莉莉　孙江燕　张帆

8. 东营：“云”上集体协商　凝聚共识谋发展
东营市广播电视台
作者：马岩　徐振　侯泮泽　李宇

9. 全国印染领域唯一的国家制造业创新中心落户泰安
泰安市广播电视台
作者：刘本庆　郑云鸿　张倩　李晓林

长消息

一等奖10件

1. 油井退出　鸟儿安家　山东竭力保护黄河三角洲
山东广播电视台
作者：宋京伟　陈琛　李锋　张玉峰

2. 海尔：在工业互联网上与疫情赛跑
青岛市广播电视台
作者：集体

3. 山东：5天建成一个日产1万套防护服工厂
山东广播电视台
作者：李鹏飞　陈琛　王盼盼　李振利

4. 火神山速度！湖北一企业13天在山东实现落户复产
山东广播电视台
作者：钱海洋　谭洪杰　王静　李京选

5. 三涧溪：乡村振兴合伙人　蹚出致富增收路
济南广播电视台
作者：周冠龙　张磊　王欣　王永年

6. 大别山区域医疗中心最后两名患者出院
山东广播电视台
作者：刘洋　孙希磊　孔冠军

7. 全国最大　“海水稻”基地喜获丰收
潍坊电视台
作者：张明　杨春　辛贤夫　李阳

8. 海藻重生记
烟台广播电视台
作者：孙希磊　刘瑞　李子金　胡金涛

9. 抗美援朝军功章还赠老部队96岁“硬骨头连”连长圆梦
济南广播电视台

作者：姚欣　王培志　李靖　张磊
10. 力挫日韩　临沂治污方案逆袭“一带一路”
临沂市广播电视台
作者：李宁　高昌洁　惠名志　王伟

二等奖 13 件

1. 临沂：物流之都变身直播之城
临沂市广播电视台
作者：郭铁映　吴绍伟　徐卉　赵洋
2. 筑巢引凤等不及　阳信县上演“政府让楼记”
山东广播电视台电视齐鲁频道
作者：王吉府　牟怡臻
3. “思政课堂”扎根广袤大地，济南打造 100 个教学基地
山东教育电视台
作者：于新红　谢玉成
4. 直击高价医用耗材的“灵魂砍价”
淄博市广播电视台
作者：唐守辉　贾子琪
5. 揣着“遗书”去援鄂
聊城市广播电视台
作者：刘丛丛　朱全智
6. 民警“撕心裂肺”营救跳河少女　获全国网友点赞
济南广播电视台
作者：王轶　姜真　冀萍
7. 一块闲置地“长出”九个好项目
德州市广播电视台
作者：鲍晓晗　李岩　张敏　焦玉龙
8. 新闻特写：防护服生产线的“全省动员”
枣庄广播电视台
作者：高杰　侯晓文　贾冰　张晶楠
9. 一个“抢”来的招商引资项目
滨州电视台
作者：欧阳明哲　刘鹏　武学聪　高飞
10. 记者走基层：隔空对话的“夫妻兵”
德州市宁津县融媒体中心
作者：韩强　王震
11. 新春走基层：巡舱员邹师傅家的第五个平安结
烟台广播电视台
作者：刘瑞　张庆敏　张跃骞　周瑞宁
12. 紧急驰援　除夕夜三奇 800 余箱医疗防控物资发往武汉
日照广播电视台
作者：许明　李臻　庄仕琪　路霞
13. 家门口的“幸福工厂”
菏泽市广播电视台
作者：姜洋　邱冰

三等奖 17 件

1. “山东兄弟”逆行武汉
临沂市广播电视台
作者：王永燕　胡兆辉　刘爽　王伟
2. 新冠疫情激活在线医保山东第一单
泰安市广播电视台
作者：巩龙孟　张晨　王子缘　李晓
3. 新闻特写：炉膛内的课堂
齐鲁石化广电中心
作者：盛帅
4. 王安东：创新照亮扶贫路
淄博市广播电视台
作者：赵刚　苏辉　郑晓伟　丁彬
5. 新闻特写：最美逆行者的特别生日
枣庄广播电视台
作者：渠玉峰　李宝宝　张晶楠　姜超
6. 威海南海新区：机制体制改革迎来第一次大考
威海广播电视台
作者：戚冬伟　王浩　刘洋
7. 山亭：美丽小山村的蝶变
枣庄广播电视台
作者：渠玉峰　李宝宝　戴文军　姜超
8. 东营：创新网格管理　夯实基层治理基础

东营市广播电视台
作者：徐振　徐莉　李楠　周红岩
9. 双“第一”背后的发展观
滨州电视台
作者：张志勇　武学聪
10. “交房即办证”！聊城莘县在全省率先实现收房即领房产证
聊城市广播电视台
作者：张朝锋　布玉净　左新新　周兴
11. 单县“乡村夜话”听民声解民忧　助力乡村有效治理
菏泽市广播电视台
作者：刘永　赵化林
12. 邹平：物业服务“酬金制”　化解基层矛盾纠纷
滨州市邹平市融媒体中心
作者：贾玉泽　邱建　梁甜　赵佳丽
13. 一项科技成果“远嫁”山东的背后
济宁广播电视台
作者：刘洋　王红艳　刘霞　王玉鸿
14. 驻村“第一书记”的心愿
胜利油田宣传文化中心
作者：薄峰　张太　张康　范卉
15. 与病毒“零距离”接触的疾控采样人
聊城市东昌府区融媒体中心
作者：任丽　刘小红　宋晓燕　刘玉光
16. 生态文明的长岛实践：此心安处是吾乡
烟台长岛海洋生态文明综合试验区广播电视台
作者：胡金涛　胡家诚　王槐
17. 赵会娜：爱心守护　静待花开
聊城市冠县融媒体中心
作者：郭玉林　周夫豪　苏玲　陈丹娜

系列报道

一等奖 4 件

1. 幸福的起点
山东广播电视台
作者：宋京伟　魏波　吴婉聪　陈琛　姚晓慧　郭鹏
2. 济汉同心　战“疫”连线
济南广播电视台
作者：王磊　李靖　田苑润　陈雅洁　姚欣　孙海源
3. 疫情之下的济南社区治理经验
山东广播电视台
作者：别晚晴　王静文　马恒祥　任静　翟宝山　苏含敏
4. 房屋维修金使用之困
青岛市广播电视台
作者：张洪明　李莎　吴海龙　卢晓春　李佳鑫

二等奖 7 件

1. 直播电商“临沂现象”
山东广播电视台
作者：李京选　王静　谭洪杰　孙凡
2. 改革攻坚在行动
山东广播电视台
作者：于凡　曾宪琳　赵丽娜　伊力　孙治国
3. 逆行者
青岛市广播电视台
作者：曹强　王学洋　周继伟　丁劼　张津　战宝金
4. 修鞋匠女儿遭遇上大学难
烟台广播电视台
作者：隋少平　张庆敏　高路　张晨　王术　刘海涛

5. 临沂城口心连心系列报道
临沂市广播电视台
作者：惠名志　胡兆辉　郭铁映　曹靖
刘佳　扈青萍
6. 飞“阅”家园——走基层系列报道
临沂市广播电视台
作者：刘爽　王永燕　李士银　张建
公静　李海云
7. 美好生活来了
德州市广播电视台
作者：张文　王浩　公维勇　鲍晓晗
李立群　李晓阳

三等奖 8 件

1. 众志成城　迎春花开
菏泽市广播电视台
作者：武峰　刘阳博　张灿　张文兴
王慧
2. 屡禁不止的非法采砂
济南广播电视台
作者：孟琪　王三征　李兴龙　姚欣
程海涛
3. 系列经济观察·解码莱芜区方下街道顺丰科技孵化园
济南广播电视台
作者：周浩　李佃亮　李伟　杨军
吕文峰　王林斌
4. 系列报道：田埂上走来年轻人
滨州电视台
作者：张志勇　武学聪
5. 东平：一个贫困县的生态梦
泰安市广播电视台
作者：朱超　王子翔　曹霄飞　王艳
吴琼　张倩
6. 抗疫一线党旗红
枣庄广播电视台
作者：侯晓文　渠玉峰　姜超　牛安娜
7. 抗击疫情　淄博力量
淄博市广播电视台
作者：吴玉琪　杨剑　高凯　许涛　刘甜
8. 对话战疫一线医护人员
日照广播电视台
作者：肖光娟　张素艳　鲁晓薇　裴斐
迟玉龙　金辉

评论

一等奖 2 件

1. 求才　莫让才求人
山东广播电视台
作者：商晓虎　吕兖周　关霄　丁宏娟
2. 智能时代　等等老年人
电视齐鲁频道
作者：黄鑫　吕伟

二等奖 3 件

1. 谁来为“外卖小哥”按下“减速键”
山东广播电视台
作者：胡庆亮　陈龙
2. 菜煎饼“标准化”为何“吃不开”？
枣庄广播电视台
作者：苑晓光　戚静文　贾传勇　杨静
3. 社区物业何以化解基层社会治理硬难题
潍坊电视台
作者：王骁龙　姚伟峰　孙少杰　王静

三等奖 4 件

1. 谁是惠企政策落实的“拦路虎”
济南广播电视台
作者：姚欣　王三征　孟琪　孙宇
2. “共享车位”看起来很美？
山东广播电视台

作者：李烨昶　郑立猛　孙琦　李庆宇

3. 矿山修复不应是非法获利的挡箭牌
　　淄博市广播电视台
　　作者：王晓卿　徐舒扬　成林

4. 青岛答卷　中国力量　世界速度
　　青岛市广播电视台
　　作者：王永辉　刘旭　赵华　于静

专题

一等奖 5 件

1. 连钢创新团队：做时代楷模　扬中国精神
　　青岛市广播电视台
　　作者：集体

2. 百亿大和解
　　山东广播电视台
　　作者：王兴涛　宋小龙　韩信　原宝国　毛馨

3. 基层减负需落到实处
　　山东广播电视台
　　作者：李烨昶　郑立猛　孔凡兵　柴欣

4. 重寻英雄“王成”
　　山东广播电视台
　　作者：集体

5. 黄鹿泉村：从省定贫困村到田园综合体
　　济南广播电视台
　　作者：田甜　葛斐　张薇　王志斌

二等奖 8 件

1. 汤海威：我为“引擎之心”测温
　　潍坊电视台、潍坊高新区融媒体中心
　　作者：孟力　崔成旺　周锦江　刘丛刚　于新明

2. 山东战“疫”——关山飞渡献冰心
　　山东广播电视台
　　作者：欧阳明哲　韩盼盼　陈琛　高昌洁　赵丽娜

3. 看不懂的执法
　　青岛市广播电视台
　　作者：孙先胜　王鑫　李佳鑫　李莎　卢晓春

4. “街坊议事”探索基层治理新模式
　　山东广播电视台
　　作者：曹凯　李庆宇

5. 13 年后我也成了你
　　聊城市广播电视台
　　作者：吴晶晶　厉彦东　吴金成　张朝锋　张洁

6. 山东战“疫”——正月千里赴戎机
　　山东广播电视台
　　作者：韩盼盼　欧阳明哲　陈琛　高昌洁　赵丽娜

7. 青岛战役 120 小时
　　青岛市广播电视台
　　作者：集体

8. 我的黄冈战“疫”——山东省第二批援鄂医疗队员潍坊市益都中心医院呼吸内科副主任　钟安桥
　　潍坊市青州市融媒体中心
　　作者：曹瑞芳　于宁　杨洪伟　杨海鹏

三等奖 9 件

1. 芝罘公安：破冰扫毒在行动
　　烟台广播电视台
　　作者：李龙　邹文静　邹欢欢　吕翌华　王小品

2. 战“疫”速度
　　济宁广播电视台
　　作者：谢新超　刘长雨　况园　冯斌　丁杰

3. 朱校长和她的 200 个孩子
　　菏泽市广播电视台
　　作者：邱冰　刘永

4. 一名老党员的“特殊心愿”
滨州市惠民县融媒体中心
作者：徐斋 郭宏强 马杰 常晓莹
5. 被困农家院儿的拄拐青年
德州市武城县广播电视台
作者：祁敏 刘玮 曹延飞 李洁玲 许文娟
6. 梭哥的小康梦
东营市利津县融媒体中心
作者：刘明阳 韩振营 王豪
7. 胜利油田：舍石油保生态 296 口油水井关停
东营市广播电视台
作者：陈文新 杨晓青 韩晓侃
8. 战疫“一家人”
德州市广播电视台
作者：辛友晓 信金超 岳众 张艳军
9. 特殊车间
威海广播电视台
作者：杨砚波 邱晨钰 王盼盼 周长亮

现场直播

一等奖 2 件

1. 你好 幸福滩
山东广播电视台
作者：集体
2.《直播黄河》山东篇 九曲黄河 水润齐鲁
济南广播电视台
作者：集体

二等奖 3 件

1. 开往 2021——青岛地铁 1 号线北段和 8 号线北段通车大型融媒体直播
青岛市广播电视台
作者：集体
2. 第 34 届泰山国际登山比赛直播
泰安市广播电视台
作者：集体
3. 凯旋——青州市第二批援鄂医疗队队员平安凯旋特别节目
潍坊市青州市融媒体中心
作者：于宁 岳丽丽 胡鹏程 王小斐 曾锐

十佳栏目

1. 问政山东
山东广播电视台
作者：集体
2. 早安山东
山东广播电视台
作者：集体
3. 每日新闻
山东广播电视台
作者：张卫国 黄鑫 杨兴
4. 青岛全接触
青岛市广播电视台
作者：王永辉 曹强 王学洋 王佩榕 于菲菲 肖红
5. 问政再问
济南广播电视台
作者：王三征 孙海源 杨杨 鞠璐潞 李文登 王培志
6. 今晚 18 点
淄博市广播电视台
作者：宋滢 卢亮 魏伟 孟宪强 马永福 张君
7. 威海新闻
威海广播电视台
作者：高磊 杨砚波 鞠燕 周长亮 夏婷 曾琨
8. 马上就办直通车
临沂市广播电视台

作者：管辉　汲生雷　王瑜　王兴　沈鹏
　　　隋云飞

9. 日照新闻
日照广播电视台
作者：许明　高志成　李臻　张美
　　　郭小桃　王琰

10. 泰安新财经
泰安市广播电视台
作者：集体

优秀电视社教作品

短纪录片

一等奖 5 件

1. 辛延蓉："归"心如火
山东广播电视台
作者：安冉　李东　朱思环　霍路加

2. 平凡的力量
临沂市广播电视台
作者：张晓菲　李锐　孙素婷　杨静宜

3. 爱心点亮求学梦
枣庄广播电视台
作者：童文霞　李红星　王薇　任星

4. 一条伞绳
潍坊电视台
作者：于涛　王培强　李涛　石振华
　　　韩翔

5. 房晓杰"战疫"72 天 Vlog
淄博市广播电视台
作者：杨阳　李俊杰

二等奖 8 件

1. 一诺五十年
山东广播电视台
作者：吴晶晶　厉彦东　徐鲁源　李国栋
　　　陈承聚

2. 我在海岛当邮差
山东广播电视台
作者：王静文　宋斐　张鹏　别晚晴
　　　王震

3. "海上国门"引路人
烟台广播电视台
作者：刘博达　周瑞宁　吴国娜　李子金

4. 八旬奶奶社区战"疫"记
济南广播电视台
作者：姚晶　孙行军　许刚　周鲁伟
　　　安冬

5. 我和鸟儿有个约会
泰安市广播电视台
作者：张丰振　刘杨　张悦　李晓林

6. 大山深处守艺人
淄博市淄川区融媒体中心
作者：司志栋　李莉　车俊燕　王宁
　　　张志凌霄

7. 陶昌明的六十六个日夜
聊城市广播电视台
作者：郭斌　王锐　姜振　张磊　张树淼

8. 守护生命
临沂市广播电视台
作者：李文　李敬红　赵越　金菁　张凯

三等奖 9 件

1. 黄冈日记　战疫 37 天
菏泽市广播电视台
作者：张欣　祝国英　史玉　王慧
2. 坚守——记葛石镇石集小学教师陈建民
泰安市宁阳县融媒体中心
作者：张瑞华　胡登建　杨兴龙　陈霄　周广阳
3. 大山里的独臂书记
潍坊市青州市融媒体中心
作者：陈志锴　吴国鑫　赵智昊　王林　徐慧君
4. 银
济南广播电视台
作者：吕颖颖　李明刚　李丹　亓振华
5. 宝山姑娘
青岛市广播电视台
作者：卢洁　孙彬　杨忠胜　丛文彬
6. 拼命三郎——孙明理
日照广播电视台
作者：肖光娟　庄秋元　李浩　卜庆宇　焦建增
7. 为英雄寻亲
烟台广播电视台
作者：崔海鹰　李迎春　刘芳宁　李波　孙梦竹
8. 永不停步
聊城市广播电视台
作者：郭斌　安保彬　刘伟　郭卫红　齐丽丽
9. 寻味山海间之萁馏
青岛市广播电视台
作者：集体

长纪录片

一等奖 4 件

1. 全家福
山东广播电视台
作者：王海丽　岳帅　赵明　朱思环　霍路加
2. 齐心鲁力
山东广播电视台
作者：集体
3. 远山的呼唤
山东广播电视台
作者：杨成龙　许曦　田季丰　张筱璐
4. 红三村记忆
菏泽市广播电视台
作者：集体

二等奖 6 件

1. 此生要完成
济宁广播电视台
作者：闫虹　任宪华　丁健　魏则莹　刘振西
2. 一城一昼夜
山东广播电视台
作者：张冰　万海鹏　郭鹏　许曦
3. 德州杂技春秋
德州市广播电视台
作者：钟永军　李欣欣　吕展　蔡瑞　朱延华
4. 丰都纪事
枣庄广播电视台
作者：童文霞　李红星　王薇　黄杰
5. 百年中兴创事纪
枣庄广播电视台
作者：苑晓光　王静　范笑
6. 河孕新机

济南广播电视台
作者：刘晓蒙　马凝　崔杨　贾帆　陈威

三等奖 7 件

1. 中国内燃机工业之父滕虎忱
潍坊电视台
作者：李涛　王培强　石振华　万兆龙　王玮
2. 涅槃·求索
淄博市广播电视台
作者：李海东　宋洁冰　张在萌　马倩　汪洋
3. 泰山“挑山工”
泰安市广播电视台
作者：张华　尹肖南　王朝旭　张帅　于寒
4. 守望春天——青岛医疗队援鄂战疫纪实
青岛市广播电视台
作者：集体
5. 战“疫”——齐鲁石化在行动
齐鲁石化广电中心
作者：牛彦春　李晴　孙舒鹏　连伟　陈经文
6. 我的战“疫”故事
德州市陵城区融媒体中心
作者：武荣刚　张萌萌　李泽民　高世友
7. 挑山——追记“全国脱贫攻坚贡献奖”获得者苏庆亮
泰安市岱岳区融媒体中心
作者：倪青华　刘畅　宋佳　于朋　龙肖雨

系列片

一等奖 4 件

1. 大迁建
山东广播电视台
作者：集体
2. 我的战“疫”——山东援助湖北医疗队队员口述实录
山东广播电视台
作者：集体
3. 信念·聊城脱贫攻坚纪实系列扶贫纪录片
聊城市广播电视台
作者：集体
4. 洪流——山东十大抗日武装起义纪实
山东广播电视台
作者：胡媛　黄大科　林范盛　张鸷　郭然　聂振凯

二等奖 6 件

1. 小康路上
山东广播电视台
作者：孙全忠　王昕萌　房毅　刘四敬　张学盛　马成波
2. 济南红街巷
济南广播电视台
作者：李丹丹　于涛　许哲　刘宏刚
3. 德州运河故事
德州市广播电视台
作者：钟永军　李欣欣　王彬茹　潘姮　乔羽　杨玺
4. 英雄赞歌
潍坊电视台
作者：王培强　李涛　石振华　韩翔　冯康　荆琳
5. 岁月丹青
日照广播电视台
作者：李艳霞　许原　戴世青　陈冬梅　徐淑双　王莹
6. 非遗路系列片
青岛市广播电视台
作者：杨燕霞　黎岩　王俐霞　刘笑　司旭　陈辉

三等奖 7 件

1. 大运河　小康梦
山东广播电视台
作者：程玉涛　杨慧娟　曹伟　李阳
2. 使命——鲁渝扶贫协作　助力脱贫攻坚
山东广播电视台
作者：郑莹莹　孙全忠　张学盛
3. 关鲁：用生命书写忠诚
山东广播电视台
作者：徐鲁源　厉彦东　米振凯　陈锡林　张宁
4. 足迹
淄博市广播电视台
作者：集体
5. 团圆
烟台广播电视台
作者：隋少平　张庆敏　高路　张晨　高幸　刘海涛
6. 红色农机六十年——兖州农机装备产业发展之路
济宁市兖州广播电视台
作者：龚方　田士华　孔剑平　温向杰
7. 将星耀齐河
德州市齐河县融媒体中心
作者：集体

专题片

一等奖 8 件

1. 碧海丹心朱树屏
山东广播电视台
作者：王静　薛亮　董江艳　刘皓天　王东风
2. 向春而行
山东广播电视台
作者：集体
3. 刘良：中国首例新冠肺炎遗体解剖者
山东广播电视台
作者：林海燕　岳帅　王正　徐华鋆　霍路加
4. 鸣翠湖畔，那群少年
东营市广播电视台
作者：刘萍　黄庆　高倩　李杰　马岩龙
5. 公心书记——王龙锋
日照广播电视台
作者：肖光娟　庄秋元　宋艳　李浩　卜庆宇
6. 大河之畔
济南广播电视台
作者：魏鲁南　张东寅　李鹏罡　王静　王倩
7. 爱心路上“拾荒人”
威海市广播电视台
作者：杨国清　侯曙光　王美琪　王斌
8. 张迪：不落一人
滨州电视台
作者：吴晶　赵海兵　孙玉强　王健　米琳琳

二等奖 14 件

1. 发现胜利
胜利油田宣传文化中心
作者：集体
2. 寻梦桃花源
威海市文登区融媒体中心
作者：侯曙光　王美琪　刘子需　毕亚楠
3. 小西寻亲记
潍坊市寒亭区融媒体中心
作者：刘延昌　钱林涛　王立军　张娜　魏淑娟
4. 星星点灯
山东广播电视台
作者：别晚晴　修逸尘　王朔　李萌

王琪

5. 为口罩加心
东营市广播电视台
作者：曲秀兰

6. “医”无反顾
淄博市广播电视台
作者：袁杨　宋春华　宋伟　杨阳

7. 薪火
临沂市广播电视台
作者：张晓菲　朱秀文　李海云　宋云龙
黄鑫

8. 大河追梦
菏泽市广播电视台
作者：刘文　袁绍普　辛云霞　吴哲　陈中

9. 与英雄为伍
德州市广播电视台
作者：钟永军　李欣欣　陈新琦　潘姮
徐伟伟

10. 孔孟大地乡村美
济宁广播电视台
作者：王振华　李欢庆　吴钟亮　戴永帅
王亮

11. 宁阳史话
泰安市广播电视台
作者：集体

12. 90后的战疫
青岛市广播电视台
作者：集体

13. 莘县张久宾：身残志坚不气馁　鼻尖打字创诗篇
聊城市莘县融媒体中心
作者：孙超　岳彩尧　李圣洁　刘西斌

14. 葡萄酒的风土密码
烟台广播电视台
作者：崔海红　孙晓妍　柳光武　王世弘
周晓艳

三等奖17件

1. 我爱博物馆——山东乡忆民俗文化博物馆
山东广播电视台
作者：蒋丽平　张琪　周懿　王法伟
杨璐

2. 俺村书记90后
滨州电视台
作者：李之超　吴晶　孙玉强　王健
米琳琳

3. 山东荣成：让碧海蓝天化身金山银山
山东广播电视台
作者：钟小康　刘博　李传涛　陈锡林
刘爱国

4. 济南好人：摩托车上的第一书记
济南广播电视台
作者：冀萍　马骏　姜真

5. 当代愚公——夏春亭
威海市广播电视台
作者：吴鹏　肖连心　姜军伟　潘雪

6. 我找孙丽丽
东营市广播电视台
作者：范宝苍　赵伟　刘蕾　李凯　刘丹

7. 危中寻机育新机
济南广播电视台
作者：崔桂军　刘晓蒙　崔杨　贾帆
陈威

8. 沂蒙尖刀班
临沂市广播电视台
作者：孙文生　蔡钰　秦波　孙智

9. 为了总书记的嘱托
菏泽市广播电视台
作者：祝国防　邵寅　李森　朱玉华
周忠良

10. 脱贫攻坚：汇聚政协力量　助力脱贫攻坚
滨州电视台
作者：崔艳贞　刘观军　张静　李宁

11. 英雄只是平凡人的挺身而出——首批山东

援助湖北医疗队王雲雲工作纪实
潍坊电视台
作者：刘晓娜　武新军　马骏骊　郑敏
于欣宏

12. 大山深处健康“摆渡人”
枣庄广播电视台
作者：童文霞　李红星　王薇　刘勇

13. 兰素萍——我不是英雄
菏泽市广播电视台
作者：刘璟　李亮　邵寅　李森　朱玉华
周忠良

14. 辉煌“十三五”对话高校——山东农业大学
山东教育电视台
作者：曹飞　周晓倩　赵宇阳　张佳颖
李明株

15. 济南战“疫”
济南广播电视台
作者：集体

16. 永远的丰碑
菏泽市成武县融媒体中心
作者：石彦黎　孟子恒　田作龙　蔺红蕊

17. 活力日照　激情省运
日照广播电视台
作者：肖光娟　高燕　张林　张晓甜
崔慎媛

特别节目

一等奖 3 件

1. 齐鲁时代楷模——山东港口集团青岛港“连钢创新团队”
山东广播电视台
作者：集体

2. 云访疫线
山东广播电视台
作者：黄鹤　梁欣欣　陈学伟　李雪
单永振

3. 老楼装电梯如何破局
青岛市广播电视台
作者：集体

二等奖 6 件

1. 智慧爸妈第一课
山东教育电视台
作者：张崇广　刘丽　韩明　刘晓迪
李致远　池泽

2. 2020·庚子年公祭孔子大典大型直播特别节目
山东广播电视台
作者：张玉红　唐力飞　张贝贝　付学聪
侯磊　王冰

3. 孝美行天下——寻找山东最美儿媳电视展播颁奖典礼
山东广播电视台
作者：谢忠伟　朱美英　张惠姗　谭颖
徐可　夏瑞

4. 架起连心桥——2020 电视问政直播五周年分享会暨“小薇热线”融媒平台启动仪式
济南广播电视台
作者：卫志忠　安顺德　窦胜寒　孙宇
王浩　谷丽丽

5. 红十字生命相“髓”
枣庄广播电视台
作者：侯晓文　贾冰　刘娟　刘文静
白晓冰

6. 关注“路域环境综合整治”特别节目
淄博市广播电视台
作者：李静　成林　焦亮　徐舒扬
牛熠萱　王汉洲

三等奖 7 件

1.《我来讲党课》特别节目我市援鄂医护人员事迹

菏泽市广播电视台
作者：徐明军　尚雅　张希　赵海琳
王萌　吴亚妹

2．“冰”临“疫”线　“静”说好货
枣庄广播电视台
作者：张亚伟　刘娟　刘文静　白晓冰

3．情暖滨州——2020年度颁奖典礼
滨州电视台
作者：米玉红　仪淑英　胡媛媛　王虎
刘国庆　李明元

4．问政德州——金融专题问政
德州市广播电视台
作者：王建华　韩伟　武雨晨　王真真
张连振　焦玉龙

5．第五届济宁年度新闻人物颁奖盛典
济宁广播电视台
作者：褚同军　段韧　赵星　赵乾坤
赵甜　于杰

6．同“济”同心，战“疫”有你——济宁市抗击疫情创意微视频大赛
济宁广播电视台
作者：安舒　卢嘉申　孙静静　龙天娇
靳燕芹

7．“爱心相伴　感恩有你”——聊城市“希望小屋”儿童关爱项目答谢仪式
聊城市广播电视台
作者：陈艳宁　于春晖　展霏　刘娟
周涛　安丽燕

十佳栏目

1．生活大调查
山东广播电视台
作者：刘辉　张振　罗情怡　艾苗苗
苏洁

2．调解面对面
青岛市广播电视台
作者：王永辉　林耀斌　孙霞　黄晓蕾
徐雪　刘勇

3．成长起跑线
临沂市广播电视台
作者：李文　郜玉泉　杨欣欣　刘丛丛
张婧双　李敬红

4．青春榜样
潍坊电视台
作者：集体

5．清风德州
德州市广播电视台
作者：王建华　韩伟　王瑾　王姗
祁洪涛　刘雯

6．一问到底
聊城市广播电视台
作者：杨振　张腾　丁好　金玉成
屈玉伟　张树森

7．美食淄博
淄博市广播电视台
作者：集体

8．伟伟道来
东营市广播电视台
作者：范宝苍　赵伟　刘蕾　封敏　刘丹
李凯

9．我的城　我的歌
山东广播电视台
作者：吕昉　刘明晓　周博　王亚飞
梁晨　郑伟龙

10．田园中国
山东广播电视台
作者：吕昉　丁坤年　王纪超　孙艳茹
刘志　郝檐

2020 年度山东省优秀广播电视外宣节目评选获奖名单

广播新闻

一等奖 1 件

1. “山”“川”再逢国无恙，天回江城作华西
   山东广播电视台
   作者：胡蒙　李伟

二等奖 2 件

1. 大岭村的“出海路”
   山东广播电视台
   作者：王静　胡蒙　徐金露
2. 冷链跨国追溯卡奥斯食安码在荣成首次应用落地
   威海市广播电视台
   作者：刘艳平　高楠

三等奖 2 件

1. 两封信　连接中韩邻里情
   烟台广播电视台
   作者：崔海宁　车长华
2. 山东港口威海港突破百万标箱
   威海市广播电视台
   作者：冯超　车田民　高楠　姜丹

广播专题

一等奖 2 件

1. 大山深处的公交车
   山东广播电视台
   作者：李静　逄海峰　彭寿熙
2. 寻找扁鹊
   济南广播电视台
   作者：郝丽娟

二等奖 4 件

1. 杨培卿的博物馆
   山东广播电视台
   作者：李静　杨耀　姜沅沅
2. 《扁舟共济与君同》——中韩携手战“疫”暖人心
   山东广播电视台
   作者：李静　王小茜　王雯
3. 锔如人生：“王门锔”周氏锔艺
   青岛市广播电视台
   作者：孙婧姝　仲博　吴青阳　邹楠
4. 奶业大省缺乏知名品牌，山东乳企亟待崛起
   淄博市广播电视台
   作者：陈蓓　郭强

三等奖 4 件

1. “在中国，我安心”
   山东广播电视台
   作者：胡蒙　陈冰
2. “黄河”奔腾——中国第一辆重型卡车“黄河”诞生 60 年后强势回归
   济南广播电视台
   作者：李亚男　陈振国　许娟　臧立中
3. 五星级义工张春霞的故事
   烟台广播电视台
   作者：董修莉　车长华　门海莲　宋勇
4. 寻找淄博声音——淄博剪纸
   淄博市广播电视台
   作者：曲巧丽

电视新闻

一等奖 2 件

1. 爱琴海大救援：青岛船长带领船员勇救 41 人！
   山东广播电视台
   作者：刘长国　王昆鹏
2. 5 天检测 1000 万！山东向世界展示抗疫“青岛速度”
   山东广播电视台
   作者：牟宗平　秦元斌　李玉　李彦娇

二等奖 4 件

1. 贵州女孩打工记
   青岛市广播电视台
   作者：宫辰　朱晨阳　李佳鑫　王平
   王文宁　王昱
2. 山东德州：新农艺示范成功　我国粮食安全“卡脖子”难题开始破题
   德州市广播电视台
   作者：刘天明　周元元　李彪　刘大庆
3. 最牛搬家！ 8000 吨大楼平移 25 米楼内员工照常办公
   济南广播电视台
   作者：乔凌　崔鹏　张旭扬　冀萍
4. 山东枣庄：鼓声响棹桨起　龙舟竞渡迎端午
   枣庄广播电视台
   作者：侯晓文　姜超　张立　牛安娜

三等奖 4 件

1. 长征十一号海射运载火箭成功实现我国首次海上商业化应用发射
   烟台广播电视台
   作者：李子金　刘瑞　王安琪　王楚齐
2. 3860 个党员突击队成为抗击疫情战斗堡垒
   泰安市广播电视台
   作者：郭孝贞　靳岩　刘国萍
3. 烟台福山区：引进一个龙头　擎起一方集群
   烟台广播电视台
   作者：刘博达　姜于海　李子金　周瑞宁
4. 安丘有望更多 RCEP 国家的农产品出口
   潍坊市安丘市融媒体中心
   作者：曹伊乔　曹宗堂

电视专题

一等奖 2 件

1. 葛玉修：我的镜头因你美丽
   山东广播电视台
   作者：林海燕　邓杰　朱思环　霍路加
2. 德国人狄沛：在山东讲述中国故事
   山东广播电视台
   作者：逯兴举　张铭伟　李玲　陈琛
   刘骏

二等奖 3 件

1. 韩国“打工仔”成了董事长
山东广播电视台
作者：赵丽娜　陈琛　伊力　韩信　孙涛
2. 比“意”齐飞
山东广播电视台
作者：郭磊　阎恒　岳帅　冯艳巧
霍路加
3. 生命记“疫”
青岛市广播电视台
作者：朱晨阳　栾靖　李小丰　王平

三等奖 4 件

1. 这里是山东
山东广播电视台
作者：集体
2. 最好的济南
济南广播电视台
作者：张东寅　魏鲁南　李鹏罡
3. 【拥抱发展机遇　携手共赢未来】　对话山东—日本·山东产业合作交流会
山东广播电视台
作者：陈琛　窦全勇　郭健　李普桢
王有鹏
4. 泱泱齐风
淄博市广播电视台
作者：李海东　武斌　王晓宁　汪洋

2020 年度山东省优秀广播电视播音与主持作品评选获奖名单

广播播音

一等奖 5 件

1. 120 小时加速跑——青岛全员核算检测纪实
   青岛市广播电视台
   作者：邹梦洋
2. 一期《一路畅通》
   山东广播电视台
   作者：王敬欣
3. 大河之舞——济南黄河流域绿色发展纪实
   济南广播电视台
   作者：黄晓桐　杨波
4. 光束照亮扶贫路
   临沂市广播电视台
   作者：孙素婷
5. 土地托管助力乡村振兴　脱贫攻坚农民喜奔小康
   济南广播电视台
   作者：徐宁

二等奖 10 件

1. “黄河”重卡，强势归来
   济南广播电视台
   作者：齐志敏（齐方）
2. 没有生而英勇，只有选择无畏——致敬青岛市妇女儿童医院疫情救治中的白衣战士
   青岛市广播电视台
   作者：张静
3. 1377 清晨新闻
   青岛市广播电视台
   作者：王涵　王奔
4. 聊城路桥发展新时代
   聊城市广播电视台
   作者：王龙
5. 绽放在战疫一线的青春之花
   山东广播电视台
   作者：戴晋
6. 家书
   临沂市广播电视台
   作者：张陈陈　朱晓东
7. 89 早新闻
   淄博市广播电视台
   作者：陈蓓　鲁峰
8. 不负韶华再出发
   枣庄广播电视台
   作者：郑艳秋
9. 中国好人张玉春
   日照广播电视台
   作者：丁睿　黄晓燕
10. 黄河岸边幸福梦
   菏泽市广播电视台
   作者：程敏

三等奖 10 件

1. 不应忘却的历史印迹

潍坊人民广播电台
作者：王增金　刘金全

2. 乡村治理体系的“平原实践”
德州市广播电视台
作者：李萍　张锦

3. 89 整点播报
淄博市广播电视台
作者：翟莉

4. 愿你慢慢长大
东营市广播电视台
作者：李凝

5. 烟雨桃花留诗外
滨城区融媒体中心
作者：贾志芳　马莉莉

6. 读书破万卷
聊城市广播电视台
作者：黑丽燕

7. 非同寻常的嫁妆
东营市广播电视台
作者：徐胜德

8. 英雄“王成”真正原型是咱莱阳人——电影《英雄儿女》“向我开炮”原型于树昌魂归故里
莱阳市广播电视台
作者：徐鸿

9. 小牡蛎形成大产业
威海市乳山市融媒体中心
作者：杨颖楠

10. 泰安：为泰山立法　守住绿水青山
泰安市广播电视台
作者：栾颖杰

广播主持

一等奖 4 件

1. 白衣逆行，守护生命——济南援鄂医务人员访谈
济南广播电视台
作者：王静宇　姜荣堃

2. 最早的中国——对话网红考古人许宏
山东广播电视台
作者：郑晋

3. “刀锋”上的接力
山东广播电视台
作者：胡蒙

4. 秦文：“独行女侠”守护光明
青岛市广播电视台
作者：崔小丹

二等奖 7 件

1. 新闻轻松听
烟台广播电视台
作者：崔晓峰　王蕾

2. 有故事的孩子们，唱着有故事的歌
临沂市广播电视台
作者：程蓓

3. 新世纪的第八天，他来过——纪念著名作家叶永烈
山东广播电视台
作者：金小凤

4. 被天使吻过的女孩——小峻熙
泰安市广播电视台
作者：王莹　陈娜

5. 展望你的 2021 年
德州市广播电视台
作者：孙健玮　弭宝裕

6. 故事酸菜馆
济南广播电视台
作者：杜奉泽　王萌

7. 音乐自由行——我在日照
日照广播电视台
作者：李洁

三等奖 9 件

1. 同一个名字
   青岛市广播电视台
   作者：柳柽楠
2. 夕阳之爱
   潍坊人民广播电台
   作者：李嵩　杨越涵
3. 优化营商环境“行风在线”在行动
   潍坊人民广播电台
   作者：王新波
4. 在路上
   泰安市广播电视台
   作者：张晨　高倩倩
5. 段子手的朋友圈七夕特别节目——相亲而已
   济南广播电视台
   作者：申萌　汪鑫
6. 最难忘的记忆　最可爱的人
   临沂市广播电视台
   作者：孙宇　张泽鹏
7. 与时间赛跑的寻亲者
   德州市广播电视台
   作者：周蕾
8. 直播 12345
   淄博市广播电视台
   作者：孙先雯
9. 古诗趣谈
   枣庄广播电视台
   作者：刘奕辰

电视播音

一等奖 7 件

1. 新闻午班车（2020 年 1 月 28 日）
   山东广播电视台
   作者：李丛丛
2. 大河之畔
   济南广播电视台
   作者：郭幼鹏
3. 早安山东（2020 年 7 月 16 日）
   山东广播电视台
   作者：林瑞嵩
4. 青岛新闻
   青岛市广播电视台
   作者：单芸
5. 青岛新闻
   青岛市广播电视台
   作者：冯彩虹
6. 济南新闻
   济南广播电视台
   作者：刘霖　宋劲彬
7. 咫尺万里海疆
   日照广播电视台
   作者：相姝君

二等奖 11 件

1. 每日新闻（2020 年 4 月 15 日）
   山东广播电视台
   作者：李敬超
2. 肥城新闻
   泰安市肥城市广播电视台
   作者：赵华君
3. 最美逆行者——肖静战“疫”日记
   聊城市广播电视台
   作者：齐丽丽
4. 菏泽新闻联播（2020 年 11 月 24 日）
   菏泽市广播电视台
   作者：张咏梅　王硕
5. 我为英雄织战衣
   德州市广播电视台
   作者：韩伟
6. 山东省形象宣传片《这里是山东》
   山东广播电视台
   作者：吴峰

7. 母女
   临沂市高新区融媒体中心
   作者：王晴
8. 抗美援朝　保家卫国——向英雄致敬
   潍坊电视台
   作者：韩翔
9. 淄博新闻
   淄博市广播电视台
   作者：常帆　杨洁
10. 守望春天——青岛医疗队援鄂战疫纪实
   青岛市广播电视台
   作者：陈旺
11. 党员朱振练
   济南广播电视台
   作者：侯玉靖

三等奖 11 件

1. 漫漫峡江渡
   山东广播电视台
   作者：薛猛
2. 水浒故里的生态奇迹
   山东广播电视台
   作者：邓云
3. 脱贫攻坚　菏泽答卷
   菏泽市广播电视台
   作者：许鹏远
4. 枣庄新闻（2020 年 3 月 8 日）
   枣庄广播电视台
   作者：张晶楠
5. 烟台新闻（2020 年 10 月 4 日）
   烟台广播电视台
   作者：于慧　杨天宇
6. 联播日照
   日照广播电视台
   作者：贺晓燕
7. 创意“面师”八零后　大花饽饽寄乡愁
   淄博市淄川区融媒体中心
   作者：田子涵
8. 威海新闻
   威海市广播电视台
   作者：孔祥勇　齐赛
9. 端木林：渔鼓情深
   济宁市任城区融媒体中心
   作者：李慧林　雷伟
10. 晚间新闻
   泰安市广播电视台
   作者：翟玉佳　于雪婷
11. 美好生活来了——郭庄村治违记
   德州市广播电视台
   作者：范峰

电视主持

一等奖 7 件

1. 《问政山东》——问政青岛市政府
   山东广播电视台
   作者：朱文超　李莎
2. 灯塔大课堂：榜样讲党课
   山东广播电视台
   作者：徐单　黄凯
3. 今晚 20 分
   济南广播电视台
   作者：李源
4. “能文能舞”2020 六一特别节目
   山东广播电视台
   作者：丫丫（聂亚陆）　王苏
5. 今日 +
   青岛市广播电视台
   作者：曲伟　戚钰朦
6. 连钢创新团队：未来港口中国造
   青岛市广播电视台
   作者：陈喆
7. 坐着高铁看中国——济南西城的变化
   济南广播电视台

作者：刘宏刚

二等奖 13 件

1. 临沂市“践行沂蒙精神·最美抗疫人物”发布仪式
临沂市广播电视台
作者：赵梦婷　朱晓东
2. 侃球时间·“航”线迷途　春雨待燕归
山东广播电视台
作者：李蓓
3. 开棺疑云
菏泽市广播电视台
作者：赵帅
4. 专访“抗疫英雄”肖静
聊城市广播电视台
作者：赵君
5. 少年强
济南广播电视台
作者：孔繁龙
6. 济南好人：跟着“第一书记”骑行脱贫攻坚路
济南广播电视台
作者：李晓霞
7. 最美追梦人
山东广播电视台
作者：王真洁
8. “青岛楷模”发布厅——山东港口青岛港“连钢创新团队”
青岛市广播电视台
作者：杨静静
9. 复工正当时——探班横店影视城
山东广播电视台
作者：董晓冬（辛凯）
10. 日照三奇：用速度为“战疫”赢得时间
山东广播电视台
作者：毛馨
11. 主播带你游水城：山陕会馆
聊城市广播电视台
作者：马冰　张鹏
12. 张玉庆：勇立潮头　做合约物流的领跑者
临沂市兰陵县融媒体中心
作者：王春梅
13. 追凶十二年
菏泽市广播电视台
作者：隋欣

三等奖 14 件

1. 让梦想飞
山东广播电视台
作者：汪洋
2. 《闪亮少年　归来已成长》——《闪亮吧！少年》六一特别策划
济南广播电视台
作者：刘姿伶
3. 鲁渝有约　枣丰携手助力脱贫攻坚
枣庄广播电视台
作者：刘文静
4. 问政菏泽
菏泽市广播电视台
作者：丁珂
5. 安舒探班一线——济矿物流
济宁广播电视台
作者：安舒
6. 援鄂有你　共战疫情
德州市广播电视台
作者：任彦霏
7. 问政德州——问政德州市住房和城乡建设局
德州市广播电视台
作者：韩伟　焦玉龙
8. 聊城市战役最美集体　援鄂英雄云发布直播
聊城市广播电视台
作者：安丽燕　张晓
9. 今晚 18 点
淄博市广播电视台

作者：张赫

10. 生活大赢家

山东广播电视台

作者：王羲

11. 社会广角

烟台广播电视台

作者：车锦

12. 问政济宁

济宁广播电视台

作者：陈娅

13. 2020《问政日照》营商环境专场

日照广播电视台

作者：赵国栋

14. 中华五千年中医药文化探秘

烟台市牟平区广播电视台

作者：王琳　李辉

2020 年度山东省优秀广播文艺作品评选获奖名单

音乐节目

一等奖 6 件（优秀音乐节目）

1. 黄河之水天上来
   山东广播电视台
   作者：赵芊茜　孙学　石瑗
2. 大河之畔　民谣之声
   济南广播电视台
   作者：杨国伟　王志坚　杨若琳
3. 齐声鲁韵——山东民间拉弦乐探寻之旅
   青岛市广播电视台
   作者：张楠　周骁　栾春妮　贾晓茹
4. 《音乐随心听》年末特别企划——回家之路
   山东广播电视台
   作者：王晓立　庄毅　胡洁
5. 同心战“疫”为爱而歌——曲波和他的“抗疫”三部曲
   烟台广播电视台
   作者：张莹　陈珺　王迅照　李佳
6. 2020 奋斗如歌
   潍坊人民广播电台
   作者：李嵩　王鹏飞　田珊珊

二等奖 11 件（入围音乐节目）

1. 编钟——穿越时空的声音
   青岛市广播电视台
   作者：张军　闫瑜祯　张媛　邓哲
2. 我们在一起
   济南广播电视台
   作者：衣晓莺　徐宁　黄晓桐　姜波
3. 斑马音乐之老城区里的文化遗产
   青岛市广播电视台
   作者：谷克豪　徐碧霄　栾春妮　姜萌
4. 胜利的歌声——新中国成立初期优秀歌曲回顾
   烟台广播电视台
   作者：包毅
5. 温暖的抱抱
   山东广播电视台
   作者：刘昕　路文文
6. 此刻心声——我和我的祖国
   潍坊人民广播电台
   作者：谭峰　刘海鹏　姜伟
7. 苏州河畔的丹尼男孩
   威海市广播电视台
   作者：白雁冰　汤璐
8. 有礼作揖　有乐相伴　同唱《拱手礼》
   山东广播电视台
   作者：左燕　黄文　李艺
9. 奏响“黄河大合唱”
   青岛市广播电视台
   作者：孟祥松　杨金　孙晓雷　史鑫
10. 作词人邱国栋专访
    日照广播电视台
    作者：李洁　刘加娟　鞠锐洋　李彦
11. 声音档案馆

东营市广播电视台
作者：邢桂兰　张震　张杰　陈亮

三等奖 13 件（入围音乐节目）

1. 一个人的唱诗班
   潍坊人民广播电台
   作者：郭童　王鹏飞　李松　周梦菡
2. 赤子孤独了，会创造一个世界——独立音乐人现场音乐访谈实录
   东营市广播电视台
   作者：周阳　杨大立　巩植友　曹纳　颜珊　张杰
3. 萤火
   德州市广播电视台
   作者：周蕾　李莎莎　赵莹　董文娟
4. 歌声里的光影中国
   东营市广播电视台
   作者：朱玉铭　韩明洋　李瑞涛
5. 战“疫”之歌
   临沂市广播电视台
   作者：林茂　王晓梅　徐杨　梁超
6. 《声暖人心　我们在一起》大型公益歌曲展播
   日照广播电视台
   作者：孙蕾春　李洁　尹晓艳　张田
7. 因为一首歌　恋上一座城
   淄博市广播电视台
   作者：李玉涵　孙涵
8. 音乐优品——枣庄音乐人献给逆行者的歌
   枣庄广播电视台
   作者：刘峰　张大为　杨晨雪　庄子璇
9. 春暖花开
   东营市广播电视台
   作者：霍春晓　王婷　孙晓菡
10. 放歌邹平
   滨州市邹平市融媒体中心
   作者：张立波　魏丹丹　鹿晓娟　孙茳
11. 你的故事我的歌
   菏泽市广播电视台
   作者：朱美丽
12. 城市如影随形——夺冠
   泰安市广播电视台
   作者：李静瑶　岳玲　马艺军
13. 悦享一夏
   菏泽市广播电视台
   作者：刘昱婷

文学节目

一等奖 3 件（优秀文学节目）

1. 李白的“长安十二时辰”：从未出场，却又无处不在
   青岛市广播电视台
   作者：李涛　仲博　吴青阳　郝力
2. 与约翰·克利斯朵夫的重逢：读著名诗人于坚《巴黎记》
   山东广播电视台
   作者：金小凤　王上　戴晋
3. 诗歌满城，经典重现　“声动泉城”——名家名篇诗文咏诵会
   济南广播电视台
   作者：王萌　衣晓莺　胡快

二等奖 6 件（入围文学节目）

1. 清白高洁是我一生的诗——纪念唐代著名诗人骆宾王诞辰 1400 周年特别节目
   青岛市广播电视台
   作者：庞然　史鑫　高仕英　崔小丹
2. 千古凉州盛世词——唐朝边塞诗赏析
   山东广播电视台
   作者：左燕　于峰　庄昊飞　王福江
3. 清照千载
   淄博市广播电视台

作者：翟莉　翟梓雯　孙伟军

4. 离歌犹在康桥边
威海市广播电视台
作者：白雁冰　汤璐　高霞　权憬怡

5.《经山海》里的新时代——作家赵德发专访
日照广播电视台
作者：杨艳楠　厉建芳　杨艺　牛闽

6. 1057读书汇之“古色古香”幽默古诗词
滨州市人民广播电台
作者：刘娟娟　胡馨仪

三等奖7件（入围文学节目）

1. 我们都爱古诗词
烟台市牟平广播电视台
作者：杨莹莹

2.《论语》的生活智慧——认识自己　知错就改
济宁市兖州区广播电视台
作者：孔剑平　颜丙建　陈琛　闫海英

3. 为你读书
烟台市蓬莱区融媒体中心
作者：迟家旭　张锦

4. 声赞十月歌颂祖国——写给人民的答卷
滨州市人民广播电台
作者：魏雪龙　刘坤　孙旭东

5. 战“疫”日记
聊城市广播电视台
作者：赵美娥　刘景帅　张立杰

6. 武汉疫情爆发12天普通人的故事
泰安市广播电视台
作者：潘俊旗　唐波　赵广军　程欣欣

7. 1057读书汇之经典课文赏析《背影》
滨州市人民广播电台
作者：刘娟娟　胡馨仪

戏曲节目

一等奖2件（优秀戏曲节目）

1. 民族歌剧《沂蒙山》：“水乳交融、生死与共”伟大精神与时代共情
山东广播电视台
作者：李兴苗　张敏　李伟

2. 柳琴戏《生命安全大如天》
枣庄广播电视台
作者：荐素明　王宁　关波　班昌林

二等奖3件（入围戏曲节目）

1. 吕剧《社区书记》——演绎身边人身边事儿
山东广播电视台
作者：张琳　潘皓　李颜男　孙学

2.《智取威虎山》——致敬心底的燃情岁月
济南广播电视台
作者：鲍茜茹　颜秉正　许心　徐宁

3. 一曲茂腔醉人耳　一段传承感人心
日照广播电视台
作者：厉建芳　杨艳楠　王新伟　邵诗淇

三等奖4件（入围戏曲节目）

1. 琴声悠悠，芳华四十
济南广播电视台
作者：张雪野　李卉

2. 于梨园灯火阑珊处　见济南“二安”家国情
济南广播电视台
作者：王靖　于红雨　王媛媛

3. 六字碑
枣庄广播电视台
作者：黄国青　郑艳秋

4. 山东梆子泰山文化三部曲
泰安市广播电视台

作者：刘雁南

长篇连播

一等奖 2 件（优秀长篇连播）

1. 行走的脊梁——泰山挑山工纪事
   山东广播电视台
   作者：庄毅　左燕　武云霜
2. 乡村国是
   青岛市广播电视台
   作者：任向军　姜萌　赵冬梅　刘冉冉

二等奖 4 件（入围长篇连播）

1. 沂蒙
   山东广播电视台
   作者：郑晋　尚焕霞　上官天屹　张博
2. 济南攻坚战
   济南广播电视台
   作者：齐志敏（齐方）　王莘
3. 小铁道游击队
   枣庄广播电视台
   作者：殷宪微　栗静静
4. 汉魂——大将军韩信传奇
   安丘市融媒体中心
   作者：刘雪玲　林鹏　吕珊珊　宋云龙

三等奖 5 件（入围长篇连播）

1. 极限人生
   山东广播电视台
   作者：许雁　胡春燕
2. 闯关东
   山东广播电视台
   作者：胡春燕　许雁　傅聪
3. 人狼情仇
   日照广播电视台
   作者：唐志云　郜乃军　王新伟　高琦
4. 和悦洲上
   德州市广播电视台
   作者：柴森
5. 大国重工
   淄博市广播电视台
   作者：陈宗奎　张滋怡　胡可　于英

综艺节目

一等奖 2 件（优秀综艺节目）

1. 水乳交融、生死与共——八百里蒙山沂水长
   山东广播电视台
   作者：左燕　庄毅　单亮　路文文
2. 满城泉水满城诗——鹊华读书会中秋诗会
   济南广播电视台
   作者：胡霞　张真　卢宗阳

二等奖 3 件（入围综艺节目）

1. 风从海上来——走向世界的影视之都
   青岛市广播电视台
   作者：孟祥松　张莉莎　周德　高仕英
2. 大洋深处鱿钓人
   威海市广播电视台
   作者：白雁冰　权憬怡　高霞　汤璐
3. 我和我的家乡——回乡之路、最后一课
   山东广播电视台
   作者：刘洋

三等奖 4 件（入围综艺节目）

1. 一场特殊的演出
   山东广播电视台
   作者：张敏　李伟　王萍　张辉
2. 征途 2020——淄博首届跨年嗨翻夜
   淄博市广播电视台

作者：薛守志　张滋怡　张洁　孙伟

3. 丝路
   枣庄广播电视台
   作者：平秀峰　王宁　荐素明　关波
4. 2020年新年诗会
   威海市文登区融媒体中心
   作者：隋炎君　林威　林建永

广播剧

一等奖3件（优秀广播剧）

1. 蒙山青　沂水长
   山东广播电视台
   作者：蒋倩　于峰　左燕　庄昊飞
2. 追寻杨子荣
   烟台广播电视台
   作者：许鲁革　包毅
3. 随时出发
   青岛市广播电视台
   作者：张媛　王小沫　高华东　姜萌
   郑锐　刘程煜

二等奖6件（入围广播剧）

1. 阳光灿烂的岁月
   济南广播电视台
   作者：鲍茜茹　周继龙　王磊　黄晨
2. 黄河坝上故人归
   东营市广播电视台
   作者：赵建新　权胜　王建新　于祥国
   谭素敬
3. 三棵树
   日照广播电视台
   作者：孙蕾春　陶晓　王妍　费聿哲
4. 春到渡口驿
   德州市广播电视台
   作者：集体
5. 这个“老赖”真不赖
   利津县融媒体中心
   作者：高玉霞　王晓东　魏鹏程　孙建秀
   顾晓敏
6. 亲爱的陌生人
   烟台广播电视台
   作者：包毅　许鲁革

三等奖7件（入围广播剧）

1. 蛟龙号
   青岛市广播电视台
   作者：集体
2. 无悔人生
   山东广播电视台
   作者：蒋倩　于峰　左燕　庄昊飞
3. 小英雄雨来
   山东广播电视台
   作者：公慧　赵传超　韩莉　王上
4. 苏奇“奇遇记”
   淄博市广播电视台
   作者：许彤童　马欣欣
5. 求婚
   德州市广播电视台
   作者：集体
6. 婷儿出嫁
   山东广播电视台
   作者：蒋倩　于峰　左燕　庄昊飞
7. 等你回家
   临沂市广播电视台
   作者：刘萍　杨森　刘文文　郁有仁

2020 年度山东省优秀广播电视网络视听节目及融媒产品评选获奖名单

网络专题

一等奖 4 件

1. 齐心鲁力——山东战“疫”全记录
   山东广播电视台
   作者：李翔睿　王春令　陈芳　刘瑄
2. 铁甲出水　“定远”归来
   山东广播电视台
   作者：唐福晨　刘玉良　翟术亮　吕钊
3. 阳光照进桑梓店——唠唠村里的脱贫故事
   济南广播电视台
   作者：延磊　姜琳　付姿乔　李金鹏
4. 向楷模致敬——连钢创新团队：未来港口推门人
   青岛市广播电视台
   作者：韩丽楠　李江　纪礼家　刘瑜

二等奖 7 件

1. 巷战
   济南广播电视台
   作者：集体
2. 改变——疫情之下的行业众生相
   济宁广播电视台
   作者：颜凯　亓亚婧　骆琳　田文超
3. 决胜全面小康　决战脱贫攻坚——潍坊在行动
   潍坊传媒网
   作者：集体
4. 自贸先行看烟台　改革创新立潮头
   胶东在线
   作者：孙玲姿　王大鹏　褚科峰　刁丽华
5. 乡村振兴全媒巡礼
   东营市广播电视台
   作者：范宝苍　赵伟　刘蕾　刘丹
6. 这事儿既有“速度”，更有温度！
   东营市东营区融媒体中心
   作者：齐兵　郭丹丹　王菲菲
7. 两会贞视点
   滨州电视台
   作者：崔艳贞　孙贝贝　闫晓亮　张静

三等奖 8 件

1. 山东战“疫”原创沙画视频展播
   山东广播电视台
   作者：解冰心　刘鑫　黄乔乔　傅晨
2. 面孔
   青岛市广播电视台
   作者：魏东　杨子豪　兰海　张仕霖
3. “寻找身边榜样　晒晒美好聊城”正能量网络作品展播
   聊城市广播电视台
   作者：曾红　杭宇　李璇　张柱成
4. 防控新型冠状病毒，东营有力量
   东营市广播电视台
   作者：赵国防　李雨婷　刘稳稳　牛馨艺

5. 跨越940公里的“高考手机”，情暖“疫”线
淄博市沂源县融媒体中心
作者：集体
6. 最美聊城
聊城市广播电视台
作者：李然甲　张芮茹
7. 临沂市广播电视台大型全媒体问政栏目《问政临沂》
临沂市广播电视台
作者：李后朋　刘萍　赵增莉　刘晓
8. 用文明标注进步
枣庄广播电视台
作者：杜晓红

短视频

一等奖12件

1. 山东省委书记这一举动，温暖了科技人才的心
山东广播电视台
作者：陈洋　李侠　陈强　白少光
2. 微视频｜黄冈战“疫”24小时
山东广播电视台
作者：孔冠军　穆广辉　刘洋　孙希磊
3. 薪火相承
济南广播电视台
作者：王磊　鞠永青　李靖　姚欣
4. 一条短视频引发的“全民追凶”
山东广播电视台
作者：陈龙　薛亮　吕素鹏　董昱辰
5. 耗资千万泵站却浇不了地？问政现场水务部门被11次“灵魂式追问”
济南广播电视台
作者：吴志宽　周超　杜奉泽　陈岭
6. 世界最大跨度耐候钢钢箱梁转体桥成功转体
青岛市广播电视台
作者：张旭　魏梁　罗风顺　张仕霖
7. 山东高一女生视频记录：妈妈去武汉的日子
山东广播电视台
作者：李龙　朱伟伟　陈琛　王霖
8. 一个人的公交线
济宁广播电视台
作者：颜凯　朱晓松　郭晓崧　李晓明
9. 娃问，为啥不让我出门？青岛这位妈妈手绘漫画告诉你！
青岛市广播电视台
作者：王瑶　李洁　姜昌健　周玥
10. 爱在威海
威海市广播电视台
作者：杨明帆　刘观达　周立新　纪震
11. 兄弟，我愿做你的拐杖！
日照广播电视台
作者：肖光娟　陈洁　冯展萍　牟慧君
12. 新闻现场：3天9证
德州市广播电视台
作者：李宁　李岩　王颖　鲍晓晗

二等奖20件

1. 汤海威：在发动机上写诗的人
潍坊高新区融媒体中心
作者：崔成旺　周锦江　董春晖
2. 问政现场直接办公：交房不通水电　威海市长现场部署整改
山东广播电视台
作者：李方栋　林绍荣　刘甲鹏　徐珊珊
3. 男子当街持刀伤人，路边店主挺身而出
山东广播电视台
作者：刘娜　潘松
4. “9.99能除尽，这个很好听”　药品采购再现“灵魂砍价”
山东广播电视台
作者：马萌萌　刘茜　毛雅楠
5. “桥”见新生
济南广播电视台

作者：刘伟杰 吴志宽 贺洪梅 郑兆富

6. 沂水“山东兄弟”：平凡的力量
临沂市广播电视台
作者：吴清庆 潘尚涛 刘萍 于家彬

7. 警花小姐姐，你努力奔跑的样子，真美！
济南广播电视台
作者：朱哲 胥曰波 陈磊 梁超

8. 前方
潍坊电视台
作者：于智琳 于江凯

9. C919大型客机转场东营试飞
东营市广播电视台
作者：牛汝云 李瑞涛 朱玉铭 王灿

10. 贫困户入党记
德州市陵城区融媒体中心
作者：纪新华 施伟 刘晓燕 刘亚飞

11. 烟台开启“问天”路
烟台广播电视台
作者：门海莲 张颖 荆崇祯

12. 小伙张豪杰，人如其名，真豪杰！
菏泽市广播电视台
作者：王喆

13. 星星的雕像——致敬全市人体器官捐献者
滨州电视台
作者：集体

14. 泰山挑山工：十八盘上行走的脊梁
泰安市广播电视台
作者：张丰振 牛琛琛 袁丽冉 吕远

15. 复苏
青岛市广播电视台
作者：兰海 魏东 孙楠 罗凤顺

16. 天上突然飘下“钞票雨”！男子手举输液瓶冒雨守护
济宁广播电视台
作者：蔡珂珂 相旺 贾鑫 胡庆琛

17. 援鄂医护人员返乡
菏泽市曹县广播电视台
作者：白东亚

18. 江北水城葫芦文化艺术节 一项非遗 带动一个文化产业
聊城市东昌府区融媒体中心
作者：李学成 郑万功 刘凤春 王艳红

19. 武城小伙儿千里驰援武汉 平凡运输人彰显担当大爱
武城县广播电视台
作者：王先攀 曹延飞 刘亚男

20. 英雄回家
济宁广播电视台
作者：冯斌 屈勇勇 孔纯 秦璞

三等奖 24 件

1. 主管护师出征湖北，儿子撕心裂肺的哭声，让人听了泪目
日照广播电视台
作者：孙蕾春 张勇 厉晓晨 王燕青

2. 这里是山东：温馨的家
山东广播电视台
作者：王亚男 魏岽

3. 视频 | 看！醒了
济南广播电视台
作者：殷庆轮 朱永宁 张钼

4. 开学第一课，澎湃爱国情
济南广播电视台
作者：孙佳音 韩育超 袁菲 刘宁

5. 新麦客驰骋华夏追麦时
潍坊电视台
作者：宋照峰 万兆龙

6. 我的小康路⑫：跨界青年的别样致富路
山东广播电视台
作者：李珊珊 解冰心 刁雪 刘鑫

7. “塔吊夫妻”幸福时刻：有他的地方就是家
烟台市胶东在线
作者：杨淑华 孙宗顺 杨茜 尹伟华

8. 沙画 | 战“疫”胜利的那天，要给你一个大大的拥抱

济宁广播电视台
作者：张英娜　亓亚婧　苏洪言　魏文

9. 震撼！临沂发布战“疫”公益 MV《等着我，亲爱的人》，向为爱坚守的你致敬！
临沂市广播电视台
作者：王伟　吴清庆　苏丹　庞文梁

10. 妈妈，亲爱的妈妈
山东广播电视台
作者：卞文阳　邵波　林范盛　聂振凯

11. 不平凡的平凡
山东广播电视台
作者：解冰心　刁雪　王一晗　苏明

12. 援鄂护师唐婷婷向婆婆表白：谢谢您，让我安心战“疫”！
淄博市桓台县融媒体中心
作者：殷佃杰　田辰珉　岳可华　于小川

13. 最美青岛十年，重温那些高光时刻
青岛市广播电视台
作者：王瑶　李洁　关睿　杜浩然

14. 看见爱情最美的样子——一场被延后的婚礼
济宁广播电视台
作者：颜凯　吴钟亮　邵进　李芳

15. 爱心满城　城市更暖
济宁广播电视台
作者：朱晓松　孙红艳　张延泽　苏富旺

16. 致我们的 2020
威海市文登区融媒体中心
作者：刘夕瑜　韩伟　崔心怡

17. 一份特殊的跨省外卖
临沂市广播电视台
作者：吕京志　赵天琦　孙广丽　杨瑞雪

18. 新时代・新愚公
枣庄广播电视台
作者：侯晓文　贾冰　孙延凤　刘娟

19. 最美托举
邹平市融媒体中心
作者：秦晓燕　孔媛媛　赵成龙　曲鹏飞

20. 60 张照片定格我们一起拼过的春夏秋冬
泰安市广播电视台
作者：朱文静　张丰振　秦一力　张冬梅

21. 英雄归来——欢迎聊城援鄂医疗队英雄回家
聊城市广播电视台
作者：曾红　杭宇　李璇　张柱成

22. 女护士瞒 80 岁父亲湖北“战疫”
菏泽市广播电视台
作者：王喆　郑芳

23. 春风十里　齐鲁安澜
禹城市广播电视台
作者：司晓娟　王强　许文　张宁

24. 出征
德州市广播电视台
作者：王新晶　张孟华　薛龙　王其强

移动直播

一等奖 4 件

1. 跨越百年　再获新生——济南老建筑“搬家”大型融媒体直播
山东广播电视台
作者：集体

2. “拉拉俺村新变化”习总书记视察章丘三涧溪 2 周年主题直播
济南广播电视台
作者：宋晓　杨天　李源　相茂政
殷庆轮　李欣蔚　王寿先　高阳

3. 开往 2021——青岛地铁 1 号线北段和 8 号线北段通车大型融媒体直播
青岛市广播电视台
作者：王栩　陈喆　王雅媛　镡立强
胡惟恺　朱月明　张仕霖　高上

4. 迎战强降雨　日照广播电视台大型融媒体直播报道
日照广播电视台
作者：许明　苏雪　冯展萍　刘文浩
杨洋　李小蕾　陈建勇　袁晨曦

二等奖 7 件

1. 幸福河畔新家园融媒直播——菏泽鄄城黄河滩区三合村搬入新家园
山东广播电视台
作者：马毅　翟涌钧　宋芳　李兴苗　孔毅
2. “诗从黄河来，情向长江聚”“战疫”诗歌咏诵会
济南广播电视台
作者：范东妹　刘敏　张雨佳　李晓彤　任远　申萌　成家锦　张凯
3. 爱心助农　聚焦“山东枣庄——重庆丰都”东西部扶贫协作
枣庄广播电视台
作者：张亚伟　刘文静　白晓冰　刘娟
4. 全城送爱大型公益直播
青岛市广播电视台
作者：韩丽楠　李江　李洁　关睿　苏飞宇　杜浩然　冷彤彤　叶明思
5. 潍坊电台大型融媒视频直播“潍坊市援鄂战疫英雄凯旋欢迎仪式”
潍坊人民广播电台
作者：周秀云　葛永强　黄鹏飞　刘庆宾　王哲君　肖鹏飞　赵倩楠　孙晓东
6. 局长校长当“学生”　体验开学第一天
泰山区融媒体中心
作者：马琳　李向明　刘建峰　巩凯　彭伟　陈婷　杨冉　吴超
7. 致敬荣耀·直通荣耀广场大型融媒体直播
淄博市广播电视台
作者：集体

三等奖 9 件

1. 春风十里不如你　青岛援鄂医疗队 9 名队员回家!
青岛市广播电视台
作者：集体
2. 驰援武汉　潍坊寿光在行动——山东捐赠 350 吨新鲜蔬菜
潍坊电视台
作者：杜静静　周军　史学聪　胡鑫　付强　武新军　聂翠霞　陈亮
3. 云游山亭：看泥人打铁磨豆腐　访石头村里石头屋
山东广播电视台
作者：刁雪　于越　姬月皎　王蕤　傅晨　黄乔乔　李珊珊　刘青
4. 战疫后援团——长城爱心大本营在行动
威海市广播电视台
作者：高楠　姜辉　陶春　韩光　王朝伟　丁震　许崇超　曲小晴
5. 实播山东 / 走进山东省荣成市：荣成苹果自由呼吸 · 自然
荣成市广播电视台
作者：张文杰　王东霞　夏亮　夏榕基
6. 齐河跨市专车接运防护服生产工
德州市齐河县融媒体中心
作者：贾玮诒　石勇　司伟　杨澜
7. 对话白衣天使　奏嘛独家连线　德州援鄂医疗队员
德州市广播电视台
作者：任彦霏　王福恒　齐文博　孙玖鑫　武旭　马丽萍　常建　任昊
8. 桓台县援助湖北医疗队员凯旋欢迎仪式
淄博市桓台县融媒体中心
作者：王建　耿秀伟　耿婷婷　刘冬梅　殷佃杰　毕文婧　杨琥　王晓娜
9. 【秀美陈庄　瓜香临河】“学习强国”助农直播走进山东东营
东营市广播电视台
作者：陈亮　杨阳　齐鲁　陈娟　李沅鸿　周磊　杨杨　牛馨艺

新媒体品牌专栏

一等奖 3 件

1. AI 闪电
山东广播电视台
作者：董光强　崔竞文　郭美君　董晓爽　王璇　田衍虎

2. 二十四节气里的青岛
青岛市广播电视台
作者：赵亚南　王娅菲　张璐　吴晓坤　崔文鹏

3. 聆听天使日记
东营市广播电视台
作者：张杰　赵新生　李凝　颜珊　曹纳　杨大立

二等奖 6 件

1. 普通话 8 级运动员之《藏在济南老街巷里的秘密》
济南广播电视台
作者：张雪野　张海燕　邱国吉　马德霖

2.《直言》主播时评
日照广播电视台
作者：张勇　田文鹤　杨彬　赵国栋　周红滨　李小蕾

3. 更济宁
济宁广播电视台
作者：颜凯　张英娜　宋娜　邵进　李统帅　苏洪言

4. 滨州政事
滨州电视台
作者：张丽　孙贝贝　吴静　贾佳　闫晓亮　丁明华

5. 家庭教育大家谈
山东教育电视台
作者：倪珍臻　王雨婷　刘邸子静　张磊　任威明　常怀泉

6. 逛水城
聊城市广播电视台
作者：曾红　陈默　任涛　孟晓莉　王光梁　李楠

三等奖 7 件

1. 好看时间
山东广播电视台
作者：董光强　王雪燕　王聪　姚志国　李沁龄　王钦

2. 新时代·青年说
山东广播电视台
作者：刘传佳　王上　公慧　董建华　史静

3. 不可错过的济南
济南广播电视台
作者：宋晓　杨天　相茂政　殷庆轮　刘晴晴　王寿先

4. 小城大爱
日照广播电视台
作者：陈洁　于丽丽　秦美蓉　牟慧君　杨洋　宋立佳

5. 直通 12345
潍坊传媒网
作者：集体

6. 爱临沂 Vlog：战“疫”影像日记
临沂市广播电视台
作者：潘尚涛　苏丹　张桂雨　于家彬　李后朋　赵增莉

7. 脉动油城
胜利油田宣传文化中心
作者：集体

新媒体创意互动

一等奖 5 件

1. 斑海豹长岛寻亲记 | 守护生态，向海而兴　三年大不同
   山东广播电视台
   作者：集体
2. H5| 小燕子穿花衣，这里的春天最美丽
   山东广播电视台
   作者：集体
3. 2020 战疫纪念卡册
   青岛市广播电视台
   作者：韩丽楠　王瑶　鞠在秋　韩旎莎
4. 白衣卸甲　英雄凯旋
   济南广播电视台
   作者：姜琳　孙佳音　孔雪　张蕊
5. 视觉 | 总书记牵挂的那些事儿，现在咋样了
   济南广播电视台
   作者：高家涛　李欣蔚　宁晓伟　朱永宁

二等奖 8 件

1. 点亮宁津地图
   德州市宁津县融媒体中心
   作者：赵薪鑫　韩强　杨建超　郭瑞
2. 远离套路贷　逐梦象牙塔
   威海市广播电视台
   作者：杨春光　葛春凤　吴晓峰　李进进
3. 日照市民防疫服务手册
   日照广播电视台
   作者：孙蕾春　孟涛　姚永磊　贾慧
4. H5《欢迎回家！你们是淄博最美时节里的最亮丽风景》
   淄博市广播电视台
   作者：孙晓　隋雪松
5. H5| 济宁市民“识谣辨谣”能力水平测试
   济宁广播电视台
   作者：高桂菊　宋娜　陈丽　吴艳
6. H5 | 乡村振兴，踏歌而行——村歌奏响乡村振兴“幸福曲”
   东营市广播电视台
   作者：赵国防　刘稳稳　韩晓梅　周磊
7. [致敬逆行者] 摘下口罩　你的笑容如此美（H5）
   德州市广播电视台
   作者：范壮　刘振　王真
8. 全民扩散！硬核科普：为什么现在至少坚持到正月十五不要出门？
   泰安市广播电视台
   作者：杨帆　张倩　卢乐乐　崔焕丽

三等奖 10 件

1. 垃圾分类 | 若有“分”心，必有“清”新
   潍坊人民广播电台
   作者：葛永强　李玉峰
2.《我的城　我的歌》新媒体创意互动传播项目
   山东广播电视台
   作者：吕昉　杨健　曹蕾　杨帅
3. H5 | 我们的网红村
   青岛市广播电视台
   作者：集体
4. 爱临沂 H5 接力点赞 | 白衣卸甲　英雄凯旋！
   临沂市广播电视台
   作者：苏丹　涂佃春　潘尚涛　张根钊
5. 3 分钟看完这幅手绘长卷，一起感受众志成城的磅礴力量
   烟台市胶东在线
   作者：刘镇　孙玲姿　王向荣　姜贤珠
6. 英雄凯旋——欢迎滨州市第四批援鄂医疗队的 22 名队员平安归来
   滨州市人民广播电台
   作者：李洁　李菲　李肖　张羚
7. 防控疫情　我们在一起
   枣庄广播电视台

作者：李国梁　刘宏　周贝贝　孙忠静

8. 成功挑战徒步黄河 5464 公里！新泰梁茂增平安归来
新泰市融媒体中心
作者：集体

9. 为了无法忘却的记忆——聊城“空城”记录
聊城市广播电视台
作者：周晶　丁旭莹　岳玉铭　贾晓亮

10. 战“疫”进行时　数说交通广播这些日子
东营市广播电视台
作者：朱玉铭　韩明洋　徐冰源　徐艺博

网络访谈

一等奖 2 件

1. 听，“云端”思政课里的战“疫”
山东广播电视台
作者：张伟　崔珍珍　梁金凤　李淼

2. 云对话丨云上问候援鄂女神　对话了不起的她们
济南广播电视台
作者：集体

二等奖 4 件

1. 中国航天的“烟台智慧”
烟台市胶东在线
作者：王广丰　周航　邹勇　李婷婷

2. 国际友人＠青岛
青岛市广播电视台
作者：张静　崔轩宁

3. 对话富川：感受韩国百姓的中国情怀
威海市广播电视台
作者：张涛　刘观达　宋力平　张华峰

4. 直播日照特别节目——学霸来啦
日照广播电视台
作者：肖光娟　刘文浩　韩琨　田文鹤

三等奖 5 件

1. “希望之路”——山东希望工程转型升级特别节目
山东广播电视台
作者：陈龙　臧金星　周涛　董昱辰

2. 我的援鄂故事
淄博市桓台县融媒体中心
作者：集体

3. 周鸿祎：工业基础设施成网络安全战场
青岛市广播电视台
作者：集体

4. 尽忠恪责　最美逆行——一线抗疫群英访谈之刘清岳
聊城市广播电视台
作者：齐丽丽　任哲　梁利

5. 《向春天出发》潍坊战“疫”重点攻坚特别节目
潍坊电视台
作者：集体

2020年度优秀广播电视论文评选获奖名单

一等奖20件

1. 融媒体时代广播新闻的挑战与创新
   山东省广播电视局新闻研究所
   作者：李丹阳
   编辑：高学敏
2. 融合传播与角色转型：当前对农电视的探索与发展——以山东台“三农”电视节目为例
   山东广播电视台
   作者：彭金棣　董江艳　邓云
   编辑：李丹阳
3. 文化综艺类电视节目中的文化共同体建构与文化自信重塑——以《中国地名大会》为例
   山东教育电视台　中国海洋大学
   作者：林宏　王璇
   编辑：高学敏
4. 5G时代广电媒体转型发展的尝试与策略探析》
   青岛市广播电视台
   作者：曾真　熊唯
   编辑：陈富清
5. 当代中国伦理电视剧的突围之路
   山东广播电视台
   作者：邵波
   编辑：刘聪
6. 完善舆论监督制度，提升治理能力——《问政山东》的探索实践
   山东广播电视台
   作者：刘忠国　李莎
   编辑：卢文炤　杜鹃
7. 广电新媒体直播带货的探索与思考——以“直播日照”抖音号为例
   日照广播电视台
   作者：郭晓民
   编辑：刘聪
8. 转型升级　深耕内容——城市台影响力提升路径分析
   济南广播电视台
   作者：崔桂军　于新红
   编辑：高学敏
9. 县级融媒体中心建设的现状及对策研究
   山东省广播电视局新闻研究所
   作者：綦宗金
   编辑：李丹阳
10. 重大突发公共事件中主流媒体专业价值的审视与思考
    山东广播电视台
    作者：耿军
    编辑：单文婷
11. 去精英、信任感与场景化：正能量网红的媒介形象塑造
    山东广播电视台
    作者：谭超杰　李烨昶　肖辉馨
    编辑：高学敏
12. 守正创新　真融实用　打通宣传服务群众“最后一公里”

淄博市淄川区融媒体中心
作者：房崇华　袁瑶

13. 融媒体语境中突发公共事件报道创新路径——以山东广播电视台抗“疫”报道为例
山东广播电视台
作者：王镇富
编辑：喻瑾

14. 问政山东：提问的力量
山东广播电视台
作者：李莎
编辑：李丹阳

15. 电视问政节目的价值呈现与重构
山东广播电视台
作者：肖辉馨　侯磊
编辑：陈卉

16. 关于建立媒体宣传效果评估体系的思考
烟台广播电视台
作者：刘方坤
编辑：刘聪

17. 融媒体背景下电视问政节目发展现状及趋势研究
济南广播电视台
作者：安顺德　赵学鑫
编辑：李丹阳

18. 混合现实技术下的广告初探
青岛市广播电视台
作者：段晓婧　李静
编辑：刘聪

19. 城市电视台观众会员制转换路径探索——以青岛电视台经济生活频道为例
青岛市广播电视台
作者：李秋君　李蕾
编辑：刘聪

20. 把握受众需求　弘扬主流价值——谈融媒语境下媒体主流价值传播的供给侧改革
滨州电视台
作者：张志勇

二等奖 34 件

1. 《送我上青云》：精神困境的诗意表达
山东省广播电视局新闻研究所
作者：李倩
编辑：刘聪

2. 疫情期间青少年科教节目的价值分析
山东教育电视台
作者：任衍国
编辑：杜鹃

3. 媒体讲好故事的三个维度
山东广播电视台
作者：郑晋
编辑：高学敏

4. 移植新媒体基因打造有影响力的新型主题报道
山东广播电视台
作者：陈琛　高健

5. 县级融媒体中心应对突发事件的现状分析及对策研究
宁津县融媒体中心
作者：杨娟　范世民　闫立志　陈立平
编辑：陈连虎　韩孟迅

6. 新形势下传统教育媒体面临的挑战和应对策略浅谈
山东教育电视台
作者：任衍国　战祥伟
编辑：陈小希　吴婧

7. 科学设置议题，提升电视民生新闻舆论引导力
枣庄广播电视台
作者：张义　杜艳莉
编辑：胡长粤　李媛

8. 如何从传统电视人转型为短视频达人
山东广播电视台
作者：宋炳禄
编辑：黄永文

9. 媒体深度融合与山东广电“新媒体矩阵生

态”的形成
山东广播电视台
作者：陈承聚　李传涛
编辑：董冉达

10. 县级台做“活”经济新闻的路径方法
曹县融媒体中心
作者：白东亚
编辑：高学敏

11. 全媒体时代“十手”人才的培养探究
山东广播电视台
作者：董光强

12. 用融媒体语言讲好新时代乡村振兴故事
山东广播电视台
作者：吕昉　曹蕾
编辑：唐瑞峰

13. 内容、话语与样态：广播电视台打造抖音号的探索
枣庄广播电视台
作者：侯晓文
编辑：李丹阳

14. 浅析短视频新闻如何实现“舆论监督与正面宣传”的统一——以《一切为了群众》抖音号为例
山东广播电视台
作者：薛峰

15. 构建融合传播格局，打造新型主流媒体舆论阵地——蓬莱市融媒体中心疫情防控融合传播探索与思考
蓬莱区融媒体中心
作者：吴禹霖　吴鸿飞
编辑：王文科　史征

16. 以电视问政为载体打造提升行政效能的闭环
日照广播电视台
作者：裴冰　田晓
编辑：刘凤羽

17. 移动优先　直播为引——青岛台的融合模式探索
青岛市广播电视台
作者：沈唯　兰海　罗弋翔

18. 微信社群和涉农电视节目的连接及效益转化
山东广播电视台
作者：李艳群　李玉
编辑：李丹阳

19. 用“公益力量”引领时代新风
滨州电视台
作者：项莹

20. 广播电台新闻播音主持创新研究
山东广播电视台
作者：李鹏

21. 新媒体在战“疫”中的作用
潍坊传媒网
作者：卞奕龙

22. 有心栽花与无心插柳——以两篇获奖稿件浅谈创作体会
山东广播电视台
作者：刘晓琳　王上
编辑：魏高峰　贺中翼

23. 新媒体环境下电视新闻采编策划特点及创新措施
淄博市张店区融媒体中心
作者：窦永青　王晓楠

24. 网络环境下广播组织权制度修改的法律分析
济南广播电视台
作者：左娜

25. 基于新媒体环境下的电视综艺节目创新思考
山东广播电视台
作者：谢药
编辑：张伟

26. 深度人文旅游广播节目的创意与策划
山东广播电视台
作者：金小凤
编辑：李丹阳

27. 电视人物专题片如何讲好故事
东营区融媒体中心
作者：田树忠

28. 县级融媒体中心建设中新闻传播面临的问

题与决策
长岛海洋生态文明综合试验区广播电视台
作者：林勇
编辑：周志强

29. 创新生态、齐鲁万象，构建地面新生态场
山东广播电视台
作者：张蓓蓓
编辑：祁海琳

30. 融媒时代电视新闻编辑工作转型研究
昌乐县融媒体中心
作者：赵华峰
编辑：高学敏

31. 基于 SWOT 视角的广电 MCN 发展策略分析
济南广播电视台
作者：张婧　延磊　袁菲

32. “互联网＋”时代传统媒体融合发展模式的重构
莱州市融媒体中心
作者：曲松涛
编辑：周志强

33. 激发县媒记者的“潜优势”
德州武城县广播电视台
作者：高春山

34. 新时代如何做好新闻舆论的意识形态工作
山东广播电视台
作者：李玲
编辑：王立纲

三等奖 40 件

1. 广播融媒体吹响抗击疫情“集结号”
山东广播电视台
作者：俞青青
编辑：黄凤梅

2. 广电融媒体如何做好短视频新闻
山东广播电视台
作者：程惠琳
编辑：车东林

3. 谈新形势下提升县级融媒体中心运行质量的措施
济南广播电视台　牟平区广播电视台
作者：李宗燕　孙茂良
编辑：张伟

4. 看《有话好好说》的“吸粉”秘籍——山东省济南广播电视台《有话好好说》调解方法与技巧
济南广播电视台
作者：邹晓伟　乔超

5. 如何有效培养广播电视台编辑记者的创新能力
临沂市广播电视台
作者：董安侠
编辑：刘勇峰　苗慧　罗婷尹

6. 基于融媒体时代下电视新闻播音主持的创新与坚守
博兴县融媒体中心
作者：张丽
编辑：王炳云

7. 如何扩大地方新闻传播影响力
禹城市广播电视台
作者：梁民
编辑：梁芳　辛怡丽

8. 传媒视野下播音主持艺术的要素分析
德州市广播电视台
作者：孙健玮
编辑：弭宝裕　景云

9. 新媒体视域下广播电视台播音主持的技巧与特点研究
青岛市广播电视台
作者：陈喆

10. 浅析新媒体背景下县区电视新闻节目的编排技巧
临沂市罗庄区融媒体中心
作者：宋芳

11. 新媒体时代如何创新新闻类电视节目的后期制作和剪辑方法

龙口市融媒体中心
作者：刘明皓
编辑：曹薇　朱晓娟

12. 儿童电视节目制作要点探究
河口区融媒体中心
作者：石磊
编辑：王岩娜

13. 全媒时代地方广播记者综合素质分析
烟台广播电视台
作者：张莹

14. 地级市电视台媒体融合发展制约因素探究
东营市广播电视台
作者：韩晓侃

15. 传统广播电视与新媒体技术媒介的融合发展探究
临沂市平邑县融媒体中心
作者：李会

16. 新媒体环境对传统新闻报道的影响研究
潍坊人民广播电台
作者：周梦菡
编辑：李艳

17. 媒体融合背景下编辑人才队伍建设分析
高密市融媒体中心
作者：宋永双

18. 新闻播音中美感的提升
山东广播电视台
作者：胡春燕
编辑：刘凤羽

19. 融媒体背景下广播电视编辑记者的工作策略
青岛市广播电视台
作者：荆红卫
编辑：刘凤羽

20. 全媒体时代对电视主持人素质的新要求
烟台广播电视台
作者：谢非
编辑：王建云

21. 党建宣传如何守正创新
龙口市融媒体中心
作者：柳向桐
编辑：赵玉玲

22. 从电视新闻现场直播看主持人综合业务能力
潍坊电视台
作者：史学聪

23. 新媒体环境下电视新闻编辑的多样化探究
河口区融媒体中心
作者：来玉峰
编辑：刘勇峰　苗慧　罗婷尹

24. 媒介融合下播音主持的个性化表达
聊城市广播电视台
作者：邵尚文
编辑：张鹏

25. 论司法审判与新闻舆情良性互动
威海市广播电视台
作者：杨春光
编辑：宋奕佳

26. 融媒体时代电视新闻编辑工作的创新策略
垦利区融媒体中心
作者：王磊

27. 网络时代背景下电视新闻编辑理念的创新思路
河口区融媒体中心
作者：党万军

28. 5G 时代推动县级融媒体中心建设的全新路径探索
莱州市融媒体中心
作者：李明明
编辑：谢婷

29. 传统广播电台与新媒体的融合之路分析
济南广播电视台
作者：张雪野
编辑：刘瑞祥

30. 论融媒体时代电视主持人的转型升级与能力提升
莱山广播电视中心
作者：张玮

31. 推进媒体融合　打造广播新业态

淄博市广播电视台
作者：魏守锦　吕萍

32. 新媒介环境下城市广电的赋能与赋权之路探析
青岛市广播电视台
作者：李洁　桑雯
编辑：肖国莲

33. 新媒体谣言传播类型研究——基于近年发生的新媒体谣言传播典型案例分析
岱岳区融媒体中心
作者：倪青华　王慧
编辑：徐佳

34. 刍议地方台融媒体中心定位及职责
牟平区广播电视台
作者：李禹娜　孙茂良
编辑：张伟

35. 新形势下区县级电视台新闻报道的方法探究
长清区融媒体中心
作者：王长龙
编辑：张智慧　周琦

36. “互联网 +”时代下广播电视新闻采编技巧及应对措施研究
临沂市广播电视台
作者：刘长行

37. 古装宫廷剧的配音分析——以《延禧攻略》为例
无棣县融媒体中心
作者：李瑞
编辑：王涵

38. 从李佳琦爆红来浅谈网红及网红带货体系
山东广播电视台
作者：张立倩

39. 新媒体时代广电节目编辑创新研究
烟台广播电视台
作者：崔海宁
编辑：李德金

40. 新时期电视节目编排策略探究
泰安市广播电视台
作者：李静

（山东省广播电视协会提供）

编辑：汪昕

附　表

山东广播电视台频道频率设置情况列表

广 播

台 名	频率名称	开播时间
山东广播电视台	综合广播	1948 年 11 月 8 日
	经济广播	1993 年 5 月 1 日
	交通广播	1999 年 5 月 1 日
	文艺广播	1992 年 5 月 1 日
	经典音乐广播	1998 年 12 月 1 日
	乡村广播	2004 年 4 月 15 日
	音乐广播	2004 年 12 月 21 日
	体育休闲广播	2008 年 7 月 17 日

电 视

台 名	频道名称	开播时间
山东广播电视台	综合频道	1994 年 1 月 1 日
	电视齐鲁频道	1995 年 1 月 1 日
	电视体育频道	1995 年 7 月 1 日
	电视农科频道	2002 年 4 月 20 日
	电视公共频道	2002 年 7 月 1 日
	电视少儿频道	2005 年 9 月 15 日
	电视影视频道	1995 年 7 月 1 日
	电视生活频道	1995 年 7 月 1 日
	电视综艺频道	1995 年 7 月 1 日
	国际频道（泰山电视台）	2009 年 12 月

山东广播电视台电视频道品牌栏目

栏目名称	日常播出时间	播出频道、频率
山东新闻联播	18:30—18:50	山东广播电视台新闻综合频道首播、电视新闻频道、国际频道重播、齐鲁网、“闪电新闻”客户端同步直播、点播
共产党员	周五 18:10	山东广播电视台综合频道
齐鲁先锋	周四—周六 18:25	山东广播电视台综合频道
问政山东	周五 21:20	山东广播电视台综合频道
此时此刻	每周一 21:30	山东广播电视台综合频道
我的城我的歌	周日 21:20	山东广播电视台综合频道
田园中国	周日 21:20	山东广播电视台综合频道
家乡好物	周六 22:00	山东广播电视台综合频道
五洲四海山东人	周六 18:05	山东广播电视台综合频道
调查	周三 21:20	山东广播电视台综合频道
无边界商学院	周二 21:20	山东广播电视台综合频道
每日新闻	18:20—19:05	山东广播电视台齐鲁频道
小溪办事	17:50—18:20	山东广播电视台齐鲁频道
拉呱	17:20—17:50	山东广播电视台齐鲁频道
88881234	17:00—17:20	山东广播电视台齐鲁频道
问政山东	周四 19:00	山东广播电视台新闻频道
生活帮	日播 17:50	山东广播电视台生活频道
让梦想飞	日播 20:00	山东广播电视台生活频道
生活大赢家	日播 19:20	山东广播电视台生活频道
乡村季风	12:00—12:20 周一到周六	山东广播电视台农村科普频道
一切为了群众	日播 19:15	山东广播电视台农村科普频道
山东三农新闻联播	18:50—19:00	山东广播电视台农村科普频道
侃球时间	周四 19:20	山东电视体育频道
我是大明星	周一—周五 19:45—21:25	山东广播电视台综艺频道
快乐向前冲之挑战网红桥	周一—周四 18:35—19:30	山东广播电视台综艺频道
快乐向前冲之极速追赶	周五、周六 18:35—19:30	山东广播电视台综艺频道
综艺大篷车	周日 18:35—19:30	山东广播电视台综艺频道
快乐大赢家	周五、周六 19:45—21:25	山东广播电视台综艺频道

山东广播电视台广播频道品牌栏目

栏目名称	日常播出时间	播出频道、频率
山东新闻	日播 7:00—8:00	山东广播电视台综合广播
新闻嘚啵嘚	日播 17:30	山东广播电视台综合广播
阳光政务热线	每周二 10:30	山东广播电视台综合广播
有事大家帮	周一至周五 8:30	山东广播电视台综合广播
房产评估台	周一至周日 7:00—8:00	山东广播电视台经济广播
财经第一线	周一至周日 8:00—9:00	山东广播电视台经济广播
品牌故事	周一至周五 9:00—9:30	山东广播电视台经济广播
一路畅通	周一至周五 7:00—8:30	山东广播电视台交通广播
汽车排行榜	周一至周五 10:00—11:00	山东广播电视台交通广播
唱游天下	周一至周五 8:30—10:00	山东广播电视台交通广播
海仙麻辣烫	周一至周六 17:00—19:00	山东广播电视台文艺频道
第一书记朋友圈	日播 16:00—17:00	山东广播电视台乡村广播
动感早高峰	周一到周五 7:00—9:00	山东广播电视台音乐广播
动感晚高峰	周一到周五 16:00—19:00	山东广播电视台音乐广播
爱听才会赢（早高峰）	周一到周五 7:00—9:00	山东广播电视台音乐广播
李宁现场秀	8:00—9:30	山东广播电视台体育休闲广播
体坛夜话	20:00	山东广播电视台体育休闲广播

山东卫视 2020 年节目编排表

<table>
<tr><th>周一</th><th>1 月 7 日</th><th>周二</th><th>1 月 8 日</th><th>周三</th><th>1 月 9 日</th><th>周四</th><th>1 月 10 日</th><th>周五</th><th>1 月 11 日</th><th>周六</th><th>1 月 12 日</th><th>周日</th><th>1 月 13 日</th></tr>
<tr><td>6:23</td><td colspan="5">纪录片</td><td>6:10</td><td colspan="3">纪录片</td><td>6:23</td><td>此时此刻
（重播）</td><td>6:31</td><td>五洲四海山东人
（重播）</td></tr>
<tr><td>6:56</td><td colspan="13">早安山东</td></tr>
<tr><td>7:37</td><td colspan="13">经典剧场</td></tr>
<tr><td>10:00</td><td colspan="13">大医本草堂（0123—0130/0404/0929—0930 停播，10131—0216 时长改为 12'）</td></tr>
<tr><td>10:50</td><td colspan="13">情意剧场</td></tr>
<tr><td>12:30</td><td colspan="13">天气预报 1'30</td></tr>
<tr><td>12:40</td><td colspan="13">情意剧场</td></tr>
<tr><td>13:30</td><td colspan="9" rowspan="2">爱家剧场</td><td>13:30</td><td>爱家剧场</td><td>13:40</td><td rowspan="2">爱家剧场</td></tr>
<tr><td></td><td>18:05</td><td>五洲四海山东人</td><td></td></tr>
<tr><td>18:20</td><td colspan="7">齐鲁先锋</td><td>18:10</td><td>共产党员</td><td>18:20</td><td colspan="3">齐鲁先锋</td></tr>
<tr><td>18:30</td><td colspan="13">山东新闻联播</td></tr>
<tr><td>19:00</td><td colspan="13">转中央台新闻联播</td></tr>
<tr><td>19:35</td><td colspan="13">天气预报
花漾剧场（同心战疫 + 剧场 0918—0923）
后接《最炫国剧风》（周一至五，0521 起周一三五）</td></tr>
<tr><td>21:25</td><td>此时
此刻
（0106—）</td><td>21:30</td><td>此时此
刻精选
（0101—
0114）
无边界
商学院
（0512—）</td><td>21:30</td><td>调查
（0101—）</td><td>21:20</td><td>爱的味道
（0102—
0312）
家乡好物
（0521—）</td><td>21:20</td><td>问政山东
（0103—
0110/
0403—）</td><td>21:20</td><td>花漾剧客厅
（0104—）</td><td>21:30</td><td>国学小名士第三季
（0105—0223）
我的城我的歌
（0405—0719）
美丽中国重播
（0726—0920）
田园中国（0927—）</td></tr>
<tr><td>22:00</td><td>品牌
山东
（0106—）</td><td>22:00</td><td colspan="7">精英剧场</td><td>22:00</td><td>家乡好物
（0509—</td><td></td><td></td></tr>
<tr><td>22:30</td><td colspan="13">晚间新闻</td></tr>
<tr><td>22:40</td><td colspan="13">精英剧场</td></tr>
<tr><td>23:30</td><td colspan="13">精英剧场 / 发明来了（0515—）</td></tr>
<tr><td>0:20</td><td colspan="13">午夜剧场 / 品牌栏目重播（国学小名士 + 听得到的美食 + 美丽中国）（1205—1231）</td></tr>
<tr><td>5:40</td><td colspan="13">纪录片</td></tr>
</table>

山东广播新闻频道节目表

时间	周一	周二	周三	周四	周五	周六	周日
3:40	全天播音开始《收听指南》						
3:45	《清晨欢歌》						
4:00	《朗读说》						
5:00	《养生节目》						
6:00	《全媒体扫描》（早间版）						
6:30	转播中央人民广播电台《新闻和报纸摘要》						
7:00	《山东新闻》						
8:00	《全媒体扫描》						
8:30	《有事大家帮》	《有事大家帮》	《有事大家帮》			《阳光政务热线》重播	《行风类热线节目集锦》
9:30		《阳光政务热线》				《周末说法》	
10:30	《素颜购》（上午版）						
11:00	《为你而来》（山东中小企业之声）						
12:00	转播中央电视台《新闻 30 分》或《做客山东台》				保险新生活	转播中央电视台《新闻 30 分》或《做客山东台》	《宣讲时间》
12:30	《决战脱贫攻坚》+《决胜全面小康》或《做客山东台》					《决战脱贫攻坚》+《决胜全面小康》或《做客山东台》	
13:00	《养生节目》						
14:00	《素颜购》（下午版）						
14:30	《养生节目》						
15:30	《快乐购物》						
16:00	《养生节目》						
17:00	《好客山东》						
17:30	《新闻嘚啵嘚》						
18:30	转播中国之声《全国新闻联播》						
19:00	《山东新闻联播》+《直通金海岸》						
19:30	《养生节目》						
20:00	《养生节目》						
21:00	《为你而来》（重播）						
22:00	《素颜购》（重播）					《周末说法》（重播）	
22:30	《小说联播》						
23:00	《朗读说》						
0:00	《新闻嘚啵嘚》（重播）						
1:00	全天播音结束						

索　引

索　引

说明：

1. 本索引为综合性主题索引。
2. 索引款目按汉语拼音字母（同音字按声调）顺序排列。
3. 款目后的阿拉伯数字表示内容所在的页码。
4. 同一主题的内容在文中多处出现的，在其款目后用不同的页码标明。
5. 对特载、大事记、附表等栏目不作主题索引。

数　字

A

B